GUANGDONG ZHISHI CHANQUAN DIANXING ANLI

广东知识产权
典型案例

广东省高级人民法院 主编

图书在版编目（CIP）数据

广东知识产权典型案例/广东省高级人民法院主编.—北京：知识产权出版社,2020.11
ISBN 978－7－5130－7262－5

Ⅰ.①广… Ⅱ.①广… Ⅲ.①知识产权—审判—案例—广东 Ⅳ.①D927.650.34

中国版本图书馆 CIP 数据核字（2020）第 205524 号

责任编辑：齐梓伊　　　　　　　　责任校对：谷　洋
执行编辑：凌艳怡　　　　　　　　责任印制：刘译文
封面设计：索晓青

广东知识产权典型案例

广东省高级人民法院　主编

出版发行：知识产权出版社有限责任公司	网　址：http：//www.ipph.cn
社　　址：北京市海淀区气象路 50 号院	邮　编：100081
责编电话：010－82000860 转 8176	责编邮箱：qiziyi2004@qq.com
发行电话：010－82000860 转 8101/8102	发行传真：010－82000893/82005070/82000270
印　　刷：天津嘉恒印务有限公司	经　销：各大网上书店、新华书店及相关专业书店
开　　本：720mm×1000mm　1/16	印　张：30.5
版　　次：2020 年 11 月第 1 版	印　次：2020 年 11 月第 1 次印刷
字　　数：480 千字	定　价：136.00 元
ISBN 978－7－5130－7262－5	

出版权专有　侵权必究
如有印装质量问题，本社负责调换。

《广东知识产权典型案例》
编辑委员会

主　任｜龚稼立

副主任｜钟健平　王海清

委　员｜黎炽森　胡志光　王　静　卞　飞
　　　　王晓明　欧丽华　肖海棠

前　言

《广东知识产权典型案例》选自近年来广东全省30余万件知识产权案例。全书共收录46篇案例，编选体现出如下主要特点：一是专业覆盖面广，体例清晰。全书分为民事案件、行政案件、刑事案件和禁令案件四编，每个案例主要包含标题、裁判要旨、关键词、案情及裁判和法官点评五大部分，系统归纳同类案件的裁判规则，全面展现案件审理思路和承办法官对相关法律问题的深刻理解，深入挖掘案件的典型意义。二是案件具有典型性和代表性。本书收录的46个案例涵盖各行业、各类型知识产权案件，对当下热点、难点问题作出司法回应，其中大部分案例入选了《中华人民共和国最高人民法院公报》、"中国法院10大知识产权案件和50件典型知识产权案例"等，集中反映了广东法院在知识产权领域处理疑难、复杂案件的审理思路和裁判方法。三是新领域、新类型案件较多。本书收录的不少案件涉及数据运营、商品化权益、浏览器屏蔽等新技术、新业态和新商业模式的纠纷问题，广东法院作出了具有典型意义和示范价值的裁判，力求为同类案件的审理提供有益参考，并使社会公众获得比较明确和稳定的法律预期。

尽管尽了最大努力，但囿于编者水平，本书难免仍存在不妥之处，恳请广大读者批评指正。希冀本书的出版，能对知识产权审判实务研究和理论研究提供借鉴和参考，为营造国际一流创新法治环境、建设粤港澳大湾区和深圳中国特色社会主义先行示范区助力。

2020年10月29日

目 录 CONTENTS

第一编 民事案件

第一章 专利案件 3

深圳市基本生活用品有限公司与深圳市思派硅胶电子有限公司侵害
外观设计专利权纠纷案 3
——专利侵权中重复侵权的认定

罗姆尼光电系统技术（广东）有限公司诉广东三雄极光照明股份
有限公司、广州旌露贸易有限公司侵害外观设计专利权纠纷案 14
——定牌加工模式下如何认定被诉侵权产品的制造者

飞利浦优质生活有限公司诉佛山市顺德区巨天电器有限公司侵害
专利权纠纷案 30
——功能性特征内容的确定

深圳市华博鑫五金制品有限公司诉系统电子科技（深圳）有限公司
侵害实用新型专利权纠纷案 37
——专利先用权抗辩的先用技术不得来源于专利权人

大自达电线股份有限公司诉广州方邦电子股份有限公司侵害发明
专利权案 47
——合理确定专利权的保护范围

丹麦国立血清研究所诉北京万泰生物药业股份有限公司、深圳市
立康生物技术有限公司侵害发明专利权纠纷案 53
——广东首例生物工程领域涉及DNA序列的发明专利侵权纠纷

吴某某与希美克（广州）实业有限公司、BETTELI公司职务发明
创造发明人报酬纠纷案 ·· 69
——中国境内完成的发明创造活动应受中国法律调整

西蒙斯工厂有限公司诉东莞市神冈精密五金电子有限公司侵害发明
专利权纠纷案 ·· 79
——专利具有多个发明目的不完全相同技术方案时技术特征
解释方法

李某某和汕头市澄海区新阳玩具厂侵害外观设计专利权纠纷案 ······ 89
——组装关系不唯一组件产品被诉侵害一般专利的应将组合后
各设计分别比对

迈德乐（广州）糖果有限公司与东莞市金旺食品有限公司等侵害发明
专利权纠纷案 ··· 100
——组合物封闭式权利要求保护范围的审查认定

广州天河高新技术产业开发区太极电子有限公司诉广州硕德电子科技
有限公司方法专利侵权纠纷案 ··· 114
——方法专利的侵权责任承担

重庆东登科技有限公司与东莞市锦国自动化公司、吴某某、蒋某某
侵害外观设计专利权纠纷案 ·· 122
——涉零部件产品的销售行为侵权认定

株式会社MTG诉深圳市恒健达科技有限公司侵害外观设计专利权
纠纷案 ·· 134
——采用证据披露裁定和举证妨碍规则确定损害赔偿数额

东莞市智乐堡儿童玩具有限公司诉泉州市凯尔娜贸易有限公司侵害
外观设计专利权纠纷案 ··· 141
——合法来源抗辩主客观要件认定标准

叶某某、东莞市微石塑胶金属科技有限公司诉汕头市龙湖区杭沐
玩具商行、杭州阿里巴巴广告有限公司侵害外观设计专利权
纠纷案 ·· 148
——版权标记对于证明现有设计抗辩的意义

时某某诉张某某侵害外观设计专利权纠纷案 ·················· 161
　　——在微博公开发布的图片证明现有设计抗辩成立
珠海格力电器股份有限公司诉宁波奥克斯空调有限公司、广州市
　　国美电器有限公司侵害实用新型专利权纠纷案 ··············· 171
　　——运用证据规则破解知识产权侵权赔偿认定难

第二章　商标权及不正当竞争案件 ·············· 180

捷豹路虎有限公司诉广州市奋力食品有限公司侵害商标权纠纷案 ········ 180
　　——民事案件中如何规制当事人恶意囤积和不当使用商标行为
美商 NBA 产物股份有限公司、上海蛙扑网络技术有限公司诉成都
　　蓝飞互娱科技有限公司、青岛零线互动网络技术有限公司等
　　侵害商标权及不正当竞争案 ························ 188
　　——集体形象的商品化权益
陈某忠诉广东天池茶业股份有限公司、潮州市天池众福茶业有限
　　公司、上海道轩贸易有限公司侵害商标权纠纷案 ·············· 200
　　——恶意抢注者对在先权利人提起商标侵权之诉的处理原则
ZER 中央服务商贸股份有限公司与中山市欧博尔电器有限公司
　　侵害商标权及不正当竞争纠纷案 ····················· 209
　　——驰名商标认定及权利保护
吉尼斯世界纪录有限公司与奇瑞汽车股份有限公司、安徽奇瑞
　　汽车销售有限公司侵害商标权及不正当竞争案 ··············· 226
　　——恶意侵权的认定及惩罚性赔偿的适用问题
利惠公司与中山第五街棉业有限公司、中山金三角成衣有限公司
　　侵害商标权纠纷 ····························· 241
　　——权利人关联注册商标知名度的认定
广州王老吉大健康产业有限公司诉王老吉有限公司确认不侵害
　　商标权纠纷案 ····························· 250
　　——提起确认不侵害商标权诉讼的条件
洛克尔国际有限公司诉大连岩棉有限公司侵害商标权及不正当
　　竞争纠纷案 ······························ 262
　　——企业名称翻译不当构成不正当竞争之判断因素

第三章　著作权案件 273

广州求知教育科技有限公司诉北京新浪互联信息服务有限公司
　　侵害计算机软件著作权纠纷案 273
　　　　——信息网络传播侵权软件的帮助侵权行为认定

深圳市腾讯计算机系统有限公司与上海千杉网络技术发展有限
　　公司侵害作品信息网络传播权纠纷案 281
　　　　——视频聚合软件中盗链行为的认定

广州市明静舞台灯光设备有限公司诉广州市白云区石井欧朗舞台
　　灯光音响设备厂侵害计算机软件著作权案 290
　　　　——运行界面、文档与软件侵权之间的法律关系

广州医享网络科技发展有限公司与广州云医科技有限公司、深圳市
　　卫生健康委员会侵害计算机软件著作权纠纷及计算机软件著作权
　　权属纠纷案 296
　　　　——受托人在作品上署委托人名并不当然认定委托人为著作权人

达索系统公司诉中山市鑫海精密制造科技有限公司侵害计算机
　　软件著作权案 309
　　　　——在法定赔偿限额以上合理确定计算机软件侵权案件赔偿数额

叶某某诉始兴县新银龙俱乐部侵害作品署名权、复制权、
　　表演权纠纷案 316
　　　　——通过卡拉OK点播系统播放录像制品构成侵权

第四章　反垄断及不正当竞争纠纷 331

东莞市横沥国昌电器商店诉东莞市晟世欣兴格力贸易有限公司
　　等纵向垄断协议纠纷案 331
　　　　——具有排除、限制竞争效果是构成纵向垄断协议的必要条件

深圳微源码软件开发有限公司与腾讯科技（深圳）有限公司、
　　深圳市腾讯计算机系统有限公司滥用市场支配地位纠纷案 339
　　　　——互联网领域相关市场界定的方法

深圳市谷米科技有限公司与武汉元光科技有限公司等不正当
　　竞争纠纷案 345
　　　　——依法维护手机APP智能软件市场竞争秩序

恩智浦半导体股份有限公司等诉无锡市晶源微电子有限公司等擅自使用
　　知名商品特有名称纠纷案 ··· 363
　　——使用知名芯片型号构成不正当竞争的认定
广州市碧欧化妆品有限公司诉广东碧鸥投资有限公司、钟某某、
　　浙江淘宝网络有限公司不正当竞争纠纷案 ······················· 371
　　——电子商务平台收到通知后的义务与责任承担
飞狐信息技术（天津）有限公司、北京搜狐互联网信息服务有限
　　公司与深圳市猫哈网络科技发展有限公司不正当竞争纠纷案 ········ 388
　　——提供屏蔽视频广告产品构成不正当竞争

第二编　行政案件

深圳市快播科技有限公司不服深圳市市场监督管理局著作权
　　行政处罚案 ··· 405
　　——公共利益的认定标准与非法经营额的计算方法
张某某诉深圳市市场监督管理局等行政处理决定纠纷案 ················ 413
　　——方法专利的侵权认定标准
科星汽车设备（珠海）有限公司诉广东省知识产权局不服行政
　　处理决定纠纷案 ··· 422
　　——行政诉讼期间专利权无效的处理
揭阳市双骏橡胶机械有限公司诉广东省知识产权局等专利行政
　　处理决定纠纷案 ··· 428
　　——专利行政纠纷中禁止不利变更原则的适用

第三编　刑事案件

被告人李某志等犯非法制造注册商标标识罪案 ······························ 437
　　——知识产权犯罪中非法经营数额的认定标准
被告人陈某等侵犯商业秘密罪案 ··· 444
　　——权利人实际投入可作为认定损失数额的依据

第四编 禁令案件

鲁布托申请广州问叹贸易有限公司等诉前停止侵害专利权案 ………… 453
  ——专利侵权案件诉前禁令应如何审查

暴雪娱乐有限公司等诉成都七游科技有限公司等著作权侵权及
不正当竞争纠纷诉中禁令案 ………………………………………… 461
  ——网络游戏案件的禁令的实体审查要件

深圳来电科技有限公司与深圳街电科技有限公司等侵害实用新型
专利权纠纷诉中禁令案 …………………………………………… 467
  ——禁令裁定需考虑专利权人丧失市场份额之不可逆因素

第一编
民事案件

第一章 专利案件

深圳市基本生活用品有限公司与深圳市思派硅胶电子有限公司侵害外观设计专利权纠纷案

——专利侵权中重复侵权的认定

【裁判要旨】

重复侵权包括以下构成要件：一是本诉中被侵害的权利与前诉中被侵害的权利为同一权利；二是本诉中的侵权行为人与前诉中的侵权行为人为同一主体；三是本诉中的侵权产品与前诉中的侵权产品为（侵权构成上的）相同产品；四是本诉中的侵权行为发生在前诉判决生效之后且有合理的时间间隔。权利人就重复侵权行为提起诉讼的，不属于重复诉讼，人民法院应依法予以受理。

【关键词】

外观设计专利　重复诉讼　重复侵权　受理

【案例索引】

一审：深圳市中级人民法院〔2014〕深中法知民初字第552号

二审：广东省高级人民法院〔2016〕粤民终1036号

【案情及裁判】

原告：深圳市基本生活用品有限公司（以下简称基本生活公司）

被告：深圳市思派硅胶电子有限公司（以下简称思派公司）

一、一审

原告基本生活公司因与被告思派公司的侵害外观设计专利权纠纷，向广东省深圳市中级人民法院提起诉讼。

原告基本生活公司诉称，被告思派公司生产、销售、许诺销售被诉侵权产品侵害涉案外观设计专利权且为重复侵权，应当承担法律责任，请求法院判令：①思派公司立即停止生产、销售、许诺销售侵权产品，立即销毁库存侵权产品及专用生产模具；②思派公司赔偿基本生活公司经济损失及为制止侵权所支出的合理费用共计人民币100万元；③思派公司承担本案所有诉讼费用。

被告思派公司辩称：自己未生产、销售、许诺销售被诉侵权产品，请求法院驳回原告基本生活公司的全部诉讼请求。

深圳市中级人民法院一审查明：

2010年10月9日，基本生活公司法定代理人陈实向国家知识产权局申请了名称为"名片盒（S3308）"的外观设计专利，并于2011年4月6日获得授权，专利号为ZL201030547929.9。2011年5月6日，专利权人陈实与基本生活公司签订了《专利实施许可授权书》。

涉案专利由不同角度的7幅图组成，设计要点在于形状，最能表明本外观设计要点的视图是主视图。从主视图看，整体呈长方形状，由盒身和盒盖组成，盒身中部有一类似长方形的镂空，靠近盒身开口即镂空顶部的部位有一圆形突出物，内置磁铁，为盒盖开合固定之物；盒盖是与盒身相连的矩形物体，盒盖向内侧折叠，形成封口，盒盖内侧与盒身相连的部分作锯齿状处理，盒盖内侧靠近顶端的部分有一个圆形的磁铁，盒盖折叠后与盒身的磁铁相吸引，形成闭合名片盒。

2014年5月28日，基本生活公司的委托代理人在公证员的监督下，使用公证处电脑在网上购买了被诉侵权产品。2014年6月4日，基本生活公司的委托代理人与公证员现场收取了装有被诉侵权产品的包裹，取得被诉侵权产品（白色硅胶卡包）。经比对，被诉侵权产品设计与涉案专利外观设计相同。

另查明，2012年2月9日，基本生活公司曾以思派公司制造、销售被诉侵权产品，侵害涉案外观设计专利权为由，将思派公司、深圳市维汶旎商贸有限公司（以下简称维汶旎公司）诉至深圳市中级人民法院。请求："1.责令两被告立即停止生产、销售侵权产品，并立即销毁用于生产该侵权产品的专用模具及库存侵权产品；2. 判令两被告赔偿经济损失人民币 10 万元，两被告负连带责任；3. 判令两被告负担诉讼费和维权费用共计人民币 2000 元。"该院经审理作出〔2012〕深中法知民初字第 250 号民事判决，认定："思派公司、维汶旎公司未经基本生活公司许可，擅自生产、销售与涉案专利外观设计相近似的同类产品，构成共同侵权。思派公司、维汶旎公司应立即停止侵权，并共同赔偿基本生活公司的经济损失。"遂判决："一、维汶旎公司、思派公司立即停止侵害基本生活公司 ZL201030547929.9 号名片盒（S3308）外观设计专利权，并销毁库存侵权产品及专用生产模具；二、维汶旎公司、思派公司在本判决生效之日起十日内连带赔偿基本生活公司经济损失三万元；三、驳回基本生活公司的其他诉讼请求。"维汶旎公司不服一审判决，提起上诉。广东省高级人民法院经审理于 2012 年 10 月 18 日作出〔2012〕粤高法民三终字第 406 号民事判决，维持了一审判决。该判决于 2012 年 11 月 5 日生效。经对比，本案被诉侵权产品与该案被诉侵权产品相同。

深圳市中级人民法院一审认为：

（1）关于被诉侵权产品是否落入涉案专利权保护范围。被诉侵权产品"硅胶名片夹"与涉案专利产品"名片盒"，系同类产品。经比对，被诉侵权产品左、右视图均有明显凸起条纹，而涉案专利没有该特征；被诉侵权产品底部开有长条形窗口，而专利图片底部只有细小开口；除此之外其他设计均相同。两者区别点识别性不够显著，一般消费者通过整体观察，综合判断，两者在整体视觉效果上无实质性差异，应认定两者构成相近似，被诉侵权产品落入涉案专利权保护范围。

（2）关于思派公司是否制造、销售、许诺销售被诉侵权产品。思派公司在其经营的阿里巴巴网店、官方网站中，公开宣传展示了被诉侵权产品的图片信息，该行为构成许诺销售被诉侵权产品，故基本生活公司指控思派公司具有许诺销售侵权产品的事实成立，法院予以支持。但是，基本生活公司指控思派公司制造、销售被诉侵权产品不能成立。因为基本生活公司该项指控实质是〔2012〕粤高法民三终字第 406 号案的重复诉讼。首先，两案原告系同一人，均为基本生活公司；被告中均有思派公司，虽然第 406 号案件中被告还有维汶旎公司，但基本生活公司的该项诉讼请求均针对思派公司，应当承担责任的主体仍然是思派公司。其次,两案涉及同一法律关系和同一法律事实,两案均是基本生活公司基于认为思派公司制造、销售侵害其涉案专利权产品而提起的侵权损害赔偿纠纷。虽然两案被诉行为的发生时间有所不同,但基本内容、所涉事实相同,在生效判决已经作出认定并予以处理的前提下,一审法院适用"一事不再理"原则,对基本生活公司该部分诉讼请求,不予审理。

(3)关于法律责任的承担问题。思派公司未经专利权人同意,以生产经营为目的许诺销售被诉侵权产品,构成侵犯涉案专利权,应当承担侵权责任。基本生活公司请求法院判令思派公司赔偿其经济损失及维权合理开支,但基本生活公司并未提交证据证明思派公司的许诺销售行为给其造成的实际损失或思派公司为此获得的利益,仅提供了人民币5 587.86元的相关票据予以证明维权合理开支,故一审法院对该合理开支部分予以支持。基本生活公司关于赔偿的诉讼请求,一审法院不予支持,该部分产生的诉讼费用由基本生活公司自行承担。

综上,深圳市中级人民法院依照《中华人民共和国专利法》(以下简称《专利法》)(2008年修正本)第十一条第二款、第五十九条第二款、第六十五条,《最高人民法院关于审理侵犯专利权纠纷案件应用法律若干问题的解释》第八条、第十条、第十一条,《中华人民共和国民事诉讼法》(以下简称《民事诉讼法》)(2012年修正本)第一百二十四条第五项,《最高人民法院关于民事诉讼证据的若干规定》(2002年版)① 第二条的规定,于2014年12月15日作出判决:

(1)深圳市思派硅胶电子有限公司立即停止许诺销售侵害深圳市基本生活用品有限公司ZL201030547929.9号专利权的产品;

(2)深圳市思派硅胶电子有限公司于判决生效之日起10日内赔偿深圳市基本生活用品有限公司维权合理开支人民币5 587.86元;

(3)驳回深圳市基本生活用品有限公司的其他诉讼请求。

二、二审

基本生活公司不服一审判决,向广东省高级人民法院提起上诉称:①思

---

① 《最高人民法院关于民事诉讼证据的若干规定》(2002年版)现已废止。

派公司在本案中实施的制造、销售被诉侵权产品的行为是新的侵权行为。对于重复侵权应当从重处罚；②一审法院认定思派公司制造、销售被诉侵权产品不属于重复侵权，而是重复起诉，因此判令思派公司不承担赔偿责任，是不公平的；③一审法院认定思派公司具有许诺销售被诉侵权产品的行为，但是未判令思派公司承担赔偿责任，而仅支付合理维权开支，是纵容侵权的做法。综上，请求二审法院查明事实，依法改判：①撤销一审民事判决；②思派公司立即停止制造、销售侵权产品，立即销毁用于制造侵权产品的专用设备、模具及库存侵权产品；③思派公司赔偿经济损失及为制止侵权所支出的合理费用共计人民币100万元；④思派公司承担一审、二审诉讼费用。

广东省高级人民法院经二审，确认了一审查明的事实。

广东省高级人民法院二审认为：本案的争议焦点在于，①被上诉人思派公司是否存在制造、销售被诉侵权产品的行为；②思派公司实施的销售行为，应当按重复起诉，还是按重复侵权予以处理；③思派公司应当承担的法律责任。

（1）关于思派公司是否存在制造、销售被诉侵权产品的行为。根据基本生活公司提供的公证书记载：2014年5月28日，基本生活公司的委托代理人在公证员的监督下，使用公证处电脑在网上购买了被诉侵权产品；2014年6月4日，基本生活公司的委托代理人与公证员现场收取了装有被诉侵权产品的包裹，取得被诉侵权产品（白色硅胶卡包）。两份公证书记录了基本生活公司从网上购买被诉侵权产品以及收货的完整过程，思派公司对此事实也予以认可，故可以认定思派公司具有销售被诉侵权产品的行为。此外，基本生活公司指控思派公司制造了被诉侵权产品，思派公司对此予以否认。鉴于被诉侵权的白色硅胶卡包上未标明生产者和商品标识，基本生活公司也未提交其他证据证明思派公司实施了制造被诉侵权产品的行为，因此，二审法院对基本生活公司主张思派公司停止制造被诉侵权产品的诉讼请求，不予支持。综上，二审法院认定思派公司实施了销售、许诺销售被诉侵权产品的行为。

（2）关于思派公司实施的销售行为，应当按重复起诉，还是按重复侵权予以处理。《最高人民法院关于适用〈中华人民共和国民事诉讼法〉的解释》第二百四十七条规定，当事人就已经提起诉讼的事项在诉讼过程中或者裁判生效后再次起诉，同时符合下列条件的，构成重复起诉：①后诉与前诉的当事人相同；②后诉与前诉的诉讼标的相同；③后诉与前诉的诉讼请求相同，或者后诉的诉讼请求实质上否定前诉裁判结果。当事人重复起诉的，裁定不予受理；已经受理的，裁定驳回起诉，但法律、司法解释另有规定的除外。从本案的情况来看，首先，基本生活公司在二审法院〔2012〕粤高法民三终字第406号判决生效之后，再次将思派公司诉至法院，前诉的原告和后诉的原告均为基本生活公司，前诉的被告之一思派公司和后诉的被告思派公司相同，因此前后诉的当事人基本相同。其次，前诉的诉讼标的是确认思派公司是否在2012年2月有制造、销售被诉侵权产品的行为，后诉的诉讼标的是确认前诉生效之后，思派公司是否在2014年5~6月间有制造、销售、许诺销售被诉侵权产品的行为，前诉、后诉的诉讼标的所指向的侵权行为时段不相同。最后，基本生活公司在前诉中的诉讼请求是责令思派公司立即停止2012年2月发现的生产、销售侵权行为，销毁专用模具及库存侵权产品，赔偿经济损失人民币10万元，并负担诉讼费和维权费用；基本生活公司在后诉中的诉讼请求是判令思派公司立即停止前诉生效后2014年5~6月再次发现思派公司的生产、销售、许诺销售侵权行为，销毁库存侵权产品及专用生产模具，赔偿基本生活公司经济损失及为制止侵权所支出的合理费用共计人民币100万元，并承担本案所有诉讼费用。可见，后诉与前诉的诉讼请求不相同，后诉的诉讼请求也不会从实质上否定前诉裁判结果。综上，二审法院认为后诉与前诉并不符合法律规定的重复起诉的构成要件。

人民法院停止侵权的判决生效之日起，侵权人就不得再从事相关的侵权行为。但是，鉴于重复侵权是主观过错明显、情节较重的侵权行为，一旦构成重复侵权要承担较重的法律责任，故人民法院在认定是否构成重复侵权问题上始终非常审慎。根据本案查明事实，第一，前诉制造、销售被诉侵权产品行为的时间是2012年2月，终审判决生效时间为2012年11月5日，后诉在网站上的许诺销售以及销售的时间是2014年5~6月间，前诉判决生效之日距后诉再次发现侵权行为之日时间长达一年半，可以排除思派公司在前诉判决生效后，短时间内客观上难以回收并销毁被诉侵权产品的情形；第二，后诉针对的是思派公司在本公司网站上许诺销售并由公司直接销售被诉侵权产品的行为，可以排除被诉侵权产品是前诉的侵权产品遗漏在市场上被偶然发现的情况，也可以排除是人为栽赃思派公司的行为；第三，思派公司主张其在网站上的许诺销售行为是两年来因疏忽没有撤下，主张公证购买的被诉侵权产品是其两年来销售的唯一产品，均与常情常理不符，二审法院不予采信；第四，后诉被诉侵权产品与前诉被诉侵权产品外观设计相同，在前诉生效判决已经确认构成侵权的情况下，被诉侵权产品落入涉案专利权保护范围的事实清楚，不存在对是否构成侵权难以判断的问题；第五，如果按照一审判决思路，只要前诉曾经就被告制造、销售侵权产品等侵权行为进行过判决，原告就不得再就同类侵权行为起诉被告，就意味着被告在前诉判决生效之后，即使实施同类侵权行为，也没有被再次起诉侵权之虞，这显然不符合对重复侵权行为应当从重处罚的立法本意，将会放纵恶意侵权行为。综上，二审法院确认思派公司的行为构成重复侵权行为，一审判决认定基本生活公司构成重复起诉不当，二审法院予以纠正。

（3）关于思派公司应当承担的法律责任。思派公司未经专利权人同意，以生产经营为目的许诺销售、销售被诉侵权产品，构成侵犯涉案专利权，应当承担停止侵权、赔偿损失的法律责任。本案由于权利人的损失、侵权人获得的利益和专利许可使用费均难以确定，二审法院综合考量下列因素，酌情确定赔偿数额：第一，2010年10月9日，专利权人向国家知识产权局申请了名称为"名片盒（S3308）"的外观设计专利，并于2011年4月6日获得授权，目前专利保护期过半，该专利依然维持有效，证明涉案专利具有一定的市场价值；第二，侵权行为既有销售行为，又有通过公司网站的许诺销售行为，侵权性质较重，对专利权人的市场负面影响较大；第三，侵权人属于重复侵权，主观过错明显，侵权情节严重；第四，前诉判决的赔偿数额为3万元，对于重复侵权行为应当在前诉确定的赔偿数额以上酌情确定赔偿数额，以示惩戒；第五，经一审法院核定，基本生活公司为本案支付电子证据固化服务费、购买侵权产品费用、公证费、律师费等维权合理开支为人民币5 587.86元，二审法院对此予以认可。综上，二审法院在法定赔偿额范围内酌情确定思派公司赔偿基本生活公司经济损失（含维权合理开支）人民币10万元。对基本生活公司的其他诉讼请求，因未提供足够的证据，二审法院依法予以驳回。

据此，广东省高级人民法院依照《专利法》（2008年修正本）第十一条第二款、第五十九条第二款、第六十五条第二款，《最高人民法院关于审理侵犯专利权纠纷案件应用法律若干问题的解释》第八条、第十条、第十一条，《最高人民法院关于适用〈中华人民共和国民事诉讼法〉的解释》第二百四十七条，《民事诉讼法》（2012年修正本）第一百七十条第一款第二项①的规定，于2016年11月3日作出判决：

（1）撤销广东省深圳市中级人民法院〔2014〕深中法知民初字第552号民事判决第三项，即驳回深圳市基本生活用品有限公司的其他诉讼请求；

（2）变更广东省深圳市中级人民法院〔2014〕深中法知民初字第552号民事判决第一项为，深圳市思派硅胶电子有限公司立即停止许诺销售、销售侵害深圳市基本生活用品有限公司 ZL201030547929.9 号专利权的产品；

（3）变更广东省深圳市中级人民法院〔2014〕深中法知民初字第552号民事判决第二项为，深圳市思派硅胶电子有限公司于本判决生效之日起10日内赔偿深圳市基本生活用品有限公司经济损失及维权合理开支人民币10万元；

（4）驳回深圳市基本生活用品有限公司的其他诉讼请求。

【法官点评】

本案例入选《中华人民共和国最高人民法院公报》2018年第5期，是广东省第一宗入选该公报的知识产权类案件。

1. 重复起诉的构成条件

根据《最高人民法院关于适用〈中华人民共和国〉民事诉讼法的解释》第247条的规定，构成重复起诉应同时具备以下三个条件。

第一，后诉与前诉的当事人相同。当事人相同，不受当事人在前诉与后诉中的诉讼地位的影响，即使前后诉原告和被告地位完全相反。另外，原告数量增加或减少而被告不变、被告数量增加或减少而原告不变、第三人有变化等情况，均不改变诉讼当事人的一致性。因为，在一方当事人恒定而另一方当事人数量增减的情况下，民事诉讼法律关系并没有改变。

第二，后诉与前诉的诉讼标的相同。在民事诉讼法及其司法解释中目前没有界定"诉讼标的"内涵及外延。民事诉讼标的理论学说流派众多，笔者倾向于将其概念表述为原告在诉讼上主张的实体法上的权利义务或法律关系。

---

① 《民事诉讼法》（2017年修正本）对第一百七十条第一款第二项未做改动。

民事诉讼中，由于诉的种类不同，其诉讼标的也不同。在给付之诉中，诉讼标的是原告基于某种法律关系，向被告所提出的履行一定义务的实体权利；在确认之诉中，诉讼标的是原告提出的要求确认的某个法律关系；在变更之诉中，诉讼标的是原告提出变更或消灭的同被告之间现存的某一法律关系。具体判断某一案件的诉讼标的，应以提起诉讼的当事人所表明的意思而定，即应以请求裁判的事项而定。

第三，后诉与前诉的诉讼请求相同，或者后诉的诉讼请求实质上否定前诉裁判结果。不同的诉讼标的理论可能对"一事"有不同界定，因此在诉讼标的之外，有必要将诉讼请求也作为判断此诉与彼诉的标准之一。从广义上讲，诉讼请求是向法院提出的、要求法院予以判决的具体请求，当事人希望法院对其请求作出与之相应的确认、给付、形成这些具体的判决。而狭义的诉讼请求仅仅是指原告向被告主张的法律上的利益。故诉讼请求是当事人在诉讼标的的基础上诉讼主张的具体化。可见，增加诉讼请求这一判断标准有利于实践中准确把握对"一事不再理"的认定。除了后诉与前诉的诉讼请求相同，后诉的诉讼请求实质上否定前诉裁判结果的，也可以作为"一事"的判断标准。此外，禁止重复起诉的形态，不限于后诉的独立起诉的情形，也包括以反诉、参加诉讼、变更诉讼等方式导致的当事人的后诉与前诉成为同一诉讼的情形。

本案中，由于前诉、后诉的诉讼标的所指向的侵权行为时段不相同，后诉与前诉的诉讼请求不相同，且后诉的诉讼请求也不会从实质上否定前诉裁判结果，因此二审法院确认后诉与前诉不属于重复起诉。

2. 重复侵权的构成条件

在知识产权诉讼中，重复侵权作为一种情节严重的故意侵权行为，始终是人民法院制裁的重点。在判断是否构成重复侵权时，侵权人的主观要件是关键。鉴于主观要件需要根据侵权人的客观表现来判断，因此除了本诉中被侵害的权利与前诉中被侵害的权利为同一权利的前提要件外，笔者还通过审理本案归纳出以下三个要件，以帮助判断侵权人是否构成情节严重的重复侵权。

第一，前诉判决生效之日距后诉再次发现侵权行为之日间隔合理期间，以排除前诉判决生效后，短时间内客观上难以回收并销毁被诉侵权产品的情形。浙江省高级人民法院在司法实践中曾以"裁判执行完毕六个月"为期，作为认定是否重复侵权的时间界限。笔者欣赏浙江省高级人民法院这种尝试，但同时认为这一期限不尽合理。理由有三：首先，是否申请强制执行是权利人的权利而非义务，而以裁判执行作为起算时间点，无异于要求权利人必须申请强制执行；其次，人民法院停止侵权判决生效之日起，侵权人就不得再从事相关的侵权行为，因此无论权利人是否申请强制执行，侵权人都应当停止侵权行为；最后，强制执行的结束时间很难确定。如果加上中止执行、终结本次执行等情况，就更难确定"裁判执行完毕六个月"的具体时间。笔者认为，虽然前诉判决生效之日起，侵权人再次实施侵权行为即构成重复侵权，但考虑到侵权人需要合理时间清理市场，所以不宜一律按情节严重的故意侵权行为处理。在前诉判决生效之日起合理期限内发生的侵权行为，可以参照《最高人民法院关于适用〈中华人民共和国民事诉讼法〉的解释》第五百二十一条之规定："在执行终结六个月内，被执行人或者其他人对已执行的标的有妨害行为的，人民法院可以依申请排除妨害。"权利人可依据前诉裁判重新申请执行、要求停止侵权。

第二，前、后诉均由同一侵权人实施侵权行为，以排除被诉侵权产品是前诉的侵权产品遗漏在市场上被偶然发现，以及他人栽赃行为。对同一侵权人，应当作广义的理解，即不一定非是同一民事主体，也可能是有密切联系的企业，如两个企业是同一法定代表人等，以防止侵权人恶意规避法律的情形。

第三，后诉被诉侵权产品与前诉被诉侵权产品相同或基本相同，在前诉生效判决已经确认构成侵权的情况下，被诉侵权产品构成侵权事实清楚，不存在难以判断的问题。这个要件主要是考虑到知识产权侵权，特别是专利侵权的判断要求非常专业，如果不是专业人士，很难确定是否构成侵权，因此不能对社会公众过于苛刻。这样可以排除被诉侵权产品被判侵权后，侵权人为了规避专利权，已经对产品作了改变，但改变后的产品仍然可能侵权的情况。

本案中，首先，前诉制造、销售被诉侵权产品行为的时间是2012年2月，终审判决生效时间为2012年11月5日，后诉在网站上的许诺销售以及销售的时间是2014年5~6月，前诉判决生效之日距后诉再次发现侵权行为之日长达一年半,可以排除思派公司在前诉判决生效后,短时间内客观上难以回收并销毁被诉侵权产品的情形;其次,后诉针对的是思派公司在本公司网站上许诺销售并由公司直接销售被诉侵权产品的行为,可以排除被诉侵权产品是前诉的侵权产品遗漏在市场上被偶然发现的情况,也可以排除是人为栽赃思派公司的行为;最后,后诉被诉侵权产品与前诉被诉侵权产品外观设计相同,在前诉生效判决已经确认构成侵权的情况下,被诉侵权产品落入涉案专利权保护范围的事实清楚,不存在对是否构成侵权难以判断的问题。据此,二审法院依法确认思派公司构成重复侵权行为。

(撰稿人:广东省高级人民法院　岳利浩)

罗姆尼光电系统技术（广东）有限公司诉广东三雄极光照明股份有限公司、广州旌露贸易有限公司侵害外观设计专利权纠纷案

——定牌加工模式下如何认定被诉侵权产品的制造者

【裁判要旨】

在委托制造专利产品的情况下，如果委托方要求受托方根据其提供的技术或设计方案制造专利产品，或者专利产品的形成中体现了委托方对技术或设计的要求和选择，应当认定是双方共同制造。委托方以关联公司为工具，授意关联公司以自己的名义对外委托制造专利产品的，委托方为产品的共同制造者。

交易的安全以交易的合法为前提。合法来源抗辩制度通过规范市场销售行为维护交易安全，亦便于追本溯源查找侵权源头。在销售者合法来源抗辩成立的情况下，若产品制造者与销售者为同案被告，合理维权费用应由制造者承担。

【关键词】

专利权的保护范围　委托制造　产品的制造者　合法来源

【案例索引】

一审：广州知识产权法院〔2016〕粤73民初1376号
二审：广东省高级人民法院〔2017〕粤民终2900号

【案情及裁判】

原告：罗姆尼光电系统技术（广东）有限公司（以下简称罗姆尼公司）

被告：广东三雄极光照明股份有限公司（以下简称三雄极光公司）

被告：广州旌露贸易有限公司（以下简称旌露公司）

一、一审

原告罗姆尼公司因与被告三雄极光公司、旌露公司发生侵害外观设计专利权纠纷，向广州知识产权法院提起诉讼。

原告罗姆尼公司诉称：罗姆尼公司是专利号为 ZL201430066180.4、名称为"灯具（云海）"的外观设计专利的专利权人。该专利授权后由罗姆尼公司独自实施，未许可给其他任何第三方实施。旌露公司销售、许诺销售的被诉侵权产品落入罗姆尼公司涉案专利权的保护范围。被诉侵权产品是由三雄极光公司生产、销售的。旌露公司、三雄极光公司未经罗姆尼公司许可，生产、销售、许诺销售与罗姆尼公司涉案专利外观设计相同的产品，侵害了罗姆尼公司的专利权，严重影响了罗姆尼公司专利产品的生产和销售，给罗姆尼公司造成了极大的经济损失。低价销售冲击了罗姆尼公司专利产品市场。请求法院判令旌露公司、三雄极光公司：①停止实施侵犯罗姆尼公司 ZL201430066180.4 专利权的行为，包括三雄极光公司停止生产、销售、许诺销售侵犯罗姆尼公司 ZL201430066180.4 专利权的灯具，旌露公司停止销售、许诺销售侵犯罗姆尼公司 ZL201430066180.4 专利权的灯具，并销毁库存侵权产品；②销毁用于生产被诉侵权产品的专用模具；③共同赔偿罗姆尼公司人民币 200 万元（包括罗姆尼公司为此支出的合理开支）；④承担本案诉讼费。

被告三雄极光公司辩称：三雄极光公司不是涉案产品的采购者，也不是涉案产品的销售者，并非本案适格主体。三雄极光公司全资子公司重庆三雄极光照明有限公司（以下简称重庆三雄公司）与案外人中山市鑫凯盛照明有限公司（以下简称鑫凯盛公司）就重庆三雄公司委托鑫凯盛公司制造产品的有关事项签订《委托加工合同》。涉案产品是由鑫凯盛公司自行采购所需配件并独立制造的产品，是重庆三雄公司按前述合同发出《采购合同确认书》进行采购并销售的，三雄极光公司并没有参与涉案产品的采购和销售。重庆三雄公司具有独立法人资格，应独立承担相应的责任和义务。三雄极光公司不是涉案产品的采购者和销售者，无须承担任何责任。而且，三雄极光公司不是涉案产品在专利法意义上的制造者。涉案产品使用的商标和包装虽然是三雄极光公司所有，但这是三雄极光公司依法授权给重庆三雄公司使用的。

鑫凯盛公司根据上述《委托加工合同》的约定，接受重庆三雄公司的委托，运用其自身的生产技术和第三方许可其使用的产品设计制造涉案产品，使用委托方商标和包装的行为是制造行业常见的委托加工行为模式，并未违反法律规定。重庆三雄公司在对外销售涉案产品前已就相关产品的知识产权问题尽到了合理的审慎注意义务，涉案产品中的灯具（灯罩）配件系经该外观设计专利权人李一军及李贞燕许可使用的，重庆三雄公司亦已就涉案产品向鑫凯盛公司支付了相应的对价，涉案产品有合法来源。在委托加工专利产品的情况下，如果委托方没有提供该产品的外观设计方案或参与该产品的外观设计，则不是专利法意义上的制造者。重庆三雄公司及三雄极光公司均不是专利法意义上的制造者。

被告旌露公司辩称：旌露公司提交的证据已经能够证明涉案产品来源于广州铭亿照明电器有限公司（以下简称铭亿公司），旌露公司不应当承担赔偿责任。

广州知识产权法院一审查明：

罗姆尼公司是名称为"灯具（云海）"、专利号为ZL201430066180.4外观设计专利的专利权人，该专利现行有效。该外观设计专利产品的用途为照明，设计要点为所附视图表达的形状，指定主视图为代表图片。

2016年5月20日，罗姆尼公司委托代理人在公证员的现场监督下，在一家挂有"福煜灯饰""三雄·极光® 照明"字样招牌的店铺订购了两组灯具。2016年5月24日，签收了"福煜灯饰"的工作人员送来的包裹两箱、发票一张。三雄极光照明专卖店销售单据左上角标注有"福煜灯饰"，盖有"广州旌露贸易有限公司"印章；发票上记载"开票单位：广州旌露贸易有限公司""开票人：刘庆龙"，盖有"广州旌露贸易有限公司发票专用章"。旌露公司确认其销售被诉侵权产品。

经当庭拆封2个公证封存箱，其内各有灯具1件、《产品安装说明书》1份。被诉侵权产品外包装箱上均记载"三雄·极光""广东三雄极光照明股份有限公司""地址：广州市番禺区石壁街韦涌工业区132号"等内容，该箱内的产品有15个完全相同的灯头。两款被诉侵权产品型号分别为PAK417130、PAK417160，正面均有"三雄·极光"字样，驱动电源及合格证上均有"三雄·极光""广东三雄极光照明股份有限公司"等字样。《产品安装说明书》上有"三雄·极光""广东三雄极光照明股份有限公司"字样。罗姆尼公司认为两款被诉侵权产品的灯头外观设计与涉案专利构成近似。

重庆三雄公司为三雄极光公司独资企业。三雄极光公司主张被诉侵权产品是由重庆三雄公司向鑫凯盛公司采购并已支付合理对价，提交了《外协采购合同确认书》、送货单、广东增值税专用发票、增值税应税货物或者劳务销货清单、俊龙纸箱厂送货单、采购收货单、《知识产权和专利保护保密协议》《2015年度委托加工合同》、中山市鑫凯盛照明有限公司BOM表及外观设计专利证书、证明、重庆三雄公司与铭亿公司《经销合同》、鑫凯盛公司证人证言等。旌露公司主张被诉侵权产品来源于铭亿公司，提交了租赁合同、广州铭亿照明电器有限公司销售出库单、证明及电子银行回单、证人证言等。旌露公司的员工出庭作证称现场所销售的产品来自铭亿公司。

三雄极光公司系股份有限公司，经营范围为电气机械和器材制造业；旌露公司系有限责任公司，经营范围为批发业。

广州知识产权法院一审认为：

（1）关于被诉侵权设计是否落入涉案专利权保护范围的问题。涉案专利产品包括顶盖、底盘、边框和外周面。顶盖为凸起的斧形盖体，其长边为对称内凹弧边，其短边为对称外凸弧边；顶盖外围有边框，边框的四边向外向下延伸并与外周面相交形成倒角。底盘底部为弧边对称的平面四边形，其盘体四面向上向外倾斜竖起形成一定坡度并与外周面相交，盘体的长边为内凹弧形板，短边为外凸弧形板，长边高度略大于短边高度，底盘整体呈斧形；底盘底面中部有一个大圆孔和三个小圆孔。将被诉侵权产品"LED壁灯 星享 8W"及被诉侵权产品"LED客厅吸顶灯 星享 128W"中的单个灯头外观设计与涉案专利进行比对，相同点如下：①产品整体均包括顶盖、底盘、边框和外周面；②顶盖为凸起斧形盖体，其长边为对称内凹弧边，其短边为对称外凸弧边，顶盖外围边框的四边向外向下延伸，与外周面相交形成倒角；③底盘底部为弧边对称的平面四边形，其盘体四面向上向外倾斜竖起，盘体的长边为内凹弧形板，短边为外凸弧形板，长边高度略大于短边高度，底盘整体呈斧形，斧形底盘的四边向上向外凸起与外周面相交形成一定坡度。区别仅在于：①涉案专利底盘上的圆孔位于底盘中间，而被诉侵权设计底盘的圆孔排列分布于底盘中线上；②被诉侵权设计底盘的内凹面有圆孔且内凹面坡面较高,而涉案专利底盘内凹面无圆孔且内凹面坡面较矮。由于被诉侵权产品在实际使用时,底盘被贴顶挂起,故底盘凹面坡度及凹面上的圆孔不易被直接观察,未对产品整体视觉效果产生显著影响;产品整体的长宽、弧度、厚度以及倒角,作为容易直接观察到的部位,相对于其他部位对外观设计的整体视觉效果更具影响。经整体观察、综合比对,应认定被诉侵权设计与授权外观设计专利在整体视觉效果上无实质性差异,两者构成近似,被诉侵权设计落入涉案专利权的保护范围。

(2)关于旌露公司、三雄极光公司有无实施被诉侵权行为的问题。①关于罗姆尼公司主张三雄极光公司制造、销售、许诺销售被诉侵权产品。第一,三雄极光公司抗辩被诉侵权产品来源于鑫凯盛公司。被诉侵权产品外包装标贴上记载的产品名称及型号与三雄极光公司所提交的《外协采购合同确认书》、送货单、中山市鑫凯盛照明有限公司BOM表中记载的相应货品名称及型号相一致。《外协采购合同确认书》、送货单、中山市鑫凯盛照明有限公司BOM表上均加盖有鑫凯盛公司的印章,且上述证据的真实性有鑫凯盛公司营业执照副本、重庆三雄公司与鑫凯盛公司签订的《2015年度委托加工合同》《知识产权和专利保护保密协议》、采购收货单等证据予以佐证,并有鑫凯盛公司的员工作为证人到庭确认被诉侵权产品由鑫凯盛公司提供的事实,上述证据形成证据链证实三雄极光公司关于被诉侵权产品来源于鑫凯盛公司的意见。在三雄极光公司已提出相反证据证实其并非被诉侵权产品制造者的情况下,罗姆尼公司未能进一步举证支持其主张,其仅以被诉侵权产品上有三雄极光公司的名称、地址及商标为由指控三雄极光公司制造被诉侵权产品的意见,与前述证据不符,根据优势证据原则,对罗姆尼公司主张三雄极光公司实施制造被诉侵权产品行为的意见不予采纳。第二,现有证据不能证实被诉侵权产品的外观是由三雄极光公司确定的。由于专利权人为李贞燕的ZL201530490679.2外观设计专利的外观与被诉侵权产品"LED壁灯 星享8W"及"LED客厅吸顶灯 星享 128W"中单个灯头基本一致,而三雄极光公司所提交的该ZL201530490679.2外观设计专利证书复印件上加盖有鑫凯盛公司的印章,同时,鑫凯盛公司出具证明确认李贞燕是其员工,结合中山市鑫凯盛照明有限公司BOM表上记载的"客供"仅包括"外箱""驱动电源",其"客户提供版本"仅包括"规格贴、试灯线标签、外箱标贴"的事实,以及重庆三雄公司与鑫凯盛公司签订的《知识产权和专利保护保密协议》中关于"乙方所拥有的专利产品销售给甲方时,将视为乙方已授权甲方销售此类产品"的约定,应认定被诉侵权产品的外观并非由三雄极光公司确定的。第三,关于三雄极光公司有无销售被诉侵权产品,因罗姆尼公司未举证证实三雄极光公司有实施销售被诉侵权产品的行为,所以其应对此承担举证不能的法律责任,一审法院对此不予采纳。第四,关于合法来源抗辩的问题,三雄极光公司系独立的法人,罗姆尼公司在本案中未能举证证实三雄极光公司有制造、销售被诉侵权产品的行为,而案外人销售被诉侵权产品是否有合法来源的问题,不属于本案审查范围。第五,关于三雄极光公司有无实施许诺销售被诉侵权产品行为的问题,虽然罗姆尼公司所提交三雄极光公司的"www.pak.com.cn"网页打印件上有名为"星享吸顶灯"的图片,但因图片只有一张,且图片中产品较小,只呈现其中产品的局部外观,因此一审法院无法将该产品图片与涉案专利权的外观设计进行比对,仅凭该图片无法认定图片中的产品外观设计落入涉案专利权的保护范围,亦无法判断图片中的产品是否被诉侵权产品。罗姆尼公司仅以三雄极光公司的网页有上述图片为由主张其许诺销售被诉侵权产品亦依据不足,所以其应对此承担举证不能的法律责任。②关于罗姆尼公司主张旌露公司销售、许诺销售被诉侵权产品的问题。涉案公证书记载,挂有"福煜灯饰"招牌的店铺销售了被诉侵权产品,罗姆尼公司的代理人购买被诉侵权产品取得的三雄极光照明专卖店销售单据、发票上均盖有旌露公司的印章,其中销售单据上记载的地址与旌露公司的地址一致,且旌露公司的员工许泽平到庭确认该店铺是由旌露公司所开设,旌露公司亦确认其销售被诉侵权产品,因此,罗姆尼公司主张旌露公司销售被诉侵权产品的意见于法有据。对于许诺销售行为,罗姆尼公司并未提交证据证实旌露公司许诺销售被诉侵权产品,该主张依据不足,故不予采纳。

(3)关于旌露公司提出合法来源抗辩是否成立的问题。旌露公司提交的广州铭亿照明电器有限公司销售出库单所记载的客户名称"福煜灯饰照明(通事达)"与销售被诉侵权产品的店铺招牌名称"福煜灯饰"基本一致,广州铭亿照明电器有限公司销售出库单上的送货地址与销售被诉侵权产品的地址相同,其上记载的产品名称、规格亦与被诉侵权产品外包装箱上记载的名称、型号相同,可认定该广州铭亿照明电器有限公司销售出库单中的产品即被诉侵权产品,而该广州铭亿照明电器有限公司销售出库单的真实性有铭亿公司的证明和电子银行回单予以佐证,而且铭亿公司经营灯具批发、零售的事实,有旌露公司所提交"广州铭亿照明电器有限公司"工商公示信息予以证实。结合上述证据,应认定旌露公司关于其销售的被诉侵权产品来自"广州铭亿照明电器有限公司"的意见于理有据,旌露公司的合法来源抗辩意见成立,予以采纳。

(4)关于侵权责任的问题。本案中,旌露公司未经专利权人许可,销售被诉侵权产品的行为,侵害了罗姆尼公司涉案外观设计专利权,应承担停止侵权、赔偿损失等民事责任。第一,关于停止侵权。旌露公司的员工许泽平当庭陈述旌露公司还有被诉侵权产品的样板一套,故旌露公司应销毁库存侵权产品。第二,关于赔偿数额,因旌露公司销售被诉侵权产品已构成对罗姆尼公司涉案专利权的侵犯,并实际导致罗姆尼公司维权费用的支出,故虽旌露公司的合法来源抗辩成立,但其仍应向罗姆尼公司赔偿为涉案维权行为所支出的合理开支。故一审法院对罗姆尼公司主张的维权支出中的合理部分予以支持,并酌情确定为25 000元,超过部分不予支持。

综上,广州知识产权法院依照《中华人民共和国侵权责任法》(以下简称《侵权责任法》)第二条、第十五条,《专利法》(2008年修正本)第十一条第二款、第五十九条第二款、第六十五条,《最高人民法院关于审理侵犯专利权纠纷案件应用法律若干问题的解释》第八条、第九条、第十条、第十一条、第十二条第二款,《最高人民法院关于审理侵犯专利权纠纷案件应用法律若干问题的解释(二)》第二十五条第一款规定,判决:

(1)旌露公司于判决发生法律效力之日起立即停止销售侵犯罗姆尼公司名称为"灯具(云海)"、专利号为ZL201430066180.4的外观设计专利权的产品,并销毁库存侵权产品;

(2)旌露公司于判决发生法律效力之日起10日内赔偿罗姆尼公司为维权支出的合理开支合计人民币25 000元;

(3) 驳回罗姆尼公司的其他诉讼请求。如果未按判决指定的期间履行给付金钱义务,应当依照《中华人民共和国民事诉讼法》第二百五十三条①规定,加倍支付迟延履行期间的债务利息。

二、二审

罗姆尼公司不服一审判决,向广东省高级人民法院提起上诉称:①被诉侵权产品的包装箱上有且仅有三雄极光公司的公司名称、注册商标、厂址和公司网站信息,且三极雄光公司在网站上广泛宣传本案被诉侵权产品,因此三雄极光公司实施了生产、销售、许诺销售被诉侵权产品的行为,旌露公司实施了销售被诉侵权产品的行为,二者均应当承担赔偿责任;②旌露公司和三雄极光公司的合法来源抗辩明显缺乏事实依据,不应采信;③一审法院未对罗姆尼公司提交的全部证据组织质证,存在程序违法;④一审判赔数额偏低。请求二审法院:①撤销原判第三项,判令旌露公司和三雄极光公司停止侵犯罗姆尼公司 ZL201430066180.4 专利权的行为,包括停止生产、销售、许诺销售侵犯罗姆尼公司 ZL201430066180.4 专利权的灯具,并销毁其库存侵权产品;②判令旌露公司和三雄极光公司销毁用于生产被诉侵权产品的专用模具;③将原审判决第二项改判为由旌露公司和三雄极光公司共同赔偿罗姆尼公司经济损失 30 万元;④判令旌露公司和三雄极光公司承担本案一审、二审诉讼费。

旌露公司不服一审判决,向广东省高级人民法院提起上诉称:涉案专利各个视图之间存在矛盾,无法据此得出唯一确定的产品实物,因此涉案专利权的保护范围不明确,缺乏判断被诉侵权产品是否落入涉案专利权的保护范围的基础,因此一审判决认定被诉侵权产品落入涉案专利权的保护范围属事实认定错误。鉴于被诉侵权产品未落入涉案专利权的保护范围且被诉侵权产品具有合法来源,旌露公司不应赔偿罗姆尼公司因维权产生的合理开支。据此请求撤销原判,改判旌露公司未实施专利侵权行为。

广东省高级人民法院经二审,对一审查明事实予以确认。另查明:

〔2017〕粤民终 2903 号民事判决系罗姆尼公司以本案专利为据诉其他被

---

① 即《民事诉讼法》(2012 年修正本)。《民事诉讼法》(2011 年修正本)对第二百五十二条未做改动。

告侵害专利权的关联案件,该生效判决查明:国家知识产权局专利复审委员会于 2017 年 4 月 25 日作出第 32007 号《无效宣告请求审查决定书》,维持本案专利权有效。根据该决定书记载,请求人中山市极美照明电器有限公司在该无效宣告请求审查程序中认为,本案专利主视图和后视图存在不符合制图规律的情况,本案专利没有清楚地显示要求保护的产品外观设计。该无效宣告请求审查程序的合议组认为,本案专利视图清楚显示了要求保护的产品外观设计,符合《专利法》(2008 年修正本)第 27 条第 2 款的规定。

三雄极光公司为"三雄·极光""PAK"注册商标的专用权人,系"www.pak.com.cn"网址的备案单位,备案许可证号为粤 ICP 备 1304286 号,网站域名为 pak.com.cn。名称为"LED 壁灯 星享 8W"的被诉侵权产品包装箱标注有"型号:PAK417130""三雄·极光®""广东三雄极光照明股份有限公司""PAK""地址:广州市番禺区石壁街韦涌工业区 132 号""PC:511495""电话:(020)28660333""客户服务中心:400 - 618 - 2219""生产日期/批号:2016 年 5 月 2 日",以及 http://www.pak.com.cn 和 ISO 认证等标识信息。壁灯内侧粘贴的产品合格证标注有"三雄·极光®""品名:LED 壁灯""型号:PAK417130""广东三雄极光照明股份有限公司""PAK"等标识;壁灯内侧 LED 恒流驱动电源标注有"三雄·极光®""广东三雄极光照明股份有限公司""PAK"等标识。名称为"LED 客厅吸顶灯 星享 128W"的被诉侵权产品包装箱标注有"型号:PAK417160""三雄·极光®""生产日期/批号:2016 年 5 月 8 日""品名:LED 客厅吸顶灯",其余标识标注信息与前述被诉侵权产品相同。通过中国质量认证中心查询三雄极光公司 CCC 证书,查询结果显示,型号/规格为"PAK417130 8W(54×0.14W/LED 模块)"的 LED 壁灯产品的制造商为三雄极光公司,生产厂为广东三雄光电实业有限公司。型号/规格为"PAK417160 128W(256×0.5W/LED 模块)"的 LED 客厅吸顶灯产品的制造商为三雄极光公司,生产厂为中山市翰锋照明有限公司。

三雄极光公司官方网站首页的公司介绍称:"三雄极光自成立以来一直致力于研发、生产、推广高品质的绿色照明产品,为客户提供全方位的照明解决方案和专业服务,是中国极具综合竞争力的照明品牌之一……公司总部位于广州市番禺区,在广州、肇庆、重庆等地拥有 5 大生产基地,年生产 LED、荧火灯等照明产品上亿套,涉及商业照明、办公照明、工业照明、户外照明、家居照明等领域。"三雄极光公司官网内容中有"第 16 次!三雄极光高调亮相光亚展"新闻报道,该报道在介绍三雄极光公司在光亚展上展示其研发的 LED 照明新品时所附配图包含了"星享吸顶灯"图片,该图片与罗姆尼公司一审提交的"星享吸顶灯"图片一致。

广东省高级人民法院二审认为:

(1) 关于涉案专利权保护范围是否明确的问题。本案《外观设计专利证书》记载有外观设计的六面视图,该六面视图已经显示产品的外观设计,能够清楚地显示本案专利权的保护范围。另外,根据专利复审委员会第 32007 号《无效宣告请求审查决定书》,国家知识产权局专利复审委员会认为本案专利各视图能清楚显示要求保护的外观设计,符合《专利法》(2008 年修正本)第二十七条第二款的规定,维持本案专利权有效。旌露公司关于涉案专利视图错误、无法唯一确定专利产品的上诉理由依据不足,二审法院不予支持。

(2) 关于三雄极光公司是否应承担制造、销售、许诺销售被诉侵权产品的侵权责任的问题。经查,三雄极光公司不仅在其官网上许诺销售其中型号为 PAK417160 的 LED 客厅吸顶灯产品,还以制造商的身份对该产品申请了 3C 认证,并于 2016 年 11 月 7 日获得证书。对其中型号为 PAK417130 的 LED 壁灯产品,三雄极光公司也以制造商的身份申请了 3C 认证,并于 2017 年 9 月 7 日获得证书。型号为 PAK417130 的 LED 壁灯产品为单头产品,其外观与本案专利近似;型号为 PAK417160 的 LED 客厅吸顶灯产品为 15 头产品,即将单头产品按 3×5 的方式排列组合形成的产品,为单头产品的常规排列方式作重复排列,整体外观设计特征以单头产品的外观为表征。以上产品的外观与本案专利外观均实质相同,为近似外观设计。三雄极光公司提出的被诉侵权产品是鑫凯盛公司依据其员工的外观设计专利制造的专利产品,但即使属实,鑫凯盛公司员工的专利均为本案专利的在后专利,不具备对抗本案专利权的证据效力。故此,被诉侵权产品构成对本案专利权的侵害无疑,但关键在于本案中应由谁承担侵权责任。

《专利法》(2008年修正本)规定的"制造专利产品",除了直接的生产行为以外,还包括间接生产行为,即在委托加工专利产品的情况下,如果委托方要求加工方根据其提供的设计方案制造专利产品,或者专利产品的形成中体现了委托方提出的设计要求,或者专利产品的形成是委托方参与的结果,体现了委托方的意志,则可以认定是双方共同实施了制造专利产品的行为,二者均为专利法意义上的制造者。具体到本案,首先,以上被诉侵权产品使用的商标为三雄极光公司所有,标注的3C认证、厂名、厂址、电话、网址和电子邮址等信息均为三雄极光公司所有。被诉侵权产品所有的产品标注信息均明确一致表明产品制造者为三雄极光公司。企业名称是区别不同市场主体的标志,只能自己使用,不能许可他人使用。除非存在假冒的情形,否则企业名称的使用,应视为企业自己的使用。商标是产源标记,本案没有任何许可三雄极光公司子公司使用其商标的证据。3C认证即"中国强制性产品认证",3C认证中的制造商负责产品设计和定型,是产品的设计者;生产厂对产品设计负责生产,是产品的加工场所,对产品加工质量负责。以上被诉侵权产品的3C认证申请人为三雄极光公司,证书列明的制造商为三雄极光公司。而且重庆三雄公司和鑫凯盛公司的3C认证产品没有以上被诉侵权产品。因此,本案证据可以直接证明三雄极光公司为被诉侵权产品的制造者。

其次,三雄极光公司提交的反证并不能排除其为被诉侵权产品的制造者。三雄极光公司主张被诉侵权产品是重庆三雄公司向鑫凯盛公司采购并支付合理对价,但其提交的证据并不能形成完整的证据链。综合三雄极光公司和旌露公司提交的证据及证人证言,可以证明,重庆三雄公司与鑫凯盛公司之间存在过委托加工与本案被诉侵权产品型号相同的同类产品的关系,铭亿公司是2016年度三雄·极光照明产品的经销商,但不足以证明被诉侵权产品是重庆三雄公司委托鑫凯盛公司加工制造而来。在直接证据扎实充分的情况下,三雄极光公司提交的证据不足以反驳罗姆尼公司提交的证据,不足以否认其为被诉侵权产品的制造者。

再次,制造行为是否成立,还需审查行为人是否与他人分工合作共同实施了该行为。本案被诉侵权产品及其外包装并未记载其他生产厂家或制造商的相关信息,被诉侵权产品使用的全部是三雄极光公司的商业标记。一般消费者从产品的所有识别性标记直接得知或者间接查找到的产品制造者都是三雄极光公司。根据三雄极光公司的举证，本案被诉侵权产品是鑫凯盛公司根据重庆三雄公司的订单制造而来，产品的形成和产品外观的确定，是代表委托方的重庆三雄公司选择的结果。重庆三雄公司是三雄极光公司的全资子公司，并且三雄极光公司的官方网站强调重庆三雄公司为其生产基地之一。重庆三雄公司将三雄极光公司包括企业名称在内的所有商业标记和认证标志使用在委托制造的产品上，在生产和流通环节均以三雄极光公司品牌所有人自居，三雄极光公司在诉讼中能够随愿将重庆三雄公司的相关证据予以提交，可见二者经营关系密切，且在本案中并未严格区分彼此。本案被诉侵权产品的制造和流通，很难说没有三雄极光公司的分工合作和安排，二者无共同制造产品的意思联络。因此，即使三雄极光公司所提交的证据可以表面证明被诉侵权产品是重庆三雄公司委托鑫凯盛公司制造而来，三雄极光公司也难以摆脱实质的间接制造者身份。

最后，产品的制造是市场流通之源，并不受专利法规定的合法来源抗辩制度的保护。三雄极光公司是专业的照明器材生产厂家，是经营规模庞大的上市公司，对委托制造的产品是否侵害他人专利权有很强的识别能力，应负与其能力和行业地位匹配的高的注意义务。对于其子公司以其名义委托他人制造的产品，其亦应当承担相应的审查义务，注意避让他人在先的合法权利。本案不能认为委托方已尽注意义务，其存在过错，应当承担专利侵权的民事责任。

三雄极光公司在展销会上展示了星享吸顶灯，即是作出销售的意思表示，其产品图片与被诉侵权吸顶灯产品的相应视图一致，应当认定三雄极光公司许诺销售了该款产品。结合罗姆尼公司公证购买两款被诉侵权产品的事实，可以认定三雄极光公司还实施了销售被诉侵权产品的行为。综上，三雄极光公司未经罗姆尼公司的许可，制造、销售、许诺销售了侵害涉案专利权的被诉侵权产品，应当承担停止侵害、赔偿罗姆尼公司经济损失的民事责任。罗姆尼公司关于三雄极光公司实施了被诉侵权行为的上诉理由成立，一审法院对此认定错误，二审法院予以纠正。

（3）关于三雄极光公司是否应承担销毁专用模具的侵权责任的问题。因被诉侵权产品并非一体成型的灯具，仅凭被诉侵权产品的形状难以判断制造该产品是否需要专用模具,罗姆尼公司亦未提交证据证实三雄极光公司具有生产被诉侵权产品的专用模具,故罗姆尼公司该项诉讼请求,依据不足,二审法院不予支持。

(4) 关于旌露公司合法来源抗辩是否成立,是否应承担赔偿合理开支的民事责任的问题。综合旌露公司提交的证据和销售人员出庭作证的证言,可以认定形成了被诉侵权产品合法来源于铭亿公司的优势证明力。鉴于本案权利人已找到侵权的源头,合法来源抗辩制度的功能已经发挥,没有必要再苛求终端的销售者承担过重的举证责任。一审法院认定旌露公司的合法来源抗辩成立并无不妥,二审法院予以支持。

对于合法抗辩成立时,旌露公司是否应承担合理维权费用,二审法院分析如下。第一,侵权责任的承担方式包括停止侵害、赔偿损失等,根据专利法相关规定,销售或许诺销售者主观没有过错且能证明合法来源的,不承担赔偿责任。第二,从救济途径考虑,合法来源抗辩制度旨在寻找并打击侵权源头,在本案已认定三雄极光公司为被诉侵权产品制造者的情况下,制造者应当是维权费用的最终承担者。第三,从利益平衡和权责相匹配的角度来讲,诚实守信的销售或许诺销售者在流通环节赚取的利润,是促成商品交换而实现的销售利润,若其主观上没有过错,在已提供被诉侵权产品制造来源并承担停止侵权责任后,还要承担权利人的维权费用,权责利可能不匹配。更何况,同一商品上可能并存多种知识产权,善意的销售或许诺销售者面临不同权利人维权的潜在风险,责任将被进一步放大。第四,在现代市场经济下,商品流通的渠道多元、交易频繁、环节众多,销售或许诺销售者对商品是否侵犯知识产权,若已根据其能力尽到了注意义务,且面对权利人维权时提供了合法来源,应维护交易的安全,不宜再加重其责任,否则经营活动中销售环节的风险和不确定性过大,有碍市场经济下商品的正常流通。基于以上考虑,二审法院认为,旌露公司合法来源抗辩成立,本案已认定三雄极光公司为被诉侵权产品的制造者,被诉侵权产品已经查找到源头,罗姆尼公司因维权支付的合理开支,不宜由旌露公司承担。旌露公司作为侵权产品善意的销售者,其不应赔偿罗姆尼公司因维权产生的合理开支的上诉理由成立,二审法院予以支持。

（5）关于旌露公司和三雄极光公司是否应承担30万元的连带赔偿责任的问题。旌露公司销售的被诉侵权产品具有合法来源，依法不承担赔偿责任，罗姆尼公司请求旌露公司承担连带赔偿责任无据。三雄极光公司未经罗姆尼公司的许可，制造、销售、许诺销售了侵害涉案专利权的被诉侵权产品，依法应当承担停止侵害、赔偿罗姆尼公司经济损失的民事责任。至于赔偿数额，鉴于罗姆尼公司没有证据证明其因侵权遭受的损失或者三雄极光公司因侵权获得的全部利益数额，亦无相关专利许可使用费予以参照，根据本案专利的类型，三雄极光公司侵权行为的性质、情节，三雄极光公司的经营规模及罗姆尼公司维权合理开支，同时考虑到罗姆尼公司延迟提交证据是导致二审改判的原因之一，其存在证据突袭的行为应当承担相应责任等因素，二审法院依据《专利法》（2008年修正本）第六十五条酌定三雄极光公司赔偿罗姆尼公司经济损失及合理维权支出共计15万元。

据此，广东省高级人民法院依照《侵权责任法》第二条、第八条、第十五条，《专利法》（2008年修正本）第十一条第二款、第五十九条第二款、第六十五条、第七十条，《最高人民法院关于审理侵犯专利权纠纷案件应用法律若干问题的解释》第八条、第十条、第十一条，《最高人民法院关于审理侵犯专利权纠纷案件应用法律若干问题的解释（二）》第二十五条，《民事诉讼法》（2017年修正本）第一百七十条第一款第二项之规定，判决：

（1）维持广州知识产权法院〔2016〕粤73民初1376号民事判决第一项；

（2）撤销广州知识产权法院〔2016〕粤73民初1376号民事判决第二、三项；

（3）广东三雄极光照明股份有限公司自本判决生效之日起立即停止制造、销售和许诺销售侵害罗姆尼光电系统技术（广东）有限公司名称为"灯具（云海）"、专利号为ZL201430066180.4的外观设计专利权的产品，并于本判决发生法律效力之日起10日内销毁库存侵权产品；

（4）广东三雄极光照明股份有限公司自本判决发生法律效力之日起10日内赔偿罗姆尼光电系统技术（广东）有限公司经济损失及合理开支合计150 000元；

（5）驳回罗姆尼光电系统技术（广东）有限公司的其他诉讼请求；

（6）驳回广州旌露贸易有限公司的其他上诉请求。

【法官点评】

本案入选"2018年中国法院50件典型知识产权案例""2018年度服务创新驱动发展十大典型案例"，是严格知识产权司法保护、引导企业合法经营、深化法律适用和规范自由裁量权的典型案例。

（1）司法责任制改革相关文件中要求通过类案参考统一裁判尺度，实现类案同判。两个案件如何才能被视为是同类案件，应当以什么样的标准来判断，是实现类案同判的前提，也是在司法中急需解决的问题。本案是甄别并精细审理"类案"确保裁判精准的典型案例。

最高法院〔2012〕民申字第197号民事裁定曾对专利法意义上的被诉侵权产品的制造者作出了界定，被不少法院当作委托制造专利产品案件的裁判规则，认为只有自己制造和提供制造方案才能被认定为制造者，一审亦据此作出委托方不承担侵权责任的裁判。但最高人民法院该案裁判于2012年，并非指导性案例，该案的基本事实是被诉侵权产品系经由专利权人许可制造而来，其裁判的事实基础与本案实质不同，不能认为是事实一致的"类案"。且最高人民法院的裁定只是将在再现专利技术方案中参与程度最深的两种常见情形予以重点指出，并未排除其他情形的认定。

定牌加工是我国重要的产业生产模式，涉及大量的知识产权尤其专利保护问题。对该种生产方式法律属性尤其委托方法律责任的认定，直接影响到产业的规范和发展。当前司法实践中出现了厂商利用定牌加工生产方式，通过授意关联企业委托他人制造专利产品，探索逃避侵权责任之道的尝试。定牌加工模式下如何认定被诉侵权产品的制造者，直接影响到产业的规范和发展。自己制造和向受托方提供制造方案只是常规的制造方式。二审立足定牌加工的产业特点，以及委托方存在母子公司授意的情况，厘清产品所有显性和隐性的产源信息等案件基本事实，根据举证责任的分配规则，纠正了一审法院对制造者的错误认定，透过子公司对外委托的表象把握住母公司授意委托的本质，防止母公司借用子公司之手逃脱侵权责任从而损害整个定牌加工行业的健康发展。

（2）合法来源抗辩是知识产权制度中较为独特的制度，在审判实践中争议的问题较多，对涉及合法来源相关问题的妥善解决均应置于合法来源抗辩制度的初心和使命之下。

本案涉及的是合法来源抗辩成立情况下，销售者的赔偿责任问题。合法来源制度通过规范商品的流通渠道，使合法的市场交易行为得以避免因他人侵权遭受牵连而承担赔偿责任，以维护交易的安全，帮助权利人寻找侵权源头。从救济途径考虑，合法来源抗辩制度旨在寻找并打击侵权源头，在本案已认定三雄极光公司为被诉侵权产品制造者的情况下，制造者应当是维权费用的最终承担者。从利益平衡和权责相匹配角度考虑，诚实守信的销售者在流通环节赚取的利润，是促成商品交换而实现的销售利润，若其主观上没有过错，在已提供被诉侵权产品制造来源并承担停止侵权责任后，还要承担权利人的维权费用，权责利可能不匹配。在现代市场经济下，商品流通的渠道多元、交易频繁、环节众多，销售者对商品是否侵犯知识产权判断能力不一，若其已根据其能力尽到了注意义务，并已提供了可清晰证明的合法来源，厂商又为同案被告的情况下，"冤头债主"都已经找到，合法来源抗辩制度在个案中已经完成使命，已可实现制度目标，此时，应维护交易的安全，不宜再加重合法经营者的责任。若经营活动中销售环节的风险和不确定性过大，不仅有碍市场经济下商品的正常流通，也违背人们对法律的朴素认知，不易形成人们对法律公平正义的认同和信仰。直接判令制造者承担赔偿责任，也可以免去销售者承担责任后，再向制造者追偿的讼累，节省司法资源和司法成本。

（撰稿人：广东省高级人民法院　欧丽华）

飞利浦优质生活有限公司诉佛山市顺德区巨天电器有限公司侵害专利权纠纷案

——功能性特征内容的确定

【裁判要旨】

是否属于功能性特征的内容，应重点审查相关实施方式能否实现该功能。不能将说明书和附图中涉及的所有实施方式都纳入功能性特征的内容，更不能仅凭某一图例就简单认定属于功能性特征内容。

实施例并非孤立存在的，在功能性特征的内容一般需要依赖具体实施例来确定的情况下，更应结合权利要求书、说明书等内容对实施例的内容进行审查，以清楚、合理地界定其保护范围。

在被诉侵权产品不能实现相关功能的情况下，不能因为被诉侵权产品其他技术特征与涉案专利相同，就推定被诉侵权产品也具有同样的功能性特征，也不能仅因其结构与某一图示相近似就认定采用了相同或等同的功能性特征。

【关键词】

专利　功能性特征　等同侵权

【案例索引】

一审：广州知识产权法院〔2015〕粤知法专民初字第 2395 号

二审：广东省高级人民法院〔2017〕粤民终 1125 号

【案情与裁判】

原告：飞利浦优质生活有限公司（以下简称飞利浦公司）

被告：佛山市顺德区巨天电器有限公司（以下简称巨天公司）

一、一审

原告飞利浦公司因与被告巨天公司发生侵害专利权纠纷，向广州知识产权法院提起诉讼。

原告飞利浦公司诉称：巨天公司制造、销售、许诺销售的JT-916空气炸锅产品，侵害了飞利浦公司涉案ZL200780029489.3号"制备食品的设备和用于该设备的空气导向件"发明专利。请求法院判令：巨天公司立即停止侵权，并赔偿飞利浦公司经济损失以及合理费用100万元。

被告巨天公司辩称：被诉侵权产品与授权专利技术至少具有一个既不相同又不等同的技术特征，不落入专利权的保护范围，飞利浦公司主张的赔偿费用没有依据，其诉讼请求和理由均不成立。

广州知识产权法院一审查明：

飞利浦公司从案外人卡瓦林烹饪系统有限公司处获得涉案名称为"制备食品的设备和用于该设备的空气导向件"、专利号为ZL200780029489.3的发明专利在中国境内的独占许可使用权，有权以自己的名义针对侵害该专利权的行为采取任何法律行动。

飞利浦公司认为巨天公司生产销售的被诉产品JT-916型空气炸锅产品落入涉案专利权利要求1、5的保护范围，遂提起本案诉讼。涉案专利权利要求1、5内容如下：

权利要求1.一种用于制备食品的设备，包括食品制备室（2），该食品制备室具有外壁（4）、带可透过空气的底部壁（5）并带上方空气排出开口（6）的内壁（3）；风扇（7），该风扇用于使热空气顺次地移动穿过所述底部壁、所述食品制备室以及所述排出开口；空气导向装置（9），用于使空气从所述排出开口向与所述食品制备室分开的所述底部壁返回；热辐射装置（10），位于所述食品制备室的上部；和位于食品制备室下方的空气导向构件（11），其特征在于，所述空气导向构件（11）在底部壁（5）下方位于外壁（4）上，所述空气导向构件用于将空气流基本上向上导引，使其进入存在于食品制备室（2）中的食品中。

……

权利要求5.如权利要求1~4任一项所述的设备，其特征在于，所述空气导向构件（11）包括向上收缩的截头锥形空气导向部件（16）。

该发明专利说明书发明内容第[0006]段载明：在这一方面，短语"基本上向上"基本上试图表达气流的径向分量基本上垂直向上弯曲，以使气流基本上向上流过食品。与这种情况相比，即空气带有显著径向流动分量地到达食品制备室的底部壁（例如根据上述现有技术中的设备就是这种情形），空气的这种向上导向的空气流改善了常规空气流形态。因此能均匀地制备制品。

巨天公司确认其生产销售了被诉侵权产品。庭审中，双方当事人除了对被诉侵权产品是否具有"空气导向构件"这一特征存在争议外，对于被诉侵权产品具有涉案专利权利要求所记载的其他技术特征并无异议。对于"空气导向构件"，说明书记载其功能为"将空气流基本上向上导向食品制备室中的食品"。被诉侵权产品结构与涉案专利说明书中一附图相似，均是在底部壁设置截头锥形向上收缩的结构构件。

广州知识产权法院一审认为：

本案的争议是被诉产品是否具有"空气导向结构"这一功能性特征。本案中，涉案专利底部壁向上收缩的截头锥凸起构成的空气导向构件属于功能性特征。根据涉案专利的权利要求1记载的内容结合发明内容第［0006］段及专利附图，可以看出涉案专利在底部壁中央位置设置所述空气导向构件与底部壁呈接近90度的圆弧过渡夹角，因此客观上使得从制备器上方四周沿空气导向装置吹下的气流在底部壁径向分量流动受阻后基本上垂直向上引导，以此改善气流循环，得以均匀加热食品。而被诉侵权产品所述空气导向构件由底部壁边缘1/3处逐渐呈缓坡面凸起至中心部位形成截头锥形，凸边与底部壁的内夹角远大于90度。该结构的形状使得从制备器上方四周吹下的气流在底部壁径向分量流动遇到该凸起时，沿坡面呈现平滑斜向上流动，并非呈现基本上垂直向上流动方式。因此与涉案专利的该技术特征具有明显的区别，未落入授权专利权的保护范围。巨天公司不构成侵权。

综上，广州知识产权法院依照《专利法》（2008年修正本）第五十九条第一款、《最高人民法院关于审理侵犯专利权纠纷案件应用法律若干问题的解释》第七条、《最高人民法院关于审理侵犯专利权纠纷案件应用法律若干问题的解释（二）》第八条及《民事诉讼法》（2012年修正本）第六十四条第一款①的规定，判决：

---

① 《民事诉讼法》（2017年修正本）对第六十四条第一款未做改动。

驳回飞利浦公司全部诉讼请求。

二、二审

飞利浦公司不服一审判决,向广东省高级人民法院提起上诉称:①一审法院认定事实存在多处错误;②一审法院关于"向上收缩的截头锥凸起"构成的空气导向构件为功能性特征的认定,适用法律明显错误;③一审判决以专利说明书的附图限定权利要求中"截头锥形"的保护范围,适用法律明显错误,涉案专利并没有记载过截头锥形应当与底部壁呈接近90度的圆弧过渡夹角,锥形作为常见的几何体,与其侧面坡度的平缓程度无关;④被诉侵权产品的空气导向构件也是截头锥形,特征与涉案专利权利要求1、5完全相同,落入涉案专利权的保护范围。上诉请求撤销原审判决,改判支持飞利浦公司全部诉讼请求。

广东省高级人民法院经二审,确认:一审查明事实属实。另查明:

双方当事人均认可"空气导向构件"属功能性技术。飞利浦公司主张,涉案专利说明书记载的"空气导向构件"技术的实施例有四个,分别是:说明书第[0050]和[0055]段(即截头锥形结构的空气导向部分,以下简称实施例1)、第[0063]段(十字形空气导向肋,以下简称实施例2)、第[0064]段(空气导向肋加空气导向部分,以下简称实施例3)、第[0065]段(弯曲空气导向肋加空气导向部分,以下简称实施例4)。飞利浦公司声称被诉侵权产品与实施例1结构相似,故具有"空气导向构件"功能性特征。

广东省高级人民法院二审认为:

本案系侵害专利权纠纷。根据上诉人的上诉请求与理由,本案的争议焦点为:被诉侵权产品是否落入涉案专利权的保护范围。将被侵权诉产品与涉案专利权利要求1相比,双方当事人除了对被诉产品是否具有"空气导向构件"这一特征存在争议外,对于被诉侵权产品具有涉案专利权利要求1所记载的其他技术特征并无异议,故本案争议焦点可具体分解为:①如何确定"空气导向构件"这一功能性特征内容;②被诉侵权产品是否具有与"空气导向构件"相同或等同的技术特征。

首先,需确定涉案"空气导向构件"技术特征。从权利要求书、说明书对"空气导向构件"功能的限定及发明目的、技术背景的相关记载,说明书中各实施例的表述及其关系,涉案专利无效宣告审查过程中的相关认定等,可以合理认定涉案专利书所述"空气导向构件"是通过在底部壁设置空气导向肋结构这一手段,来实现"将空气流基本上向上导引"的功能和效果。而专利权人所主张的实施例1(截头锥形结构)不能实现"将空气流基本上向上导引"、克服空气回旋的功能,故该实施例不属于"空气导向构件"的具体实施方式。

其次,将被诉技术与涉案专利技术相比对。被诉侵权产品结构虽与实施例1相近似,但未设置空气导向肋,不能实现将空气流基本上向上导引、避免空气回旋的功能,且飞利浦公司在上诉中也认可被诉侵权产品对应技术在食品制备室内部实现的是"气流螺旋式上升",而非"基本上垂直向上弯曲"。故被诉侵权产品并不具备涉案专利权利要求1中所述的"空气导向构件"技术特征,不落入涉案专利权的保护范围。

据此,广东省高级人民法院依照《民事诉讼法》(2017年修正本)第一百七十条第一款第一项、《最高人民法院关于适用〈中华人民共和国民事诉讼法〉的解释》第三百三十四条的规定,判决:驳回上诉,维持原判。

【法官点评】

本案涉及功能性特征与实施例的关系问题,入选"2017年中国法院50件典型知识产权案例"。《最高人民法院关于审理侵犯专利权纠纷案件应用法律若干问题的解释》第四条规定:"对于权利要求中以功能或者效果表述的技术特征,人民法院应当结合说明书和附图描述的该功能或者效果的具体实施方式及其等同的实施方式,确定该技术特征的内容。"据此,专利侵权司法实务中,一般需根据说明书中的实施例来确定功能性特征的具体实施方式,故实施例在确定功能性特征具体内容上有着重要作用。本案中,专利权人即主张,被诉侵权产品与涉案专利某一实施例相似,故应认定被诉技术方案属于涉案专利"空气导向构件"功能性特征。因此,本案的争议主要在于如何确定功能性特征内容、如何理解功能性特征与实施例的关系。

相关实施例是否属于功能性技术内容,应还原功能性特征的本质,紧扣能否实现相关功能或效果这一前提基础进行分析。不能将说明书和附图中涉及的所有实施方式都纳入功能性特征的内容,更不能仅凭某一图例就简单认定其属于功能性特征内容。据此本案最终认定，涉案实施例不能用来确定争议功能性特征内容，无论被诉侵权产品结构是否与该实施例相似，均不影响被诉侵权产品不具有该争议功能性特征、不构成侵权的结论。具体分析如下。

首先，对于"空气导向构件"这一功能性特征内容的理解，应当紧扣其所要求实现的功能和效果。功能性特征既然是通过其在发明创造中所起的功能或者效果进行限定的技术特征，那么能否实现该功能或效果当然是判断相关实施例是否功能性特征的关键。而对相关功能和效果的理解，不能脱离权利要求书的记载及涉案专利说明书的相关表述。本案中，权利要求书记载"空气导向构件"所实现的功能或者效果是"将空气流基本上向上导引"，而对何谓"基本上向上"，说明书明确解释为"基本上试图表达气流的径向分量基本上垂直向上弯曲，以使气流基本上向上流过食品"。同时，针对背景技术"空气回旋"缺陷，说明书载明本专利的创新之处在于"空气的这种向上导向的空气流改善了常规空气流形态"。可见，"空气导向构件"所起到的功能和效果是尽可能将空气流的径向分量基本上垂直向上引导、尽量避免空气回旋。此是确定"空气导向构件"技术特征内容的重要基础和前提。

其次，实施例并非孤立存在的，在功能性特征的内容一般需要依赖具体实施例来确定的情况下，更应结合权利要求书、说明书等内容，从普通技术人员的角度对实施例的内容进行审查，以清楚、合理地界定其保护范围。从涉案说明书四个"空气导向构件"实施例的表述及其关系来看，实施例1的文字部分并未明确记载"截头锥形"结构属"空气导向构件"的一种实施方式。相比之下，实施例2、3、4在文字部分都明确记载是"空气导向构件11的实施方式"。而从这三个明确记载的"空气导向构件"实施例来看，涉案专利对"空气导向构件"的基本实施方式都是设置空气导向肋，且清晰记载了该空气导向肋的功能在于"有利于空气向上流动，防止出现环形（回旋）空气流并向着中央位置压力增大"。此正与涉案专利实现"将空气流基本上向上导引"、克服背景技术中的"空气回旋且不能实现向上导引"缺陷的目的相一致。故在涉案专利已就"空气导向构件"给出了明确的三个实施例及其原理，而涉案专利说明书明确记载"截头锥形向上收缩的空气导向部分"作用仅仅是"协助引导"的情况下，本领域普通技术人员无法确定不使用空气导向肋、只使用设置截头锥形向上收缩的实施例1是否也属于"空气导向构件"的实施方式之一。因此,在解释含有"功能性特征"的权利要求时,应仅仅解释为说明书和附图中所记载的能够实现特定功能的具体方式。一审法院将不能实现该功能的实施例1作为"空气导向构件"这一功能性特征的实施方式不妥,应予纠正。

最后,从司法政策考虑,对专利的保护力度应与其创新高度相一致。应当留意到,国家知识产权局专利复审委员会第20936号无效宣告请求审查决定中,已经认可"对比文件2的凸底壁79客观上能够起到将空气向上引流的效果",但鉴于"该对比文件2的文字部分并未记载其向上引导的气流能够实现基本上向上的功能,不能由此得出气流的径向分量基本上垂直向上弯曲的结论";且涉案专利说明书背景技术部分已经提及对比文件2,并指出在该结构中"空气可以在该空间内回旋,并且不能向上引导",专利复审委员会从而认为不能根据对比文件2的凸底壁结构认定其具有能够基本上向上引导气流的功能。同理,对于涉案专利实施例1,截头锥形向上收缩的结构客观上可以起到将空气向上引流的效果,但涉案专利要求达到的是"气流的径向分量基本上垂直向上弯曲"功能,在实施例1未能清楚说明相关结构并无法推导出相关结构能够起到克服空气回旋、实现"将空气流基本上向上导引"功能的情况下,不能根据实施例1来确定"空气导向构件"这一技术内容的具体内容。

因此,二审根据权利要求与说明书的记载、说明书所涉四个实施例的比较分析,并辅以专利无效审查情况,从而认定专利权人所主张的实施例不能实现该功能,并非该功能性特征的具体实施方式,最终认定被诉侵权产品缺乏争议功能性特征,因此不落入涉案专利权的保护范围。该案对现有专利司法解释"应当结合说明书和附图描述的该功能或者效果的具体实施方式及其等同的实施方式,确定该技术特征的内容"的规定进行了有益的拓展和补充,对如何确定功能性特征内容、如何处理实施例与功能性特征的关系等问题进行了深入有益的探索,既为此类功能性特征案件的审理做出了良好的示范,也充分演绎了司法保护力度与创新高度相符合的"比例协调"司法政策。

(撰稿人:广东省高级人民法院 肖海棠 张胤岩)

深圳市华博鑫五金制品有限公司诉系统电子科技（深圳）有限公司侵害实用新型专利权纠纷案

——专利先用权抗辩的先用技术不得来源于专利权人

【裁判要旨】

如果在先使用者的技术本身来源于专利权人的授权许可，而非独立研发或者从他人处合法获得，则不构成独立于专利权人的在先使用，不属于先用权抗辩制度所保护的善意先用者。

【关键词】

侵害专利权　先用权抗辩　技术的来源要件　商业秘密

【案例索引】

一审：深圳市中级人民法院〔2014〕深中法知民初字第501号

二审：广东省高级人民法院〔2016〕粤民终1789号

【案情及裁判】

原告：深圳市华博鑫五金制品有限公司（以下简称华博鑫公司）

被告：系统电子科技（深圳）有限公司（以下简称系统电子公司）

一、一审

原告华博鑫公司因与被告系统电子公司发生侵害实用新型专利权纠纷，向深圳市中级人民法院提起诉讼。

原告华博鑫公司诉称：原告是涉案专利"一种游戏机方向盘"的专利权人，被告系统电子公司未经其许可，大量制造、销售侵害其ZL201220422439.X号专利权的产品，构成专利侵权。请求法院判令：①系统电子公司立即停止制造、销售侵权产品，销毁库存成品、半成品；②系统电子公司赔偿华博鑫公司的经济损失及制止侵权所支付的合理费用20万元；③由系统电子公司承担本案的诉讼费用。

被告系统电子公司辩称：①系统电子公司在涉案专利申请日前就已经公开销售被诉侵权产品，涉案专利是公知技术，不应受到保护；②系统电子公司与华博鑫公司存在合同关系，系统电子公司制造被诉侵权产品所需的零部件为华博鑫公司提供，华博鑫公司还在合同中书面承诺其供应的零部件不涉及知识产权纠纷，系统电子公司制造被诉侵权产品的行为应该视为得到华博鑫公司的专利许可；③系统电子公司早在涉案专利申请日以前就制造了被诉侵权产品，且仅在原有范围内继续制造，系统电子公司对涉案专利技术享有先用权。请求法院驳回华博鑫公司的全部诉讼请求。

深圳市中级人民法院一审查明：

华博鑫公司于2012年8月24日就高波发明的方向盘向国家知识产权局申请实用新型专利，专利名称为"一种游戏机方向盘"，国家知识产权局于2013年1月9日授予华博鑫公司第ZL201220422439.X号实用新型专利权，并予以授权公告。华博鑫公司按期缴纳了专利年费。

2014年3月25日，国家知识产权局作出《实用新型专利专利权评价报告》，结论为涉案专利的全部权利要求1~7具有新颖性和创造性，符合授予专利权的条件。系统电子公司在一审诉讼期间提出无效宣告请求。2015年3月13日，国家知识产权局专利复审委员会作出维持涉案专利有效的决定。

华博鑫公司指控系统电子公司制造、销售被诉侵权产品，侵犯其专利权。系统电子公司确认其存在制造、销售被诉侵权产品的行为。一审法院于2014年9月4日到系统电子公司注册地址查封了被诉侵权产品，系统电子公司在庭审中自认其共生产了1万套左右。

华博鑫公司在本案请求保护涉案专利权利要求1~7（具体内容略），将被诉侵权产品与本案专利进行比对，华博鑫公司、系统电子公司均认为，被诉侵权产品与华博鑫公司专利权利要求1~7的技术特征相同。

系统电子公司提出先用权抗辩，并提交了设计图、零件规格检验书、送货单、发票等其在专利申请日前向他人采购零部件、包装盒、说明书的书证，出口的海关报关单，出口国许诺销售网页的公证书等证据，用于证明其在本案专利申请日前已经制造出相同产品。其中，零部件采购、送货资料以及华博鑫公司和系统电子公司的陈述显示，系统电子公司用以制造涉案产品的零部件系从专利权人华博鑫公司处采购。华博鑫公司对其销售的零部件作出《智慧财产权担保书》，承诺其供应的零部件不会存在侵害他人知识产权的问题。

深圳市中级人民法院一审认为：

本案系侵害实用新型专利权纠纷。华博鑫公司系 ZL201220422439.X 号"一种游戏机方向盘"实用新型专利的专利权人，该专利被授权后，华博鑫公司按时缴纳了专利年费，华博鑫公司该专利权依法应当予以保护。

关于被诉侵权产品是否落入华博鑫公司实用新型专利权的保护范围的问题。《专利法》（2008年修正本）第五十九条第一款规定："发明或者实用新型专利权的保护范围以其权利要求的内容为准，说明书及附图可以用于解释权利要求的内容。"权利要求分为独立权利要求和从属权利要求。专利侵权诉讼的专利权具体保护范围，由华博鑫公司自愿选择。本案华博鑫公司自愿选择其权利要求1~7作为其诉讼的专利权的保护范围，符合法律规定，一审法院予以确定。经对比，被诉侵权产品与华博鑫公司实用新型专利权所保护的技术特征一一对应，华博鑫公司、系统电子公司对此均予以确认。据此，应当判定被诉侵权产品与涉案专利技术特征相同，落入华博鑫公司专利权的保护范围。

关于系统电子公司提出的先用权抗辩问题。《专利法》（2008年修正本）第六十九条规定不视为侵犯专利权的情形包括"在专利申请日前已经制造相同产品、使用相同方法或者已经作好制造、使用的必要准备，并且仅在原有范围内继续制造、使用的"情况。本案中，系统电子公司提交的先用权证据有产品设计图、被诉侵权产品部件的采购资料、被诉侵权产品部件的送货单、华博鑫公司出具的保证书、与华博鑫公司之间的产品部件供应关系、被诉侵权产品包装的采购资料、零件规格检验书、海关出口凭证、增值税发票等证据，已经形成了完整的证据链，足以证明系统电子公司在华博鑫公司专利申请日之前已经做好了生产被诉侵权产品的准备，并进行了生产。至于华博鑫公司提出的部分材料主体与系统电子公司不对应问题，由于系统电子公司是中国台湾系统电子工业股份有限公司在中国大陆地区投资的企业，深圳市江为五金螺丝有限公司是系统电子公司的加工单位，因此出现部分不同的主体名称，但从涉案产品的编号、标注的商标以及时间的前后等关联性，可以确定系统电子公司的证据存在相互对应关系，因此华博鑫公司对系统电子公司证据提出的异议一审法院不予采信。华博鑫公司亦确认其与系统电子公司存在被诉侵权产品部件的供货关系，只是认为不是被诉侵权产品的全部部件，也不认为其授权或者同意系统电子公司制造专利产品。据此，一审法院认为系统电子公司的先用权抗辩成立，系统电子公司依法可以在原有范围内继续制造、使用。

华博鑫公司专利权处于授权状态，应当受法律保护。被诉侵权产品与华博鑫公司专利技术特征相同，系统电子公司虽制造、销售了被诉侵权产品，但系统电子公司先用权抗辩成立。《民事诉讼法》（2012年修正本）第六十四条第一款①规定："当事人对自己提出的主张，有责任提供证据。"司法解释规定没有证据或者证据不足以证明当事人的事实主张的，由负有举证责任的当事人承担不利后果。② 因此，华博鑫公司指控系统电子公司侵犯其实用新型专利权，华博鑫公司的诉讼请求缺乏事实和法律依据，应予以驳回。

综上，深圳市中级人民法院依照《专利法》（2008年修正本）第五十九条第一款、第六十九条《民事诉讼法》（2012年修正本）第六十四条的规定，判决驳回深圳市华博鑫五金制品有限公司的诉讼请求。

二、二审

华博鑫公司不服一审判决，向广东省高级人民法院提起上诉称：系统电子公司的先用权抗辩不能成立。首先，从技术归属角度看，涉案外观设计是上诉人独立开发设计的，该技术属于上诉人；其次，从《智慧财产权担保书》角度看，上诉人并未将涉案技术转让给被上诉人；再次，系统电子公司的行为超出了"原有范围"，构成侵犯专利权；最后，系统电子公司并不具

---

① 《民事诉讼法》（2017年修正本）对第六十四条未做改动。
② 即《最高人民法院关于适用〈中华人民共和国民事诉讼法〉的解释》第九十条第二款规定："在作出判决前，当事人未能提供证据或者证据不足以证明其事实主张，由负有举证证明责任的当事人承担不利的后果。"

备主张先用权的主体资格,且并非用合法的手段获取专利。请求:①撤销一审判决,改判支持华博鑫公司的全部诉讼请求;②判令系统电子公司承担本案全部诉讼费用。

广东省高级人民法院经审理,对一审法院查明的事实予以确认。

广东省高级人民法院二审认为:

本案系侵害实用新型专利权纠纷。华博鑫公司系ZL201220422439.X号"一种游戏机方向盘"实用新型专利的专利权人,其在有效期内的合法权益应受法律保护。根据华博鑫公司的上诉请求和系统电子公司的答辩意见,本案二审的争议焦点是:系统电子公司的先用权抗辩是否成立。

《专利法》(2008年修正本)第六十九条第一款第二项规定,在专利申请日前已经制造相同产品、使用相同方法或者已经做好制造、使用的必要准备,并且仅在原有范围内继续制造、使用的,不视为侵犯专利权。本案中,系统电子公司主张其在本案专利申请日以前已经完成生产相同产品的准备,且已经制造了相同产品,据此提交了部分五金件设计图、材料承认书、零件规格检验书、海关出口货物报关单、成品送货单、公证书、增值税发票等。但从前述证据来看,记载有时间的设计图及承认书、零件规格检验书、成品送货单、增值税发票所涉产品均为型号不一的不同零部件,并非完整产品,亦无法确定其组装方式,无法确定与本案相关;海关出口货物报关单仅记载"电视游戏机方向盘、电视游戏汽车方向盘配件"等,既未记载型号,亦无产品附图,无法确定指向本案被诉产品;相关公证书所指向的外国网站只披露了方向盘产品正面视图,无法确定其具体结构及技术方案,所记载的产品名称型号亦与被诉产品不同,无法证明该产品即本案被诉产品。故系统电子公司关于其在涉案专利申请日前已经完成生产并对外公开销售被诉产品的主张不能成立,不予支持。系统电子公司虽主张其在专利申请日前已做好生产被诉产品准备,但其在二审庭审中又自述其并未生产过产品部件,均系向华博鑫公司采购,该陈述与其主张存在矛盾。退一步而言,即使本案证据可以证明系统电子公司在本案专利申请日前已经做好生产被诉侵权产品的准备,其先用权抗辩亦不能成立。理由是:先用权抗辩制度旨在弥补我国实施的"先申请制"专利制度缺陷,避免因为专利授予,导致善意的先用者无法继续实施行为、有失公平的情况。但本案中,根据双方当事人对业务合作关系的陈述、单据以及华博鑫公司出具的《智慧财产权担保书》，可以认定系统电子公司相关被诉产品方案均来源于华博鑫公司，系统电子公司系在华博鑫公司的授权许可下对被诉产品进行组装生产。双方的技术许可使用关系及相关产品技术方案来源是客观清楚的，这种许可使用关系并不因为华博鑫公司将相关技术方案进行专利申请并获得授权的时间在后而发生逆转。故系统电子公司这种在先使用并非独立研发所得或者从他人处合法获得，不构成独立于专利权人的在先使用，不属于先用权抗辩制度所保护的善意先用者。此外，从公平角度而言，专利权人有权选择对自己技术方案的保护模式，若仅仅因为其在后申请专利，就导致其之前作为商业秘密保护并授权使用的技术丧失继续获得对价的权利，显然不公平不合理，更不符合专利制度及先用权抗辩制度鼓励创新发明、保护善意第三人的宗旨。综上，系统电子公司的先用权抗辩不成立，在华博鑫公司终止了系统电子公司对涉案专利产品的合作后，系统电子公司对涉案专利技术不再享有实施权利。一审法院认为系统电子公司的先用权抗辩成立，属于适用法律错误，予以纠正。系统电子公司虽在二审中主张其对相关技术方案的研发也存在贡献，但仅能提交部分设计图和材料承认书，相关证据均仅涉及个别零部件的尺寸、规格，与本案被诉落入专利权保护范围的方案没有直接关系，故其所谓的也是技术方案共同研发人的主张不能成立，不予支持。

系统电子公司对一审法院认定被诉侵权产品落入华博鑫公司专利权保护范围并无异议，可以认定系统电子公司未经华博鑫公司许可，为生产经营目的，制造、销售专利产品，侵害了华博鑫公司享有的专利权，依法应承担停止侵权行为和赔偿损失等民事责任。关于赔偿数额，鉴于因本案侵权行为导致的权利人损失或侵权人获益均无充分证据证实，根据本案涉案专利的类别、侵权行为的性质、规模和情节，以及华博鑫公司为本案维权的合理支出，确定系统电子公司赔偿华博鑫公司 20 000 元。华博鑫公司的其他诉讼请求证据不足，予以驳回。

据此，广东省高级人民法院依照《专利法》（2008 年修正本）第十一条第一款、第五十九条第一款、第六十五条，《民事诉讼法》（2017 年修正本）第一百七十条第一款第二项的规定，判决：

（1）撤销深圳市中级人民法院〔2014〕深中法知民初字第501号民事判决；

（2）系统电子科技（深圳）有限公司于本判决发生法律效力之日起立即停止制造、销售侵害深圳市华博鑫五金制品有限公司名称为"一种游戏机方向盘"、专利号为ZL201220422439.X实用新型专利的产品，并销毁库存侵权产品及专用生产模具；

（3）系统电子科技（深圳）有限公司于本判决发生法律效力之日起10日内赔偿深圳市华博鑫五金制品有限公司经济损失及合理开支共20 000元；

（4）驳回深圳市华博鑫五金制品有限公司的其他诉讼请求。

【法官点评】

本案为广东省第17号民事参阅案例，入选"2018年广东服务创新驱动发展十大典型案例"。根据《专利法》（2008年修正本）第六十九条第二项的规定，先用权是指在专利申请日前已经制造相同产品、使用相同方法或者已经作好制造、使用的必要准备，并且仅在原有范围内继续制造、使用，不视为侵害他人专利权的抗辩权。目前，我国法律和司法解释对先用权抗辩的规定比较原则，对于先用技术的来源要件缺乏明确规定。本案涉及的问题是如果是从专利权人处获知的技术，能否以此行使先用权抗辩来对抗专利权人？

本案中，一审、二审法院对系统电子公司的先用权抗辩是否成立得出了不同结论，既在于对证据的把握不同，更为重要的是，也在于对先用技术的来源要件的认识不同，这也分别代表了目前对该问题的两种不同看法。一种观点认为先用权抗辩并无技术来源的限制，一审法院采纳了该观点。二审法院则采纳了另一种观点，即认为先用技术的来源应具有独立性，如果在先使用者的技术本身来源于专利权人的授权许可，而非独立研发或者从他人处合法获得，该在先使用者不属于先用权抗辩制度所保护的善意先用者，当其不再有专利权人的授权许可时，不得以其在专利申请日之前依据许可对涉案专利的实施，对专利权人主张先用权抗辩。我们认为，一审观点未深入考虑先用权抗辩的设立宗旨和制度本质，让先用权制度变相成为免费获得专利许可的工具，有违诚实信用原则和公平原则，不利于整个社会的技术创新。

1. 从制度合理性的角度分析

先用权制度设立的首要目的在于弥补专利先申请原则的制度缺陷，完善商业秘密配套保护，维护公平。

我国专利制度采独占原则和先申请原则，即同一项发明创造只授予一项专利，多个申请人分别就同样的发明创造申请专利的，专利权授予最先申请的人。先申请原则在明晰技术产权、提高专利授权效率方面有着突出优势，但先申请原则也决定了，获得专利授权的人不一定是最先作出该项发明创造的人，完全有可能存在他人在专利申请日前已经发明了相同技术，并付出了相应市场投入的情况。对于先发明或者先实施相关技术的人而言，其无法预计在后是否会有人申请专利，如果仅仅因为无法预计的在后他人专利申请，就使得在先发明技术的人无法继续实施，显失公平。或者人人争先申请，使得众多不成熟的技术提前进入专利申请程序，降低专利审查的效率，阻碍真正成熟的发明创造获得授权。因此，先用权制度担负了弥补专利先申请原则的制度缺陷、维护公平的功能。

先用权制度还是完善商业秘密保护的必需配套措施。在诉讼保障专利权需要时间成本，以及现在全球资讯和经济竞争一体化、专利保护又具有地域性的情况下，在一国范围内仅依靠"以公开换保护"的专利制度来保护所有的创新技术是不现实的。有些壁垒高、含金量大的技术更适宜用商业秘密的方式来保护。在我国现行法律制度下，对技术的保护也设置了专利和商业秘密两种途径，相关发明主体可以自由选择，法律对之平等保护。如果没有先用权制度的话，在先发明人如选择以商业秘密保护其技术，一旦有人在后申请专利，先发明人将无法继续使用自己的技术秘密，相应的创新投入无所回报，这显然会使商业秘密保护存在巨大的制度漏洞。

本案中，一方面，先用技术本来就来源于专利权人华博鑫公司，与系统电子公司无关，不存在禁止系统电子公司使用显失公平的问题。相反，华博鑫公司将自己的技术许可系统电子公司使用，系统电子公司付出从华博鑫公司购买配件的对价，双方之间的这种有偿许可关系不应该仅仅因为华博鑫公司在后申请了专利而发生改变。另一方面，专利权人华博鑫公司有权选择对自己技术方案的保护模式。涉案专利经过无效程序维持有效，涉案专利并未因为被诉侵权产品在专利申请日前的公开销售丧失新颖性。若华博鑫公司在先选择采用商业秘密制度保护其技术，仅仅因为其在后申请了专利，就导致其之前作为商业秘密保护并授权使用的技术丧失继续获得对价的权利，显然不公平不合理。因此，当先用技术来源于专利权人在申请专利前的许可时，先用人以此来主张先用权抗辩对抗专利权人，就失去了抗辩成立的合理性，与先用权制度的本意不符。

2. 从投资预见性的角度分析

先用权制度是针对已经实施技术或者已做好实施技术必要准备的情况而言的，必然伴随着先用人生产资料的投入。因此，先用权制度还起到了避免社会资源浪费，保护投资安全的平衡器作用，其平衡的前提是先用人在合理注意义务范围内无法预见其投资应该被禁止。对于先用技术属于先用人独立研发，或者是合法来源于他人独立开发的情况，在先的技术发明人和实施人无法预计之后是否有人、何人会开发出与其技术一样的专利技术，因此无从预见其投资的确定性，应当享有先用权，保护其前期合理投入。但是，当先用人的技术来源于专利权人授权时则不同，技术的发明人是唯一的、确定的，先用人只需善意、妥善解决好其与技术来源人的关系即可，不存在无法预见的情况。先用人在实施他人授权的技术时，诚实信用，遵守合同约定，合理安排投资，这也并未超出公平合理的范围。

3. 从司法政策的角度分析

先用权制度本质上是在对技术先实施人和专利权人的利益平衡，同时也关系到技术权利人在商业秘密保护和专利保护之间的制度选择。我国现阶段处于经济社会转型的关键时期，国家鼓励企业积极创新，尽快实现从劳务密集型向技术密集型的产业结构转变，整体提升企业和国家的竞争力。在这样的社会背景下，司法应加强对专利权人的保护，指导技术的公开和转化，引导发明人尽量选择"以公开换保护"的专利制度保护自身权益，增加全社会的公开技术资源。先用权即便抗辩成立也只能在原有范围内继续实施技术，其这种谦抑的抗辩权利性质决定了，先用权抗辩不能影响专利权人正常合理地行使自己的合法权利。因此，在没有充足理由的情况下，先用技术不设来源限制会不当地扩大先用权抗辩的范围，造成先用权的滥用，不利于对专利权人的保护，也不利于鼓励技术权利人选择专利制度保护其技术，更不利于技术的公开和转化。

现实经济生活中，产品和技术包罗万象，同一技术碰巧被不同主体分别独立创造出来的毕竟是巧合，先用权抗辩更多的逻辑常态在于，先用权人的先用技术就是来源于专利权人。因此，先用技术的来源要件是先用权制度有待完善的重要内容。综合以上分析，二审生效判决的裁判观点更符合专利制度和产业政策的需要，具有重要的法律适用价值和社会意义。

（撰稿人：广东省高级人民法院　喻洁　张婷）

大自达电线股份有限公司诉广州方邦电子股份有限公司侵害发明专利权案

——合理确定专利权的保护范围

【裁判要旨】

对于相关技术术语,尽管难以给予精确的定义,但根据专利权利要求解释规则能合理确定其排除保护的范畴,而被诉方案属于该排除范畴的,可以确认被诉方案不落入涉案专利权的保护范围。

等同原则的运用应符合涉案专利发明目的,不能通过等同原则将涉案专利已摈弃的内容纳入专利权的保护范围。

【关键词】

专利侵权 专利权的保护范围 等同原则 技术特征 诚实信用原则

【案例索引】

一审:广州知识产权法院〔2017〕粤73民初263号

二审:广东省高级人民法院〔2017〕粤民终2363号

【案情及裁判】

原告:大自达电线股份有限公司(以下简称大自达公司)

被告:广州方邦电子股份有限公司(以下简称方邦公司)

一、一审

原告大自达公司因与被告方邦公司发生侵害发明专利权纠纷,向广州知识产权法院提起诉讼。

原告大自达公司诉称:大自达公司是专利号为ZL200880101719.7、名称为"印刷布线板用屏蔽膜以及印刷布线板"发明专利权人,该专利至今合法有效,应受法律保护。大自达公司在本案中主张保护的是该专利权利要求8、

9、10。方邦公司未经大自达公司许可，擅自大量制造、销售、许诺销售侵害大自达公司专利权的 8 款型号为 HSF6000－2、HSF8000－2、HSF－USB3、HSF－USB3－C、HSF－KDT－02、HSF－KDT－04、HSF－KDT－10、HSF－KDT－12 的屏蔽膜产品，获利巨大，给大自达公司造成了巨大的经济损失，因此大自达公司提起本案诉讼，以维护大自达公司的合法权益。请求法院判定：①方邦公司立即停止制造、销售、许诺销售侵害大自达公司涉案专利权的 8 款屏蔽膜产品，并销毁专用于生产侵权产品的设备和模具，以及销毁所有库存的侵权产品；②方邦公司赔偿大自达公司经济损失 9200 万元、合理维权费用 72 万元，合计 9272 万元；③方邦公司负担本案诉讼费用。

被告方邦公司辩称：①方邦公司制造、销售、许诺销售了大自达公司起诉的 8 款屏蔽膜产品，就以上 8 款被诉侵权产品方邦公司自 2013 年至 2016 年总销售毛利为 305 884 943.84 元，扣除运营费用及税费后净利润为 172 723 417.74元；②涉案 8 款被诉侵权产品的技术方案是一致的，与涉案专利权利要求 8、9、10 相比对，被诉侵权技术方案的第一金属层并非以波纹结构的方式形成，未包含权利要求 8 中"第一金属层以沿着所述绝缘层的所述单面表面成为波纹结构的方式形成"的技术特征，故被诉侵权技术方案不落入涉案专利权的保护范围，方邦公司不构成侵害涉案专利权的行为。

广州知识产权法院一审查明：

大自达公司系涉案专利"印刷布线板用屏蔽膜以及印刷布线板"的专利权人。大自达公司认为方邦公司制造、销售、许诺销售 8 款屏蔽膜产品，侵害大自达公司涉案专利权，遂提起本案诉讼，请求判令方邦公司销毁生产设备和模具，销毁库存，并赔偿经济损失和合理开支共 9272 万元。经大自达公司申请，一审法院对方邦公司涉案 8 款被诉产品进行了证据保全。大自达公司自行就被诉产品进行了鉴定并提供了鉴定意见，方邦公司确认被诉 8 款产品相关技术特征一致，并认可大自达公司鉴定报告中的附件 2 和附件 3。

广州知识产权法院一审认为：

本案的争议在于如何理解涉案专利中"第一金属层以沿着所述绝缘层的所述单面表面成为波纹结构的方式形成"的技术特征。根据涉案专利的说明书和附图、涉案专利的发明目的以及专利审查档案的内容，结合以上关于波纹结构、凹凸形结构的一般含义及其区分，涉案专利所述波纹结构，指的是具有周期性的、基本平滑的、朝着一个方向连续高低起伏波动的结构。而经审查大自达公司提供的被诉侵权产品切片 SEM 结果图，被诉产品第一金属层的结构应当属于随机变化的、无规律高低起伏的连续凹凸形结构，与涉案专利权利要求的波纹结构既不属于相同特征，也不属于等同特征，因此被诉侵权技术方案不落入涉案专利权的保护范围。遂判决驳回大自达公司诉讼请求。

综上，广州知识产权法院依照《专利法》（2008 年修正本）第五十九条第一款，《最高人民法院关于审理侵犯专利权纠纷案件应用法律若干问题的解释》第三条、第七条，《民事诉讼法》（2017 年修正本）第六十四条第一款，《最高人民法院关于适用〈中华人民共和国民事诉讼法〉的解释》第九十条的规定，判决：驳回大自达电线股份有限公司的全部诉讼请求。

二、二审

大自达公司不服一审判决，向广东省高级人民法院提起上诉称：一审法院将涉案专利权利要求 8 的"波纹结构"解释为"具有周期性的结构"属于基本事实认定错误。一审法院在错误解释"波纹结构"的基础上，错误认定被诉侵权产品第一金属层的结构属于随机变化的、无规律高低起伏的连续凹凸形结构，且未经审理，直接判决被诉产品与涉案专利技术不等同。即使被诉产品上的结构不是波纹结构，也取得了与波纹结构相同的技术效果，构成等同。故请求：①撤销一审判决；②改判支持上诉人的全部诉讼请求，或发回一审法院重审；③判决被上诉人承担一审、二审诉讼费用。

广东省高级人民法院经审理，确认一审法院查明的事实。

广东省高级人民法院二审认为：

本案的关键在于被诉侵权产品是否具有与涉案专利所述"第一金属层以沿着所述绝缘层的所述单面表面成为波纹结构的方式形成"相同或等同的技术特征，从而构成侵权。

（1）关于如何理解涉案专利"波纹结构"的问题。本案中，涉案专利权利要求书及说明书均未对"波纹结构"作出特别定义，"波纹结构"也非通用术语，无统一含义。故本案对于"波纹结构"的理解依法应依据说明书及附图、权利要求书中的相关权利要求、专利审查档案进行理解。第一，权利要求书虽然未对如何使所述第一金属层以波纹结构的方式形成的具体手段作出限制，但显然不能将仅仅系因绝缘层表面凹凸不平而自然导致的不平坦形状纳入"波纹结构",否则,权利要求 8 不必附加"所述第一金属层以沿着所述绝缘层的所述单面表面成为波纹结构的方式形成"特征。第二,通过说明书所载内容可认定"波纹结构"系区别背景技术、实现涉案发明目的的发明点,所述金属层的波纹结构应该具有较明显的弯曲性,其形状是涉案专利希望形成并可通过具体方法控制形成更理想形状的波纹结构,从而更可靠地起到金属层难以发生破坏、维持电磁波屏蔽特性的效果。第三,从涉案专利申请文件审查过程中的修改情况可见,大自达公司对于涉案专利在所述第一金属层的"波纹结构"可能存在的争议是清楚的,其接受相关审查意见才获得专利授权,却在本案中将已在审查过程中摒弃的技术特征纳入"波纹结构",显然不符合诚实信用原则。此外,涉案专利说明书附图以不同形式反映的同一"波纹结构",亦明显表明专利权人希望实现的相对规则、相对连续平滑起伏、高弯曲性的"波纹结构"。根据以上分析,涉案专利所谓的"波纹结构"至少应当是:相对规则、相对明显、相对平滑的连续高低起伏波动结构,排除因绝缘层表面凹凸不平而自然导致的金属层无规律性高低起伏,亦排除不具有高弯曲性的大致平坦、锯齿形或连续的凹凸形结构。

(2) 关于被诉侵权产品是否落入涉案专利权保护范围的问题。首先,在放大倍数为 1000 倍的 SEM 照片中,被诉产品金属层的下表面与绝缘层上表面紧密结合,呈现非直线状态,而金属层上表面的非直线形状与其相同。在大自达公司并无证据证明被诉产品金属层形状并非因绝缘层上表面凹凸不平的原因导致,且其在庭审中亦确认绝缘层上表面的形状在制作工艺上就难以人为控制的情况下,不能仅因相关检测图体现的非直线状态就认定被诉产品的相关金属层系"以波纹结构的方式形成"。其次,被诉产品金属层形状呈现无规律、随机起伏的特点,既有起伏相对微弱甚至平坦的片段,也有曲率突变的片段,显然不符合涉案专利所述的"波纹结构"。至于大自达公司主张本案应当认定等同侵权的问题,等同原则的运用应符合涉案专利发明目的,而在涉案专利已明确将"波纹结构"作为必不可少的技术特征,且锯齿形、连续凹凸形等不符合发明目的的情况下,本案显然不能通过等同原则将涉案专利摒弃的内容纳入涉案专利保护范围。故被诉产品不具备与涉案专利"波纹结构"相同或等同的技术特征,不构成侵权。

据此,广东省高级人民法院依照《民事诉讼法》(2017 年修正本)第一百七十条第一款第一项之规定,判决:驳回上诉,维持原判。

【法官点评】

本案争议的难点在于对于权利要求所述"波纹结构"具体技术特征的确定,以及相关被诉侵权技术特征是否与之构成等同的问题。

(1)关于"波纹结构"具体内容的确定问题。涉案专利权利要求书及说明书均未对"波纹结构"作出特别定义,"波纹结构"也非通用术语,无统一含义,对于相应权利要求的保护范围较难界定。故本案依法依据相关权利要求、说明书及附图、专利审查档案进行理解,不仅可正向解释"波纹结构"应当具备哪些技术特征,还可以反向推导其不应当具备哪些技术特征,从而将对相关权利要求的保护限定在一个合理范围,尽可能准确地解释"波纹结构"的具体内容。尤其需要指出的是,在涉案专利审查过程中,审查员针对大自达公司关于"波纹结构"相应权利要求的修改提出审查意见,大自达公司如不接受相关审查意见,应当作出相应说明回应,或者在进一步修改时清晰、合理地对相关技术特征进行限定或解释。大自达公司接受了该审查意见,放弃了修改方案后才获得授权,应当认为涉案专利权的保护范围不包括其放弃的技术方案。其在本案中却主张审查员的相关意见错误,并主张将已在审查过程中摒弃的技术特征纳入"波纹结构",显然不符合诚实信用原则。

(2)关于等同原则的适用问题。尽管申请人在撰写其权利要求以及专利审批的过程中,应当尽可能地争取获得具有较宽保护范围的权利要求,但是事实上不可能要求申请人在获得专利权的过程中就能够预见侵权者以后可能采用的所有侵权方式。为防止他人试图利用专利发明的实质性内容,对其中一些部分作出非实质性变动,使其实施行为与权利要求的文字内容相比有所不同,以达到实施他人专利技术又无须支付相应费用的目的,专利法引入了等同原则,对权利要求的文字所表达的保护范围作出一定程度的扩展。在适用等同原则时,一方面要为专利权人提供切实有效的法律保护;另一方面又需要施加必要限制,以防专利权人利用等同原则不合理地扩大其专利权保护范围。本案所明确的规则是,等同原则的运用应符合涉案专利发明目的。在涉案专利已明确将"波纹结构"作为必不可少的技术特征,且说明书明确发明目的"在于提供一种对于从大的弯曲半径至变为小的弯曲半径（1.0毫米）的反复弯曲及滑动，金属层难以发生破坏"，大自达公司在诉讼中也明确表述锯齿形、连续凹凸形等不符合发明目的的情况下，本案显然不能通过等同原则将涉案专利摈弃的内容纳入涉案专利权的保护范围。故被诉侵权产品不具备与涉案专利"波纹结构"等同的技术特征。

本案当事人系电磁屏蔽膜行业两大竞争对手，在中国市场份额排名分别位列第一和第三。争议技术系该行业核心技术，涉案金额将近1亿元，案件结果决定相关行业市场竞争格局，故备受社会关注。本案入选广东法院服务保障民营企业健康发展十大典型案例、2018年度服务创新驱动发展十大典型案例。本案一审、二审法院通过证据保全、传唤鉴定人、咨询技术调查官以及技术顾问等程序和方式，依法平等保护双方诉讼权利，查明相关争议事实，并根据专利权利要求解释规则和行业常识，对争议专利权利要求作出合理限定和正确解释，充分保障了社会公众在专利权保护范围之外的技术运用以及后续技术创新的合理空间。

（撰稿人：广东省高级人民法院　肖海棠　张胤岩）

丹麦国立血清研究所诉北京万泰生物药业股份有限公司、深圳市立康生物技术有限公司侵害发明专利权纠纷案

——广东首例生物工程领域涉及DNA序列的发明专利侵权纠纷

【裁判要旨】

实际生产的药品与批注的标准必须一致。若被诉侵权试剂已过有效期，失去生物活性，被诉侵权人又未能提供活性被诉侵权试剂作为鉴材，可对从药监部门调取的被诉侵权试剂的申报资料进行鉴定。

属于直接影响事实认定且必须鉴定人出庭才可以查明的事实，人民法院应当通知鉴定人出庭作证。

诉讼中专利权利因期限届满而终止的，不再适用停止侵权的禁令。库存侵权产品失去其侵权危害性，若仍予以销毁，将浪费社会资源，增加司法和社会成本，因此应撤销销毁库存产品的判项。

【关键词】

发明专利 侵权责任 生物工程 DNA序列 司法鉴定意见

【案例索引】

一审：深圳市中级人民法院〔2013〕深中法知民初字第696号

二审：广东省高级人民法院〔2016〕粤民终1093号

【案情及裁判】

原告：丹麦国立血清研究所（Statens Serum Institut）（以下简称国立血清研究所）

被告：北京万泰生物药业股份有限公司（以下简称万泰公司）

被告：深圳市立康生物技术有限公司（以下简称立康公司）

一、一审

原告国立血清研究所因与被告万泰公司、立康公司发生侵害发明专利权纠纷，向深圳市中级人民法院提起诉讼。

原告国立血清研究所诉称：国立血清研究所系名为"用于免疫治疗和诊断结核病的化合物和方法"、申请号为ZL96197639.X的发明专利的独占被许可人。万泰公司生产的检测试剂盒产品包含与涉案专利权利要求1~5、12~13和17所限定的技术特征一一对应的技术特征，已经落入了涉案专利权的保护范围。万泰公司未经许可，为生产经营目的制造、许诺销售、销售专利产品，构成对本案专利权的侵犯。立康公司未经许可，公开销售专利产品，也构成对本案专利权的侵犯。故请求人民法院判令：①万泰公司立即停止侵犯ZL96197639.X号发明专利权，销毁专门用于生产侵权产品的原材料、设备等，销毁所有库存侵权产品；②万泰公司赔偿原告经济损失及为制止侵权行为所支付的合理费用人民币100万元；③立康公司立即停止销售侵犯ZL96197639.X号发明专利权的检测试剂盒产品；④两被告连带承担本案全部诉讼费用。

被告万泰公司辩称：①国立血清研究所不具有涉案专利侵权案件原告的资格，并非本案适格原告；②本案应中止审理，等待无效宣告决定再审理。被告有足够的理由宣告涉案专利无效；国立血清研究所用两个专利指控一个产品，涉嫌重复授权等问题，需要通过无效程序予以甄别和解决；涉案专利过多使用"包含""包括"这样的用语表达，导致授权范围不确定，国立血清研究所在无效程序中可能会修改相关的权利要求；③涉案专利的权利要求没有明确的保护范围，其诉讼请求应予驳回；④原告主张被诉侵权产品落入原告的涉案专利权的保护范围没有事实依据；⑤原告提交的检测报告不能作为比对文件使用，其结论不能作为审判依据；⑥被诉侵权产品没有落入涉案专利权利要求的保护范围，技术方案不同，不构成侵权；⑦即使本案侵权成立，原告起诉索赔赔偿额也没有事实依据。

被告立康公司辩称：同意被告万泰公司的答辩意见，且立康公司销售的被诉侵权产品具有合法来源。

深圳市中级人民法院一审查明：

（1）国立血清研究所在本案主张专利权法律状况。1996年8月30日，科里克萨有限公司向国家知识产权局申请名称为"用于免疫治疗和诊断结核病的化合物和方法"的发明专利，并于2003年8月6日获得授权，专利号为ZL96197639.X，国际公布专利号为WO97/09428。最近一次年费缴纳日期为2015年7月23日。2001年11月14日，科里克萨有限公司与国立血清研究所签订《许可协议》，将该协议附属附件1.7中列明的专利和专利申请授予国立血清研究所全世界范围内的排他许可，其中包含涉案专利。2013年8月3日，专利权人科里克萨有限公司出具《授权声明》，确认"在通知科里克萨有限公司侵权事宜后科里克萨有限公司不起诉的情况下，国立血清研究所有权在中华人民共和国境内的任何法院或行政机关单独对北京万泰生物药业股份有限公司及任何与其相关联的主体（包括但不限于其经销商）采取法律行动并请求救济"。

国立血清研究所在一审庭审后申请仅请求保护本案发明专利独立权利要求1，放弃对从属权利要求（修改前）12、13的保护。专利权利要求1（修改前）的内容为"一种多肽，该多肽包含可溶性结核分枝杆菌抗原或仅在保守取代和/或修饰上不同的该抗原的变体的免疫原性部分，其中所说的抗原包含由选自下组的DNA序列编码的氨基酸序列：SEQ ID NO：1、2、4~10、13~52、99和101中所示的序列和这些序列的互补体"。

在万泰公司提起的本案专利无效程序中，专利权人科里克萨有限公司于2014年1月7日对本案专利的权利要求进行了修改，专利权利要求1（修改后）的内容为"一种多肽，该多肽包含可溶性结核分枝杆菌的免疫原性部分，其中所说的抗原包含由SEQ ID NO.46编码的氨基酸序列"。2014年8月15日，专利复审委员会作出第23088号《无效宣告请求审查决定书》，决定在专利权人修改后的权利要求书1~6项和授权说明书及附图的基础上，维持本案发明专利权有效。

（2）万泰公司、立康公司涉嫌侵犯国立血清研究所专利权的事实。2013年6月28日上午，国立血清研究所委托代理人张梅与公证员一同下来到深圳市福田区上梅林凯丰路4号满京华商业大厦501室，购买了检测试剂15盒，并当场取得"深圳增值税发票""深圳市立康生物技术有限公司出库/复核/

销售凭证"、名片各一张及"订购合同"。增值税发票、销售凭证及订购合同上分别有立康公司的发票专用章、财务专用章、公章，显示产品名称为"结核分枝杆菌相关γ－干扰素检测试剂（TB－IGRA）"。检测试剂盒的照片显示产品名称为"结核感染T细胞检测试剂盒（体外释放酶联免疫法）"，生产厂家为万泰公司，生产批号为TR20130603－1。

2013年8月30日上午，国立血清研究所委托代理人李夏溦在公证员的监督下，进入万泰公司的官方网站，其中有"结核感染T细胞检测试剂盒（体外释放酶联免疫法）"的产品展示。进入国家食品药品监督管理总局官方网站，万泰公司国食药监械（准）字第2012第3400557号项下有两条查询记录，分别是"结核分枝杆菌相关γ－干扰素检测试剂盒"及"结核感染T细胞检测试剂盒（体外释放酶联免疫法）"（变更批件）。进入立康公司的官方网站，网站宣称其销售的特色产品中包括"结核分枝杆菌相关γ－干扰素检测试剂盒"。

万泰公司、立康公司对被诉侵权产品系立康公司销售、立康公司系万泰公司在深圳的经销商及被诉侵权产品来源于万泰公司均没有异议；万泰公司确认被诉侵权产品系其生产。

（3）被诉侵权产品的技术方案是否落入专利权的保护范围情况。国立血清研究所主张权利要求1（修改后）的技术特征为："A. 一种多肽；B. 该多肽包含可溶性结核分枝杆菌抗原的免疫原性部分；C. 其中所说的抗原包含由SEQ ID NO. 46编码的氨基酸序列。"

从国家食品药品监督管理总局调取的，由万泰公司提交的"结核分枝杆菌相关γ－干扰素检测试剂盒（体外释放酶联免疫法）注册产品标准编制说明"显示该试剂盒选用的抗原是"ESAT－6、CFP－10"。

关于被诉侵权产品是否落入国立血清研究所权利要求1（修改后）的保护范围。国立血清研究所主张：CFP－10是一种多肽，其与SEQ ID NO. 46编码的氨基酸序列Tb38－1具有同一性，且其系可溶性结核分枝杆菌抗原的免疫原性部分，故CFP－10落入国立血清研究所本案专利权利要求1的保护范围。万泰公司认为：①国立血清研究所主张的本案权利要求（修改后）的保护范围不确定，无法进行侵权比对；②SEQ ID NO. 46 DNA序列根本无法编码出氨基酸序列；③CFP－10存在多种变体，不在本案专利权的保护范围之内。故万泰公司主张被诉侵权产品未落入国立血清研究所本案专利权的保护范围。

2015年2月11日，一审法院委托北京紫图知识产权司法鉴定中心进行鉴定。2015年9月11日，北京紫图知识产权司法鉴定中心出具《鉴定意见书》，认为"结核分枝杆菌相关γ-干扰素检测试剂盒的技术特征与国立血清研究所ZL96197639.X专利权利要求1（无效过程中进行修改的文本）的技术特征相同"。

万泰公司对《鉴定意见书》提出异议，认为：第一，鉴定依据不是被诉侵权产品，而是"申报文件"，与法院委托鉴定事项不符，亦超出了鉴定机构的职责，应重新鉴定；第二，鉴定机构引用的"文献45"和"万泰公司申请专利的专利说明文件"未经质证，用于本案的鉴定活动，是不合法和错误的；第三，被诉侵权产品中的"CFP-10"的含义并非确定和唯一的，鉴定机构得出该项结论没有依据；第四，SEQ ID NO.46不能编码出SEQ ID NO.88氨基酸序列，故即使被诉侵权产品含有"CFP-10"，亦无法得出技术特征相同的结论；第五，SEQ ID NO.88氨基酸序列与鉴定机构所称的"CFP-10"氨基酸序列存在5个氨基酸的区别，无证据证明该5个氨基酸是专利复审委员会审查决定书中所称"重组蛋白领域常规使用的肽部分"，以及该5个氨基酸的添加不会影响该肽本身的活性。因此，鉴定机构认定CFP-10与"抗原包含由SEQ ID NO.46编码的氨基酸序列"技术特征相同，依据不足。

针对万泰公司就本案鉴定提出的异议，国立血清研究所反驳指出：第一，依据我国《医疗器械注册管理办法》（2014年版）的规定，生产被诉侵权产品需要向国家食品药品监督管理总局提交相关文件申报，并且申报文件应与实际生产、销售的产品一致。鉴定机构以申报文件为基础得出的鉴定结论，符合本案产品的特殊性，该鉴定程序合法。第二，鉴定机构聘请的专家具备相关领域的技术和法律的特殊知识和能力，可以根据双方的证据、公开信息并结合自身的经验与知识对事实作出判断。第三，SEQ ID NO.46编码出SEQ ID NO.88氨基酸序列已经过专利复审程序确认，且该问题亦不是专利侵权案件中所应考虑的问题。第四，万泰公司未提交任何证据证明CFP-10前端的5个氨基酸对Tb38-1的性质产生何种影响，相反，申报材料显示被诉侵权产品中的CFP-10与Tb38-1具有相同的活性，故鉴定机构确认CFP-10落入本案专利权利要求 1 的保护范围正确。

(4) 立康公司主张合法来源抗辩的情况。立康公司提交了增值税发票、销售货物清单、发货单拟证明其销售的被诉侵权产品来源于万泰公司。增值税发票、销售货物清单盖有万泰公司的发票专用章，发货单上盖有万泰公司的业务专用章。万泰公司在庭审中亦确认立康公司销售的被诉侵权产品系由其提供，国立血清研究所对立康公司提交的证据真实性予以确认。

另查明，从国家食品药品监督管理总局调取的万泰公司生产批记录显示批号为 TR20101201 的批量为 10 000 吨。

国立血清研究所主张为本案及〔2013〕深中法知民初字第 697 号案支付样品购买费 39 600 元、调查费 10 500 元、公证费 5710 元、翻译费 4982 元、检测费 13 000 元、专家咨询费 30 000 元、律师费 867 797.18 元。

深圳市中级人民法院一审认为：

(1) 关于被诉侵权产品是否落入本案专利权的保护范围以及鉴定机构的鉴定意见能否采信的问题。第一，本案国立血清研究所自愿选择了权利要求 1（修改后）作为其诉讼的专利权保护范围，符合法律规定。第二，判断被诉侵权技术方案是否落入专利权保护范围。由于本案技术特征的比对涉及复杂的专业知识，法院通过摇珠确定北京紫图知识产权司法鉴定中心对该问题进行鉴定。鉴定机构仔细阅读了法院提供的证据和相关资料，并通过技术听证会的形式，充分听取了双方当事人的意见，经过技术分析、对比判断得出了被诉侵权产品的技术特征与国立血清研究所请求保护的权利要求技术特征相同的结论。鉴定机构鉴定程序合法，结论正确，一审法院予以确认。至于万泰公司提出的异议，第一，我国对于药品生产管控严格，企业生产的药品应与其申报成分一致，而且万泰公司始终未承认被诉侵权产品的成分与其向国家食品药品监督管理总局申报内容不一致，故可以确认其申报材料对于被诉侵权产品的成分的描述与被诉侵权产品是一致的，鉴定机构以申报材料中披露的被诉侵权产品成分为基础进行鉴定并无不当。第二，鉴定人员作为具有相关专业知识的人，可以根据双方提交的资料、公共信息及自身知识进行专业的判断。鉴定人员依据被诉侵权产品的申报文件及万泰公司提交的专利申请文件，认定被诉侵权产品中 CFP－10 系特定氨基酸序列，并无不当；万泰公司作为被诉侵权产品的制造商始终未证明被诉侵权产品中 CFP－10 具体氨基酸序列，而仅简单否认国立血清研究所的主张及鉴定机构的结论。第三，根据本案的专利说明书内容 SEQ ID NO.46 是可以编码出 SEQ ID NO.88 的氨基酸序列的，本案专利已经过无效程序，并未对该内容作出修改。第四，被诉侵权产品的《注册产品标准编制说明》1.2 段记载"选用的抗原 ESAT-6、CFP-10 是致病性结核分枝杆菌特有的片段"，表明被诉侵权产品中的 CFP-10 具有与专利说明书中的 Tb38-1 相同的性质，鉴定机构认定两者技术特征相同，并无不当。故被诉侵权产品覆盖了国立血清研究所主张本案专利权利要求 1（修改后）的技术特征，落入本案专利权的保护范围。

（2）关于万泰公司及立康公司应承担的侵权责任的问题。国立血清研究所请求法院判令万泰公司立即停止制造、销售、许诺销售侵权行为，销毁库存侵权产品，立康公司立即停止销售、许诺销售侵权行为证据确实充分，予以支持。国立血清研究所并未提交证据证明万泰公司处有专门用于制造被诉侵权产品的设备及原材料，对于其销毁专用原材料及设备的诉请，不予支持。国立血清研究所诉请万泰公司赔偿经济损失及合理维权费用共人民币 100 万元，因双方没有证据证明国立血清研究所因侵权遭受的损失或者万泰公司因侵权获得的利益数额，根据国立血清研究所专利的类别、制止侵权行为所支出的合理费用、万泰公司侵权行为的性质和情节、被诉侵权产品的市场价值等因素，酌定万泰公司赔偿国立血清研究所经济损失及维权合理开支人民币 900 000 元。国立血清研究所超出的诉讼请求，不予支持。

综上，深圳市中级人民法院依照《侵权责任法》第十五条，《专利法》（2008 年修正本）第十一条第一款、第五十九条第一款、第六十五条，《最高人民法院关于审理侵犯专利权纠纷案件应用法律若干问题的解释》第一条、第二条、第七条，《民事诉讼法》（2012 年修正本）第六十四条①，《最高人民法院关于民事诉讼证据的若干规定》第二条的规定，判决：

（1）北京万泰生物药业股份有限公司立即停止侵害国立血清研究所专利号为 ZL96197639.X、名称为"用于免疫治疗和诊断结核病的化合物和方法"的发明专利权的行为，销毁库存侵权产品；

（2）深圳市立康生物技术有限公司立即停止侵害国立血清研究所专利号

---

① 《民事诉讼法》（2017 年修正本）对第六十四条未做改动。

为 ZL96197639.X、名称为"用于免疫治疗和诊断结核病的化合物和方法"的发明专利权的行为；

（3）北京万泰生物药业股份有限公司于判决生效之日起 10 日内赔偿国立血清研究所经济损失及合理的维权费用人民币 900 000 元；

（4）驳回国立血清研究所其他诉讼请求。

二、二审

万泰公司不服一审判决，向广东省高级人民法院提起上诉称：①国立血清研究所并非本案适格原告；②万泰公司通过质证程序对鉴定意见提出异议并向一审法院书面请求通知鉴定人员出庭作证，但一审法院未安排鉴定人员出庭作证程序，直接将《鉴定意见书》作为判决的有效证据，违反《民事诉讼法》（2012 年修正本）第七十八条①规定，导致认定事实错误，依法应发回重审；③一审司法鉴定程序未按委托事项要求对被诉侵权产品进行检测、分析，而是根据上诉人的申报文件推定被诉侵权产品技术特征，其鉴定结论不能作为一审法院认定事实的依据；④《鉴定意见书》结论存在实质错误，《鉴定意见书》在被诉侵权产品的技术特征分析、本案专利权的保护范围的确定、二者的技术特征比对等方面，均存在无依据主观推导的问题，甚至混淆了生物学基本概念，由此得出了错误的鉴定结论；⑤即使侵权成立，一审判决的酌定数额超过法律规定，且本案专利在 2016 年 8 月 30 日已经届满，一审判决第一项也应予以撤销，二审应依法改判。故请求二审法院：撤销一审判决，改判驳回国立血清研究所的全部诉讼请求或者发回重审，判令国立血清研究所承担本案一审、二审诉讼费用。

广东省高级人民法院经二审，确认一审查明事实属实。另查明，2013 年 8 月 2 日，专利权人科里克萨有限公司出具《授权声明》，确认依据科里克萨有限公司与国立血清研究所达成的《许可协议》，国立血清研究所是本案涉案专利的全球独占被许可人。该《许可协议》自 2001 年 11 月 14 日起生效并且至今仍有效。《许可协议》还约定，若科里克萨有限公司起初或在收到被许可人通知后，未在得知侵权事宜后 90 天内启动实质性法律程序，那么被许

---

① 《民事诉讼法》（2017 年修正本）对第七十八条未做改动。

可人有权在科里克萨有限公司起诉之前以其名义提起诉讼。

2013年10月17日，国立血清研究所以万泰公司、立康公司侵害其ZL96197467.2号"用于结核病诊断的化合物和方法"发明专利权为由提起诉讼。该案为本案的关联案件，所涉侵权产品与本案被诉侵权产品相同，案情相似，一审法院作出了与本案相似的判决，判决万泰公司承担包括经济损失和支付合理费用共计90万元的赔偿责任。

本案专利说明书给出了SEQ ID NO.46的核酸序列和SEQ ID NO.89的氨基酸序列，载明SEQ ID NO.46是Tb38-1的DNA序列，SEQ ID NO.89是Tb38-1的推定的氨基酸序列。专利说明书第9段末载明："本文使用的'免疫原性'指在患者（例如人）和/或生物样品中激发免疫反应（例如，细胞免疫）的能力。具体地说，免疫原性的抗原（或这种抗原的免疫原性部分或其他变体）能够在生物样品中刺激细胞增殖、白介素-12产生和/或γ-干扰素产生，所说的生物样品包含一种或多种选自T-细胞、NK细胞、B细胞和巨噬细胞的细胞，这些细胞来源于结核分枝杆菌感染个体。包含一种或多种结核分枝杆菌抗原的至少一种免疫原性部分的多肽一般来说可以用于在患者中检测结核病和诱导针对结核病的保护性免疫。"第32页载明："采用实施例4所述的方法构建了覆盖抗原Tb38-1的氨基酸序列的一组六个重叠肽。这些肽序列（此后称为pep1-6）分别在SEQ ID NO.93-98中显示。采用这些肽进行的T-细胞测定的结果示于表6和表7中。这些结果证实，在Tb38-1内的存在和帮助定位T-细胞表位能够在来源于结核分枝杆菌免疫个体的T-细胞中诱导增值和干扰素-γ产生。"

一审法院从国家食品药品监督管理总局调取的被诉侵权产品注册资料中的《资料03：综述资料》第8页第4段载明："CFP10具有多个T细胞抗原表位，是一种非常有效的T细胞抗原，能够引发结核分枝杆菌感染者外周血中单核细胞的增殖反应和IFN Tb38-1-γ的产生，Davin和Renshaw [45,46]等研究表明，CFP10表现出与ESAT6相当的T细胞免疫反应，诱导IFN-γ的释放水平与ESAT6相当。"国立血清研究所提交的鉴定补充材料1有CFP-10的氨基酸序列。2011年11月21日，万泰公司与厦门大学共同申请"一种嵌合重组抗原及其用途"发明专利，申请号为201110370731.1，专利说明书［0014］载明："如本文所使用的,术语'结核分枝杆菌特异性蛋白 Rv3874'或'Rv3874'是指来源于结核分枝杆菌的培养基滤过蛋白－10 (CFP－10),其是本领域技术人员公知的,参见例如 Andersen, P., et al., Lancet, 2000. 356 (9235): p. 1099－104 (其通过引用并入本文), 以及 GENBANK 登录号 NP_218391。"一审庭审中,万泰公司确认国家食品药品监督管理总局的申报文件中的陈述,认为陈述与产品技术特征吻合。一审法院召集各方当事人对本案鉴定意见进行质证,万泰公司并未否定前述鉴定材料的真实性、合法性。质证过程中,一审法院询问万泰公司是否需要申请鉴定专家出庭接受质询,并且告知如果需要鉴定专家出庭其须预交出庭费用。万泰公司明确表示如果其不预交费用就表明不需要。

北京紫图〔2015〕知鉴字第 01 号《鉴定意见书》认为:被诉侵权产品 TB－IGRA 测试培养管(T)中含 CFP－10, CFP－10 是一种多肽。本案专利 SEQ ID NO. 88 的具体序列为:TDAATLAQEA GNFERISGDL KTQIDQVEST AGSLQGQWRG AAGTAAQAAV VRFQEAANKQ KQELDEISTN IRQAGVQYSR ADEEQQQALS SQMGF。万泰公司试剂盒中的术语 CFP－10 的含义及其序列,指向是确定和唯一的,序列为:MAEMKTDAATLAQEAGNFERISGDLKTQI DQVESTAGSLQGQWRGAAGTAAQAAVVRFQEAANKQKQELDEISTNIRQAGVQY SRADEEQQQALSSQMGF。该序列在氮端较本案专利的 SEQ ID NO. 88 多了 5 个氨基酸残基,即试剂盒中的 CFP－10 包含了 SEQ ID NO. 88。对本领域技术人员而言,在原本具备免疫原性的多肽序列基础上,在端部添加一些重组蛋白领域常规使用的肽部分是不会影响该肽本身的活性的。被诉侵权产品的技术特征与本案专利权利要求 1 的技术特征相同。

二审庭审中,万泰公司和国立血清研究所双方均确认,被诉侵权产品在冷藏环境下 2~8℃可保存 12 个月。

二审中,万泰公司向二审法院申请鉴定人出庭作证,并且负担了鉴定人的出庭费用。鉴定机构法定代表人闻秀元、鉴定人姜建成出庭接受了质询。鉴定人认为,万泰公司提交国家食品药品监督管理总局的文件包括正文和引用文献,正文中的 CFP－10 与引用文献 45 中出现的 CFP－10 语义、含义一致。产品申报材料应与产品信息一致,否则,生产就是违法的。在申报材料的基础上鉴定,无须通过科学实验再去验证产品的技术特征。

广东省高级人民法院二审认为：

（1）国立血清研究所是否为本案适格原告。万泰公司上诉提出国立血清研究所无权提起本案诉讼，不是本案适格原告。二审法院认为，科里克萨有限公司与国立血清研究所的《许可协议》和专利权人出具的《授权声明》，均明确国立血清研究所为本案专利排他被许可人，确认在自己不行使诉权的情况下，国立血清研究所可以单独提起诉讼。万泰公司提出国立血清研究所无权提起本案诉讼，不是本案适格原告的上诉主张，没有证据，二审法院不予支持。

（2）本案鉴定意见应否采信为定案依据。万泰公司上诉提出本案鉴定意见不应采信为定案依据，理由之一是鉴定人未出庭作证。对此，二审法院认为，为防止诉讼拖延，节约司法资源，依法保护鉴定人的合法权益，只有涉及当事人对于鉴定意见中直接影响事实认定的内容存在异议，且为查明事实所必需时，方可要求鉴定人出庭作证。此外，提出鉴定人出庭作证的当事人，还应预付鉴定人出庭作证的费用。对于本案的鉴定意见，一审法院召集双方进行了专门的质证，万泰公司也充分地发表了质证意见，一审法院在质证中明确告知万泰公司可以请求鉴定人出庭作证并须缴纳出庭费用，万泰公司亦当庭明确，如果其不预交费用就表明其无须鉴定人出庭作证。本案并无证据证明万泰公司预交了鉴定人出庭作证的费用。经二审传唤鉴定人到庭接受质询而进一步验证，万泰公司争议的问题，并非属于直接影响事实认定且必须鉴定人出庭才可以查明的事实。本案诉讼因已经专利无效宣告审查程序和鉴定程序，耗时较长。一审法院多次开庭，进行调查和质证，以保障当事人诉讼权利的行使。万泰公司该项上诉理由不成立，二审法院不予支持。

万泰公司上诉提出本案鉴定意见不应采信为定案依据，理由之二是鉴定机构不能以国家食品药品监督管理总局的申报文件取代对被诉侵权产品的检测得出鉴定意见。二审法院认为，司法鉴定是依人民法院委托而为，鉴材由委托的人民法院提供，鉴定机构不能擅自决定和取舍鉴材。本案一审法院并未将被诉侵权产品作为鉴材委托鉴定机构进行鉴定，万泰公司提出一审司法鉴定程序未按委托事项要求对被诉侵权产品进行必要的检测、分析无据。根据规定，鉴材可以是生物检材和非生物检材，只要符合要求即应当予以鉴定。

万泰公司提出鉴定机构根据国家食品药品监督管理总局的申报文件进行鉴定超越鉴定机构职责和委托范畴无据，均不予支持。

万泰公司上诉提出本案鉴定意见不应采信为定案依据，理由之三是《鉴定意见书》结论存在实质错误。对于万泰公司提出的本案专利权利要求1保护范围的解释问题。鉴定人认为，"免疫原性"是本领域常用术语，是指可以引起抗原体反应的特性；"包含"应作开放式解释，理解为在SEQ ID NO.46的端部添加一些重组蛋白领域常规使用的肽部分不影响该肽本身活性；对于"SEQ ID NO.46"的理解，说明书有明确记载，应以该记载为准。二审法院认为，首先，说明书已经对"免疫原性"作出了明确定义，本领域技术人员能够根据该定义对多肽进行区分，从而确定多肽是否具备所述免疫原性。在本案专利的无效宣告程序中，专利复审委员会也对此作出了明确的认定。本案专利说明书已经对权利要求1中的"免疫原性"这一常用术语，作了适用于本专利所涉技术领域的特定解释。其次，本发明的目的在于提供包含可溶性分枝结核杆菌抗原的免疫原性部分，用于诊断结核病。因此具备免疫原性是所请求保护多肽的一个必要条件。权利要求1限定该多肽"包含"所述抗原的免疫原性部分，所述抗原"包含"由SEQ ID NO.46编码的氨基酸序列。权利要求1中已从来源上对该免疫原性部分进行了限定，所述序列只能来自可溶性结核分枝杆菌抗原，不能包含任何其他序列。说明书中针对SEQ ID NO.46所编码抗原SEQ ID NO.88的实验，以及针对覆盖抗原SEQ ID NO.88全部氨基酸序列6个重叠肽（SEQ ID NO.93~98）的实验，均表明，6个重叠肽中包含了具备免疫原性的多肽部分，包含了6个重叠肽的整体SEQ ID NO.88也具备免疫原性，由此可见，说明书对这种"包含"的限定提供了一定数量的示例；对本领域技术人员而言，在原本具备免疫原性的多肽序列基础上，在端部添加一些重组蛋白领域常规使用的肽部分是不会影响该肽本身活性的。在本案专利的无效宣告程序中，专利复审委员会也对此作出了明确的认定。万泰公司上诉提出鉴定人对本案专利权利要求1所述"包含"作出开放性解释不当的理由无据，二审法院不予支持。最后，本案专利说明书第6~7页和实施例3记载了获得克隆"Tb38-1"的过程，并明确来自该克隆的DNA序列为SEQ ID NO.46，相应的抗原氨基酸序列为SEQ ID NO.88，同时序列表中清楚地记载了SEQ ID NO.46和SEQ ID NO.88

的核苷酸和氨基酸组成。通过上述记载，本领域技术人员能够了解由 SEQ ID NO.46 编码的氨基酸包含了 SEQ ID NO.88 的全部 95 个氨基酸。对 SEQ ID NO.46 序列的信息解读也必然涵盖了其编码多肽 SEQ ID NO.88 的信息。即使 SEQ ID NO.46 序列对应的氨基酸序列要略长于 SEQ ID NO.88，但是本领域技术人员公知由核苷酸分子水平到蛋白质分子水平的翻译过程中经常会为选取有活性的成熟肽而对编码核苷酸所对应的原始序列进行必要选择或截短，这种翻译过程中出现的序列长度差异并不足以导致对该 DNA 序列和氨基酸序列之间的对应关系产生合理怀疑。在本案专利的无效宣告程序中，专利复审委员会也对此作出了明确的认定。万泰公司上诉提出鉴定人对本案专利权利要求 1 所述 "SEQ ID NO.46" 的解释错误的理由无据，不予支持。

对于可否确定被诉侵权产品中 "CFP-10" 抗原为由特定 100 个氨基酸组成的唯一序列的问题。二审法院认为，万泰公司向国家食品药品监督管理总局申报的产品标准材料，所使用的术语应为本领域的常用或标准术语。该文件第 3 页的 "2. 规范性引用文件" 部分明确规定，术语要被普遍认同，不能产生歧义。申报材料没有对 CFP-10 的特殊性作出说明或规定，CFP-10 应为本领域的常用或标准术语。作为同一份标准文件所引用的文献，文献 45 中也出现的 CFP-10 应与正文中的 CFP-10 具有相同的含义。万泰公司与厦门大学 2011 年 11 月 21 日共同申请的专利号为 ZL201110370731.1 名称为 "一种嵌合重组抗原及其用途" 发明专利说明书也记载 CFP-10 是本领域技术人员公知的，其出处查出的基因序列与引用文献 45 所述 CFP-10 序列相同。据此可知，万泰公司试剂盒中的术语 CFP-10 的含义及其序列，指向是确定和唯一的。因此，万泰公司提出鉴定意见将被诉侵权产品中 "CFP-10" 抗原确定为由特定 100 个氨基酸组成的唯一序列没有依据，从而鉴定意见实质错误的上诉理由亦不成立，不予支持。

本案被诉侵权产品有严格的保存要求，只能在冷藏条件下 2~8℃ 才可保存 12 个月。本案送鉴时间 2015 年 2 月 11 日距公证购买被诉侵权产品时间 2013 年 6 月 28 日，已经超过该年限。在此情况下，将从药监部门调取的被诉侵权产品的申报资料进行鉴定，有其合理性和必要性。万泰公司是被诉侵权产品的生产者，如果被诉侵权产品的技术特征与申报材料不一致，其完全有能力提交反证予以证明，但其未能就其反驳理由提交依据，应承担举证不能的法律后果。在被诉侵权产品已过有效期，万泰公司又未能提交有效的被诉侵权产品以供鉴定的情况下，一审法院以被诉侵权产品的注册标准确定被诉侵权产品的技术特征，并以此为鉴材，委托鉴定机构将之与本案专利权利要求 1 的技术特征异同进行鉴定，有事实和法律依据。本案鉴材真实、完整、充分，鉴定用途合法，鉴定材料能够满足鉴定需要，鉴定程序合法，鉴定意见应予采信为定案依据。根据本案鉴定意见，被诉侵权产品落入本案专利修改后的权利要求 1 的保护范围，构成侵权，万泰公司应承担侵害本案专利权的民事责任。

（3）本案应否撤销停止侵权的禁令。万泰公司上诉提出本案专利权已经届满，应予撤销停止侵权的禁令。根据《专利法》（2008 年修正本）第四十二条的规定，发明专利权的期限为 20 年，自申请日起计算。本案专利的申请日为 1996 年 8 月 30 日，专利权于 2016 年 8 月 29 日到期。由于本案二审期间，本案专利已因期限届满而终止，专利技术进入公共领域，所以科里克萨有限公司不再享有专利权，国立血清研究所作为被许可人也不再享有相应权利，无权阻止他人实施该专利所涉技术方案。一审关于判令万泰公司停止侵权行为和判令立康公司停止侵权的判项现已不再适用，对该部分予以改判，并对一审判决主文中销毁库存产品的判项一并予以撤销。

（4）一审判赔数额是否合理。因本案没有证据证明国立血清研究所因侵权遭受的损失或者万泰公司因侵权获得的利益数额，根据本案专利的类别、万泰公司侵权行为的性质和情节、被诉侵权产品的市场价值、制止侵权行为所支出的合理费用等因素，一审判决酌定万泰公司赔偿国立血清研究所经济损失及维权合理开支共计 90 万元，并没有违反法律的规定，且已经充分考虑了本案的具体侵权状况以及关联案件的情况。被诉侵权产品同时侵害了国立血清研究所两项享有排他实施许可权的发明专利，两案由于鉴定的原因历时较长，权利人的损失较大。法律没有规定一项产品侵害几项专利权的法定赔偿上限。填平原则是一般专利侵权案件的基本赔偿原则，即使将两案判赔数额合并计算，得出的赔偿数额亦没有明显不当。万泰公司提出一审判赔数额不合理的上诉理由不成立，不予支持。

据此，广东省高级人民法院依照《专利法》（2008 年修正本）第十一条第一款、第四十二条、第五十九条第一款、第六十五条，《民事诉讼法》（2012 年修正本）第一百七十条第一款第二项①之规定，判决：

（1）维持广东省深圳市中级人民法院〔2013〕深中法知民初字第 696 号民事判决第 3 项；

（2）撤销广东省深圳市中级人民法院〔2013〕深中法知民初字第 696 号民事判决第 1 项、第 2 项、第 4 项；

（3）驳回国立血清研究所的其他诉讼请求。

【法官点评】

本案入选 2016 年度广东省知识产权审判十大案例，是广东法院受理的首例生物工程领域涉及 DNA 序列的发明专利侵权纠纷。本案为涉外案件，所涉技术领域尖端、疑难，且本案专利权利要求经过了修改、无效审查程序，在诉讼中因为鉴定问题费尽周折，在被诉侵权试剂已经失去生物活性的情况下，鉴定机构最终依据药品的注册资料作出了鉴定意见。本案的核心问题是鉴定意见的采信问题，解决这一问题关键在于抓住被诉侵权产品的特殊性。法院通过完善鉴定人出庭程序、专家辅助人制度，结合本案的具体情况，对专利侵权纠纷中鉴定制度的应用和完善、鉴定意见的采信规则等进行了积极深入的探索，对于同类案件的成功审理有示范意义。

（1）关于药品失去生物活性的情况下案件的审理。《医疗器械注册管理办法》规定，在我国境内销售、使用的医疗器械均应当按照该办法规定申请注册，未获准注册的医疗器械，不得销售、使用。对拟上市销售、使用的医疗器械的安全性、有效性必须进行系统评价，才能决定是否同意其销售、使用。企业生产、销售的医疗器械，应当与批准的一致，否则，是违法行为。若被诉侵权试剂已过有效期，失去生物活性，被诉侵权人又未能提供活性被诉侵权试剂作为鉴材，可将从药监部门调取的被诉侵权试剂的申报资料进行鉴定。对于争议的抗原氨基酸组成序列，申报材料没有特殊性说明或规定的，应为本领域的常用或标准术语。对于现有证据显示其基因序列相同的，应当

---

① 《民事诉讼法》（2017 年修正本）对第一百七十条第一款第二项未做改动。

认定该抗原的氨基酸组成序列是唯一的。

（2）关于鉴定意见的采信。鉴定意见并非必然采信为定案依据，其内容的客观性和意见的合理性需要经过司法审查。在鉴定程序符合法律规定、鉴定意见依据充足的情况下，另一方当事人若不能就其反驳意见提交足以反驳鉴定意见的证据，人民法院应当采信鉴定意见。并非所有的鉴定意见均须当事人出庭作证接受质询。但是，属于直接影响事实认定且必须鉴定人出庭才可以查明的事实，人民法院应当通知鉴定人出庭作证。

（3）关于诉讼中专利到期的处理。诉讼中专利权利因期限届满而终止的，不再适用停止侵权的禁令。库存侵权产品已失去了侵权危害性，若再予以销毁，将浪费社会资源，增加司法和社会成本，应撤销销毁库存产品的判项。

（撰稿人：广东省高级人民法院　欧丽华）

吴某某与希美克（广州）实业有限公司、BETTELI公司职务发明创造发明人报酬纠纷案

——中国境内完成的发明创造活动应受中国法律调整

【裁判要旨】

在中国境内完成的职务发明创造活动，即使未申请授予中国专利权，职务发明创造发明人亦可依中国法律主张获得职务发明创造发明人报酬。

中国法律中涉及职务发明创造发明人报酬的规定，涉及劳动者权益，相关单位不得不正当地利用不同的法律制度规避其依中国法律应当承担的支付合理报酬的义务。

【关键词】

职务发明　发明人　报酬权　酌定

【案例索引】

一审：广州知识产权法院〔2016〕粤73民初1721号

二审：广东省高级人民法院〔2018〕粤民终1824号

【案情及裁判】

原告：吴某某

被告：希美克（广州）实业有限公司（以下简称希美克公司）

被告：BETTELI公司（BETTELI LIMITED）

一、一审

原告吴某某因与被告希美克公司、BETTELI公司发生职务发明创造发明人报酬纠纷，向广州知识产权法院提起诉讼。

原告吴某某诉称：希美克公司与BETTELI公司是关联公司。2003年，吴某某在希美克公司处完成了涉案职务发明创造后，希美克公司将专利申请权

转让给被告 BETTELI 公司，被告 BETTELI 公司于 2003 年在美国申请发明专利，2007 年获得授权，发明人为吴某某，该专利属于有效状态。其后，BETTELI 公司再委托希美克公司实施该专利生产专利产品。直至 2016 年 5 月止，希美克公司生产出口销售了包含涉案专利技术方案的产品 WCM 锁体共计 1 481 690 套，参照另一类似产品境外销售价为 61.12 美元/套、我国门窗五金行业平均利润水平 24%，以及《中华人民共和国专利法实施细则》（以下简称《专利法实施细则》）（2010 修正本）第七十八条的规定，吴某某应获得一次性报酬为 43 万美元。吴某某据此多次要求被告希美克公司支付职务发明的发明人报酬，希美克公司以该专利属于国外专利为由拒绝。BETTELI 公司与希美克公司同属关联公司，因该专利获取巨大收益，故应承担连带责任。故请求：①判令希美克公司、BETTELI 公司连带向吴某某支付职务发明创造发明人报酬共计 43 万美元；②判令希美克公司、BETTELI 公司连带向吴某某支付维权合理费用人民币 52 598 元（含律师费、可信时间戳取证费用和翻译费）；③判令希美克公司、BETTELI 公司承担本案的诉讼费用。

被告希美克公司辩称：①涉案专利为美国专利，应适用美国专利法而非中国专利法对于职务发明创造奖励和报酬的规定。根据美国专利法，专利申请权属于发明人，因而没有职务发明创造的发明人报酬的相关规定；在专利申请时，吴某某已与 BETTELI 公司签署了专利申请权转让书，现在吴某某再主张职务发明的发明人报酬没有依据。②由于吴某某在签署专利申请权转让时已经知道专利存在，却直至起诉前才主张职务发明创造报酬，因此吴某某主张 2014 年 8 月 30 日（起诉之日倒推两年）以前的职务发明创造的发明人报酬已超过诉讼时效。③即使吴某某有权主张发明人报酬，其主张的报酬金额也没有充分依据，希美克公司已向吴某某足额支付了相应的报酬。④吴某某主张的合理维权费用支出没有法律依据。

被告 BETTELI 公司辩称：①吴某某并非 BETTELI 公司的员工，不能向被告 BETTELI 公司主张发明人报酬；②每个国家的专利制度相互独立，涉案专利为美国专利，应适用美国专利法而非中国专利法对于职务发明创造奖励和报酬的规定，根据美国专利法，没有职务发明创造的发明人报酬的相关规定；③吴某某主张自起诉日起两年以前的职务发明创造的发明人报酬已超过诉讼时效；④吴某某主张的合理维权费用支出没有法律依据。

广州知识产权法院一审查明：

希美克公司于 1999 年 7 月 28 日在中国境内成立，属于台港澳自然人独资的有限责任公司，法定代表人原为蔡曾濠，2016 年 12 月 8 日，法定代表人变更为蔡山骐。自 1999 年起，吴某某在希美克公司任职；吴某某在工作期间，完成了"防止锁闭的防风门插芯锁"的职务发明创造（以下简称涉案职务发明创造）。

BETTELI 公司是在中国香港特别行政区成立的公司，董事为蔡曾濠。2003 年 12 月 5 日，吴某某签署了专利申请权转让书，转让书的内容是吴某某向 BETTELI 公司转让涉案职务发明创造在美国、美国领属地以及所有外国的与发明有关的一切权益；但是，BETTELI 公司与希美克公司就涉案职务发明创造的专利申请权未签订过相关转让合同，并且 BETTELI 公司就专利申请权转让未向吴某某或希美克公司支付过转让对价。BETTELI 公司于 2003 年 12 月 9 日将涉案职务发明创造在美国申请"STORM DOOR MORTISE LOCK THAT PREVENTS LOCKOUT"（防止锁闭的防风门插芯锁）的发明专利（以下简称涉案专利），专利号为 US 7213426B2，涉案专利获得授权的时间是 2007 年 5 月 8 日，涉案专利保护期为自申请日起 20 年，发明人列明为吴某某。希美克公司、BETTELI 公司未将涉案职务发明创造在美国以外的国家申请过其他专利。

BETTELI 公司委托希美克公司在中国境内制造使用涉案专利的产品，然后希美克公司再全部出口至美国提供给 BETTELI 公司进行销售；BETTELI 公司称由于涉案专利对应技术在中国境内未申请专利权，因此无须就希美克公司的生产行为进行专利授权许可，希美克公司、BETTELI 公司之间是通过订单方式完成委托生产并出口的。吴某某确认希美克公司生产的专利产品全部用于出口，并未在中国境内销售。吴某某认为希美克公司制造的上述专利产品包括 41596 型号，并且于 2016 年通过可信时间戳认证的方式对于 41596 型号的专利产品进行保全证据；希美克公司、BETTELI 公司确认型号为 41596 的产品属于使用了涉案专利的产品并向一审法院提交了一套产品实物，产品外包装上显示"Installation & Handle Kit""41596""https：//parts. andersenstormdoors. com"等信息，吴某某对于上述产品实物没有异议。

关于希美克公司制造销售的专利产品数量，吴某某认为希美克公司自

2003年即开始制造销售专利产品，举证其自制的《吴某某明细清单》，其主张清单上涵盖了数十种不同型号的专利产品，用以证明希美克公司制造销售专利产品合计接近150万套。但是，希美克公司、BETTELI公司对上述清单不予确认，仅确认该清单中所列型号为41591、41587、41588、41590、41589、41592、41595、41594、41593、42157、42158的11款产品与41596型号的专利产品的构成零部件是完全相同的，均为使用了涉案专利的产品，只是颜色不同。同时，希美克公司、BETTELI公司确认上述12款产品共生产销售了326123套，其中2014年为153350套、2015年为90450套、2016年1月至5月为82323套；而对于上述12款产品，吴某某清单中所列希美克公司生产销售的套数则为339723套。双方当事人的差异仅在于吴某某认为希美克公司于2013年开始生产销售这12款产品；双方当事人对于这12款专利产品在2014年、2015年、2016年生产销售的套数意见一致。

关于专利产品的单价，吴某某于2016年9月通过可信时间戳认证的方式取证，证明内容是吴某某登录专利产品外包装上显示的网站 https：//parts.andersenstormdoors.com，在该网站上显示包括"HANDLE KIT-41757"等产品的单价为61.12美元。在庭审中吴某某明确虽然该网站上未直接显示专利产品的价格，但是由于"HANDLE KIT-41757"等产品与专利产品的外包装上均有"HANDLE KIT"的字样，因此，吴某某认为上述61.12美元的单价可以作为专利产品单价的参考。希美克公司、BETTELI公司认为吴某某举证的61.12美元的单价并非专利产品的单价，并且认为该价格属于面向终端消费者的价格，希美克公司、BETTELI公司对此不予确认；同时，希美克公司提交了其出口销售给BETTELI公司专利产品的相关海关通关手册、报关单、产品发票、订货单等证据，用以证明希美克公司出口销售给BETTELI公司的专利产品每千克约为11~12美元，乘以每套专利产品的重量约1.6千克，每套专利产品的单价为17~19美元。吴某某对希美克公司上述证据的真实性予以确认，但认为专利产品的单价不应按照重量来计算。

关于专利产品的营业利润率，吴某某于2016年8月通过可信时间戳认证的方式取证，吴某某根据网页数据认为市场上五金、家具室内装修材料产品的平均利润率为24%，以此作为希美克公司销售专利产品的营业利润率，请求一审法院对上述营业利润率依法酌定。希美克公司对吴某某主张的营业利润率为24%不予确认，其认为：希美克公司是加工出口企业而非专门从事销售业务的企业，专利产品全部用于出口，而并未在国内市场销售，该数据不能证明希美克公司关于专利产品的营业利润率。希美克公司提交了2014年、2015年和2016年度审计报告，证明其企业每年的营业利润率分别为1.69%、3.06%、3.60%；吴某某认为年度审计报告仅证明了希美克公司的企业整体的利润率，而非具体专利产品的营业利润率。

关于涉案专利对于专利产品获利的贡献率，经一审法院测量涉案专利的41596型号产品实物，一套专利产品整体重量约为1610克，其中包括专利技术方案的锁体部件，重量约为320克；双方当事人确认在专利产品上除了涉案专利以外，不存在其他有效专利。希美克公司认为在计算发明人报酬时，按照每套专利产品中包括专利技术方案的锁体部件重量（约320克）占专利产品整体重量（约1610克）的比例，可以计算出涉案专利对于专利产品的贡献，并结合希美克公司出口销售给BETTELI公司的专利产品每千克约为11~12美元的单价来计算。吴某某认为应按照涉案专利对于实现成品利润所起的作用来确定涉案专利的贡献率，而不能简单地按照重量比例来计算。

关于希美克公司辩称已向吴某某支付过发明人报酬的事实，吴某某提交了其于2016年8月与希美克公司工作人员胡红芝之间关于主张发明人报酬的谈话记录，希美克公司提交了胡红芝于2016年9月19日向吴某某转账人民币30 000元的银行记录，吴某某确认收到了该笔款项，并称不知道该笔款项的用途。此外，希美克公司还称通过历年工资、奖金及年终奖等方式向吴某某发放发明人报酬，吴某某对此不予认可，认为工资、奖金及年终奖并未列明包括发明人报酬，因此与本案的发明人报酬主张无关。

庭审中，双方均未举证证明在希美克公司依法制定的规章制度或相关劳动合同中规定了发明人报酬的计算方式和数额。吴某某主张发明人一次性报酬的计算公式为"希美克公司制造销售的专利产品数量（接近150万套）×专利产品的单价（每套61.12美元）×专利产品的营业利润率（24%）×给予发明人报酬的法定提取比例（2%）"。希美克公司则认为发明人报酬的计算公式为"希美克公司制造销售的专利产品数量（326 123套）×希美克公司出口的专利产品每千克的单价（约为11~12美元）×每套专利产品中包括专利技术方案的锁体部件重量（约为0.32千克）×专利产品的营业利润率

（2014 年、2015 年和 2016 年度分别为 1.69%、3.06%、3.60%）×给予发明人报酬的法定提取比例（2%）"，计算结果还需减去希美克公司已向吴某某支付的发明人报酬。

关于吴某某所主张的合理费用，吴某某提交单据证明翻译费为人民币 2378 元、顺丰速运费用为人民币 20 元；并且请求一审法院酌定律师费为人民币 5 万元。

广州知识产权法院一审认为：

涉案发明专利属于吴某某在希美克公司工作期间在中国境内所完成的职务发明创造，而希美克公司、BETTELI 公司属于控制人与经营业务之间存在关联的公司。若以涉案专利属于美国专利为由认定不应适用我国法律关于职务发明创造发明人报酬的规定，对于发明人显失公平，也纵容了用人单位此种实际获利同时规避支付发明人报酬的行为。

综上，广州知识产权法院依照《专利法》（2008 年修正本）第六条、第十六条，《专利法实施细则》（2010 年修正本）第七十六条、第七十八条，《民事诉讼法》（2017 年修正本）第六十四条第一款规定，判决：

（1）希美克（广州）实业有限公司于判决发生法律效力之日起 10 日内向吴某某支付发明人报酬人民币 30 万元；

（2）驳回吴某某的其他诉讼请求。

二、二审

希美克公司不服一审判决，向广东省高级人民法院提起上诉称：涉案专利为美国发明专利，应适用美国法律而非中国法律对职务发明创造奖励和报酬的规定，吴某某据此主张职务报酬没有法律依据。退一步而言，即使可以计算报酬，希美克公司针对职务发明报酬的计算是合理的，提供的证据是充分确凿的，应予以采纳。一审法院采用酌定的方式确定发明人报酬数额于法无据。一审判决希美克公司支付发明人报酬明显过高，严重不合理，对希美克公司严重不公平。故请求：①撤销原判决第一项；②吴某某承担本案全部诉讼费。

广东省高级人民法院经审理查明，一审法院查明事实属实。另查明，吴某某与希美克公司之间并未签订与涉案职务发明权益分配相关的协议。吴某某于 2003 年 12 月 5 日向 BETTELI 公司签署的转让书记载："鉴于已收讫的有值对价，下列署名的发明人（指吴某某）向 BETTELI 公司出售、转让在美国、美国领属地以及所有外国的与发明（指涉案职务发明专利）有关的一切权益。"吴某某在一审、二审中均声称，其当时既未收到任何对价，也不清楚该英文协议内容，仅系应希美克公司要求而在该转让书上签名。BETTELI 公司亦无证据证明其向吴某某支付过对价。

还查明，BETTELI 公司、希美克公司在一审时均明确承认，BETTELI 公司与希美克公司之间未签订过相关专利申请权转让协议或专利许可实施协议，BETTELI 公司也未就专利申请权转让或实施专利向希美克公司支付过费用。

广东省高级人民法院二审认为：

涉案专利是否受中国专利法保护与涉案职务发明创造发明人能否主张报酬权系两个不同的法律问题，不应混为一谈。本案中，中国境内不仅是吴某某的工作地，也是涉案职务发明创造的产生地与完成地。这种在中国境内完成的发明创造活动，依法受到中国专利法的调整。而且，职务发明创造的发明人报酬具有劳务属性，中国专利法中职务发明创造发明人获得合理报酬的制度核心，正在于协调作为劳动者的发明人与用人单位之间地位不平等问题，从而实现职务发明成果利益公平合理分配。希美克公司通过将涉案职务发明创造相关专利申请权无偿转让给其关联公司 BETTELI 公司并在美国申请专利后，利用美国专利法规定拒绝向吴某某支付发明人报酬，其实质系利用不同的法律制度规避其依中国法律应当支付劳动对价的义务，明显损害吴某某作为劳动者的权益，不符合我国职务发明创造制度的立法宗旨，违反我国法律相关规定。吴某某作为在中国境内完成的职务发明创造发明人，有权依中国法律规定主张获得相应报酬。在双方当事人提交的证据亦均不能充分证明营业利润率和专利产品贡献率的情况下，一审法院综合考虑希美克公司制造销售包含涉案专利零件的产品数量、经济效益、涉案专利有效期、吴某某主张的是一次性报酬等实际情况，酌定希美克公司支付职务发明创造的发明人报酬 30 万元人民币，并无不当。

据此，广东省高级人民法院依照《民事诉讼法》（2017 年修正本）第一百七十条第一款第一项之规定，判决：驳回上诉，维持原判。

【法官点评】

本案中，BETTELI 公司将吴某某完成的职务发明创造申请并获得了美国专利,并非中国专利,希美克公司据此主张本案应适用美国专利法而非中国专利法。因此,本案需要解决的首要问题是相关发明创造活动能否受中国法律调整。本案分别从涉案发明创造的完成地以及职务发明创造发明人报酬的劳务属性两个角度,详细论证了本案纠纷应受中国法律调整。

首先需要明确的是,相关职务发明创造申请授予的专利是否受中国专利法保护与该职务发明创造发明人能否依据中国法律主张报酬权系两个不同的法律问题,不应混为一谈。涉案职务发明创造未申请授予中国专利权,只关系到该专利不受中国专利法保护,但只要符合中国法律的相关规定,职务发明创造发明人亦可依法主张相关权利。

1. 在中国境内完成的职务发明创造受中国法律调整

吴某某在中国境内成立的希美克公司任职后,在希美克公司完成了涉案职务发明创造。因此,中国境内不仅是吴某某的工作地,也是涉案职务发明创造的产生地与完成地。依据属地原则,这种在中国境内完成的发明创造活动,依法受到中国专利法的调整。

2. 涉及劳动者权益的职务发明创造报酬制度不得不当予以规避

职务发明创造发明人或设计人与单位之间的关系本质上系劳动关系,职务发明创造发明人或设计人报酬具有劳务属性,相关单位不得通过不公平不合理的手段规避支付相关劳务报酬的法定义务。笔者将从职务发明创造的基础及我国相关制度的立法设计与宗旨着手,对此予以详述。

(1) 职务发明创造制度的基础。职务发明创造是指发明人或设计人执行本单位任务或者主要利用本单位的物质技术条件所完成的发明创造。虽然我国有关职务发明创造的法律规定系在专利法范畴,但从相关主体来看,付出智力劳动、完成发明创造的发明人或设计人为劳动者,其所属单位为用人单位,双方在此种意义上系雇佣与被雇佣的关系。正是因为发明人系用人单位员工的身份属性和工作性质,决定了进行职务发明创造研究系其工作任务的一部分,故职务发明创造的专利权归属于用人单位,而发明人凭借其智力劳动而获得相应劳动报酬。因此,就职务发明创造发明人的奖励和报酬权利而言,职务发明创造制度的基础在于发明人或设计人与用人单位之间存在劳动关系。

（2）我国相关制度的立法设计与宗旨。本案的特殊之处在于，用人单位并未将涉案职务发明创造申请中国专利，而是通过其关联公司申请美国专利。此种情况下是否应当适用中国专利法，可以结合我国专利法的制度设计及涉外民事法律关系的相关规定得出结论。

案涉争议的职务发明创造奖励报酬规定于我国专利制度中。建立专利制度的根本目的在于鼓励发明创造的产生及推广应用，提高自主创新能力。根据《专利法》（2008年修正本）第六条规定，职务发明创造的专利申请权及专利权归单位所有，除非对利用本单位物质技术条件所完成的发明创造另有约定。如果职务发明创造被授予专利权后，单位为专利权人，无论该单位通过实施该专利获得多少经济利益，发明人或设计人都无法就该专利获得回报，则显然忽略了发明人或设计人对该发明创造做出的贡献，必定会影响发明人或设计人继续进行发明创造的主动性和积极性，有违专利制度鼓励创新的根本目的。与此同时，由于发明人或设计人与用人单位之间存在劳动关系，其受雇与否、工作性质、薪酬奖励等均受用人单位控制，双方先天性地处于不平等地位，这又决定了不能仅仅依靠用人单位自发的奖励行为来激发发明人或设计人进行发明创造的积极性。因此，《专利法》（2008年修正本）第十六条、第十七条又分别对职务发明创造发明人或设计人的经济权利与精神权利作出相应规定。《专利法》（2008年修正本）设置职务发明创造发明人获得合理报酬、享有署名权制度的核心，正在于协调作为劳动者的发明人或设计人与用人单位之间地位不平等问题，从而实现职务发明成果利益公平合理分配，达到鼓励创新的最终目的。故职务发明创造发明人或设计人报酬具有劳务属性，中国法律中涉及职务发明创造发明人报酬的相关规定涉及劳动者权益。

而在涉外民事法律关系中，根据《中华人民共和国涉外民事关系法律适用法》第四条[①]以及《最高人民法院关于适用〈中华人民共和国涉外民事关

---

① 《中华人民共和国涉外民事关系法律适用法》第四条规定："中华人民共和国法律对涉外民事关系有强制性规定的，直接适用该强制性规定。"

系法律适用法〉若干问题的解释（一）》第 10 条第 1 项①，涉及劳动者权益保护的法律规定系强制性规定，在涉外民事关系中可直接适用，当事人不得通过约定排除适用。本案中，涉案职务发明创造虽未申请授予中国专利，但发明人吴某某行使报酬请求权实质上是请求保护其劳动者合法权益，故本案应当直接适用中国专利法。相关当事人不得通过约定规避适用中国法律。

本案中，用人单位希美克公司通过要求吴某某与其关联公司 BETTELI 公司签署转让书，将吴某某在中国境内完成的涉案职务发明创造相关专利申请权无偿转让给 BETTELI 公司。BETTELI 公司在美国申请专利后，希美克公司依据美国专利法的规定拒绝向吴某某支付发明人报酬。此种行径的实质，系利用不同的法律制度规避其依中国法律应当支付劳动对价的法定义务，明显损害吴某某作为劳动者的权益，不符合我国职务发明创造制度的立法宗旨，违反我国法律相关规定。若放任用人单位此种行径且不予规制，不仅侵害职务发明创造发明人或设计人的合法权益，有损其不断创新的积极性和主动性，也有违公平原则。

基于跨国企业在中国投资设厂、合作研发的增多以及专利部署政策考虑，企业将在中国境内完成的职务发明创造到国外申请专利权的情况越来越多。本案是在该趋势背景下出现的、单位利用不同法律制度拒绝支付员工相关发明人报酬的情形，亟须司法对此明晰规则、给予引导。本案判决深入分析了职务发明创造奖酬制度的基础、本质及我国相关制度的立法设计与宗旨，充分论述了前述情况我国职务发明创造发明人获得合理报酬权利应予保护的观点，对相关单位不当利用关联公司和国外法律规避支付报酬义务的行为进行了批判和否定，充分保护了国内职务发明创造发明人的合法权益。本案判决对于激发单位员工职务发明创造热情、维护职务发明制度宗旨，引导涉外企业依法支付合理报酬，起到良好的典型示范效应，对进一步完善我国职务发明奖酬法律制度有所裨益和启发。

（撰稿人：广东省高级人民法院　肖海棠　张胤岩）

---

① 《最高人民法院关于适用〈中华人民共和国涉外民事关系法律适用法〉若干问题的解释（一）》第十条第一项规定："有下列情形之一，涉及中华人民共和国社会公共利益、当事人不能通过约定排除适用、无需通过冲突规范指引而直接适用于涉外民事关系的法律、行政法规的规定，人民法院应当认定为涉外民事关系法律适用法第四条规定的强制性规定：（一）涉及劳动者权益保护的……"

西蒙斯工厂有限公司诉东莞市神冈精密五金电子有限公司侵害发明专利权纠纷案

——专利具有多个发明目的不完全相同技术方案时技术特征解释方法

【裁判要旨】

若专利权利要求书记载了多个发明目的不完全相同技术方案，那么，在解释其技术方案当中的技术特征时，应当结合权利人在具体案件中请求保护的权利要求的技术方案所要实现的发明目的，来解释该技术方案中的技术特征。

【关键词】

发明目的　技术方案　技术特征

【案例索引】

一审：广州知识产权法院〔2015〕粤知法专民初字第2333号

二审：广东省高级人民法院〔2017〕粤民终973号

【案情及裁判】

原告：西蒙斯工厂有限公司（以下简称西蒙斯公司）

被告：东莞市神冈精密五金电子有限公司（以下简称神冈公司）

一、一审

原告西蒙斯公司因与被告神冈公司发生侵害发明专利权纠纷，向广州知识产权法院提起诉讼。

原告西蒙斯公司诉称：西蒙斯公司是涉案专利权人。神冈公司于2013年3月在北京的展会上，以及其阿里巴巴官方网站上展出涉案产品。西蒙斯公司从神冈公司处购得了6款涉案产品。涉案产品的技术方案均落入本专利权利要求 1 的保护范围。故诉至法院，要求判令神冈公司：①停止生产、销售、许诺销售侵害 ZL200910212035.0 发明专利权产品的行为；②销毁库存侵权产品，销毁制造侵权产品的专用设备、模具、机器设备，回收并销毁侵权产品的宣传册，停止对侵权产品的任何商业宣传行为；③赔偿经济损失 500 000 元，包括西蒙斯公司为调查、制止侵权行为所支出的合理费用；④承担本案诉讼费用。

被告神冈公司辩称：①西蒙斯公司指称的 2013 年北京的展会即使存在许诺销售行为也已经超过诉讼时效，不应再予支持；②西蒙斯公司指控生产的证据不足；③被诉侵权产品不具备涉案专利权利要求 1 的所有技术特征，不落入专利权的保护范围；④被诉侵权产品使用的是现有技术，未侵犯涉案专利权。

广州知识产权法院一审查明：

对无争议的事实认定如下：涉案专利为 ZL200910212035.0 "隐藏式门铰链" 发明专利，专利权人为西蒙斯公司，专利申请日为 2009 年 11 月 6 日，公告日为 2013 年 9 月 18 日，最近专利年费缴纳日为 2016 年 11 月 5 日。

本专利权利要求 1 为："一种用于隐藏式安装在门板和门框之间的门铰链，所述门铰链具有：两个叶片组件，其能够插入设置在所述门框中和所述门板的边缘中的凹部中；以及接头组件，其具有将这两个叶片组件相互连接的至少两个部件，其特征在于，所述两个叶片组件各具有两个叶片端部，所述叶片端部形成有供安装螺钉用的孔，且所述接头组件被支撑于所述叶片端部上，而且在所述叶片端部之间设置有分离式的连接元件，所述连接元件连接相应的两个叶片端部，其中，所述叶片端部各自均包括相应的支撑件和插入件，并且，所述接头组件具有通过公共旋转轴彼此枢转连接的两个托架，各托架的一端在相应插入件内枢转，而另一端滑动地支撑于相应插入件的滑动导槽内。"

2013 年 3 月 14 日，受西蒙斯公司委托，北京市路盛律师事务所的代理人在北京中国国际展览中心（新馆）举办的 "CIDE - 2013 第十二届中国国际门业展览会" 上的神冈公司展台，对部分展品进行拍照，取得了名片、神冈公司的宣传资料等。照片显示，神冈公司在其展台展示了被诉侵权产品。北京市中信公证处为上述过程作公证。

2014年10月31日，北京路盛（上海）律师事务所的代理人在位于广东省东莞市虎门镇村头社区大岗山钧达实业工业区内挂有"东莞市神冈精密五金电子有限公司"的经营场所购买了多个型号的被诉侵权产品，单价分别为13.85、37.46、45.61、40.72、48.87、16.29美元不等，共支付购买费用人民币3170元，并取得"东莞市神冈精密五金电子有限公司"产品宣传册、抬头为"东莞市神冈精密五金电子有限公司"盖有"东莞神冈精密五金厂"印章的估价单、盖有"东莞神冈精密五金厂"印章的收据、名片等资料。上海市黄浦公证处为上述过程作公证。诉讼中，西蒙斯公司将购得的6个型号被诉产品作为证据提交，型号分别为4060、SG-HC4080、SG-HC50120、SG-HC50200、SG-HC60100、SG-HC60160。

2015年7月22日，北京市路盛律师事务所的代理人登录信息网络在https://page.1688.com网站搜索神冈公司的网页。神冈公司在网页上的介绍内容为："公司拥有先进的生产设备，前沿的生产技术，拥有一批从事研发、模具制作、生产加工、产品检测的一流技术工程师，拥有优秀的一线生产员工，使得产品不断推陈出新。现生产的'神冈五金'销售全国各地，远销欧美、东南亚、中东等国家和地区。"登记认证的经营模式为生产厂家。网页中展示的产品包括上述6个型号被诉产品。

神冈公司成立于2007年2月9日，注册资本为30 000元，经营范围是加工、销售电子产品、电子元器件、机械配件、五金模具、五金制品。

另查明，西蒙斯公司在提起本案诉讼同时，起诉神冈公司同一行为侵害其ZL02148197.0"用于门框和门扇之间的覆盖结构的门铰链"发明专利权，案号为〔2015〕粤知法专民初字第2332号。此案与本案同步审理。

一审法院对有争议的事实认定如下：

（1）关于西蒙斯公司提交的2014年10月31日公证保全证据，神冈公司辩称不足以证明其制造被诉产品。根据公证保全的公证书，购买行为发生在神冈公司的经营场所，虽然保全过程中取得的估价单、收据上所盖印章与神冈公司的企业名称不相吻合，但结合神冈公司的经营范围、在网页中宣称的经营模式，以及其在展览会和在企业网页上展出被诉产品的情况，足以认定神冈公司制造、销售了被诉产品。至于其在经营过程中可能同时以其他企业名称对外，不影响上述认定。

（2）关于被诉产品的构造及其是否落入本案专利权的保护范围。6个型号被诉产品的构造相同，技术特征为：一种用于隐藏式安装在门板和门框之间的门铰链，具有两个叶片组件，其能够插入设置在门框中和门板的边缘中的凹部中；以及接头组件，其具有将这两个叶片组件相互连接的两个部件。两个叶片组件各具有两个叶片端部，叶片端部形成有供安装螺钉用的孔，接头组件被支撑于叶片端部上，而且在叶片端部之间设置有可分离式的连接元件，连接元件连接相应的两个叶片端部。叶片端部各自均包括相应的支撑件和插入件。接头组件具有通过公共旋转轴彼此枢转连接的两个托架，各托架的一端在相应插入件内枢转，另一端滑动地支撑于相应插入件的滑动导槽内。

将被诉产品的技术方案与涉案专利权利要求1对比，神冈公司指出存在如下不同点：①涉案专利限定叶片端部之间设置有分离式的连接元件，被诉侵权产品是一个整体，连接元件不是分离的；②涉案专利限定叶片端部各自均包括相应的支撑件和插入件，被诉侵权产品无单独的支撑件，支撑件与叶片端部是一体的。神冈公司辩称涉案专利的上述第二项技术特征是授权时才引入的，应重点对比。

经审查，此两点既然限定在权利要求中，那么都属于法律保护的权利范围，应当将之与被诉产品相应技术特征进行对比。关于第一点，涉案专利限定为叶片端部之间设置有分离式的连接元件，明确指出连接元件是分离式的，并非处于分离状态，被诉产品有此技术特征，即使不是处于分离状态，但是其是可分离的，落入专利限定范围。关于第二点，涉案专利限定是叶片端部各自均包括相应的支撑件和插入件，很明显，叶片端部与支撑件之间是上位词语与下位词语的关系，被诉产品支撑件与叶片端部是一体之技术特征也落入专利限定范围。同时，除上述特征外，被诉产品具备涉案专利权利要求1的其他所有技术特征。因此，被诉产品技术方案落入涉案专利权的保护范围。

广州知识产权法院一审认为：

西蒙斯公司是涉案专利权人，其专利权依法受法律保护。除法律另有规定以外，任何单位和个人未经专利权人许可，不得为生产经营目的制造、销售、许诺销售其专利产品。神冈公司未经许可，为生产经营的目的制造、销售了被诉产品，并通过信息网络展示的方式予以许诺销售，均侵害了西蒙斯公司的专利权，依法应承担停止侵害行为和赔偿损失等民事责任。神冈公司辩称被诉产品实施的是现有技术，但未提交相应证据予以证明，一审法院不予采纳。西蒙斯公司另指控神冈公司于2013年在展览会上展示被诉产品，经审查，此节事实表明神冈公司侵权行为的持续性；但在西蒙斯公司起诉日两年之前发生，已超过诉讼时效，不在本案确定赔偿数额的考虑范围。关于赔偿数额，由于因侵权行为导致的西蒙斯公司的损失或神冈公司的获利均无充足证据证实，所以一审法院根据涉案专利的类别和专利产品的知名度、侵权行为的性质、规模和情节，以西蒙斯公司起诉日向前推算两年计算赔偿，并考虑西蒙斯公司为本案维权的必要、合理支出，且本案与〔2015〕粤知法专民初字第2332号两案实为神冈公司同一行为侵害西蒙斯公司的两项专利权，经两案统筹，本案酌情确定神冈公司赔偿250 000元。西蒙斯公司的其他诉讼请求依据不足，均予以驳回。

综上，广州知识产权法院依照《侵权责任法》第十五条第一款第一项、第六项和第二款，《专利法》（2008年修正本）第十一条第一款、第二十九条、第五十九条第一款、第六十二条、第六十五条，《最高人民法院关于审理专利纠纷案件适用法律问题的若干规定》（2015年修正）第九条、第二十三条，《最高人民法院关于审理侵犯专利权纠纷案件应用法律若干问题的解释》第七条，判决：

（1）东莞市神冈精密五金电子有限公司自判决发生法律效力之日起停止制造、销售、许诺销售侵害西蒙斯工厂有限公司ZL200910212035.0"隐藏式门铰链"发明专利权产品的行为；

（2）东莞市神冈精密五金电子有限公司自判决发生法律效力之日起10日内，一次性赔偿西蒙斯工厂有限公司经济损失（包括合理费用）25万元；

（3）驳回西蒙斯工厂有限公司的其他诉讼请求。

二、二审

神冈公司不服一审判决，向广东省高级人民法院提起上诉称：被诉侵权产品缺少本案专利权利要求1所记载的"所述叶片端部各自均包括相应的支撑件和插入件"的技术特征。本案专利权利要求1限定支撑件和插入件的目的在于：本案专利发明内容之一，是使得铰链在X、Y、Z三个方向上可自由调整，实现自由调整的手段是设置三个调整件，三个调整件分别对应X、Y、

Z三个方向，每一个调整件在一个方向上进行调整。而只有将插入件、支撑件和叶片端部三个部件分开，才能实现三个调整件分别在三个方向的调整。被诉侵权产品缺少Y方向上的调整件，被诉侵权产品实现Y方向上自由调整的功能，不是通过本案专利所记载的Y方向上设置调整件，而是通过插入件的安装孔设置成腰形孔来实现的。被诉侵权产品对应本案专利所描述的"支撑件"和"叶片端部"的部分，是做成一体的，强度更高，加工和装配更简便，而本案专利所描述的"支撑件"和"叶片端部"分成两部分，强度不高。综上，因存在前述不相同不等同技术特征，被诉侵权技术方案不落入本案专利权的保护范围。故请求二审法院：撤销原判第1项、第2项，依法改判由对方负担诉讼费。

广东省高级人民法院经二审，确认了一审查明的事实。

广东省高级人民法院另查明：本案专利权利证书说明书发明内容部分[0004]描述："鉴于现有技术的这种状况，本发明的目的在于提供一种门铰链，所述门铰链设计更简单且由此可更成本有效地来制造"；[0005]描述："根据本发明的一个方面，提供了一种用于隐藏式安装在门板和门框之间的门铰链，所述门铰链具有：两个叶片组件，其能够插入设置在所述门框和所述门板的边缘中的凹部中；以及接头组件，其具有将这两个叶片组件相互连接的至少两个部件，其中，所述两个叶片组件各具有两个叶片端部，所述叶片端部形成有供安装螺钉用的孔，且所述接头组件被支撑于所述叶片端部上，而且在所述叶片端部之间设置有分离式的连接元件，所述连接元件连接相应的两个叶片端部"；[0006]描述："所述目的通过如下的隐藏式门铰链的叶片组件来实现，其中该隐藏式门铰链的叶片组件具有两个叶片端部，所述两个叶片端部均具有供安装螺钉用的孔且接头组件支撑于所述两个叶片端部上。根据本发明，设置在所述叶片端部之间的分离式连接元件连接两个端部。各叶片端部具有安装面，利用所述安装面将所述模块连接在榫眼中。所述叶片组件的模块化结构提供如下优点：例如，两个接头组件高度不同的门铰链可装配相同的端部。仅需提供具有不同高度的连接元件，所述高度针对相应连接组件的长度而设定。由此，不必针对各种类型的门铰链构造专门叶片组件"；[0011]描述："为了进一步降低制造成本，所述叶片组件的至少一个组件具有两个相同的所述端部将是有益的。尤其是针对铸造零件（其中使用相应的铸造模来进行制造）时，如果针对叶片组件的两个端部无须采用不同的模，这将是有利的。由此，对于叶片组件的制造而言，只需要一个小型的用于生产叶片端部的模具。随后，这种类型的两个相同端部与所述连接元件一起形成所述叶片组件"；[0012] 描述："在根据本发明的门铰链的优选实施方式中，所述叶片端部具有相应的用于安装在榫眼中的连接片。优选地，所述叶片端部各自均包括支撑件和插入件，所述接头组件保持在所述插入件中。这种类型叶片端部的多构件实施方式使得可设置用于在门框中调整门板的调整件。"

还查明：本案专利权利要求 7 描述："根据权利要求 1 所述的门铰链，其特征在于，在所述叶片端部（3、3′、4、4′）的一个叶片端部中设置有用于在竖直方向（Z）上调整所述门板的调整装置（11），其中，所述竖直方向（Z）平行于所述叶片组件（1，1′）的纵向方向"；权利要求 8 描述："根据权利要求 7 所述的门铰链，其特征在于，在所述叶片端部（3、3′、4、4′）中设置有用于沿第一水平方向（X）调整所述门板的调整装置（12），所述第一水平方向（X）与相应叶片组件（1，1′）的正面正交地延伸"；权利要求 9 描述："根据权利要求 8 所述的门铰链，其特征在于，所述叶片端部（3、3′、4、4′）的一个叶片端部中设置有用于沿第二水平方向（Y）调整所述门板的调整装置（13），所述第二水平方向（Y）与相应叶片组件（1，1′）的正面平行地延伸，且第二水平方向（Y）与第一水平方向（X）和竖直方向（Z）相正交地延伸"。

广东省高级人民法院二审认为：

本案为侵害发明专利权纠纷。根据当事人的上诉请求和答辩意见，本案的争议焦点为：被诉侵权技术方案是否落入本案专利权的保护范围。

《最高人民法院关于审理侵犯专利权纠纷案件应用法律若干问题的解释》第七条规定："人民法院判定被诉侵权技术方案是否落入专利权的保护范围，应当审查权利人主张的权利要求所记载的全部技术特征。被诉侵权技术方案包含与权利要求记载的全部技术特征相同或者等同的技术特征的，人民法院应当认定其落入专利权的保护范围；被诉侵权技术方案的技术特征与权利要求记载的全部技术特征相比，缺少权利要求记载的一个以上的技术特征，或者有一个以上技术特征不相同也不等同的，人民法院应当认定其没有落入专利权的保护范围。"本案中，神冈公司上诉主张被诉侵权技术方案不落入本案专利权的保护范围，理由是被诉侵权产品对应本案专利所描述的"支撑件"和"叶片端部"的部分，是做成一体的，从本案专利发明内容来理解，本案专利技术特征描述的"支撑件"和"叶片端部"，两者是分离的。因为只有两者分离，才能通过设置调整件，以实现铰链在 Y 方向的自由移动的发明内容。法院认为，本案专利权利要求书记载了多个技术方案，不同的技术方案实现的发明目的不完全相同。西蒙斯公司在本案中请求保护的是权利要求 1 记载的技术方案，在解释该技术方案当中的技术特征时，应当结合权利要求 1 技术方案所要实现的发明目的。本案专利说明书发明内容部分［0004］描述了本案专利发明的目的，即"本发明的目的在于提供一种门铰链，所述门铰链设计更简单且由此可更成本有效地来制造"。发明内容部分［0006］描述了实现发明目的的实施方式，即"所述目的通过如下的隐藏式门铰链的叶片组件来实现……"［0005］描述了本案专利的技术方案。从前述内容来看，本案专利发明目的，是通过设置可分离式的连接元件，来适应不同长度的门铰链结构，而连接元件两端的叶片端部的组件模块化，并可以适应不同长度和门铰链结构的连接元件，从而使制造简便和经济。本案专利权利要求 1 记载："叶片端部各自均包括相应的支撑件和插入件。"从权利要求 1 的该项技术特征字面含义来看，"叶片端部"包含"支撑件"和"插入件"两个部件，"叶片端部"是"支撑件"和"插入件"的上位概念，即"支撑件"和"插入件"皆被称为"叶片端部"。从［0005］描述的"且所述接头组件被支撑于所述叶片端部上"以及［0006］描述的"所述两个叶片端部均具有供安装螺钉用的孔且接头组件支撑于所述两个叶片端部上"可知，"支撑件"在整个技术方案当中所发挥的功能是与"插入件"相互配合以支撑接头组件。而从发挥该功能来看，"叶片端部"并不需要分离出"支撑件""插入件"和"叶片端部的其他部分"三个部件来，才能实现该功能；只要"叶片端部"中包含有"插入件"和"支撑件"两部分部件，即可完成"支撑件"在权利要求 1 技术方案中所承担的技术功能。神冈公司上诉认为本案专利技术特征描述的"叶片端部"与"支撑件""插入件"部件应当被限定为三个分离的部件的主张，依据不足。本案专利权利要求 9 的附加技术特征描述："所述叶片端部的一个叶片端部中设置有用于沿第二水平方向

（Y）调整所述门板的调整装置。"由该技术特征描述可知，调整装置的功能是调整门板（即铰链）在 Y 方向上移动。也即是，实现门板（即铰链）在 Y 方向移动的功能，是由附加技术特征 9 的调整装置来完成的，而不是由其他部件包括"支撑件"来完成的。说明书发明内容［0012］描述"这种类型叶片端部的多构件实施方式使得可设置用于在门框中调整门板的调整件"，说明该功能并不是由权利要求 1 的技术方案所实现的，而是由权利要求 9 技术方案所实现的。西蒙斯公司在本案中请求保护的是权利要求 1，对于权利要求 9 所实现的技术功能，不能用于解释或者限定权利要求 1 描述的技术特征。神冈公司上诉认为权利要求技术特征应当被解释为"支撑件"与"叶片端部"分离才能实现设置调整件发明目的的主张，依据不足。综上，被诉侵权产品一个叶片端部中设置有分离式的"支撑件"，该项技术特征亦属于本案专利技术特征限定的范围，构成相同技术特征。一审法院认定事实正确，应当予以维持。

据此，广东省高级人民法院依照《民事诉讼法》（2017 年修正本）第一百七十条第一款第一项之规定，判决如下：驳回上诉，维持原判。

【法官点评】

本案入选广东省加强产权司法保护十大典型案例。在侵害发明专利权纠纷案件中，被诉侵权技术方案是否落入权利人专利权的保护范围是常见的争议焦点，而在某些情况下，应当如何解释权利要求书中记载的技术特征，是判断被诉侵权技术方案是否落入权利人专利权的保护范围的关键问题。《专利法》（2008 年修正本）第五十九条规定："发明或者实用新型专利权的保护范围以其权利要求的内容为准，说明书及附图可以用于解释权利要求的内容。"《最高人民法院关于审理侵犯专利权纠纷案件应用法律若干问题的解释》第七条规定："人民法院判定被诉侵权技术方案是否落入专利权的保护范围，应当审查权利人主张的权利要求所记载的全部技术特征。被诉侵权技术方案包含与权利要求记载的全部技术特征相同或者等同的技术特征的，人民法院应当认定其落入专利权的保护范围……"那么，在专利权利要求书记载了一个以上发明目的不完全相同技术方案的情况下，应当如何解释技术方案中的技术特征？此时，应当结合权利人在具体案件中请求保护的权利要求的技术方案所要实现的发明目的,来解释该技术方案中的技术特征。

本案中,双方当事人对应当如何理解"支撑件"与"叶片端部"是否分离的问题存在争议,法院经审查认为,本案专利权利要求书记载了多个技术方案,不同的技术方案实现的发明目的不完全相同。西蒙斯公司在本案中请求保护的是权利要求1记载的技术方案,在解释该技术方案当中的技术特征时,应当结合权利要求1技术方案所要实现的发明目的。说明书发明内容[0012]描述"这种类型叶片端部的多构件实施方式使得可设置用于在门框中调整门板的调整件",该功能并不是由权利要求1的技术方案所实现的,而是由权利要求9的技术方案所实现的。西蒙斯公司在本案中请求保护的是权利要求1,对于权利要求9所实现的技术功能,不能用于解释或者限定权利要求1描述的技术特征。神冈公司上诉认为权利要求技术特征应当被解释为"支撑件"与"叶片端部"分离才能实现设置调整件发明目的的主张,缺乏依据。由此可见,被诉侵权产品一个叶片端部中设置有分离式的"支撑件",该项技术特征亦属于本案专利技术特征限定的范围,构成相同技术特征。

(撰稿人:广东省高级人民法院　肖少杨　宋薇薇)

李某某和汕头市澄海区新阳玩具厂侵害外观设计专利权纠纷案

——组装关系不唯一组件产品被诉侵害一般专利的应将组合后各设计分别比对

【裁判要旨】

对于被诉侵权产品属于组装关系不唯一的组件产品的，其产品设计的内容不仅包括各构件的设计，还应包括经该产品宣传、引导和说明等意思表示所及的各组合后设计；该类产品被诉侵害一般产品外观设计专利权的（非组件、套件、变化状态产品的外观设计），前述组合后的各设计也应与专利分别进行比对，任一设计落入保护范围的，即属于实施了专利，构成外观设计专利侵权。

组装关系不唯一的组件被诉侵权产品仅部分组合设计侵权的，其赔偿数额应考虑落入专利权保护范围的侵权设计占全部产品设计的比例；判令销毁库存侵权产品和生产模具时应以必要为限度，判令删除相关宣传、引导和说明的内容后足以消除侵权威胁的，可不判令销毁库存及模具。

【关键词】

外观设计　组装关系不唯一　比对规则　侵权责任

【案例索引】

一审：广州知识产权法院〔2016〕粤73民初42号

二审：广东省高级人民法院〔2017〕粤民终544号

【案情及裁判】

原告：李某某

被告：汕头市澄海区新阳玩具厂（以下简称新阳玩具厂）

一、一审

原告李某某因与被告新阳玩具厂发生侵害外观设计专利权纠纷，向广州知识产权法院提起诉讼。

原告李某某诉称：李某某是涉案外观设计专利的专利权人，投入大量人力物力开发涉案专利。新阳玩具厂生产、销售的被诉侵权产品与涉案专利相同，落入专利权的保护范围。新阳玩具厂未经许可制造、销售被诉侵权产品的行为构成对李某某涉案专利的侵权。请求：①判令新阳玩具厂立即停止侵害涉案专利的行为，即立即停止制造、销售、许诺销售被诉侵权产品的行为，删除网页上相关信息，并销毁库存侵权产品及制造该产品的专用模具；②判令新阳玩具厂赔偿李某某经济损失及合理维权费用20万元；③诉讼费由新阳玩具厂承担。

被告新阳玩具厂辩称：①新阳玩具厂没有实际生产、销售被诉侵权产品，仅仅是制造了几个样品，李某某没有证据证明新阳玩具厂存在制造、销售行为；②被诉侵权产品除了能够组装成车轮机器人外，还可以组装成另外13款形态的外观，被诉侵权产品是组装关系不唯一的组件产品，根据相关司法解释的规定，其侵权比对应该比对零部件，被诉侵权产品与涉案专利既不相同也不近似，不构成侵权。

广州知识产权法院一审查明：

李某某是名称为"太阳能机器人（二）"、专利号为ZL201230484325.3的外观设计专利权人，该外观设计专利证书上共授权公告了专利产品的8张图片（见图1），所有图片均为完整造型的太阳能机器人的各面视图，不涉及组件、套件、变化状态的保护图片。2015年12月18日，李某某在阿里巴巴网站上新阳玩具厂的网店内公证购买了名为"14合1太阳能机器人"的被诉侵权产品。该被诉侵权产品由电机连接器、太阳能电池板、带轴齿轮、红色齿轮、绿色齿轮、海绵、圆轴、小船、塑料零件（由若干零件构成塑料板件，组装时需要将零件从板件上剪下来）、贴纸等17件组件组成，可以组装成车轮机器人、冲浪机器人、机器船、沃克机器人、螃蟹机器人、滑行机器人、甲壳虫机器人、乌龟机器人、汽车机器人、划行机器人、机器狗、僵尸机器人、不倒翁机器人、四级机器人等14款不同造型的成品（见图2）。新阳玩具厂确认该阿里巴巴网店为其注册、经营，亦确认网上展示的14合1太阳能机器人由其制造、销售。以上被诉侵权产品与本案专利均为玩具，是相同种类产品。经比对，被诉侵权产品组装后的车轮机器人与本案专利外观设计构成相近似。此外，被诉侵权产品的外包装、销售网页、说明书上有组合后的完整车轮机器人图片，说明书对如何组装车轮机器人等14种机器人给出了具体的指引。李某某主张被诉侵权产品落入本案专利权的保护范围，构成外观设计专利侵权。新阳玩具厂则辩称被诉侵权产品是组装关系不唯一的组件产品，应当将各构件与本案专利进行比对，二者不相近似，且车轮机器人系由消费者组装完成，无论车轮机器人与本案专利是否相近似，都与新阳玩具厂没有关系，被诉侵权产品没有落入本案专利权的保护范围，不构成专利侵权。

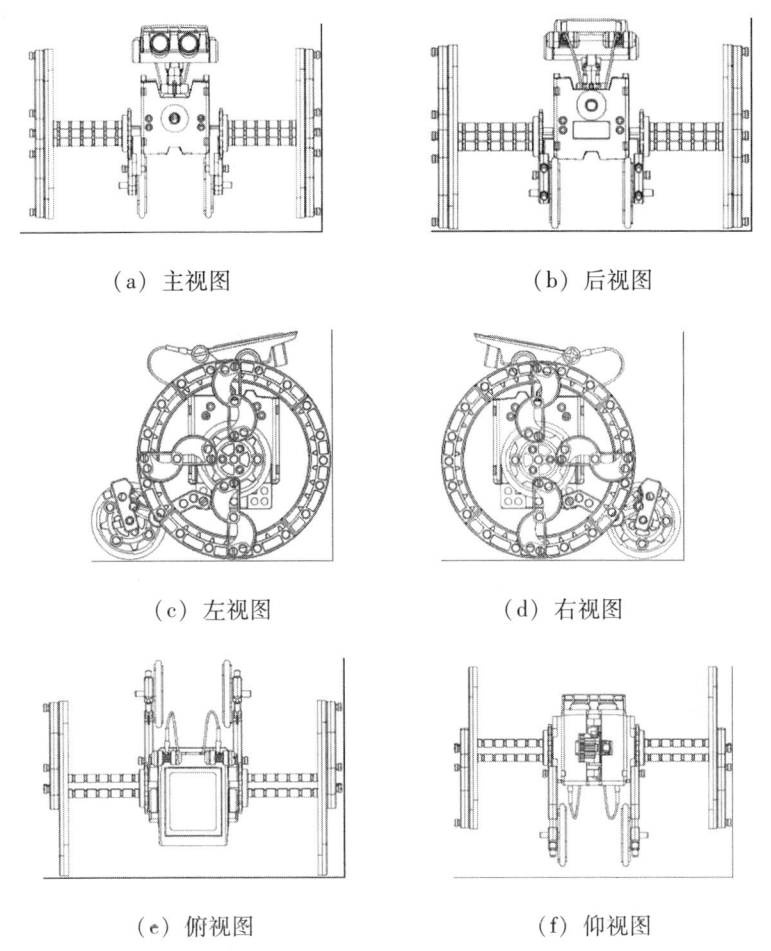

(a) 主视图　　　　　　　　　(b) 后视图

(c) 左视图　　　　　　　　　(d) 右视图

(e) 俯视图　　　　　　　　　(f) 仰视图

（g）立体图1 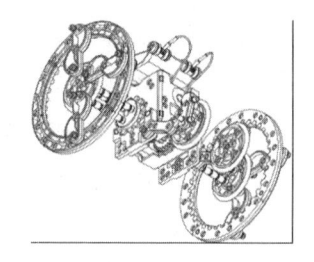　　　　　　　　　　（h）立体图2

图1　专利授权公告图片

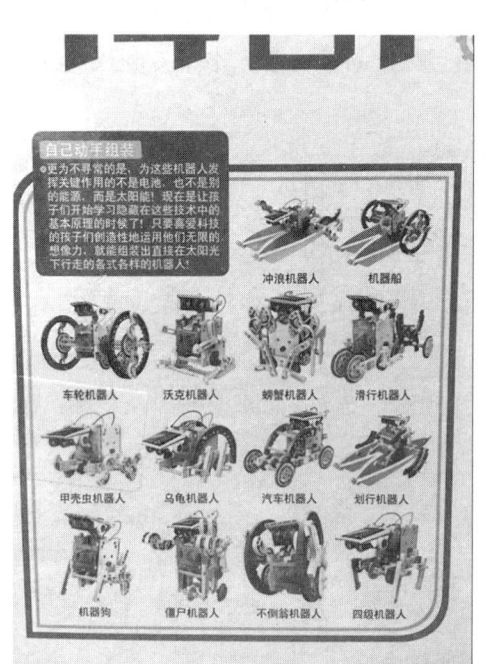

图2　被诉侵权产品组装后十四款机器人图片

广州知识产权法院一审认为：

从涉案专利的授权公告图片来看，涉案专利权的保护范围为机器人的整体外观设计。被诉侵权产品是一款立体拼装模型玩具，由多个构件组成，其中包括由不同形状的零件组成的塑料板件，组装时需要将零件从板件上剪下来。各构件组装后可形成14款不同外观的机器人。由于被诉侵权产品不仅可以组装成多种整体设计，且其在销售时和使用时呈现不同的状态，因此，被诉侵权产品不仅是组装关系不唯一的产品，同时也是变化状态的产品。被诉侵权产品的设计不仅包括各构件的设计，也包括组装完毕的各整体设计。由于本案专利保护的是整体设计，故应当以被诉侵权产品组装后的 14 种整体设计与本案专利逐一进行比对。经比对，被诉侵权产品组装后的车轮机器人与本案专利构成相近似，而组装后的其他机器人与本案专利不相近似。被诉侵权产品的车轮机器人设计窃取了专利的发明和创新之处，只要被诉侵权产品的设计中有至少一款成品的外观与涉案专利相同或者相近似，即落入涉案专利权的保护范围。

综上，广州知识产权法院依照《侵权责任法》第二条、第三条、第十五条第一款第一项和第六项，《专利法》（2008 年修正本）第十一条第二款、第五十九条第二款、第六十五条，《最高人民法院关于审理侵犯专利权纠纷案件应用法律若干问题的解释》第八条、第九条、第十条、第十一条，《最高人民法院关于适用〈中华人民共和国民事诉讼法〉的解释》第九十二条第一款和第二款、第一百零八条第一款的规定，判决：

（1）新阳玩具厂于判决发生法律效力之日起立即停止制造、销售、许诺销售侵害李某某名称为"太阳能机器人（二）"、专利号为 ZL201230484325.3 的外观设计专利权的产品；

（2）新阳玩具厂于判决发生法律效力之日起 10 日内赔偿李某某经济损失 15 000 元；

（3）新阳玩具厂于判决发生法律效力之日起 10 日内赔偿李某某为维权而支出的合理费用 5000 元；

（4）驳回李某某的其他诉讼请求。

二、二审

李某某不服一审判决，向广东省高级人民法院提起上诉称：一审判决的赔偿数额过低，被诉侵权产品的塑料零件和板件是一体成型的，必然存在专用模具且被诉侵权产品存在库存。故请求撤销一审判决，改判销毁新阳玩具厂的库存和专用模具，判决新阳玩具厂赔偿李某某经济损失及维权费用 20 万元。

新阳玩具厂不服一审判决，向广东省高级人民法院提起上诉称：①被诉侵权产品的设计与本案专利设计不同。一审判决认定本案专利权的保护范围为产品的整体外观，而被诉侵权产品为零部件，被诉侵权产品与本案专利不同。一审法院将被诉侵权产品组装后的外观与涉案专利进行比对错误。一审法院已经认定被诉侵权产品的13种组装模式不侵权，故被诉侵权产品不侵权。被诉侵权产品为无组装关系的组件产品，即便新阳玩具厂在被诉侵权产品的说明书中列出车轮机器人的建议组装方式，由于消费者有自己的创造力，其组装的产品不一定按照说明书建议的方式进行，因此，被诉侵权产品的最终形态不一定为本案专利的相似设计。②一审法院判决的赔偿金额过高。故请求撤销一审判决，改判驳回李某某的全部诉讼请求，一审、二审诉讼费由李某某负担。

广东省高级人民法院经审理，对一审查明事实予以确认。

广东省高级人民法院二审认为：

外观设计专利权的保护范围以表示在图片或者照片中的该产品的外观设计为准。涉案外观设计专利共记载了专利产品的8张图片，该8张图片为完整造型的太阳能机器人的各面视图，本案专利权的保护范围即为图片中的完整太阳能机器人设计。他人未经许可实施该完整太阳能机器人设计的即构成专利侵权。被诉侵权产品的单个零部件与涉案专利是否相同或者近似并非本案的比对范围，被诉侵权产品有无实施涉案专利保护的完整机器人设计才是本案比对的内容。车轮机器人是被诉侵权产品的设计内容，车轮机器人与本案专利设计相近似，被诉侵权产品未经许可实施该设计构成专利侵权。考虑到本案专利对被诉侵权产品获利的贡献比例等因素，二审法院维持了一审判决的赔偿数额。在一审法院已经判决新阳玩具厂删除网页、被诉侵权产品外包装、使用说明书上车轮机器人的图片的情况下，被诉侵权产品因缺乏侵权设计而不存在侵权威胁，无须判决销毁库存或模具。

据此，广东省高级人民法院依照《民事诉讼法》（2017年修正本）第一百七十条第一款第一项规定，判决：驳回上诉，维持原判。

【法官点评】

本案入选2018年广东服务创新驱动发展十大典型案例。《最高人民法院关于审理侵犯专利纠纷案件应用法律若干问题的解释（二）》第十六条①对专利为组件产品的外观设计侵权比对规则进行了明确规定，其中，对于组装关系不唯一的组件产品，应当将组成该产品的全部单个构件进行比对，被诉侵权设计与专利全部单个构件的外观设计均相同或者近似的，才落入专利权的保护范围。但是，对于被诉侵权产品属于组装关系不唯一组件产品而专利属于一般产品的情形，则没有具体规定，司法理论对之也较少梳理和探讨。表面上看，两者均涉及组件产品的比对，似乎差不多，而实际上，两者性质不同，应当遵循不同的比对思路，由于后一种比对组合上的特殊性，导致了其侵权责任的判定上还应有特别考虑。本文拟结合本案的情况详细分析。

1. 对现有规定中组件产品比对规则的分析

组件产品，是指由多个构件相结合构成的一件产品。分为无组装关系、组装关系唯一或者组装关系不唯一的组件产品②。组装关系唯一的组件产品，各构件相结合只能组合成一种形态。而组装关系不唯一和无组装关系的组件产品，各构件相结合可组成多种不同形态。只是对组装关系不唯一的组件产品来说，这种不同形态是预设的、有限的若干种；而对无组装关系的组件产品来说，这种结合后形态不是预设好的，而是有赖于消费者使用时的发挥。

《专利审查指南》规定，在外观设计的无效程序中，审查机关在将对比文件和涉案专利进行比对时，对于组装关系唯一的组件产品，由于一般消费者会对构件组合后的整体外观设计留下印象，所以，应当以各构件组合状态下的整体外观设计为对象进行比对，而不是以所有单个构件的外观为对象进行判断；对于组装关系不唯一和无组装关系的组件产品，一般消费者会对单个构件的外观留下印象，所以，应当以所有单个构件的外观为对象进行判

---

① 《最高人民法院关于审理侵犯专利权纠纷案件应用法律若干问题的解释（二）》第十六条规定："对于组装关系唯一的组件产品的外观设计专利，被诉侵权设计与其组合状态下的外观设计相同或者近似的，人民法院应当认定被诉侵权设计落入专利权的保护范围。对于各构件之间无组装关系或者组装关系不唯一的组件产品的外观设计专利，被诉侵权设计与其全部单个构件的外观设计均相同或者近似的，人民法院应当认定被诉侵权设计落入专利权的保护范围；被诉侵权设计缺少其单个构件的外观设计或者与之不相同也不近似的，人民法院应当认定被诉侵权设计未落入专利权的保护范围。"

② 详见《专利审查指南》第一部分第三章4.2.1的规定。中华人民共和国国家知识产权局：《专利审查指南（2010）》，知识产权出版社2010年版，第75页。

断①。之后，最高人民法院在颁布《最高人民法院关于审理侵犯专利权纠纷案件应用法律若干问题的解释（二）》时，在专利侵权纠纷中也引入了前述比对规则。从以上规定可以看出：其一，组件产品均是由不构成独立设计的构件组合成整体设计的产品，组件产品的使用均包含了从构件到整体的过程，在这一点上三种类型的组件产品并无不同，由于整体外观和单个构件的外观，分别成为不同类型组件产品的比对对象，这说明立法并未排除整体设计或者构件设计作为组件产品的设计内容；其二，现行立法对不同组件产品确立了不同的比对规则，而之所以选择不同的比对内容，是以一般消费者更容易对组件产品的哪些设计留下印象为依据。这样的选择客观上也使得比对更加简便可行，且符合不同类型组件产品的特点。

2. 被诉侵权产品为组装关系不唯一组件产品的比对规则探讨

（1）能否以单个构件为对象进行比对。对于有效外观设计专利，他人未经许可不得实施。在被诉侵权人已经实施了制造、销售、许诺销售、进口等行为的情况下，外观设计侵权判定的关键就是看被诉侵权产品是否系实施他人专利，即专利的保护内容及范围是什么，被诉侵权产品的设计内容又是什么，被诉侵权产品的设计内容有无落入专利权的保护范围。因此，在侵权比对时，应该始终以专利权的保护范围为目标对象，将被诉侵权产品的设计与专利设计进行比对。对于被诉侵权产品为组装关系不唯一组件产品的比对方法，关键也是要看涉案专利是何种性质。《最高人民法院关于审理侵犯专利纠纷案件应用法律若干问题的解释（二）》第十六条第一款规定了组装关系不唯一的组件产品的比对规则，但该款规定针对的是"各构件之间无组装关系或者组装关系不唯一的组件产品的外观设计专利"，系针对专利为组件产品的情况，也即比对的目标对象为组装关系不唯一的组件产品，本案并不当然适用。本案中，根据涉案专利图片的记载，涉案专利为一般产品的外观设计专利，保护的就是记载在专利图片上的整体外观设计，不涉及对组件、套件或者变化状态的保护。一方面，虽然专利产品也是拼装而来，但各构件设计并非本案专利的限定范围，故构件与构件相比是否相同或相似并非本案的

---

① 详见《专利审查指南》第四部分第五章 5.2.5.1 的规定。中华人民共和国国家知识产权局：《专利审查指南（2010）》，知识产权出版社 2010 年版，第 402 页。

审理内容；另一方面，涉案专利为整体设计，构件与整体相比显然不近似，没有比对的必要。因此，本案不以单个构件为对象进行比对。

（2）能否以组合后的整体设计进行比对。如前所述，立法并未排除整体设计作为组件产品的设计内容。能否以被诉侵权产品各构件组合后的整体设计进行比对，要看该整体设计是否属于被诉侵权产品实施的设计内容。对于被诉侵权人意思表示所及的、客观上也能实现的整体设计，应当视为被诉侵权产品实施的设计内容，可以与专利进行比对。以本案为例进行分析。首先，从实施者的角度，虽然被诉侵权产品在销售给消费者时仅为拼装构件，但这些构件经过组装后在客观上可以实现车轮机器人等14种设计；被诉侵权产品的说明书上有组合后的各种设计内容，可见新阳玩具厂主观上也认可被诉侵权产品的设计内容包括了车轮机器人等14种设计。其次，对于一般消费者而言，被诉侵权产品的使用价值显然不仅仅在于各个零构件，更在于欣赏各构件组装后的最终设计以及将各构件逐步组装成这些不同设计的游戏过程，一般消费者在依据说明书组装零构件的过程中必然会关注到组合后的这些设计。组合后的各设计很难说不属于被诉侵权产品的设计内容。最后，被诉侵权产品中的说明书对如何组装车轮机器人等给出了具体的指引，这些组合后的设计并非依靠消费者的自行创造，而是来源于新阳玩具厂在说明书中的指导，故组合后的设计与新阳玩具厂的行为之间存在因果关系，在进行侵权判断时应予以考虑。一审判决虽然也认为组合后的整体设计应纳入比对，却是以被诉侵权产品属于变化状态产品为理由认定的，这一点值得商榷。

（3）是否需要所有组合设计均落入。外观设计专利的侵权比对采用整体观察、综合判断的方法，应从一般消费者的角度来确定"整体观察"的范围。虽然被诉侵权产品为组装关系不唯一的组件产品，各构件设计和14种不同状态的组合设计共同构成了被诉侵权产品的设计，但以一般消费者的视角来看，这14种组合设计本身已分别构成了独立且完整的产品设计，故可以单独与本案专利进行比对，任一落入本案专利权保护范围的，即构成专利侵权。对比来分析，法律规定所有不同形态设计均要落入才构成侵权的为变化状态产品，相较于专利产品属于变化状态产品的情形而言，因为本案专利只保护组合后的唯一一种完整设计，缺少了变化状态产品中对所有不同状态设计的限定，反而具有更大的保护范围。相应地，被诉侵权产品只要在其任一完整设计中实施了专利设计的,即构成专利侵权,这符合专利法的制度逻辑。

(4) 从社会效果来综合检验。新阳玩具厂在被诉侵权产品外包装盒和许诺销售的网页上,大幅、单独展示了落入专利权保护范围的车轮机器人设计,新阳玩具厂的这些行为体现了未经许可使用他人专利设计的主观故意。对于可以组装成侵权设计,且实施者也积极引导消费者将之组装成为侵权设计的组件产品,如果可以被认定为不构成侵害他人专利权的合法行为的话,那么经济生活中的生产经营者都可以通过将他人专利设计拆分成不同部分,再指引消费者拼回来的简单方式,或者在完整采用他人专利设计的情况下,通过简单增加其他独立设计的方式规避专利法对他人智力设计成果的保护,这相当于变相鼓励不经许可实施他人专利,显然不符合专利法的立法初衷,也会严重损害经济秩序。

3. 侵权责编的特殊之处分析

《民法典》侵权责任编第十五条规定,承担侵权责任的方式主要有停止侵害、排除妨碍、消除危险、返还财产、恢复原状、赔偿损失、赔礼道歉、消除影响、恢复名誉。这些方式可以单独适用,也可以合并适用。至于如何适用,则要看如何对侵权损害给予完全、有效的补救。与此同时,责任本身是一种不利后果,各种责任方式都会给侵权人带来不利益①,故对侵权责任的认定还要以必要为限度。侵权责任的承担方式可以分为救济性责任形式、预防性责任形式和惩罚性责任形式。预防性责任形式是指以预防损害的实际发生为目的的侵权责任形式,具有一定救济功能,但是仍以预防性为主的责任形式可以归入预防性责任形式②。对于销毁库存③和模具,均属于预防性责任形式,对该类侵权责任的负担应以存在侵权威胁为前提。本案中,被诉侵权产品可组合的 14 种设计中有 13 种并未落入专利权的保护范围,在一审法院已经判决新阳玩具厂删除网页、外包装、使用说明书上有关车轮机器人信息的情况下,车轮机器人设计已不属于新阳玩具厂意思表示所及的设计内容,

---

① 张新宝:《侵权责任法原理》,中国人民大学出版社 2005 年版,第 465 页。
② 王利明:《侵权责任法研究》(上卷),中国人民大学出版社 2016 年版,第 621~622、633~636 页。
③ 存在侵权产品的库存并不必然意味着侵权,还要结合具体的行为,是否存在制造、销售、许诺销售、进口等。销毁库存的主要目的是预防下一步的许诺销售、销售库存的侵权行为。

即便被诉侵权产品还能被消费者自行创造组合成车轮机器人，此时的车轮机器人与新阳玩具厂的行为也不存在因果关系，不能视为新阳玩具厂的侵权威胁，无须判决销毁库存和模具。专利侵权挤占了专利权人的市场，或者本该收取专利许可费用的未能收取，给专利权人造成了经济损失，理应赔偿。但与一般专利侵权不同，本案被诉侵权产品组合后的14种设计中只有1种落入本案专利权的保护范围，只有这1种与权利人损失或侵权获利存在因果关系，因此，赔偿数额的确定还要考虑涉案专利的贡献比例。

（撰稿人：广东省高级人民法院　张婷）

迈德乐（广州）糖果有限公司与东莞市金旺食品有限公司等侵害发明专利权纠纷案

——组合物封闭式权利要求保护范围的审查认定

【裁判要旨】

在确定组合物封闭式权利要求保护范围时，应回归专利法的立法本意，坚持合理解释原则和利益平衡原则，既要维护公众的信赖利益，又要充分考虑专利权人对现有技术所做的贡献。判断被诉侵权技术特征增加的组分是否属于不可避免的常规数量的物质时，应考虑涉案专利实际解决的技术问题即发明点所在。对于权利要求中的"非发明点"技术特征，在确定其含义时应当采用较为宽松的解释方法，通过说明书的整体内容理解权利人使用相关表述的真实意图，避免其含义被不当限缩从而导致发明创造不能获得保护，否则有违实质公平和专利法的立法本意。

【关键词】

民事责任 专利侵权 组合物 封闭式权利要求

【案件索引】

一审：广州知识产权法院〔2015〕粤知法专民初字第984号

二审：广东省高级人民法院〔2017〕粤民终2294号

【案情及裁判】

原告：迈德乐（广州）糖果有限公司（以下简称迈德乐公司）

被告：东莞市金旺食品有限公司（以下简称金旺公司）

被告：广州市好又多百货商业广场有限公司（以下简称好又多公司）

一、一审

原告迈德乐公司因与被告金旺公司、好又多公司发生侵害发明专利权纠纷，向广州知识产权法院提起诉讼。

原告迈德乐公司诉称：迈德乐公司是涉案专利为ZL97198936.2"糖果玩具及其生产方法"发明专利的权利人。迈德乐公司认为金旺公司生产、好又多公司销售的被诉侵权产品侵害其涉案发明专利权，诉至广州知识产权法院，请求法院判令：①金旺公司、好又多公司停止侵权行为；②金旺公司赔偿100万元，支付迈德乐公司为制止侵权而支出的费用10万元，并赔礼道歉、保证今后不再侵权。

被告金旺公司辩称：涉案专利权利要求1的片型件只有泡沫糖和果胶这两种组成部分，而被诉侵权产品的每一个糖果层中除了果胶，还含有白砂糖、葡萄糖浆、明胶等，不落入涉案专利权的保护范围。

被告好又多公司辩称：其销售的被诉侵权产品具有合法来源，不应承担侵权损害赔偿责任。

广州知识产权法院一审查明：

涉案专利为ZL97198936.2"糖果玩具及其生产方法"，专利权人为梅德勒有限公司（德国），专利申请日为1997年10月17日，授权公告日为2002年4月24日，最近专利年费缴纳日为2016年10月9日。本专利的国际申请为PCT/DE97/02400，1997年10月17日，在澳大利亚的同族专利登记的WIPO号为WO98/17122，优先权日为1996年10月18日，优先权号为19643088。

本专利权利要求1为：一种糖果玩具，它是由许多基本上平行并列的且由泡沫糖和果胶构成的浇注片或片形件构成的，它在售货包装状态下通过一个透明包装形的包装层被保持在相对贴靠的位置上，其中糖果玩具总共有至少四层，其特征在于，各有两层通过浇注生产法不可分地连在一起，至少一个外泡沫糖层和第二泡沫糖层分别和另一果胶层一起形成了一个双层片或一个双层片形件。

专利说明书记载了如下相关内容：本发明的目的在于简化现有技术中生产起来比较复杂的糖果玩具，但不会失去令人喜欢的外表压痕。上述目的是通过这种糖果玩具来实现的，它是由许多基本上平行并列的且由泡沫糖和果胶构成的浇注片或片形件构成的,它在售货包装状态下通过一个透明包装形的包装层被保持在相对贴靠的位置上,其中糖果玩具总共有至少四层,各有两层通过浇注生产法不可分地连在一起,至少一个外泡沫糖层和第二泡沫糖层分别和另一果胶层一起形成了一个双层片或一个双层片形件。

把以下特征视为本发明的核心,即提供这样一种糖果玩具,它有至少四层但最好是五层,其中各有两层是通过浇注生产方法不可分地连在一起的。随后,将如此制成的成片等形状的独立件并排放在一起,从而两个外泡沫糖层限定了内层或分片。在此状态下,将两个或三个独立件包装起来并用包装层而以本身公知的方式将它们相互固定住。本发明基于以下认识,即许多独立件被连成一体且必须在此状态下包装起来,由此在现有技术的已知糖果玩具的情况下必须支付部分生产成本。通过本发明明显减少了独立件的数量,从而简单、更快速而且价格更低廉地进行整体拼装。尤其是可以如此设计糖果玩具,即在泡沫糖外层之间的中间层是交替地由果胶和泡沫糖层制成的。由此产生了一种特别五花八门的玩具,它们尤其是由此刺激了儿童总是重新设计糖果顺序(糖果像汉堡包或夹心面包)并同时改变夹裹次序。尽管简化了生产,但仍然通过简单的翻转双层而制造出糖果玩具。按本发明的有利的且很有吸引力的设计方案在于内层仅由果胶构成,或者内层仅由泡沫糖构成。按照本发明的一个方面,两个外层具有相同颜色且所有内层具有不同颜色,外层的颜色烘托出了内层的颜色。

2015年8月21日,深圳市润谷食品有限公司和深圳市阿麦斯糖果有限公司对本专利请求宣告无效。2016年1月11日,国家知识产权局专利复审委员会作出第27989号审查决定书:维持专利权有效。

国家知识产权局《专利实施许可合同备案证明》记载,本专利由梅德勒有限公司独占许可给迈德乐公司,备案申请日分别为2005年1月17日和2015年4月14日,合同有效期限分别为2001年5月1日至合同期以及2015年2月1日至2017年10月17日。2016年9月26日,梅德勒有限公司出具《专利实施许可声明》:"我公司自2001年5月1日将本专利以独占许可的方式授予迈德乐公司实施,并于2005年1月17日向中国知识产权局申请了备案登记,备案文件中所表述的'有效期限为2001年至合同期',本意为本专利的独占实施许可期限延伸至专利有效期满,迈德乐公司对本专利的独占实施行为确系得到我公司授权的,且迈德乐公司有权依据中国法律以自己的名义单独处理本专利权的一切维权事务。"

迈德乐公司通过公证购买的形式保全了被诉侵权产品。被诉侵权产品外包装上记载:生产者金旺公司;产品类型混合型凝胶糖果;产品名称汉堡包橡皮糖;配料表:白砂糖、葡萄糖浆、食品添加剂(明胶,果胶,柠檬酸,苹果酸,柠檬黄,日落黄,诱惑红,亮蓝)、食用香料。

在诉讼中,金旺公司承认好又多公司销售的被诉产品为其生产的产品。好又多公司也提供了相应证据予以证实所售货物的来源。

金旺公司成立于2006年4月24日,注册资本为300万元,经营范围是糖果生产、销售,批发兼零售,预包装食品、散装食品,货物进出口。

广州知识产权法院一审认为:

(1)关于两者是否属于相同技术领域。被诉产品是一种糖果,同时,被诉技术方案由若干片形件层叠而成,被包装盒固定,再由包装袋包装,对主要消费对象儿童而言兼具玩具作用,故可认定为糖果玩具,金旺公司提出与涉案专利属不同技术领域之抗辩不予采纳。

(2)关于涉案专利是否属封闭式权利要求。专利权利要求1前序部分有这样的表述:"它(糖果玩具)是由许多基本上平行并列的且由泡沫糖和果胶构成的浇注片或片形件构成的。"其在两个层面上采用"由……构成"的表述:一是糖果玩具由浇注片或片形件构成;二是浇注片或片形件由泡沫糖和果胶构成。按照国家知识产权局制定的部门规章《专利审查指南》中的归类,上述表述方式可归类为封闭式权利要求。封闭式权利要求一般解释为不含有该权利要求所述以外的结构组成部分或方法步骤。然而,基于语言表达方式机械确定的解释原则还得结合个案对权利要求进行全面分析。涉案专利一方面将糖果玩具限定为由浇注片或片形件构成,排除了浇注片或片形件以外的结构组成部分;将浇注片或片形件限定为由泡沫糖和果胶构成,排除了泡沫糖和果胶以外的组成部分。另一方面泡沫糖和果胶由具体何结构组成部分构成,权利要求中并未明确,须作进一步分析。

(3)关于"果胶"所指何物。《专利法》(2008年修正本)第五十九条规定:"发明或者实用新型专利权的保护范围以其权利要求的内容为准,说明书及附图可以用于解释权利要求的内容。"《最高人民法院关于审理侵犯专利权纠纷案件应用法律若干问题的解释》第二条规定："人民法院应当根据权利要求的记载，结合本领域普通技术人员阅读说明书及附图后对权利要求的理解，确定专利法第五十九条第一款规定的权利要求的内容。"查阅涉案专利及其说明书，均未对其做进一步限定或说明，无法对"果胶"所指何物得出唯一理解。按照食品安全国家标准，作为食物添加剂的果胶，是以柚子、柠檬、柑橘、苹果等水果的果皮或果渣以及其他适当的可食用的植物为原料，经提取、精制而得的食物添加剂。被诉产品作为在国内生产的食品，其外包装上配料表中所记载的"果胶"指的应是上述国家标准意义上的含义。然而，在分析涉案专利权的保护范围时，则应考虑其作为专利国际申请并结合其发明创造的技术方案予以解释。本专利权的保护范围，既包括作为玩具的浇注片或片形件的连接、固定之技术方案，也包括作为糖果的泡沫糖和果胶。参考其同族专利，"果胶"对应的英文用词为 fruit gum，而非作为食品添加剂的英文用词 pectin，故权利要求书中"果胶"一词不宜仅解释为作为食品添加剂的果胶。但是，为确保专利权保护范围的确定性和可预见性，使社会公众在相关产业活动可引以为据进行技术避让，限定专利技术特征的权利要求书中的用词必须有一定的确定性，综上，考察作为玩具的浇注生成片形件的技术方案，以及"果胶"在同族专利中的用词，涉案专利权利要求中的"果胶"一词，其外延不应超过"以水果为主要原料制作而成的凝胶糖"这一范围。

（4）关于是否构成等同问题。根据食品安全国家标准，作为食品添加剂的果胶的组织状态为粉末，商品化的果胶产品则可含有用于标准化目的的糖类和用于控制 pH 值的缓冲盐类，考虑到涉案专利中为实现糖果玩具的浇注片或片形件的形成之技术方案，该技术方案应允许加入葡萄糖浆、白砂糖等少量非专利限定的添加剂或杂质。但是，被诉技术方案中除了上述添加剂或杂质外，还含有明胶。明胶在被诉技术方案中的存在，显然不属于为配合果胶实现浇注片或片形件的形成之技术方案。而且根据食品安全国家标准，"明胶"是以动物的骨、皮、筋、腱和鳞等为原料经适度水解所制得的食品添加剂，超出了上文确定的"果胶"的外延："以水果为主要原料制作而成的凝胶糖。"所谓等同，是指被诉技术方案与专利要求中记载的对应技术特征之间的等同，而非两者技术方案之间的整体等同。而且，涉案专利既为封闭式权利要求，应从严审查等同范围，否则同样破坏社会公众对专利权保护范围的信赖。果胶与明胶虽都是胶体类物质，具有凝胶的功能，但两者的凝胶原理有差别，且从化学成分的角度来说，两者属不同物质，其化学结构、来源及其口感、营养功效均有不同。因此，涉案专利中仅限定果胶，被诉技术方案中则同时有果胶和明胶，两者作为食品的组成原料以及凝胶效果不同。迈德乐公司认为专利权的保护范围仅为物理结构而无关其配方成分的主张与涉案专利限定的技术特征明显不符，其提出的等同主张不予支持。

（5）关于其他技术特征的对比。涉案专利权利要求限定糖果总共有至少四层，被诉技术方案共五层，落入该限定范围。被诉技术方案中各一层泡沫糖层分别与一层果胶层不可分地连在一起，形成了两个双层片，落入专利要求限定的"至少一个外泡沫糖层和第二泡沫糖层分别和另一果胶层一起形成了一个双层片或一个双层片形件"的范围。关于被诉侵权产品的生产方法，果胶、明胶或其他胶体物质均可以采用浇注法，采用浇注法一般都会用到热熔，结合被诉产品及金旺公司对生产方法的陈述，被诉产品可以认定其采用了浇注法生产。

综上，迈德乐公司的涉案专利权利要求通过封闭式表述方式限定了浇注片或片形件由泡沫糖和果胶构成，被诉技术方案中与"果胶"对应的技术特征与之不相同，也不等同；除此技术特征外，被诉产品的其他技术特征落入涉案专利权利要求1的其他保护范围。

关于迈德乐公司的维权费用。迈德乐公司在一审法院提起本案诉讼同时，另行起诉深圳市润谷食品有限公司、深圳市阿麦斯糖果有限公司，案号为〔2015〕粤知法专民初字第985号、〔2015〕粤知法专民初字第986号，此两案与本案同步审理。迈德乐公司为本三案诉讼，提交了公证费发票3850元、文印费收据170元、律师费发票60 000元及委托合同。

一审法院认为被诉技术方案中与"果胶"对应的技术特征与之不相同也不等同，综合判断后被诉技术方案没落入迈德乐公司主张的专利权保护范围。基于此，虽然被诉产品汉堡包橡皮糖为金旺公司所制造并供给好又多公司销售，但金旺公司和好又多公司的行为不侵害迈德乐公司的专利权，迈德乐公司据此对其提出的诉讼请求均不成立，应予驳回。

综上，广州知识产权法院依照《专利法》（2008年修正本）第十一条第一款、第五十九条第一款,《最高人民法院关于审理专利纠纷案件适用法律问题的若干规定》第十七条,《最高人民法院关于审理侵犯专利权纠纷案件应用法律若干问题的解释》第二条、第三条、第七条,《最高人民法院关于审理侵犯专利权纠纷案件应用法律若干问题的解释(二)》第四条、第六条第一款,《民事诉讼法》(2012年修正本)第六十四条①,《最高人民法院关于适用〈中华人民共和国民事诉讼法〉的解释》第九十条、第一百零五条、第一百零八条第一款规定,判决:驳回迈德乐公司的诉讼请求。

二、二审

迈德乐公司不服一审判决,向广东省高级人民法院上诉称:①请求撤销一审判决;②请求改判金旺公司、好又多公司立即停止侵权行为;③请求改判金旺公司书面赔礼道歉;④请求改判金旺公司赔偿100万元;⑤请求改判金旺公司偿付迈德乐公司为制止其侵权行为而支出的公证费、律师费、自行购买侵权产品取证费用、相关差旅费等维权支出10万元;⑥请求改判由金旺公司承担一审、二审的诉讼费用。

广东省高级人民法院经二审,确认一审法院查明的事实属实。另查明,《食品工业》2009年第1期中《凝胶剂性能与凝胶软糖(3)》译文介绍:"酯化度高的称为高甲氧基果胶或高酯果胶,反之酯化度低的称为低甲氧基果胶或低酯果胶。高酯果胶的酯化度直接影响凝胶形成的相对速度,根据凝胶形成速度,酯化度在65%以上的为快凝果胶,低于65%以下的为慢凝果胶;快凝果胶一般温度在85℃左右10 min就会形成凝胶,而慢凝果胶温度在65℃30 min才能形成凝胶,因此果胶软糖生产要求都采用高酯(高甲氧基)慢凝果胶。高甲氧基果胶在糖和酸的适宜条件下,可溶性固体含量达55%以上时,在很高的温度下也能迅速凝胶,这给浇模成型带来困难,往往由于糖浆凝结,浇模操作就不能顺利进行。为了延缓凝结时间,可添加缓冲剂和控制高pH值,在相当范围内保持酸碱稳定性,以推迟凝结时间。高甲氧基果胶用于制造果胶软糖,其凝胶能力是以砂糖用量调节到恒定的凝胶力度。为了使果胶易于分散溶解,必须先把果胶与3~5分的砂糖进行干料掺和,然后在热水中溶解,要煮沸几分钟以保证果胶完全溶解。"《食品工业》2009年第3

---

① 《民事诉讼法》(2017年修正本)对第六十四条未做改动。

期《凝胶剂性能与凝胶软糖（5）》一文介绍："软性明胶软糖的熬煮温度为120～123℃，硬性的为130～134℃。明胶软糖糖浆在真空室温度下降后，糖浆的温度在80℃左右，此时即可添加色素，香料和酸味料，拌和均匀后进行浇注成型。"

一审法院2016年6月22日第一次《开庭笔录》记载，"金旺公司：我方产品没有落入原告专利……3.我方并未以浇注法生产，是以热熔法生产"。2017年1月11日第二次《开庭笔录》记载："金旺、天河城……权利要求1第4行中的表述，原告没有提供证据证明我方使用的浇注生产法，应当承担举证不能责任。从本专利的制备方法中向双层件涂粉，由于双层件本身存在很强的黏性，为了防止双层件之间相互粘接，也为了防止双层件与包装盒粘住，故不一定用浇注方式生产，完全可以使用压制方式生产。"2017年5月8日第三次《开庭笔录》记载，"金旺公司：1.我方确认并非采用浇注方法；2.我方产品不可分；3.如合议庭认为需要鉴定，我方同意，但原告有举证责任"。金旺公司委托诉讼代理人在向一审法院提交的《代理词》中陈述："……（二）将2个糖果层黏合在一起有多种方法和可能性，包括但不限于共挤、压制黏合、热熔等方式。从本专利的浇注步骤d'向双层件涂粉'可以看出，由于双层件本身具有黏性，为了防止双层件之间以及双层件与包装粘在一起，从而采取涂粉的方式。同时也表明2个糖果层本身具有很强的黏性，2个糖果层完全可以通过压制等方式黏合在一起。（三）从本专利说明书的浇注步骤c的表述可以看出，2个糖果层在尚未冷却的情况下被浇注在一起，那么尚未冷却的2个糖果层的接触面的分子间发生热运动，使得2个糖果层接触面相互渗透，不可能存在明显的划分界限。观察被诉侵权产品，2个糖果层之间存在明显的分界线，接触面的分子间明显没有相互渗透，因此被诉侵权产品采用的不是浇注法。"

二审庭审中，迈德乐公司明确撤回要求判令金旺公司、好又多公司停止侵权行为的诉讼请求。

广东省高级人民法院二审认为：

本案系侵害发明专利权纠纷。综合上诉人迈德乐公司的上诉理由和被上诉人金旺公司和好又多公司的答辩意见，本案二审争议焦点为：被诉侵权产品是否落入了涉案发明专利权利要求1的保护范围；如果构成侵权，金旺公司、好又多公司应承担何种民事责任。

1. 关于被诉侵权产品是否落入了涉案发明专利权利要求 1 的保护范围的问题

将被诉侵权技术方案与涉案发明专利权利要求 1 记载的全部技术特征相比，双方争议的焦点在于：被诉侵权产品是否具有与权利要求 1 中"果胶"相同或者等同的技术特征；被诉侵权产品各层是否系由浇注生产法或与之等同的方法连接。二审法院对此分析如下。

（1）被诉侵权产品是否具有与权利要求 1 中"果胶"相同或者等同的技术特征。判断被诉侵权技术方案与涉案专利权利要求技术特征是否构成相同或者等同特征，首先应当确定权利要求技术特征的含义，在此过程中应考虑涉案专利实际解决的技术问题即发明点所在。专利法立法本意之一是尽可能保护确有创造性的发明创造，确保专利权人所获得的保护与其技术贡献相匹配。发明点使发明创造相对于现有技术具有新颖性和创造性，是发明创造能够被授予专利权的基础和根本原因，因此在确定发明点技术特征的含义时，不应超出发明点精神所限，以免给予权利人超出其贡献的保护。与之相应，对于权利要求中的"非发明点"技术特征，在确定其含义时应当采用较为宽松的解释方法，通过说明书的整体内容理解权利人使用相关表述的真实意图。避免其含义被不当限缩从而导致发明创造不能获得保护，有违实质公平和专利法的立法本意。本案中，涉案专利说明书记载："本发明的目的在于简化现有技术中生产起来比较复杂的糖果玩具，但不会失去令人喜欢的外表压痕。""通过本发明明显减少了独立件的数量，从而简单、更快速而且价格更低廉地进行整体拼装。""尤其是可以如此设计糖果玩具，即在泡沫糖外层之间的中间层是交替地由果胶和泡沫糖层制成的。由此产生了一种特别五花八门的玩具，它们尤其是由此刺激了儿童总是重新设计糖果顺序（糖果像汉堡包或夹心面包）并同时改变夹裹次序。尽管简化了生产，但仍然通过简单的翻转双层而制造出糖果玩具。"根据上述说明书的描述，所述糖果玩具明显减少了独立件的数量，可以更简单、快速而且价格更低廉地进行整体拼装，而且仍能通过简单的翻转双层刺激儿童重新设计糖果顺序并改变夹裹次序，由此确定了涉案专利权利要求 1 的技术方案实际解决的技术问题是简化糖果玩具的生产复杂性，而不降低其可玩性，这是涉案专利的发明点所在。相对来说，涉案专利权利要求中泡沫糖和果胶的成分并非其发明点所在。

金旺公司认为，根据食品安全国家标准的规定，"果胶"是"以柚子、柠檬、柑橘、苹果等水果的果皮或果渣以及其他适当的可食用的植物为原料，经提取、精制而得的食物添加剂"，而"明胶"是"以动物的骨、皮、筋、腱和鳞等为原料经适度水解所制得的食品添加剂"，因此"果胶"和"明胶"是两种不同的物质，被诉侵权产品的片形件由果胶和明胶等混合而成。而涉案专利权利要求中"由泡沫糖和果胶构成的浇注片或片形件"属于封闭式权利要求，其果胶层仅含有果胶，因此两者的技术特征不同也不等同。因涉案专利权利要求及说明书、附图均没有明确"果胶"的含义，而参考涉案专利的同族专利，"果胶"对应的英文用词为 fruit gum，而非作为食品添加剂的"果胶"英文用词 pectin，而且作为食品添加剂的"果胶"的组织形态为粉末，不可能单独构成片形件；涉案专利说明书也记载，"在按本发明的方法可以相对于常见工作成本有利地实现。其中包括以下步骤：a）将用于一个由果胶构成的糖果层的第一层的注模压印在一个压实的玉米淀粉层中"。由上述可见，涉案专利权利要求中"果胶"一词不宜仅解释为作为食品添加剂的果胶，一审法院该解释正确，二审法院予以维持。金旺公司认为涉案专利权利要求中既有"果胶"构成的片形件，又有"泡沫糖"构成的片形件，因此涉案专利权利要求中的"果胶"就是国家标准所称的"果胶"。但是根据《食品工业》2009 年第 1 期《凝胶剂性能与凝胶软糖（3）》一文的介绍，在使用果胶原料生产果胶软糖时，需要加入一定的糖和酸等物质，因此金旺公司的该主张不成立，二审法院不予支持。综上，本领域的普通技术人员通过阅读说明书及附图后可以确定涉案专利权利要求中的"果胶"指的是含有水果味的凝胶糖，应允许加入符合国家食品安全的葡萄糖浆、白砂糖、用于控制 pH 值的缓冲盐等添加剂或者物质。

被诉侵权产品也是由多个基本平行并列的片形件构成的，其中片形件中的外层为泡沫糖层，其余片形件为由一层泡沫糖层与一层果胶层不可分地连在一起所形成的双层片构成的。被诉侵权产品的该种结构，实现了减少独立件的数量，从而简单、快速而且价格低廉地进行整体拼装，儿童通过简单的翻转双层就可以制造出不同夹裹次序的糖果玩具，刺激了儿童重新设计糖果顺序的欲望。虽然被诉侵权产品的配料表记载有白砂糖、葡萄糖浆、食品添加剂（明胶、果胶、柠檬酸、苹果酸、柠檬黄、日落黄、诱惑红、亮蓝）、食用香料等成分，但没有因此而改变含有水果味的凝胶糖的物理属性和结构，仍然属于涉案专利权利要求中片形件由"果胶"和"泡沫糖"构成的技术特征。因此被诉侵权产品具有涉案专利权利要求1中"果胶"这一技术特征。

一审法院认为涉案专利权利要求中的"果胶"一词的外延不应超过"以水果为主要原料制作而成的凝胶糖"的范围。对此，二审法院认为，首先，其关于果胶系由水果为主要原料制成的认定没有依据；其次，即便按照上述认定，被诉侵权产品的成分中含有明胶也不能作为将其排除在"果胶"以外的理由。因此一审法院据此认定被诉侵权产品不具有权利要求1中的"果胶"有误，二审法院予以纠正。金旺公司认为涉案专利权利要求1中"由许多基本上平行并列的且由泡沫糖和果胶构成的浇注片或片形件构成"属于封闭式权利要求，排除了"泡沫糖"和"果胶"之外的物质。对此二审法院认为，在"果胶"的成分并不确定的情况下，即使认为上述表述为封闭式限定也不能产生排除明胶成分的效果。金旺公司的上述主张并不能作为被诉侵权产品不落入专利权保护范围的理由。

（2）被诉侵权产品各层是否系由浇注生产法或与之等同的方法连接。涉案专利权利要求1记载"糖果玩具总共有至少四层，其特征在于，各有两层通过浇注生产法不可分地连在一起……"涉案专利说明书记载："在按本发明的方法可以相对于常见工作成本有利地实现。其中包括以下步骤……c）浇注第二层即将泡沫糖浇注到浇注成鱼形的但尚未冷却的第一层果胶上，d）在按步骤a）～c）生产的双层件共同冷却后向双层件涂粉"，而且根据《食品工业》2009年第1期《凝胶剂性能与凝胶软糖（3）》一文的介绍，在使用果胶原料生产果胶软糖时需要加热溶解。由此可见，涉案专利权利要求中的"浇注生产法"需要采取加热溶解的方式进行。根据《食品工业》2009年第3期《凝胶剂性能与凝胶软糖（5）》一文的介绍，在使用明胶制作软糖时，同样需要对其进行加热处理。根据一审法院第一次《开庭笔录》的记载，金旺公司明确认其是使用热熔法生产被诉侵权产品，其在第二、三次开庭审理以及其委托诉讼代理人在提交给一审法院的代理词中，虽然认为金旺公司不是采用浇注方法生产被诉侵权产品，但并没有否认使用热熔法生产被诉侵权产品。《最高人民法院关于适用〈中华人民共和国民事诉讼法〉的解释》第九十二条第一款规定:"一方当事人在法庭审理中,或者在起诉状、答辩状、代理词等书面材料中,对于已不利的事实明确表示承认的,另一方当事人无需举证证明。"因此,金旺公司在二审庭审中认为一审法院认定其采用热熔法生产被诉侵权产品属事实认定错误,迈德乐公司应对金旺公司使用的生产方法承担举证责任,该主张不成立,二审法院不予支持。综上,无论是涉案专利权利要求的浇注法,还是被诉侵权技术方案的热熔法,均是对果胶、明胶等原料进行加热处理,属于相同的生产方法。金旺公司认为两者属于不同的生产方法,理由不成立,二审法院不予支持。

综上所述,被诉侵权技术方案包含了与涉案专利权利要求 1 记载的全部技术特征相同的技术特征,落入了涉案专利权的保护范围。迈德乐公司上诉认为被诉侵权产品落入了涉案专利权的保护范围,理由成立,二审法院予以支持。

需要指出的是,《类似商品和服务区分表》是为了商标主管部门进行商标检索、审查、管理工作的需要,把某些存在特定联系、容易造成误认的商品或服务组合在一起编制而成的,并不是从商品或者服务的物理属性进行划分的。《类似商品和服务区分表》可以作为商标审查人员、商标代理人和商标注册申请人判断类似商品或者服务的参考,也可以作为行政机关和司法机关在处理商标案件时判断类似商品或者服务的参考。而作为专利中的物质,主要是考虑其物理属性。因此,迈德乐公司以《类似商品和服务区分表》中关于果胶、明胶、琼脂等的类似关系来解释涉案专利权利要求与被诉侵权产品中的果胶、明胶、琼脂等是否属于相同或者等同的技术特征,理由不成立,二审法院不予支持。

2. 关于金旺公司、好又多公司应承担何种民事责任的问题

《专利法》(2008 年修正本)第十一条第一款规定:"发明和实用新型专利权被授予后,除本法另有规定的以外,任何单位或者个人未经专利权人许可,都不得实施其专利,即不得为生产经营目的制造、使用、许诺销售、销售、进口其专利产品,或者使用其专利方法以及使用、许诺销售、销售、进口依照该专利方法直接获得的产品。"本案中,金旺公司未经涉案专利权人许可生产、销售被诉侵权产品,好又多公司未经涉案专利权人许可销售被诉

侵权产品，均侵害了涉案发明专利权，但因本案发明专利的保护期限已经于2017年10月17日届满，而且迈德乐公司在二审中也明确撤回其要求判令金旺公司、好又多公司停止侵权行为的诉讼请求，因此二审法院不再判令金旺公司、好又多公司停止侵权行为。但是，由于金旺公司是在涉案发明专利保护期限内实施侵权行为的，因此迈德乐公司要求判令金旺公司赔偿经济损失和合理维权费用，有充分的事实和法律依据，应予支持；好又多公司销售的被诉侵权产品来源于金旺公司，具有合法来源，而且迈德乐公司也没有要求判令好又多公司赔偿经济损失和合理维权费用，因此好又多公司无须承担赔偿责任。

关于金旺公司应承担的赔偿数额的确定问题。《专利法》（2008年修正本）第六十五条规定："侵犯专利权的赔偿数额按照权利人因被侵权所受到的实际损失确定；实际损失难以确定的，可以按照侵权人因侵权所获得的利益确定。权利人的损失或者侵权人获得的利益难以确定的，参照该专利许可使用费的倍数合理确定。赔偿数额还应当包括权利人为制止侵权行为所支付的合理开支。权利人的损失、侵权人获得的利益和专利许可使用费均难以确定的，人民法院可以根据专利权的类型、侵权行为的性质和情节等因素，确定给予一万元以上一百万元以下的赔偿。"本案中，迈德乐公司并未举证证明其因金旺公司的侵权行为所遭受的损失或者金旺公司因侵权所获得的利益，也没有专利许可使用费可以参照，因此，二审法院综合考虑以下因素确定金旺公司应赔偿迈德乐公司经济损失和合理维权费用共计30万元，对迈德乐公司超过该数额的赔偿请求不予支持：①涉案专利为发明专利；②金旺公司实施了制造、销售的侵权行为；③迈德乐公司在全国多地中具有一定规模的商场购买到被诉侵权产品，证明金旺公司侵权规模较大；④被诉侵权产品的销售价格较低；⑤迈德乐公司为制止侵权行为所支付的合理支出等。

综上所述，上诉人迈德乐公司的上诉请求成立，二审法院予以支持。一审判决认定事实不清，适用法律错误，应予纠正。

据此二审法院依照《专利法》（2008年修正本）第十一条第一款、第五十九条第一款、第六十五条，《最高人民法院关于审理侵犯专利权纠纷案件应用法律若干问题的解释》第二条、第三条、第七条，《民事诉讼法》（2017年修正本）第一百七十条第一款第二项之规定，判决：

（1）撤销广州知识产权法院〔2015〕粤知法专民初字第984号民事判决；

（2）东莞市金旺食品有限公司应自本判决发生法律效力之日起10日内赔偿迈德乐（广州）糖果有限公司经济损失和合理维权费用共计30万元；

（3）驳回迈德乐（广州）糖果有限公司的其他诉讼请求。

【法官点评】

根据《最高人民法院关于审理侵犯专利权纠纷案件应用法律若干问题的解释（二）》第七条的规定，在判定被诉侵权技术方案是否落入涉案专利权的保护范围时，关键在于判断所增加的组分是否属于"不可避免的常规数量杂质"。由于法官对个案中所涉及的技术特征的杂质的理解不同，司法实践中仍存在理解和适用上的难题。笔者认为，在确定组合物封闭式权利要求保护范围时，应回归专利法的立法本意，坚持合理解释原则和利益平衡原则，既不能拘泥于字面，做机械式的僵硬解释，也不能毫无原则地扩大化解释；既要维护公众的信赖利益，又要充分考虑专利权人对现有技术所做的贡献，合理确定专利权的保护范围。一般而言，如果被诉侵权产品包含组合物封闭式权利要求中未指出的组分，应认定其未落入涉案专利权的保护范围。如果经审查，该增加的组分属于不可避免的常规数量的物质，不影响该技术特征所要达到的功能和效果，且该组分属于该领域普通技术人员无须经过创造性的劳动就能联想到的技术特征，认定不侵权明显不利于专利权人的合法利益的，可以认定被诉侵权技术方案落入涉案专利权的保护范围。在审查判断时，我们应注意三点：一是要考虑发明目的，即涉案专利要实现的功能和解决的技术问题；二是要考虑所属领域的通常含义；三是要注意结合专利说明书及附图、专利审查档案以及相关生效法律文书所记载的内容，参考工具书、教科书等公知文献确定权利要求的含义。

（撰稿人：广东省高级人民法院　邓燕辉　张苏柳）

广州天河高新技术产业开发区太极电子有限公司诉广州硕德电子科技有限公司方法专利侵权纠纷案

——方法专利的侵权责任承担

【裁判要旨】

结合说明书及被诉侵权方法在产品中的重要地位,可认定涉案产品制造者必然在设计、安装、调试以及产品出厂检测、维修过程中使用了被诉侵权方法。

对方法专利而言,专利权人的排他权利体现为对使用行为的控制以及对依照专利方法直接获得的产品的控制。对于不属于以上专利权行使范围的产品,相关停止制造、销售和许诺销售的诉讼请求不能得到支持。

【关键词】

方法专利　延伸保护　侵权责任

【案例索引】

一审:广州知识产权法院〔2017〕粤73民初3992号

二审:广东省高级人民法院〔2018〕粤民终1370号

【案情及裁判】

原告:广州天河高新技术产业开发区太极电子有限公司(以下简称太极公司)

被告:广州硕德电子科技有限公司(以下简称硕德公司)

一、一审

原告太极公司因与被告硕德公司发生侵害发明专利权纠纷,向广州知识产权法院提起诉讼。

原告太极公司诉称：太极公司享有 ZL200610122591.5 号"一种实时变化美甲图案的方法"的发明专利权，硕德公司未经许可，生产、销售的 S9 智能彩绘美甲机产品侵害了太极公司涉案专利，请求法院判令：①硕德公司立即停止实施侵害太极公司涉案发明专利权的行为，包括停止使用专利方法以及停止制造、销售、许诺销售被诉侵权产品；②硕德公司赔偿太极公司经济损失及合理维权费用共 100 万元。

被告硕德公司辩称：①硕德公司只是涉案 S9 智能彩绘美甲机产品的制造者，并不会自动实施涉案产品的方法步骤，不是实施者；②被诉侵权产品使用的方法与涉案专利不相同也不等同，不构成侵权。

广州知识产权法院一审查明：

太极公司享有专利号为 ZL200610122591.5、名称为"一种实时变化美甲图案的方法"的发明专利，该专利授权日为 2008 年 8 月 20 日。太极公司在本案中主张以权利要求 1~3 的技术方案确定其专利权的保护范围。权利要求书记载，"1. 一种实时变化美甲图案的方法，其特征在于：包括如下步骤：(a) 从存储的美甲图库中任意选取一个美甲图案；(b) 设置一系列用于裁剪美甲图案的不同造型模板图片；(c) 将造型模板图片轮流与步骤 a 中选取的美甲图案进行图像逻辑运算处理，生成与对应模板造型相同的一个实时变化的美甲图案，从中选择作为直接打印于人体手、脚指甲或人造指甲贴片表面上的图案。2. 根据权利要求 1 所述的方法，其特征在于：所述美甲图案的造型模板图片上分阴影部分和空白部分，这两部分的组合构成模板的造型。3. 根据权利要求 1 所述的方法，其特征在于：所述美甲图案的造型模板图片与选取的美甲图案两者轮廓大小一致。"

太极公司经公证购买到 S9 智能彩绘美甲机一台。硕德公司确认该产品系其制造、销售、许诺销售。硕德公司认为太极公司专利的逻辑运算与被诉侵权产品的逻辑运算不同，其他相同，因此认为不落入太极公司专利权的保护范围。

广州知识产权法院一审认为：

太极公司是专利号为 ZL200610122591.5、名称为"一种实时变化美甲图案的方法"的发明专利的专利权人，其专利权至今有效，应受法律保护。硕德公司确认其制造、销售、许诺销售了被诉侵权产品，一审法院依法予以确认。关于被诉侵权产品是否落入太极公司涉案专利权保护范围的问题，本案中，经技术比对并结合被诉侵权产品实现的功能，被诉侵权产品的上述操作步骤均可与涉案专利权利要求1~3所述的方法对应，重复了相关权利要求所述的方法过程，故被诉侵权产品落入涉案专利权的保护范围。硕德公司制造、销售、许诺销售上述侵权产品在使用过程中所使用的方法落入太极公司主张的涉案专利权保护范围，构成侵权，其需停止制造、销售、许诺销售该侵权产品，但并无证据表明硕德公司本身使用了太极公司专利方法，故对太极公司诉请硕德公司停止使用其专利方法的请求不予支持。根据涉案专利权为发明专利、硕德侵权行为的性质、太极公司为制止侵权支出合理费用等案件事实，一审法院酌定硕德公司应赔偿太极公司经济损失及合理维权费用共30万元。

广州知识产权法院依照《专利法》（2008年修正本）第十一条第一款、第五十九条第一款、第六十五条，《民事诉讼法》（2017年修正本）第六十四条第一款的规定，判决：

（1）硕德公司立即停止制造、销售、许诺销售侵犯太极公司专利号为ZL200610122591.5、名称为"一种实时变化美甲图案的方法"的发明专利权产品的行为；

（2）硕德公司赔偿太极公司经济损失及合理开支共计300 000元。

二、二审

硕德公司不服一审判决，向广东省高级人民法院提起上诉称：①硕德公司只是涉案S9智能彩绘美甲机产品的制造者，并不会自动实施涉案产品的方法步骤，不是实施者，没有具体实施涉案专利方法。硕德公司也不属于将明知是专门用于实施专利的设备提供给他人的帮助侵权人；②一审判决关于涉案产品的操作步骤均可与涉案专利权利要求1的方法对应，重复了相关方法过程，该事实认定错误。故上诉请求撤销一审判决；改判驳回太极公司全部诉讼请求。

广东省高级人民法院经审理，对一审法院查明事实予以确认。另查明以下事实：涉案专利说明书记载，"本发明方法与已有的技术相比，具有以下优点：①由于设置的造型模板图片存储容量很小，造型模板图片轮流对一个完整的美甲图案进行裁剪，生成一个实时变化的美甲图案，生成的新图片即时显示不保存，这样，在原有美甲图库基础上，可供打印的美甲图案数量以次方级增加，却不额外占用美甲机的空间……③由于本发明通过造型模板实现了实时变化的美甲图案，使得图案造型更加丰富多彩……"

太极公司在一审提交的公证封存物中，除了 S9 智能彩绘美甲机产品外，还有使用说明书、合格证和产品保修卡、宣传彩页等。其中，使用说明书记载，S9 智能彩绘美甲机产品的软件界面包括标准图案界面、DIY 界面和自然甲彩绘界面等模式。其中，"自然甲彩绘模式"即太极公司在本案中认为落入涉案专利权保护范围的被诉方法。此外，宣传彩页记载，"INAIL 内置多达几千款最新美甲图案，配合内置的模板造型及简单的图片编辑功能，近万款海量的 idea 触手可及"。

广东省高级人民法院二审认为：

本案系侵害发明专利权纠纷。根据硕德公司的上诉请求与理由，本案的争议焦点为：①被诉方法是否落入了涉案专利权的保护范围；②硕德公司是否实施了被诉方法、构成侵权。

（1）关于被诉方法是否落入了涉案专利权的保护范围的问题。本案中，太极公司明确被诉落入涉案专利权利保护范围的方法为涉案 S9 智能彩绘美甲机所承载的"自然甲彩绘模式"方法。根据一审法院当庭比对的情况以及相关产品说明书的记载，可以认定被诉方法是在涉案 S9 智能彩绘美甲机的操作界面中，从已存储的图片库中选取一张作为美甲图案，再从操作界面显示的一系列模板中选取一张作为裁剪美甲图片的造型模板图片，该美甲图案与造型模板图片加载后可实时产生与对应模板造型相同的美甲图案，可将该选取的美甲图案打印彩绘到自然甲上。以上步骤，与涉案专利权利要求 1 所记载的步骤完全相同。硕德公司上诉声称，从涉案专利实施例图 1 可知，涉案专利是将"一系列不同造型模板图片"同时与一个美甲图案进行图像逻辑运算处理，同时生成多个图案供选择，属于"一对多"的处理方式；而被诉方法一次只能选择一个造型模板图片与一个美甲图案进行图像逻辑运算处理，一次只能生成一个图案，属于"一对一"的处理方式，故主张两者不相同。经查，涉案专利说明书中的图 1 是原理示意图，该图只展现了多个造型模板图片与一个美甲图案各自匹配处理后得到的不同图案，无论从图示还是文字上，均无法得出"同时"匹配、每次处理只能"一对多"的特征。更为重要的是，从涉案专利权利要求 1 的记载来看，步骤 b 为"设置一系列用于裁剪美甲图案的不同造型模板图片"，步骤 c 为"将造型模板图片轮流与步骤 a 中选取的美甲图案进行图像逻辑运算处理，生成与对应模板造型相同的一个实时变化的美甲图案……"其中"一系列""轮流""一个"等措辞，清楚表明涉案专利只限制了需配备多个造型模板图片，而这些造型模板图片逐一与美甲图案进行匹配，实时生成 1 个美甲图案。因此，涉案专利并未限制要求这些造型模板图片必须同时与美甲图案进行匹配，并同时生成多个美甲图案。此外，从说明书关于涉案专利的优点的记载，亦可清楚理解所谓"实时变化"是通过多个造型模板轮流对一个美甲图案进行裁剪而实现的。故硕德公司声称涉案专利方法要求将图案与模板进行"一对多"同时匹配处理，缺乏事实与法律依据，不予支持。一审法院认定被诉方法落入涉案专利权利要求 1~3 的保护范围，并无不当。

（2）关于硕德公司是否实施了被诉方法、构成侵权的问题。硕德公司上诉称，其并非涉案被诉方法的使用者，故不构成侵权。但从本案情况来看，硕德公司系涉案 S9 智能彩绘美甲机的设计者与制造者，其不仅在涉案 S9 智能彩绘美甲机中研发设置了可以完整实施被诉方法的功能模块，还在产品使用说明书中明确记载了相关操作模式以及方法步骤，且涉案 S9 智能彩绘美甲机的合格证上载有硕德公司的名称、保修卡上记载硕德公司的维修服务。故此，硕德公司必然在涉案 S9 智能彩绘美甲机的设计、安装、调试以及产品出厂检测、维修过程中使用了被诉方法。硕德公司上诉声称被诉方法仅仅是涉案 S9 智能彩绘美甲机能实现的多种模式中的一种，其设计或检测过程中不一定需要操作到被诉方法。然而从硕德公司自己所作的宣传来看，能够满足"近万款海量的 idea"的被诉"自然甲彩绘模式"正是硕德公司的宣传亮点，硕德公司声称被诉模式不重要、可以忽略不予实施检测的抗辩显然不符合事实。因此，硕德公司未经太极公司许可，为生产经营目的实施了与涉案专利相同的被诉方法，构成专利侵权。涉案专利系方法专利，被诉侵权行为仅系 S9 智能彩绘美甲机所承载的"自然甲彩绘模式"方法，而与 S9 智能彩绘美甲机产品无关。一审法院未能把握实施方法专利的侵权认定要件，直接审查硕德公司制造、销售、许诺销售涉案 S9 智能彩绘美甲机行为，并认定硕德公司并非被诉方法的使用者，属于适用法律不当，应予以纠正。至于硕德公司上诉称本案不应判令停止制造、销售、许诺销售涉案 S9 智能彩绘美甲机产品的问题，二审认为，对方法专利而言，专利权人的排他权利体现为对使用行为的控制以及对依专利方法直接获得的产品的控制。对于不属于以上专利权行使范围的产品，法院直接判令停止制造、销售和许诺销售，缺乏法律依据。而且，在依法判令硕德公司停止使用被诉方法后，硕德公司可对其产品方案进行删除或修改，使其生产、销售、许诺销售的美甲机产品不再含有被诉方案功能模块、说明书不再记载相应被诉方案内容，此亦符合"停止使用"之义。可见判令停止使用被诉方法已足以起到制止侵权的作用。故硕德公司该上诉请求成立，二审法院对一审法院相应判项内容予以调整。

据此，广东省高级人民法院依据《专利法》（2008 年修正本）第十一条第一款、第五十九条第一款、第六十五条，《民事诉讼法》（2017 年修正本）第一百七十条第一款第二项规定判决：

（1）维持一审判决第二项；

（2）撤销一审判决第三项；

（3）变更一审判决第一项为：硕德公司立即停止使用侵害太极公司专利号为 ZL200610122591.5，名称为"一种实时变化美甲图案的方法"的发明专利方法的行为；

（4）驳回硕德公司其他诉讼请求。

【法官点评】

本案涉及方法专利侵权认定的审查思路问题，主要涉及如何正确处理方法与产品之间的关系问题。《专利法》（2008 年修正本）第十一条第一款规定："发明和实用新型专利权被授予后，除本法另有规定的以外，任何单位或者个人未经专利权人许可，都不得实施其专利，即不得为生产经营目的制造、使用、许诺销售、销售、进口其专利产品，或者使用其专利方法以及使用、许诺销售、销售、进口依照该专利方法直接获得的产品。"据此，涉及方法专利的侵权行为应为未经专利权人许可实施其专利，即使用其专利方法以及使用、许诺销售、销售、进口依照该专利方法直接获得的产品。何谓"依照该专利方法直接获得的产品"，《最高人民法院关于审理侵犯专利权纠纷案件应用法律若干问题的解释》《最高人民法院关于审理侵犯专利权纠纷案件应用法律若干问题的解释（二）》对此进行了补充规定，在提供有效保护和确保法律确定性之间予以平衡。根据上述司法解释的规定，"依照该专利方法直接获得的产品"，应当指的是将原材料、物品按照方法专利权利要求记载的全部步骤特征进行处理加工，使得原材料、物品在结构上或物理化学性能上产生实质性变化后所获得的原始产品，以及对该原始产品进一步加工、处理而获得的后续产品。可见，并非所有专利方法都能享受前述规定中"方法延及产品"的延伸保护，这种延伸保护应当将实施专利之后不产生专利法意义上的产品的方法排除在外，因此，为了更好地确定方法专利延伸保护的适用范围，可以将方法专利进行有效分类，并依循各类别方法专利的定义所决定的特性，确定是否可以给予延伸保护，这便于在司法实践中更为准确地界定方法专利延伸保护的适用范围。

按照目前普遍的观点，方法专利至少可以分为三种类型：制造加工方法、作业方法及使用方法。一般认为，在这三种方法专利中，仅限于制造加工方法能够延伸保护到产品，而其他两类方法不存在延伸保护问题。对制造加工类型的方法专利而言，实施制造加工方法专利一般都会获得专利法意义上的产品，包括从无到有的"获得"以及改变原有物品物理或者化学性能的"获得"。因此，基本上可以认为所有制造加工方法专利都能够获得专利法所规定的延伸保护。对作业方法类型的方法专利而言，即使有些作业方法是作业于某种具体物品之上，但这种方法并未使所涉物品产生实质性的物理化学变化，所以也难以被认为是实施该作业方法所产生（获得）的产品。因此，基本上可以将整个作业类的方法专利排除在可以适用方法专利延伸保护的范围之外。对使用方法类型的方法专利而言，一般是针对某种已出现产品的新的使用方式，实施使用方法专利并没有改变这种产品本身，而是改变的产品的使用方法，因此也不涉及"依照该专利方法直接获得的产品"，不适用方法专利的延伸保护。

本案中，涉案专利系作业方法，涉案 S9 智能彩绘美甲机显然不属于"依照该专利方法直接获得的产品"，故本案可能涉及的侵权行为仅为"未经专利权人许可使用其专利方法"，而不能延伸至产品。因此，本案需要评述的也就是 S9 智能彩绘美甲机所承载的"自然甲彩绘模式"方法是否构成侵权；应予制止的，也是使用该种侵权方法。至于被告是否制造、销售、许诺销售承载该方法的产品,并非本案需要关注的问题。本案也不宜超越专利权人排他权权限作出销毁产品等处理。因此,在实际审判中,应关注到方法专利与产品专利侵权认定思路上的不同;还应进一步分析判断涉案方法专利属于何种方法,是否能够延伸保护到产品,从而选择适用正确的侵权责任承担方式。

(撰稿人:广东省高级人民法院　肖海棠　张胤岩)

重庆东登科技有限公司与东莞市锦国自动化公司、吴某某、蒋某某侵害外观设计专利权纠纷案

——涉零部件产品的销售行为侵权认定

【裁判要旨】

将侵犯外观设计专利权的产品作为零部件，制造另一产品并销售的，如果该零部件属于另一产品在正常使用状态下无法被看到的内部结构，则该行为属于对该外观设计专利的"使用"行为，不宜被认定为《专利法》（2008年修正本）第十一条禁止的销售侵权行为，不构成专利侵权。

【关键词】

专利侵权　外观设计　零部件　销售侵权

【案例索引】

一审：广州知识产权法院〔2018〕粤73民初323号

二审：广东省高级人民法院〔2019〕粤民终117号

【案情及裁判】

原告：重庆东登科技有限公司（以下简称东登公司）

被告：东莞市锦国自动化科技有限公司（以下简称锦国公司）

被告：吴某某

被告：蒋某某

一、一审

原告东登公司因与被告锦国公司、吴某某、蒋某某发生侵害外观设计专利权纠纷，向广州知识产权法院提起诉讼。

原告东登公司诉称：东登公司是涉案专利的专利权人，锦国公司未经许

可,生产、销售外观与涉案专利相同的产品,侵害了原告的专利权,给原告造成经济损失,应承担相应责任。锦国公司是一人有限公司,吴某某是其唯一股东,吴某某未证明其财产独立于锦国公司,应对锦国公司的债务承担连带责任。蒋某某作为原告的前员工,利用职务便利条件,剽窃原告的技术,在原告任职期间即以其配偶名义成立锦国公司,并实际控制锦国公司,故蒋某某应承担连带责任。三被告的侵权行为给原告商誉带来损害,而且蒋某某离职后对外仍宣称为原告员工,但销售的产品并非来源原告。故请求:①锦国公司立即停止生产、销售侵权产品并销毁库存及专用模具,支付原告经济损失及维权合理开支5万元,并在《南方都市报》上公开赔礼道歉、消除影响;②三被告对上述赔偿承担连带责任,并承担本案诉讼费。

被告锦国公司、吴某某、蒋某某辩称:被诉侵权设计与涉案专利不相同也不近似。在涉案专利申请日之前,锦国公司已经生产、销售了被诉侵权产品,其享有在先使用权。请求驳回东登公司的诉讼请求。

广州知识产权法院一审查明:

东登公司是第 ZL201630452150.6 号,名称为"驱动电路板"的外观设计专利的专利权人。该专利申请日为 2016 年 8 月 31 日,授权公告日为 2017 年 2 月 8 日,该专利处于有效状态。专利简要说明指出:该外观设计产品是用于驱动器的电路板,设计要点在于产品的形状,最能表明设计要点的图片或照片是立体图。专利授权公告图片如下:

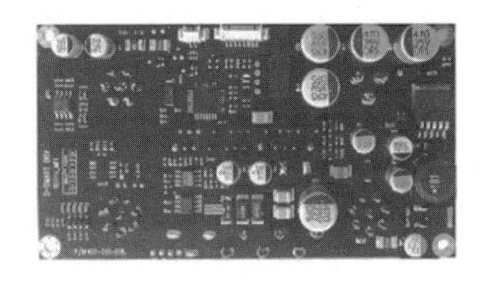

主视图　　　　　　　　　　　后视图

2017 年 7 月 18 日,东登公司代理人与公证处公证人员到锦国公司处以 8000 元的价格公证购买了两套纠偏系统设备,包括控制箱、执行器、传感器等产品各两套。两套设备及其外包装、检测报告、《纠偏操作手册》上均印有锦国公司的名称。公证购买取得的送货单和收据上亦盖有锦国公司印章。一审庭审中，拆开公证封存完整的包裹，里面装有无刷纠偏系统控制器，控制器内装有本案被诉侵权产品。锦国公司确认被诉侵权产品系其生产、销售。

被诉侵权电路板设计如下：

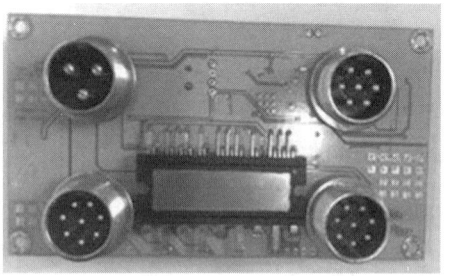

将被诉侵权设计与涉案专利进行比对，三被告认为两者不相同也不近似，理由为：①主视图下面中间的插座数量不同，前者只有1个插座，而后者有2个插座；②保险管颜色不同，前者是一个黑色一个黄色，后者两个都是黄色；③后视图电路板的纹路不同，前者很清晰，后者不清晰。原告认为两者

构成相同。

三被告为证明其有在先使用权,提交了江顺万出具的《证明》。该证据记载,2018年6月28日,江顺万称其于2016年5月1日受锦国公司委托设计驱动电路板、显示电路板、发射电路板和接收电路板,并于2016年5月3日完成锦国公司的委托,其对该电路板的原创性予以确认。其设计的驱动电路板与被诉侵权产品外观呈镜像关系。东登公司质证认为,证人江顺万未出庭作证,对其真实性、合法性、关联性均不确认,而且该证据所附图片与涉案专利相同,足以证明被诉侵权设计落入涉案专利权的保护范围。

锦国公司确认制造被诉侵权产品需要用到专用模具。

另查明,被告锦国公司为自然人独资有限责任公司,经营范围包括生产、研发、销售、维护自动化设备。2016年8月18日,其股东变更为吴某某。被告蒋某某确认,其于2012年3月到2016年3月期间在东登公司处担任销售员一职;锦国公司最初是其配偶冯某某投资设立,也是冯某某将蒋某某列为该公司的监事;在锦国公司设立期间,蒋某某仍在原告处任职。蒋某某否认是锦国公司的实际控制人,仅确认是该公司的销售员。

广州知识产权法院一审认为:

东登公司是涉案"驱动电路板"外观设计专利权人,该专利至今处于有效状态,应受法律保护。他人未经东登公司许可,不得为生产经营目的生产、销售该专利产品。

《专利法》(2008年修正本)第五十九条第二款规定,外观设计专利权的保护范围以表示在图片或者照片中的该产品的外观设计为准。《最高人民法院关于审理侵犯专利权纠纷案件应用法律若干问题的解释》第八条规定,在与外观设计专利产品相同或者相近种类产品上,采用与授权外观设计相同或者近似的外观设计的,人民法院应当认定被诉侵权设计落入外观设计专利权的保护范围。第十条规定,人民法院应当以外观设计专利产品的一般消费者的知识水平和认知能力,判断外观设计是否相同或者近似。第十一条规定,人民法院认定外观设计是否相同或者近似时,应当根据授权外观设计、被诉侵权设计的设计特征,以外观设计的整体视觉效果进行综合判断;产品正常使用时容易被直接观察到的部位相对于其他部位,授权外观设计区别于现有设计的设计特征相对于授权外观设计的其他设计特征,通常对外观设计的整体视觉效果更具有影响；被诉侵权设计与授权外观设计在整体视觉效果上无差异的，人民法院应当认定两者相同，在整体视觉效果上无实质性差异的，应当认定两者近似。本案中，被诉侵权设计与东登公司专利均为驱动电路板。经比对，两者各部件的排列组合基本相同，即便存在锦国公司、吴某某、蒋某某所述细微区别，其也不足以影响两者整体的视觉效果，故两者构成近似。被诉侵权设计落入东登公司专利权的保护范围。

锦国公司确认被诉侵权产品系其生产、销售，有产品实物、公证书等证据佐证，一审法院予以认定。

关于锦国公司等提出的先用权抗辩是否成立的问题。《专利法》（2008年修正本）第六十九条第二项规定，在专利申请日前已经制造相同产品、使用相同方法或者已经做好制造、使用的必要准备，并且仅在原有范围内继续制造、使用的，不视为侵犯专利权。锦国公司主张先用权抗辩的依据为江顺万出具的证人证言及其所附图纸，但江顺万未出庭作证说明其创作过程，所附图纸亦无法看出创作完成时间，在无其他证据佐证的情况下，江顺万出具的证人证言不能单独作为本案定案的依据。故锦国公司提出先用权抗辩，证据不足，不予支持。

锦国公司未经东登公司许可，以生产经营为目的生产、销售被诉侵权产品，侵犯了东登公司涉案专利权，应承担相应的民事责任。东登公司主张锦国公司停止侵权、销毁库存侵权产品、半成品及生产侵权产品的专用模具、赔偿东登公司损失，一审法院予以支持。由于赔礼道歉的民事责任主要适用于侵犯人身权的情况，而专利权是一种财产性质的权利，且东登公司确认对于其所述的商誉受损部分没有证据证明，故东登公司主张赔礼道歉、消除影响，依据不足，不予支持。关于锦国公司的赔偿数额，由于东登公司的实际损失、锦国公司的侵权获利均难以确定，也没有东登公司专利许可使用费可以参考，考虑到本案东登公司公证取得本案证据并委托律师到庭参加诉讼，必然产生一定的公证费和代理费，所以一审法院综合考虑涉案专利的类型、被诉产品的价格、锦国公司侵权行为的性质和情节、经营规模等因素认为，东登公司主张的赔偿数额合理，予以全额支持。

关于吴某某应承担的责任问题。《中华人民共和国公司法》（以下简称《公司法》）（2018年修正本）第六十三条规定："一人有限责任公司的股东不能证明公司财产独立于股东自己的财产的，应当对公司债务承担连带责任。"本案中，锦国公司系一人有限责任公司，其股东为吴某某，在吴某某未举证证明其财产独立于锦国公司的情况下，根据上述规定，吴某某应对锦国公司的债务承担连带责任。

关于蒋某某应承担的责任问题。根据《公司法》（2018年修正本）第二百一十六条第三项规定，实际控制人，是指虽不是公司的股东，但通过投资关系、协议或者其他安排，能够实际支配公司行为的人。本案中，虽然锦国公司成立时蒋某某的配偶为唯一股东，蒋某某为监事，但是被诉侵权行为发生时，蒋某某及其配偶并非锦国公司的监事和股东，本案亦无其他证据证明蒋某某能够实际支配公司的行为，故东登公司主张蒋某某为锦国公司的实际控制人，依据不足，不予支持。因现有证据仅能证明蒋某某是锦国公司的工作人员，根据《侵权责任法》第三十四条第一款规定，蒋某某因执行工作任务造成东登公司损害的，由锦国公司承担侵权责任。故东登公司主张蒋某某承担连带责任，依据不足，一审法院不予支持。

综上，广州知识产权法院依照《侵权责任法》第十五条第一款第一项、第六项、第二款，第三十四条第一款，《公司法》（2018年修正本）第六十三条及《专利法》（2008年修正本）第十一条第二款、第六十五条的规定，判决：

（1）东莞市锦国自动化科技有限公司于判决发生法律效力之日起立即停止生产、销售侵害重庆东登科技有限公司专利号为ZL201630452150.6、名称为"驱动电路板"的外观设计专利权的产品，并销毁库存侵权产品、半成品及生产侵权产品的专用模具；

（2）东莞市锦国自动化科技有限公司于判决发生法律效力之日起10日内赔偿重庆东登科技有限公司经济损失及合理维权费用共50 000元；

（3）吴某某对东莞市锦国自动化科技有限公司上述第二项债务承担连带赔偿责任；

（4）驳回重庆东登科技有限公司的其他诉讼请求。

二、二审

锦国公司不服一审判决，向广东省高级人民法院提起上诉称：①锦国公司的行为不构成专利侵权。锦国公司销售的是全套纠偏系统，该系统包含控制器、传感器和执行器三个部件,被诉侵权产品驱动电路板包含在控制器中,没有外露,对于纠偏系统的整体视觉效果不起任何作用和贡献,是仅只有技术功能的零部件。因此,根据《最高人民法院关于审理侵犯专利权纠纷案件应用法律若干问题的解释》第十一条、第十二条的规定,锦国公司的行为不构成专利侵权。②锦国公司对涉案技术享有先用权,不视为专利侵权。锦国公司于2016年5月便开始对外销售经东登公司公证保全的无刷纠偏系统,并仅在原有范围内继续制造、使用,不视为专利侵权。请求:①撤销一审判决,改判驳回东登公司的全部诉讼请求;②一审、二审诉讼费由东登公司负担。

广东省高级人民法院经二审查明事实:

根据涉案公证书的记载以及公证封存实物的情况,公证员及东登公司公证购买的产品为纠偏系统两套,包括控制箱、执行器、传感器等产品各两套。其中,在控制箱内部装有本案被诉侵权电路板。控制箱在正常使用时无须打开上盖,拆开控制箱的上盖方可看见被诉侵权电路板。

此外,锦国公司在二审中提交四份新证据。证据一,纠偏系统实物照片,拟证明锦国公司是整体销售纠偏系统,被诉侵权产品只是其中的零部件,且被诉侵权产品包含在型号为AG6961B的传感器中,是仅仅起到技术功能的产品。证据二,销售方为锦国公司、货物名称为"光电纠偏机""纠偏传感器""纠偏控制器"的发票11张。证据三,出货公司为锦国公司、产品包括"AG6961B"控制箱的送货单、赠送单10张。证据四,微信聊天记录。证据二至证据四拟证明锦国公司在本案专利申请日之前就已经销售被诉侵权产品,对涉案技术享有先用权。锦国公司、吴某某还申请证人李某某出庭作证。李某某当庭作证,发表证言称,锦国公司、吴某某提交的微信聊天记录是真实的;在本案专利申请日之前,锦国公司向其发送过被诉侵权产品的图纸,销售过被诉侵权产品,李某某及其部分朋友已经使用过被诉侵权产品;其没有单独购买过电路板。经组织质证,东登公司对以上证据一和证据二的真实性确认,对关联性不予确认;对证据三和证据四的真实性不予确认;东登公司认为李某某与锦国公司有利害关系,其证言不具有真实性、关联性。

广东省高级人民法院二审认为:

本案为侵害外观设计专利权纠纷。根据锦国公司的上诉请求和理由以及东登公司、吴某某、蒋某某的答辩意见,本案的争议焦点为:①被诉侵权产品是否落入本案专利权的保护范围；②锦国公司是否存在制造、销售被诉侵权产品的行为；③锦国公司的先用权抗辩是否成立。

1. 关于被诉侵权产品是否落入本案专利权保护范围的问题

《最高人民法院关于审理侵犯专利权纠纷案件应用法律若干问题的解释》第十一条规定："人民法院认定外观设计是否相同或者近似时，应当根据授权外观设计、被诉侵权设计的设计特征，以外观设计的整体视觉效果进行综合判断；对于主要由技术功能决定的设计特征以及对整体视觉效果不产生影响的产品的材料、内部结构等特征，应当不予考虑。"经查，本案专利为"驱动电路板"，东登公司起诉的被诉侵权产品为无刷纠偏系统控制箱中的电路板，而非控制箱或者整个纠偏系统。因此，在进行外观设计是否相同或者近似的比对时，应将被诉侵权电路板的设计特征与本案专利的外观设计进行比对，而非将控制箱或者整个纠偏系统与本案专利进行比对。本案中，将被诉侵权电路板与本案专利权进行比对，二者在整体形状、各部件的形状、图案及其排列组合上基本相同，即便个别地方存在纹路的细微差别，也不足以对二者整体视觉效果造成实质性影响。一审法院据此认定二者构成相近似并无不当。至于锦国公司上诉称被诉侵权电路板在其销售的无刷纠偏系统中仅起到功能作用、在进行产品外观设计比对时不应当予以考虑的问题，属于被诉侵权产品在不同环境中是否产生视觉效果的问题，对此在下文分析。但该理由不能否定涉案专利系富有美感、并非由功能有限或唯一决定的设计，故该专利仍应受到有效保护。

2. 关于锦国公司是否存在制造、销售被诉侵权产品行为的问题

关于锦国公司是否存在制造被诉侵权产品行为的问题。经查，公证购买的产品实物和公证书记载《纠偏操作手册》上印有锦国公司的名称，锦国公司亦确认纠偏系统及其控制箱为其制造、销售，而锦国公司并未对控制箱中的被诉侵权电路板系来源于他人进行主张和举证，相反，锦国公司在一审时还主张被诉侵权电路板系其委托案外人江顺万设计。因此，在无相反证据的情况下，一审法院据此认定被诉侵权电路板为锦国公司制造并无不当，锦国公司关于其没有制造被诉侵权产品的上诉意见依据不足，不予采纳。

关于锦国公司是否存在销售被诉侵权产品的问题。锦国公司上诉称被诉侵权电路板在其销售的纠偏系统中属于产品外部无法观察到的，仅具有技术

功能的零部件，其行为不视为销售被诉侵权产品。

《最高人民法院关于审理侵犯专利权纠纷案件应用法律若干问题的解释》第十二条第一款、第二款规定："将侵犯发明或者实用新型专利权的产品作为零部件，制造另一产品的，人民法院应当认定属于专利法第十一条规定的使用行为；销售该另一产品的，人民法院应当认定属于专利法第十一条规定的销售行为。将侵犯外观设计专利权的产品作为零部件，制造另一产品并销售的，人民法院应当认定属于专利法第十一条规定的销售行为，但侵犯外观设计专利权的产品在该另一产品中仅具有技术功能的除外。"因此，与发明或者实用新型专利制度保护技术方案不同，外观设计制度保护的客体是产品的外观，看重的是产品的外观给人带来的视觉感受。将侵犯他人外观设计专利权的产品作为零部件制造另一产品并销售的，如果该零部件在另一产品中发挥了设计功能的，则视为另一产品在销售过程中利用了外观设计专利的视觉效果，仍然属于对该外观设计专利的"销售"行为；如果该零部件在另一产品中仅具有技术功能的，则视为该零部件对另一产品的整体视觉效果不产生影响，外观这一客体在该另一产品的销售过程中未产生贡献，不属于对该外观设计专利的"销售"行为。

本案中，公证书记载锦国公司系将纠偏系统整体销售，锦国公司用于主张先用权抗辩的销售记录等证据也显示其是将纠偏系统或者控制箱整体销售，在东登公司并未举证证明锦国公司还存在将被诉侵权电路板单独销售的情况下，二审法院确认锦国公司的行为系制造被诉侵权电路板，并将被诉侵权电路板作为控制箱的零部件，制造另一产品控制箱并整体销售。因此，锦国公司未经专利权人许可，为生产经营目的制造被诉侵权电路板的行为构成侵权，但其将被诉侵权电路板作为零部件制造另一产品（控制箱）并予以销售的行为是否构成侵权，取决于被诉侵权产品在锦国公司销售的控制箱中是否仅具有技术功能。经查，被诉侵权电路板在控制箱中属于内部结构，只有在拆开该控制箱的上盖时才可以被看到，在一般消费者正常使用该控制箱时无法被看到，故被诉侵权电路板在正常使用中仅起到技术作用与效果，不产生视觉效果，不属于专利法意义上的销售外观设计专利产品的行为。因此，锦国公司关于其不构成销售侵权的上诉意见合法有据，予以支持；一审法院认定锦国公司被诉销售行为构成侵权，依据不足，予以纠正。

3. 关于锦国公司的先用权抗辩是否成立的问题

锦国公司上诉称其在本案专利申请日前已经制造被诉侵权产品，不视为侵犯专利权。《专利法》（2008年修正本）第六十九条第一款第二项规定："有下列情形之一的，不视为侵犯专利权……（二）在专利申请日前已经制造相同产品、使用相同方法或者已经作好制造、使用的必要准备，并且仅在原有范围内继续制造……"经查，锦国公司为证明其先用权抗辩成立提交了照片、发票、送货单、赠送单、微信聊天记录、证人证言等证据，但以上证据中，销售发票记载的商品名称无法看出与被诉侵权产品之间存在联系；送货单、赠送单虽然记载了控制器型号，但系锦国公司单方出具的证据，本身证明力不高，且即便控制器型号相同，锦国公司也未提交证据佐证里面使用的系与被诉侵权产品相同的电路板；微信聊天记录仅记载了一些图片，也无法看出聊天时间和内容；证人系锦国公司的客户，与锦国公司有利害关系，证明力较低，且证人李某某明确表示没有单独购买过被诉侵权电路板，李某某的证言也无法证明锦国公司销售给李某某的产品采用的系被诉侵权电路板。因此，锦国公司、吴某某提交的证据不足以证明在本案专利申请日前，其已经制造了被诉侵权电路板，其先用权抗辩依据不足，不予支持。

此外，虽然一审法院认定锦国公司销售被诉侵权产品不当，但锦国公司没有合法抗辩理由，未经许可，制造落入本案专利权保护范围的被诉侵权产品，其行为构成专利侵权，应当承担停止侵权、赔偿损失的责任。综合考虑本案专利的类型、锦国公司侵权行为的性质和情节、东登公司的合理维权支出情况，一审法院酌情判决锦国公司、吴某某承担5万元赔偿责任并未超出合理范围，予以维持。

据此，广东省高级人民法院依照《最高人民法院关于审理侵犯专利权纠纷案件应用法律若干问题的解释》第十二条第二款、《民事诉讼法》（2017年修正本）第一百七十条第一款第二项规定，判决：

（1）维持广州知识产权法院〔2018〕粤73民初323号判决书第二、三项；

（2）撤销广州知识产权法院〔2018〕粤73民初323号判决书第四项；

（3）变更广州知识产权法院〔2018〕粤73民初323号判决书第一项为：东莞市锦国自动化科技有限公司于判决发生法律效力之日起立即停止制造侵害重庆东登科技有限公司专利号为ZL201630452150.6、名称为"驱动电路

板"的外观设计专利权的产品,并销毁库存侵权产品、半成品及生产侵权产品的专用模具;

(4) 驳回重庆东登科技有限公司的其他诉讼请求。

【法官点评】

《专利法》(2008年修正本)第十一条规定:"发明和实用新型专利权被授予后,除本法另有规定的以外,任何单位或者个人未经专利权人许可,都不得实施其专利,即不得为生产经营目的制造、使用、许诺销售、销售、进口其专利产品,或者使用其专利方法以及使用、许诺销售、销售、进口依照该专利方法直接获得的产品。外观设计专利权被授予后,任何单位或者个人未经专利权人许可,都不得实施其专利,即不得为生产经营目的制造、许诺销售、销售、进口其外观设计专利产品。"因此,外观设计专利的保护与发明、实用新型不同,单纯"使用"外观设计专利的行为不构成侵权。《最高人民法院关于审理侵犯专利权纠纷案件应用法律若干问题的解释》第十二条第一款、第二款规定:"将侵犯发明或者实用新型专利权的产品作为零部件,制造另一产品的,人民法院应当认定属于专利法第十一条规定的使用行为;销售该另一产品的,人民法院应当认定属于专利法第十一条规定的销售行为。将侵犯外观设计专利权的产品作为零部件,制造另一产品并销售的,人民法院应当认定属于专利法第十一条规定的销售行为,但侵犯外观设计专利权的产品在该另一产品中仅具有技术功能的除外。"虽然以上司法解释中仅规定将发明和实用新型专利产品作为零部件制造另一产品属于对该发明和实用新型专利的"使用",在外观设计中并无"使用"的规定,但由于将零部件制造另一产品这一表面行为的定性,对于发明、实用新型和对于外观设计专利而言并无本质区别,而外观设计专利本身并无"使用"排他权,立法语言中对外观设计专利规定"使用"行为本身并无必要,因此,以上关于"使用"在两类不同专利中的不同规定应该视为立法技术上的要求,而不是说对外观设计而言,将专利产品作为零部件制造另一产品不视为对专利产品的"使用"。因此,从法的体系解释来看,以上司法解释的规定可以解读为,将侵犯他人专利权的产品作为零部件制造另一产品的,属于对专利的"使用"行为;进一步销售该另一产品的,则根据专利的类别以及具体的使用情况来看是否认定为"销售"。

与发明或者实用新型专利制度保护技术方案不同，外观设计制度保护的客体是产品的外观，看重的是产品的外观给人带来的视觉感受。在将侵犯他人外观设计专利权的产品作为零部件制造另一产品并销售的，如果该零部件在另一产品中发挥了设计功能的，则视为另一产品在销售过程中利用了外观设计专利的视觉效果，仍然属于对该外观设计专利的"销售"行为；如果该零部件在另一产品中仅具有技术功能的，则视为该零部件对另一产品的整体视觉效果不产生影响，外观这一客体在该另一产品的销售过程中未产生贡献，不属于对该外观设计专利的"销售"行为，仍然为"使用"行为，不构成侵权。

将侵犯外观设计专利权的产品作为零部件，制造另一产品并销售的，如果该零部件在另一产品的正常使用状态下无法被看到，该零部件是否可以被认定为仅具有技术功能？对于何为"仅具有技术功能"，以什么视角和标准来进行判断，《专利法》及其司法解释并无明确规定，司法实践中也存在很多困惑。由于外观设计制度保护的客体是产品的外在整体视觉效果，理论上侵权行为认定时与侵权比对的整体视觉效果判断标准并无不同，故可以结合外观设计制度的立法目的，参考外观设计专利侵权比对的一般规则来判断。《最高人民法院关于审理侵犯专利权纠纷案件应用法律若干问题的解释》第十条、第十一条规定，外观设计的侵权比对应该以该专利产品的一般消费者的知识水平和认知能力来判断，产品正常使用时容易被直接观察到的部位相对于其他部位对整体视觉效果更具影响。因此，在具体区分某一零部件在另一产品中是否仅具有技术功能时，可遵循外观设计侵权判断的一般标准，以一般消费者的知识水平和认知能力、产品正常使用时的状态来判断。对于"另一产品"的一般消费者而言，如果不是在维修状态或者其他需要拆开的状态，在产品正常使用时的状态无法被看到的话，视为该零部件对"另一产品"的整体视觉效果不产生影响，可以认定为该零部件对"另一产品"仅具有技术功能，不属于专利法意义上的销售侵权。

（撰稿人：广东省高级人民法院　肖少杨　张婷）

株式会社 MTG 诉深圳市恒健达科技有限公司侵害外观设计专利权纠纷案

——采用证据披露裁定和举证妨碍规则确定损害赔偿数额

【裁判要旨】

在被诉侵权人有可能被认定构成侵权、权利人已经尽力举证侵权获利而有关计算侵权获利的主要证据由被诉侵权人持有或控制的情况下，法院从查清侵权获利的角度出发，有权作出裁定责令被诉侵权人提交相关证据。被诉侵权人无正当理由拒不提交相关证据，构成举证妨碍的，法院可以综合在案证据情况采信权利人主张计算侵权获利。在无相反证据的情况下，被诉侵权产品在电商平台上的交易数量可认定为线上侵权销量，而被诉侵权产品的降价空间可作为单件侵权产品合理利润空间的参考。

【关键词】

证据披露　举证妨碍　侵权获利　赔偿数额

【案例索引】

一审：深圳市中级人民法院〔2017〕粤03民初410号

二审：广东省高级人民法院〔2018〕粤民终682号

【案情及裁判】

原告：株式会社MTG

被告：深圳市恒健达科技有限公司（以下简称恒健达公司）

一、一审

原告株式会社MTG因与被告恒健达公司发生侵害外观设计专利权纠纷，向深圳市中级人民法院提起诉讼。

原告株式会社MTG诉称：株式会社MTG享有名称为"锻炼器具"、专利号为 ZL201530198276.0 的外观设计专利权。恒健达公司制造、销售和许诺销售了侵犯涉案专利权的产品。原告对被告销售被诉侵权产品的情况进行了公证，公证书上记载有被诉侵权产品分别在淘宝、天猫、京东平台上交易成功或评价的数量。株式会社 MTG 主张以电商平台上的销售数据为侵权产品销量，结合被诉侵权产品的降价幅度估算的合理利润，可以计算恒健达公司侵权获利。株式会社 MTG 于本案中诉请赔偿经济损失 200 万元及合理维权费用 20 万元。

被告恒健达公司辩称：恒健达公司承认制造、销售、许诺销售了被诉侵权产品，但不确认被诉侵权设计与涉案专利设计构成近似，同时也否认上述电商平台上销售数据为被诉侵权产品真实销量。

深圳市中级人民法院一审查明：

涉案专利系名称为"锻炼器具"、专利号为 ZL201530198276.0 的外观设计专利，其申请日为 2015 年 6 月 16 日，优先权日为 2015 年 2 月 19 日，授权公告日为 2015 年 11 月 18 日，专利权人为株式会社 MTG，目前处于有效期。株式会社 MTG 向法院提交了上海市卢湾公证处〔2016〕沪卢证经字第 4365 号公证书，用于证明恒健达公司制造、销售和许诺销售了被诉侵权产品 1 和被诉侵权产品 2，株式会社 MTG 另提交了上海市卢湾公证处〔2015〕沪卢证经字第 5154 号公证书，用于证明恒健达公司制造、销售和许诺销售了被诉侵权产品 3。上述公证书上记载有被诉侵权产品 1、2、3 分别在淘宝、天猫、京东平台上交易成功或评价的数量。株式会社 MTG 认为恒健达公司制造、销售、许诺销售采用其专利设计的健身塑形仪产品（被诉侵权产品 1、2、3），构成侵权，并主张以电商平台上的销售数据为侵权产品销量，结合被诉侵权产品的降价幅度可以估算其合理利润，据此计算侵权获利。

深圳市中级人民法院一审认为：

将三款被诉侵权产品与涉案专利设计进行比对，二者在整体结构上均呈中心控制、周围分块的布局，后视图可见电路图也具有较高近似性，具有一定的共同点，但在最为影响整体视觉效果的主视图上，二者外观设计具有较大区别，被诉侵权产品设计未落入涉案专利权的保护范围，故恒健达公司制造、销售、许诺销售相关产品不侵犯株式会社 MTG 涉案专利权。株式会社 MTG 所提判令恒健达公司停止制造、销售、许诺销售相关产品、销毁制造相关产品的模具及专用设备、回收并销毁相关产品库存以及赔偿经济损失和维权费用等请求，缺乏事实根据和法律依据，不予支持。

综上，深圳市中级人民法院判决：驳回株式会社MTG的全部诉讼请求。

二、二审

株式会社MTG不服一审判决，向广东省高级人民法院提起上诉称：①三款被诉侵权产品均落入了涉案专利权的保护范围；②关于被诉侵权产品销售情况的资料由被告掌握，请求法院责令其提交相关证据；③按照现有证据计算被告的侵权获利，远远超过原告索赔数额，故应予以全额支持。

广东省高级人民法院二审查明：

除被诉侵权产品外观设计与涉案专利侵权比对的事实认定问题外，一审法院认定其他事实基本属实。株式会社MTG在二审中向法院提出证据披露申请，法院经审查后认为株式会社MTG请求部分合理，故作出证据披露民事裁定，责令恒健达公司限期内提交记录被诉侵权产品在互联网上销售情况的全部电子数据以及记录被诉侵权产品成本和销售利润的真实账簿、账册。恒健达公司以无法找到被诉侵权产品链接为由拒绝提供任何数据。

广东省高级人民法院二审认为：

具有贴片电极部的腹部健身塑形仪产品，其外观设计具有多样性，有整体成一片状，亦有对称的两片、四片、六片或八片等多种设计样式，且有叶片形、花朵花瓣形、蝴蝶形等多种具体形状，故具有较大的设计空间，一般消费者通常不容易注意到不同设计之间的微小区别。被诉侵权产品与涉案专利在形状、图案以及色彩方面的微小变化，将对整体视觉效果不产生显著影响，被诉侵权产品落入了涉案专利权的保护范围。鉴于被诉侵权产品落入涉案专利权的保护范围，故恒健达公司未经许可，制造、销售、许诺销售侵害株式会社MTG享有的涉案专利权的产品，构成侵犯涉案专利权的侵权行为，应当承担停止制造、销售、许诺销售的侵权行为并赔偿损失的民事责任。关于恒健达公司应当承担的赔偿数额问题，株式会社MTG主张按照恒健达公司在电商平台上销售侵权产品的记载销量、持续时间、降价幅度等因素计算侵权获利。经核实，株式会社MTG所主张的计算方法符合法律的规定，其计算赔偿数额所依据的全部数据均在淘宝、天猫、京东等电商平台有据可查，其所主张的合理利润虽有推定成分，但从商业主体所追求的实现盈利避免亏损的价值取向分析，该推定亦不存在不合理之处。株式会社 MTG 尽其所能完成其初步举证证明责任，故二审法院作出裁定责令恒健达公司提交被诉侵权产品线上销售数据、账簿及资料。但是，恒健达公司在完全有能力提出反证的情况下无正当理由拒不提交任何数据，其所称之理由经核查并不属实，故其应承担举证妨碍的法律后果。综上，二审法院采信株式会社 MTG 主张的计算方法和数据，经保守估算，恒健达公司侵权获利为 347 万元，超过株式会社 MTG 诉请的赔偿数额，故予以全额支持。

据此，广东省高级人民法院依法判决：

（1）撤销一审判决；

（2）恒健达公司于判决生效之日立即停止制造、销售、许诺销售侵害上诉人株式会社 MTG 专利号为 ZL201530198276.0，名称为"锻炼器具"的外观设计专利权的产品；

（3）恒健达公司于判决生效之日立即销毁被诉侵权产品的全部库存；

（4）恒健达公司于判决生效之日起 10 日内赔偿株式会社 MTG 经济损失人民币 200 万元及合理维权费用人民币 20 万元；

（5）驳回株式会社 MTG 的其他诉讼请求。

【法官点评】

在当前的司法实践中，囿于权利人举证能力有限、侵权行为带有隐蔽性等因素，较多案件都存在赔偿数额难以精确的问题，故法定范围内酌定赔偿数额的方法较常使用。

本案不同于一般案件的是，权利人所提交的一系列证据已经能够初步证明侵权人有侵权获利，但具体数据掌握在侵权人手中，权利人向法院申请侵权人披露相关证据，法院作出了证据披露的裁定。侵权人在裁定限定的期限内拒不提交任何证据，故法院适用了举证妨碍规则。

1. 合理适用证据披露和举证妨碍规则查明侵权获利

根据民事诉讼谁主张谁举证的原则，权利人主张损害赔偿，自然应提交相应的证据。但不可否认的是，有些证据持有或控制在侵权人或者第三人手中，权利人获取难度极大。因此在现有法律框架内，适用证据披露和举证妨碍规则显得非常有必要。证据披露，是指法院依当事人申请要求对方当事人及其他诉讼第三人提供或出示有关证据的诉讼活动。举证妨碍，是指当不负有证明责任的一方当事人通过作为或者不作为，阻碍负有证明责任的一方当事人对其事实主张的证明时，行为人应为其妨碍行为承担相应后果的一种诉讼制度。证据披露与举证妨碍相互联系，必须配套适用才有实际功效。我国已经初步建立起证据披露、举证妨碍制度雏形，《最高人民法院关于审理侵犯专利权纠纷案件应用法律若干问题的解释（二）》第27条明确规定了证据披露、举证妨碍规则。司法实践中，不少法官也积极适用上述规则，力求查明实际损失或侵权获利，更加科学合理地确定赔偿数额。但是，关于证据披露、举证妨碍的启动程序及认定标准尚无较为统一的意见，各地法院审查标准或宽松或严格，可能产生争议。

适用证据披露、举证妨碍规则，应当注意以下几点：其一，证据披露原则上应当由负有举证义务的一方当事人提出书面申请，法院不宜依职权启动；其二，法院应当对该申请进行审查，综合考虑侵权事实成立的可能性和申请人是否已经履行初步举证义务，对合理部分予以支持，必要时还可以组织双方进行听证；其三，法院适用证据披露一般应当作出裁定（或者当庭责令另一方当事人限期内披露相关证据并记入笔录），而且必须明确披露的证据范围，释明拒不披露的法律后果；其四，法院应当对未在限期内披露相关证据的理由进行审查，以判定是否构成举证妨碍。当事人构成举证妨碍的法律后果可能有三：一是结合案件其他证据直接采信权利人主张的全部或部分赔偿数额；二是降低证明标准，可以采信侵权人广告宣传、媒体报道、电商平台等公开渠道的有关信息计算赔偿数额；三是在部分无法精确计算但有一定事实依据的数据上作出不利于侵权人的推定。

值得注意的是，当事人持有或控制相关证据只是适用证据披露规则的必要条件，而非充分条件，具体还应当结合待证事实是否因该证据不被提交而真伪不明、当事人是否有可以不提交的正当理由等因素综合判断。而且，侵权人构成举证妨碍时，并不意味着权利人主张的赔偿数额全部成立，即不能因为作出不利于侵权人的推定，就直接确认权利人主张的赔偿数额的合理性，还应综合考虑全案证据，对不合理部分不予支持，以免造成双方当事人利益明显失衡。

2. 综合全案证据情况计算侵权获利进而确定赔偿数额

本案中，株式会社 MTG 主张以恒健达公司销售侵权产品的获利为依据确定赔偿数额。根据法律规定，侵权获利为侵权产品销量与单件侵权产品合理利润的乘积。关于侵权产品销量，株式会社 MTG 主张以恒健达公司在淘宝、天猫、京东平台上分别销售三款侵权产品的交易数据作为侵权产品销量，合计为 69 568 件。关于合理利润，株式会社 MTG 前后两次取证，被诉侵权产品两款产品售价分别下调了 89 元、210 元。株式会社 MTG 主张该下降的价格空间可以合理推定为每件被诉侵权产品的利润空间，即使进行保守估算，单件被诉侵权产品的利润也应当超过 50 元。因此，恒健达公司销售三款侵权产品的获利保守估算约为 347 万元（69 568×50）。株式会社 MTG 向法院提交书面申请，称已经尽其能力提供了证明恒健达公司侵权所获利益的初步证据，而关于被诉侵权产品的真实财务账册等证据显然只有恒健达公司掌握，株式会社 MTG 客观上难以获得，故申请法院责令恒健达公司提供其所持有的记录被诉侵权产品销量、成本等数据的合同、发票、账簿等资料。法院综合考虑了被诉侵权产品二审改判侵权的可能性，作出裁定对上述申请中合理部分予以支持，责令恒健达公司于 7 日内向法院提交相关证据。恒健达公司在期限内没有提交相关证据，但提交情况说明称相应产品链接已经下架删除，同时其是小微企业，无能力建立完整财务制度，不存在记录被诉侵权产品的账簿。法院经核查，恒健达公司所称被诉侵权产品链接早已经下架删除并不属实，其所称无能力建立完整财务制度亦非正当理由。故恒健达公司无正当理由拒不提交相关证据构成举证妨碍，应承担不利的法律后果。

法院对相关证据核查后认为，株式会社 MTG 所主张的计算方法符合法律的规定，其计算侵权获利所依据的全部销量数据均在电商平台有据可查，其所主张的单件产品合理利润虽有推定成分，但从商业主体所追求的实现盈利避免亏损的价值取向分析，该推定亦属合理，因此采信了株式会社 MTG 主张的计算方式和保守估算的侵权获利。该估算数额远远超过株式会社 MTG 诉请赔偿的 200 万元，故法院予以全额支持。鉴于恒健达公司直至二审庭审结束之后仍然在持续销售、许诺销售被诉侵权产品，侵权情节严重，并在诉讼过程中还存在举证妨碍行为，侵权恶意明显，致使株式会社 MTG 的维权成本增加，故法院对株式会社 MTG 主张的 20 万元合理维权费用亦全额支持。

3. 本案对于科学合理确定赔偿数额的启示

本案中，株式会社 MTG 将侵权产品在各电商平台上销售的情况进行公证或采用可信时间戳的方式进行固定，为后续计算侵权获利提供了直接的销量依据，是能够获得高额赔偿的首要前提。此外，法院依照法律和司法解释的规定适用证据披露、举证妨碍规则，是进一步合理确定损害赔偿数额的关键步骤。尤其是对权利人证据披露申请和侵权人拒绝披露证据理由的审查，确保了适用责令证据披露的必要性和认定举证妨碍的说服力。

若被诉侵权人按照法院要求披露相关证据，则无疑有利于法院直接查清侵权获利；若被诉侵权人无正当理由拒不提交相关证据，则法院亦可以认定其构成举证妨碍，继而采信权利人主张或者作出不利于侵权人的推定。上述法律后果的逻辑起点，是将赔偿数额不确定性的风险让侵权人承担，包括采纳权利人主张的赔偿数额的具体计算方法（也许结果可能高于侵权人的实际获利）、涉案产品或权利对产品整体利润贡献占比（哪怕是 100% 贡献率），或者在计算误差范围内选取合理高值等。妥善适用该方法，有利于缓和确定赔偿数额证据缺失的困难，有利于鼓励权利人和侵权人积极提交计算实际损失或侵权获利的相关证据，有利于树立对当事人拒不配合查清实际损失或侵权获利的威慑力，是加大对知识产权保护力度的有效方法。

同时应当清晰地认识到，任何诉讼制度或证据规则都不是万能的，法院既要有足够自信依法适用证据披露、举证妨碍等规则，以免裹足不前重回法定赔偿老路，也要谨防忽视程序正义导致举证失衡的情形。在当前司法政策的空间内，充分考虑市场行为的合理性，结合审判经验和生活常识，一定可以在众多纷繁复杂的证据中寻找到一条科学合理确定赔偿数额的路径。

（撰稿人：广东省高级人民法院　叶丹　陈中山）

东莞市智乐堡儿童玩具有限公司诉泉州市凯尔娜贸易有限公司侵害外观设计专利权纠纷案
——合法来源抗辩主客观要件认定标准

【裁判要旨】

合法来源抗辩属知识产权侵权诉讼中常见的抗辩类型。其制度设计旨在寻求知识产权人和善意销售者之间的利益平衡点,在保护权利人专有权益的同时兼顾保障正常商业交易安全。实务中,法院主要从合法来源抗辩成立的主客观要件审查认定。客观要件应当由抗辩者举证;主观要件则需权利人和抗辩者分别从各自的角度举证。法院将结合全案证据情况综合分析评判抗辩者是否尽到合理注意义务。本案中,被诉侵权产品的销售者低价购入、高价售出一款"三无产品"童车,完全放任该项进货的安全状态而未尽合理注意义务,故并非善意之销售者,其合法来源抗辩不成立。

【关键词】

合法来源抗辩　合理注意义务　主观　善意

【案例索引】

一审:广州知识产权法院〔2017〕粤73民初4007号

二审:广东省高级人民法院〔2018〕粤民终1554号

【案情及裁判】

原告:东莞市智乐堡儿童玩具有限公司(以下简称智乐堡公司)

被告:泉州市凯尔娜贸易有限公司(以下简称凯尔娜公司)

一、一审

原告智乐堡公司因与被告凯尔娜公司发生侵害外观设计专利权纠纷,向广州知识产权法院提起诉讼。

原告智乐堡公司诉称：凯尔娜公司未经许可，在京东商城上经营的"凯尔娜母婴专营店"网店销售的一款儿童电动摩托车产品侵犯了原告的外观设计专利权，故起诉至法院请求判令被告停止侵权、赔偿原告经济损失及合理费用共8万元并承担全部诉讼费用。

被告凯尔娜公司辩称：被诉侵权产品是其直接通过阿里巴巴网络平台向案外人平乡县荣宇儿童玩具厂（以下简称荣宇玩具厂）购买，由后者直接代发给原告，其不知道原告享有涉案专利权，也不知道该产品侵害他人专利权，且供货商从未告知被告该产品外观设计的出处和权利状况，能证明该产品合法来源，故不应承担侵权赔偿责任。

广州知识产权法院一审查明：

王某某是专利号ZL201430417026.7，名称为"童车（283宝马摩托车）"的外观设计专利权的专利权人，与智乐堡公司签订专利许可合同，将涉案专利独占许可给智乐堡公司实施。2017年8月16日，智乐堡公司在京东商城"凯尔娜母婴专营店"购买了"时尚创意宝马新款儿童电动摩托车大款带灯光音乐可电瓶摩托车白色"一辆，并公证了购买及收货过程，有广东省广州市广州公证处〔2017〕粤广广州第157247号、157249号公证书为证。庭审拆封公证封存物，发现被诉侵权产品没有生产厂家、生产日期、质量合格证等信息，属于"三无产品"。经比对，被诉侵权产品外观与涉案专利无实质性差异。凯尔娜公司确认销售了被诉侵权产品，但主张被诉侵权产品有合法来源，系其在阿里巴巴网站向供货商荣宇玩具厂购买，并由该厂向智乐堡公司直接发货。被告向法院提交了福建省泉州市刺桐公证处〔2018〕闽泉桐证内字第739号、740号公证书证明了上述下单转卖的过程。凯尔娜公司据此主张合法来源抗辩。另查明，凯尔娜公司为有限责任公司（自然人独资），注册资本为100万元，经营范围为鞋帽批发，百货零售，计算机、软件及辅助设备零售，汽车零配件批发，化妆品及卫生用品批发。

广州知识产权法院一审认为：

被诉侵权产品落入了涉案专利权的保护范围，侵害了智乐堡公司的专利权。凯尔娜公司提供了符合交易习惯的证据证明了产品的合法来源，而智乐堡公司未提供证据证明被告知道或应知其销售的是侵权产品，仅以凯尔娜公司销售的是"三无产品"，就推定其行为违法，主观上不能构成善意，依据不足，故应推定凯尔娜公司主观善意。综上，凯尔娜公司合法来源抗辩成立，免除其包括合理开支在内的赔偿责任。

综上，广州知识产权法院依法判决：

（1）凯尔娜公司于判决发生法律效力之日起立即停止销售侵犯专利号为ZL201430417026.7、名称为"童车（283宝马摩托车）"的外观设计专利产品的行为；

（2）驳回智乐堡公司的其他诉讼请求。

二、二审

智乐堡公司不服一审判决，向广东省高级人民法院上诉称：被诉侵权产品是"三无产品"，凯尔娜公司没有尽到合理注意义务，其合法来源抗辩不成立，应承担赔偿责任。

广东省高级人民法院经审理查明，一审法院认定的事实属实，予以确认。

广东省高级人民法院二审认为：

虽然凯尔娜公司提供了证据证明被诉侵权产品有明确来源，相关交易事实可予确认，但是主观上难谓善意。首先，侵权产品系儿童电瓶摩托车，因供儿童使用，故本身应符合较高的质量安全保障标准，但侵权产品却系"三无产品"，无生产厂家厂名、厂址、产品标志、生产日期，亦无产品说明书、质量合格证等。其次，凯尔娜公司对外销售侵权产品单价为599元，但是进货产品单价为84元，其进货价格与产品正常市场价相比相当低廉。最后，凯尔娜公司注册资本为100万元，经营规模不小，作为专营于商品零售和批发的企业，其对产品应具有较高的注意义务。综上，虽然不能仅以侵权产品是"三无产品"为由就认定合法来源抗辩不成立，但具体而言，儿童玩具或用品属于质量安全要求较高的商品，且凯尔娜公司系专业的商品零售和批发企业，因此，该公司应对"三无产品"是否涉嫌侵权具有较高的注意义务。凯尔娜公司从案外人的网店上以较低价格购买一款"三无产品"童车进行转卖，完全放任案外人提供的货物状态而未对侵权产品进行合理审查，其并非善意之销售者。因此，二审法院改判凯尔娜公司的合法来源抗辩不成立，应承担侵权赔偿责任。

综上，广东省高级人民法院依法判决：

（1）维持广州知识产权法院〔2017〕粤73民初4007号民事判决第1项；

（2）撤销广州知识产权法院〔2017〕粤73民初4007号民事判决第2项；

（3）凯尔娜公司应于判决生效之日起10日内赔偿智乐堡公司经济损失及合理维权费用共计30 000元；

（4）驳回智乐堡公司的其他诉讼请求。

【法官点评】

1. 合法来源抗辩制度设计旨在平衡权利人与善意第三人利益

《专利法》（2008年修正本）第七十条规定了被诉侵权人可提出合法来源抗辩免除其赔偿责任。《最高人民法院关于审理侵犯专利权纠纷案件应用法律若干问题的解释（二）》第二十五条进一步规定合法来源必须是"通过合法的销售渠道、通常的买卖合同等正常商业方式取得产品"。

知识产权法中的合法来源抗辩制度的设立，其根源在于民法的"保护善意第三人"制度。民法对于交易产品流通环节中的善意第三人基于信赖权利外观而作出的民事法律行为给予肯定的法律效果，即使该法律后果可能不利于真权利人。在知识产权领域，合法来源抗辩成立的法律后果是，虽然被诉侵权行为成立，但是作为善意第三人的销售者免予承担损害赔偿责任。与此同时，为了维护知识产权人的合法权益，制度设计要求善意第三人履行披露义务和承担举证责任，以便知识产权人可以按图索骥找到侵权产品的源头，追究侵权产品制造者的相应责任。这种义务和责任对善意销售者来说既是救济也是激励，提醒其对产品潜在的侵犯他人知识产权的可能性施以合理注意。重在维权和清理市场的知识产权人也会乐见其成，毕竟相对于流通环节中的销售侵权行为，隐蔽的制造侵权行为才是应该着重打击的源头对象。综上可见，合法来源抗辩制度旨在寻求知识产权人和善意销售者之间的利益平衡点，在保护权利人专有权益的同时兼顾保障正常商业交易安全，在市场经营者中树立保护知识产权意识，维护社会经济秩序稳定。

2. 合法来源抗辩客观要件审查认定

合法来源抗辩成立的客观要件是指侵权产品具有合法来源。此处的"合法来源",顾名思义,可以理解为侵权产品具有明确"来源"以及"来源"必须合法。抗辩者为满足此要件需要举证侵权产品"来源"明确且合法。"来源明确"是一个客观事实判断,而"来源合法"则有事实认定兼具法律评价的色彩。

为证明来源明确,抗辩者的举证应当围绕前手交易对象的身份信息展开,即必须明确侵权产品来源者的身份。抗辩者不能仅提供侵权产品来源线索而无明确具体的来源者身份信息,否则权利人无法根据交易对象找到侵权产品的真正源头,合法来源抗辩制度设计有利于查清侵权产品流通各环节的目的就不能实现。为证明来源合法,抗辩者的举证应当围绕侵权产品从前手到后手的交易过程展开,即应当提供符合交易习惯的相关证据。可以从以下三个方面进行审查。

首先,针对不同规模的抗辩主体区分证明标准。对于经营规模较大、财务制度较规范的企业法人,应当要求其提供较为完整、规范的交易过程凭据(如书面合同、送货或收货凭证、付款记录、发票等);而对于经营规模较小、财务制度不健全的个体工商户或个人,在其尽力提供了合理证据的基础上不应苛求其能提供十分完备的合同及发票。

其次,着重审查相关证据反映的交易产品与侵权产品是否对应的关联性问题。这是抗辩者举证难点之所在,对此应当充分理解商业上为了节约成本、促成交易而简化交易手续的情况,不宜过于苛求证据完备性或要求证据之间"环环相扣",不能以"排除合理怀疑"的标准去审查证据细节,而应当从相关证据组成的证据链条中还原一个"高度可能性"的法律事实。可以从相关证据载明的产品名称、规格型号、价格、数量等商业信息的角度出发,结合交易时间、交易对象以及行业、产品特点等来综合分析判断。有必要时,还可以要求抗辩者对其与侵权产品来源者之间的交易全过程或者行业、地域交易习惯进行详细说明并举证。

最后,注意审查交易行为是否实际履行,谨防事后炮制的虚假交易。可以从抗辩者提交的物流单据(送货、收货、提货)和支付凭证(转账记录、收款收据、发票)等证据来判断交易是否实际履行。如果上述证据交易双方主体明确,支付金额与交易数量一一对应,与其他证据亦能相互印证,则可以认定交易行为实际履行。

3. 合法来源抗辩主观要件审查认定

合法来源抗辩成立的主观要件是指抗辩者不知道其使用、许诺销售或者销售的产品侵犯他人权利。不知道是指"实际不知道且不应当知道",其反面含义是"知道或应当知道",这一要件的审查认定是实务中的另一难点。

对于主观要件这一消极事实,一般应由权利人证明侵权者知道或者应当知道其所使用、许诺销售或者销售的是侵权产品,从而否定合法来源抗辩的成立;若权利人无法证明侵权者知道或者应当知道,则一般可以推定侵权者不知道其使用、许诺销售或者销售的是侵权产品,从而认定该侵权产品使用者、销售者是善意的。但这并非绝对,某些情况下法院也可以审查认定抗辩者在交易过程中是否履行合理注意义务,继而判断抗辩者是否具有主观过错。理由如下。第一,关于主观状态的举证并非易事,实务中权利人能够证明侵权者"明知"的情形十分少见,大多选择从侵权者"应当知道"的角度进行举证,而这种主观状态的推定难免带有一定的价值判断,即隐含要求侵权者在商业交易中应当履行合理注意义务,否则其自身善意交易者的身份亦难以成立。第二,合法来源抗辩制度设计的目的之一是保障正常商业交易安全,而市场经济活动中只注重交易便捷而放任进销产品可能侵犯他人权利的潜在侵权行为难谓善意,本就不应在保障之列。第三,合法来源抗辩成立的客观要件中的"来源合法"具有事实认定兼具法律评价的色彩,法院在判断时不可避免地会审查侵权者提供的相关证据所反映的交易事实的真实性和合法性,包括对侵权者在交易过程中是否尽到合理注意义务作出评判。综上,任何关于主观状态的判断均是从客观证据中推论而来的,合法来源抗辩成立的主客观要件虽然相互独立但是并非泾渭分明,不能简单机械地以权利人没有证明侵权者主观过错为由就直接认定抗辩者主观要件成立。

关于主观要件成立与否,需要权利人和抗辩者分别从各自的角度进行举证,由法院综合评判。对于权利人来说,可以从权利宣示等方面来证明,如权利客体可识别度高、曾向侵权者发送律师函或警告函、侵权者曾为专利产品经销商、侵权者重复侵权等事实。对于抗辩者来说,可以从交易对象和交易产品的外观表征来反驳,如交易对象是具有资质的企业或个人、交易对象曾与权利人存在专利许可关系、交易对象持有相近专利、交易产品上规范标注基本信息、交易产品零部件众多而涉案专利仅涉其一、签订了交易合同并支付了合理对价等事实。对于法院来说,可以根据权利人和抗辩者的举证情况,结合抗辩者的主体性质、被诉侵权产品的特点以及抗辩者与侵权产品来源者的责任能力对比等方面,综合分析评判抗辩者是否尽到合理注意义务,从而更加准确地判断其是否满足"不知道"的主观状态。

(撰稿人:广东省高级人民法院 叶丹 陈中山)

叶某某、东莞市微石塑胶金属科技有限公司诉汕头市龙湖区枕沐玩具商行、杭州阿里巴巴广告有限公司侵害外观设计专利权纠纷案

——版权标记对于证明现有设计抗辩的意义

【裁判要旨】

在侵害外观设计专利权纠纷中，被告提交知名电子商务网站上登载的外观近似同类产品的拼装图，该拼装图标记有包含专利申请日以前年份的版权标记，则该拼装图结合被告提交的知名电子商务网站上落款时间为专利申请日前日期的商品评论内容、在该网站店铺购买的近似产品实物等其他证据，可以高度盖然性地证明现有设计抗辩成立。

【关键词】

现有设计抗辩　版权标记　专利申请日

【案例索引】

一审：广州知识产权法院〔2017〕粤73民初339号

二审：广东省高级人民法院〔2018〕粤民终853号

【案情及裁判】

原告：叶某某

原告：东莞市微石塑胶金属科技有限公司（以下简称微石公司）

被告：汕头市龙湖区枕沐玩具商行（以下简称枕沐商行）

被告：杭州阿里巴巴广告有限公司（以下简称阿里巴巴公司）

一、一审

原告叶某某、微石公司因与被告枕沐商行、阿里巴巴公司发生侵害外观设计专利权纠纷，向广州知识产权法院提起诉讼。

原告叶某某、微石公司共同诉称：叶某某是名称为"工艺品（TIE Fighter 机器人 MMS253）"、专利号为 ZL201430106428.5 的外观设计专利的专利权人。叶某某与微石公司签订专利实施许可合同，将涉案专利以独占许可方式许可给微石公司使用。叶某某、微石公司发现，枕沐商行未经许可，制造、许诺销售和销售侵犯涉案专利权的产品，并在阿里巴巴公司网站店铺内进行许诺销售和销售。枕沐商行、阿里巴巴公司的侵权行为给叶某某、微石公司的销售业绩带来冲击，造成较大经济损失。故诉至法院，请求判令：①枕沐商行立即停止制造、许诺销售和销售侵犯 ZL201430106428.5 号外观设计专利权的行为，阿里巴巴公司立即停止许诺销售和销售侵犯 ZL201430106428.5 号外观设计专利权的行为；②枕沐商行、阿里巴巴公司连带赔偿叶某某、微石公司经济损失（含维权成本）共 3 万元；③枕沐商行、阿里巴巴公司负担本案诉讼费用。

被告枕沐商行辩称：被诉侵权产品采用的是现有设计。"星球大战"系列产品早在 20 世纪就已经被公众所熟知，在《星球大战4》电影中就已经展示了产品的造型。Fascinations 公司的模型产品上架时间早于涉案专利申请日，公众可以在 Fascinations 公司官网浏览和下载该产品的图片和图纸。专利的保护范围以表示在图片或照片中的外观设计为准，而涉案专利的产品组件 1 和组件 2 在组合安装后，与其组合状态图无法对应，不能准确确定涉案外观设计专利权的保护范围，而专利权保护范围不确定的不能进行侵权比对，应认定不构成侵权。枕沐商行在阿里巴巴网站店铺内展示产品时间是 2016 年 4 月至 12 月，在叶某某、微石公司进行投诉后已经下架，且销售额仅有几百元，获得的利润较低。

被告阿里巴巴公司辩称：阿里巴巴公司只是提供商品信息发布平台的网络服务提供者，并非被诉侵权产品信息的发布者，也未实施许诺销售和销售等侵害专利权产品的行为。阿里巴巴公司事先有对入驻商家进行资质审查，且要求商户承诺不得发布及销售侵犯他人知识产权的商品，并明确了商户违规行为及处理措施。阿里巴巴公司对于平台上种类繁多的商品无法做到全面审查，在收到本案诉讼材料后，及时确认了网站上被诉侵权产品的信息已不存在，采取了必要措施。叶某某、微石公司诉请主张的经济损失 3 万元，没有任何证据加以支持。

广州知识产权法院一审查明：

叶某某是名称为"工艺品（TIE Fighter 机器人 MMS253）"、专利号为 ZL201430106428.5 的外观设计专利权人。涉案专利申请日为 2014 年 4 月 28 日，授权公告日为 2014 年 9 月 3 日，专利权现处于有效状态。该案专利的简要说明载明，专利产品用于收藏及鉴赏，设计要点为产品的形状，最能表现设计要点的图片或照片为拼装状态立体图。国家知识产权局于 2016 年 9 月 8 日出具的《专利实施许可合同备案证明》显示，叶某某将涉案专利以独占许可方式许可给微石公司使用，许可期限为 2016 年 5 月 15 日至 2021 年 5 月 14 日，许可使用费为 10 万元。涉案专利产品的拼装前的组件图呈矩形片状设计，拼装状态下的产品外观为立体模型。

2016 年 6 月 22 日，叶某某向广东省东莞市东莞公证处申请保全证据。公证人员根据代理人的要求操作公证处的计算机，打开 IE 浏览器，输入网址 www.1688.com，进入网页后在"供应商"搜索框内输入"汕头市龙湖区枕沐玩具商行"，店铺页面有"厂家直销 3D 金属拼装模型　拼图　DIY 星球大战 TIE 工艺品益智玩具"，页面网址为"http：//detail.1688.com/offer/529332395062.html"，显示有该产品主视图、立体图等多个视图的产品图片展示。点击店铺页面的"公司档案"后再点击"查看工商注册信息"，显示公司名称为"汕头市龙湖区枕沐玩具商行"，且注明"通过第三方认证"。广东省东莞市东莞公证处将上述计算机操作过程进行屏幕录像，并出具〔2016〕粤莞东莞第 024012 号公证书。

2017 年 3 月 21 日，黄仁东向广东省东莞市东莞公证处申请保全证据公证。公证人员根据黄仁东的要求操作公证处的计算机，打开 IE 浏览器，输入网址 www.1688.com，进入阿里巴巴首页后，点击"我的阿里"，通过输入登录账号"186＊＊＊＊7755"及密码，进入买家中心页面后点击"已买到的货品"，点击订单号为"2023535054696637"的"订单详情"，浏览该订单详情页面，显示订单付款时间为 2016 年 6 月 28 日，发货时间为 2016 年 6 月 29 日，确认收货时间为 2016 年 7 月 14 日，"卖家信息"处显示"供货商"为"汕头市龙湖区枕沐玩具商行"，"买家信息"处显示"收货人"为"黄仁东"，"收货地址"为"广东省东莞市南城街道新城石竹路 3 号广发金融大厦 1 楼 08B 单元物业全家便利"，"手机"号为"186＊＊＊＊7755"。订单详情页面显示,"厂家直销3D金属拼装模型 拼图 DIY星球大战TIE益智玩具"产品的单价为16元,购买数量为2件。点击订单详情中的"厂家直销3D金属拼装模型 拼图 DIY星球大战TIE益智玩具 货号:ZM908",进入并浏览该交易快照的信息详情,有该产品主视图、立体图等多个视图的产品图片展示。点击店铺页面中的"旺铺档案",显示公司名称为"汕头市龙湖区枕沐玩具商行",且注明"通过第三方认证"。广东省东莞市东莞公证处将上述计算机操作过程进行屏幕录像,并出具〔2017〕粤莞东莞第015028号公证书。

叶某某、微石公司就前述公证取证所得内容,向一审法院提出五宗诉讼,一审法院分立案号为〔2017〕粤73民初339号、340号、341号、342号、343号。

叶某某、微石公司当庭提交一个未拆封的快递包裹,包裹上贴附的快递单显示为韵达快递,快递单号为1901489369667,寄件人为"林'S",寄件人单位名称为"Z-MODEL",寄件人电话为"135＊＊＊＊7596",物品名称为"模型",收件人为"黄仁东",收件人单位名称为"全家便利",收件人地址为"广东省东莞市南城街道新城石竹路3号广发金融大厦1楼08B单元",收件人联系电话为"186＊＊＊＊7755"。经当庭拆开包裹,包裹内有20件产品及一份"汕头市龙湖区枕沐玩具商行发货单"。发货单显示订单号为"2023535054696637",付款时间为2016年6月28日,收货人为"黄仁东",货物为10款工艺品,每款2件共20件,发货单有发货人与核对人签名。叶某某、微石公司指认其中2件相同外包装的产品为本案被诉侵权产品。被诉侵权产品的外包装显示有"TIE Advanced X1 NO. ZM908""枕沐™"等信息,包装内有一份说明书及被诉侵权产品拼装状态前的组件1和组件2共两块金属片。枕沐商行确认被诉侵权产品上的"枕沐™"标识是其使用的商标标识,但否认被诉侵权产品由其销售。

经将被诉侵权产品拼装前后的状态视图与涉案专利外观进行对比,叶某某、微石公司认为,被诉侵权产品与涉案专利在拼装前后的状态视图均相同。枕沐商行认为,两者的区别点在于,在未组装状态下:被诉侵权产品组件1主视图右下方标号16图形的左右两端是矩形,而涉案专利相应位置图形的左右两端是两个小三角形;被诉侵权产品组件2主视图右上方标号10图形的顶部有两个齿轮形状，而涉案专利相应位置图形的顶部为直线；被诉侵权产品组件 2 主视图标号 18 图形的中间有菱形图形，而涉案专利相应位置没有菱形图形。在组装状态下：被诉侵权产品拼装后机翼的伸展角度是可变的，而涉案专利拼装状态的机翼的伸展角度看不出是可变的；被诉侵权产品拼装后机头下方有两根下须，而涉案专利拼装状态没有该设计。阿里巴巴公司确认枕沐商行的比对意见。

另查明：枕沐商行是 2016 年 3 月 2 日成立的个体工商户，经营范围包括玩具批发和零售。2017 年 5 月 2 日，李星星向广东省深圳市罗湖公证处申请两项保全证据。一是公证人员根据代理人的要求操作公证处的计算机，打开"360 安全浏览器"，登录访问 Fascinations 公司英文网站（www.fascinations.com），页面显示有一款"DV TIE Fighter"产品，显示产品参数信息、各个视图以及安装图纸内容。公证人员对相关网络页面进行截图打印，广东省深圳市罗湖公证处出具了〔2017〕深罗证字第 15913 号公证书。二是公证人员根据李星星的要求操作公证处的计算机，打开"360 安全浏览器"访问亚马逊英文网站（www.amazon.com），网站中有一款名称为"Fascinations Metal Earth Star Wars OT Darth Vader's Tie Fighter"的产品，页面显示产品的立体图及参数信息，在顾客评价栏目下显示首次评价时间为 2013 年 12 月 24 日，评价内容中没有附带产品图片。公证人员对相关网络页面进行截图打印，广东省深圳市罗湖公证处出具了〔2017〕深罗证字第 15914 号公证书。

枕沐商行依据〔2017〕深罗证字第 15913、15914 号两份公证书载明的上述内容，主张被诉侵权产品实施的是现有设计，具体意见为，在涉案专利申请日之前，即至少在 2013 年 12 月 24 日与被诉侵权产品外观相同的产品已经公开。

阿里巴巴公司是 2006 年 12 月 7 日成立的有限责任公司，经营范围包括第二类增值电信业务中的传真存续转发业务、信息服务业务（仅限互联网信息服务）等。阿里巴巴公司于 2017 年 3 月 23 日向浙江省杭州市钱塘公证处申请保全证据。代理人使用公证处的计算机连接互联网，打开"360 安全浏览器"，并在浏览器地址栏中输入"http://detail.1688.com/offer/529332395062.html"，按回车键后页面显示结果为"访问的页面不存在"。浙江省杭州市钱塘公证处将计算机操作页面截屏打印，出具〔2017〕浙杭钱证内字第 4597 号公证书。阿里巴巴公司提交该公证书认为，阿里巴巴公司已经履行了法定义务，删除了被诉侵权产品在 1688 网站上的相关信息，不存在过错，无须承担任何责任。

广州知识产权法院一审认为：

叶某某是涉案专利的专利权人，微石公司是涉案专利独占许可的被许可人，其专利权应受法律保护。除法律规定外，他人未经权利人许可，不得为生产经营目的制造、销售、许诺销售、进口其专利产品。结合本案当事人的诉辩意见，本案争议是：①枕沐商行是否有制造、许诺销售和销售被诉侵权产品的行为，阿里巴巴公司是否有许诺销售和销售被诉侵权产品的行为；②被诉侵权产品与涉案专利外观设计是否相同或近似，是否落入涉案专利权的保护范围；③枕沐商行的现有设计抗辩是否成立；④枕沐商行、阿里巴巴公司的民事责任如何认定。

（1）关于枕沐商行是否有制造、许诺销售和销售被诉侵权产品的行为，阿里巴巴公司是否有许诺销售和销售被诉侵权产品的行为争议。枕沐商行否认有向叶某某与微石公司销售被诉侵权产品。一审法院认为，叶某某与微石公司向法庭出示的快递包裹未经拆封，快递包裹上的寄件人与收件人信息、包裹内附随被诉侵权产品的发货单中的信息，均与叶某某与微石公司代理人黄仁东通过网络向枕沐商行购买被诉侵权产品的信息相同。一审法院认定，被诉侵权产品是由枕沐商行销售。被诉侵权产品上没有制造者的标识，但外包装上显示了枕沐商行使用的"枕沐™"商标，将商标标识用于商品上的行为主体，应当认定为商品的制造者。证据保全公证书显示枕沐商行在阿里巴巴 1688 网站店铺内对外展示有被诉侵权产品。一审法院认定，枕沐商行有制造、销售和许诺销售被诉侵权产品的行为。阿里巴巴公司是网络服务平台，并无直接许诺销售和销售被诉侵权产品。叶某某和微石公司主张阿里巴巴公司有销售和许诺销售被诉侵权产品，缺乏事实依据。

（2）关于被诉侵权产品与涉案专利外观设计是否相同或近似，是否落入涉案专利权的保护范围的争议。涉案专利是工艺品模型，设计要点是整体外形，是关于形状的外观设计。根据专利证书中的图片及文字说明，涉案专利是由各平面部件组装而成的组装关系唯一的组件产品，因此其外观设计专利权利范围应包括拼装前的外观视图及拼装状态下的外观视图两个部分。被诉侵权产品也是工艺品模型，与涉案专利属于相同类型的产品，可以进行外观是否相同或近似的比对。将授权外观设计与被诉侵权产品在拼装状态下的外观进行比对，两者的共同特征为：均由飞机头部、尾部、底座、两侧机翼这几部分组成，机头中部为圆形，机尾为半圆形，底座为六边形，两侧机翼为三片状折成的六角括号"〔〕"形。以普通消费者的认知角度进行整体观察、综合判断，两者的整体外观视觉效果并无显著差异，构成近似。枕沐商行认为在没有拼装状态下两者存在差异，一审法院认为，将两者拼装前的状态视图进行比对，虽然各个部件在金属片上的具体位置以及整体布局存在差异，但两者的各个部件的形状和图案设计均相同。正是由于各个部件的形状及图案相同，才使得两者拼装状态后的视图相同。根据《最高人民法院关于审理侵犯专利权纠纷案件应用法律若干问题的解释（二）》第十六条的规定，对于组装关系唯一的组件产品的外观设计专利，被诉侵权设计与其组合状态下的外观设计相同或者近似的，人民法院应当认定被诉侵权设计落入专利权的保护范围。一审法院认定，被诉侵权设计落入授权外观设计专利的保护范围。

（3）关于枕沐商行的现有设计抗辩是否成立的争议。枕沐商行依据亚马逊网站上一款首次评论时间为2013年12月24日的产品销售链接内容，另结合Fascinations公司网站（www.fascinations.com）公开的产品图片等网页信息，主张被诉侵权产品实施的是现有设计。一审法院认为，前述证据均是互联网数据，由于互联网数据存在容易修改、删除、灭失的特性，所以相关信息的真实性需要进行综合认定。亚马逊网站（www.amazon.com）上的链接页面显示了产品的立体图，首次评论时间2013年12月24日，但该评论没有附带产品图片，不能认定产品链接页面的图片即是评论所涉及的产品图片，两者没有直接对应的关系，无法进而认定首次评论时的产品与本案被诉侵权产品是否外观实质相同。亚马逊网站上的枕沐商行指认的销售链接的产品图片不构成针对涉案专利的现有设计内容。Fascinations公司网站（www.fascinations.com）上显示的与枕沐商行指认的被诉侵权产品相关的产品图片，没有显示相关发布日期，不能证明是早在涉案专利申请日之前就已经公开，同样不构成针对涉案专利的现有设计内容。综上，枕沐商行的现有设计抗辩缺乏证据支持，一审法院不予采纳。

（4）关于枕沐商行、阿里巴巴公司的民事责任如何确定的争议。枕沐商行未经许可，以生产经营为目的，制造、许诺销售和销售外观设计落入涉案专利权保护范围的产品，侵害叶某某、微石公司外观设计专利权，应当承担停止侵权及赔偿损失的责任。关于赔偿损失，叶某某、微石公司请求在法定范围内酌定赔偿数额。一审法院考虑，枕沐商行侵害的是叶某某、微石公司享有的外观设计专利权；枕沐商行是个体工商户，经营规模不大；枕沐商行同时实施了制造、许诺销售和销售侵权产品的行为，并在网络上进行销售及许诺销售，影响范围较广；叶某某、微石公司为制止侵权行为进行公证取证及委托代理人诉讼，有相应的合理开支，相关的费用应当在同时提出的多个案件中作适当分摊；综合确定枕沐商行向叶某某、微石公司赔偿经济损失以及为制止侵权行为支出的合理费用合计20 000元。对叶某某、微石公司超出前述数额的部分请求，因缺乏充分的依据，一审法院不予支持。阿里巴巴公司没有销售与许诺销售侵权产品的行为，在诉讼过程中已经将侵权产品的网络链接删除，故叶某某与微石公司要求阿里巴巴公司承担民事责任缺乏依据。

综上，广州知识产权法院依照《侵权责任法》第十五条第一款第一项和第六项、第二款，《专利法》（2008年修正本）第十一条第二款、第五十九条第二款、第六十五条规定判决：

（1）枕沐商行应于一审判决生效之日，立即停止制造、许诺销售和销售侵害叶某某、微石公司名称为"工艺品（TIE Fighter 机器人 MMS253）"、专利号为ZL201430106428.5的外观设计专利权产品的行为；

（2）枕沐商行应于一审判决生效之日起10日内，赔偿叶某某、微石公司经济损失及为制止侵权行为支出的合理费用合计20 000元；

（3）驳回叶某某、微石公司的其他诉讼请求。

二、二审

枕沐商行不服一审判决，向广东省高级人民法院提起上诉称：①关于被诉侵权产品来源的问题。微石公司、叶某某有可能替换掉快递包裹内的物品，其提交的证据无法证明被诉侵权产品来源于枕沐商行。②关于现有设计抗辩的问题。一审法院认定了枕沐商行提交的网页证据链接页面显示了产品的立体图，同时也认定了首次评论时间是2013年12月24日，但是却未采纳该网页证据，显然不公平。枕沐商行提交该证据是为了证明被诉侵权产品已经在网站上公开销售，而非要证明涉案专利申请日之前，被诉侵权产品在网站上公开展出，一审法院忽视网站公开销售而只注重于网站是否存在公开展出，该认定欠妥当。③关于被诉侵权设计不落入涉案专利权保护范围的问题。涉案专利产品和被诉侵权产品均为组装关系不唯一的组件产品。根据《最高人民法院关于审理侵犯专利权纠纷案件应用法律若干问题的解释（二）》第十六条第二款的规定，被诉侵权设计缺少专利单个构件的外观设计或者与之不相同也不近似的，人民法院应当认定被诉侵权设计未落入专利权的保护范围。本案被诉侵权产品因部分构件与涉案专利产品的部分构件不相同，故不落入涉案专利权的保护范围。一审法院混淆组合状态下外观唯一与组装关系唯一两个概念。本案被诉侵权产品应属组装关系不唯一的组件产品，一审法院对此认定错误。综上，请求二审法院撤销原判，改判被诉侵权产品不侵犯涉案专利权，本案一审、二审诉讼费用由微石公司、叶某某承担。

广东省高级人民法院经二审，确认了一审查明的事实。

二审中，枕沐商行提交了以下新证据：枕沐商行于2018年在亚马逊网站购买的Fascinations公司的产品，拟证明被诉侵权产品使用的是现有设计。叶某某、微石公司发表质证意见称：证据的真实性、合法性、关联性均无法确定，该证据形成于2018年，晚于涉案专利申请日，即使能证明相应事实，也不能证明被诉侵权产品采用的是现有设计。

广东省高级人民法院另查明以下事实：

根据枕沐商行提交的〔2017〕深罗证字第15913号公证书第21页的记载，在Fascinations公司英文网站（www.fascinations.com）上公开的、被枕沐商行用于主张现有设计的产品图片，其所在栏目还公开了该产品的3D金属模型套件拼装图。该图披露了模型产品的立体图、模型产品被拼装之前的金属片件示图以及拼装过程示图。该图上标记有"360view"和二维码信息。通过手机扫描该二维码，显示有该产品360度立体图和模型套件拼装图。该模型套件拼装图还记载有"Darth Vader's TIE Fighter"产品名称、"Item No. MMS253""STAR WARS""www.starwars.com"等信息。该图末尾处标记有"© 2013 Lucasfilm Ltd. & TM. All rights reserved"（© 2013 卢卡斯影业公司版权所有）。

还查明，一审庭审中，枕沐商行为证明其现有设计主张，另提交了亚马逊网站销售"Fascinations Darth Vader's TIE Fighter"产品的截图。该截图披露了一款模型产品的立体图,还标记有"Copyright 2013 Fascinations" "© 2013 Lucasfilm Ltd. & TM. All rights reserved"等信息。叶某某、微石公司对该证据的真实性不予确认。

再查明,《星球大战》(*Star Wars*)系列影片由卢卡斯影业公司(Lucasfilm)制作。根据www.starwars.com网站版权声明,其版权归属于卢卡斯影业公司。

再查明,依照《伯尔尼公约》,作品自形成之日起自动获得保护。还查明,在《伯尔尼公约》成员国之中,版权人在作品上标注©的符号,以及首次发表的年份、版权人名称,是版权人声明其权利的一种通常做法。《星球大战》版权人卢卡斯影业公司系美国公司,《美国版权法》(《美国法典》17卷)7401条(b)款(2)项规定:"(b)版权声明——如复制件上有版权声明,则应包括以下三个要素……(2)作品首次发布的年份;如果汇编或衍生作品包含以前发布的内容,则(标明)首次发布汇编或衍生作品的年份日期即可。如果贺卡、明信片、文具、珠宝、玩偶、玩具或任何实用物品其中或其上复制带有(有年份日期的)文字内容的图画、图形或雕塑作品,则可省略日期。"

广东省高级人民法院二审认为:

本案系侵害外观设计专利权纠纷。根据双方诉辩意见,二审诉讼争议的焦点是:①本案物证是否来源于枕沐商行;②被诉侵权产品是否落入涉案专利权的保护范围;③枕沐商行主张的现有设计抗辩是否成立。

关于枕沐商行主张的现有设计抗辩是否成立的问题。《专利法》(2008年修正本)第六十二条规定:"在专利侵权纠纷中,被控侵权人有证据证明其实施的技术或者设计属于现有技术或者现有设计的,不构成侵犯专利权。"《最高人民法院关于审理侵犯专利权纠纷案件应用法律若干问题的解释》第十四条第二款规定:"被诉侵权设计与一个现有设计相同或者无实质性差异的,人民法院应当认定被诉侵权人实施的设计属于专利法第六十二条规定的现有设计。"

本案中,关于前述模型套件拼装图披露的版权信息是否真实的问题。一般情况下,作品上的版权信息系版权人自己所标注,可能存在标注不实的情形。因此,如果仅有单一证据,则不足以证明该版权信息的真实性。但是,如果当事人在案件中提出佐证,则应当综合现有证据的情况,分析判断其真实与否。本案还存在以下事实。第一,卢卡斯影业公司依据其制作的《星球大战》影片，开发出一系列与本案相同类型的产品。而本案模型套件拼装图上标注有《星球大战》和卢卡斯影业公司等信息。第二，本案模型套件拼装图来源于 Fascinations 公司英文网站。Fascinations 公司英文网站是专门销售《星球大战》主题模型产品的网站。该网站展示有大量的模型产品，每件产品均附有相应的模型套件拼装图。该图均披露有产品的拼装状态和组件状态以及版权声明。本案未有证据显示该网站与本案双方当事人存在直接利害关系。第三，枕沐商行在一审中提供的证据显示，亚马逊网站披露了拼装后的产品图片，以及消费者于 2013 年 12 月 24 日发布的评论信息。第四，枕沐商行在一审中提供了亚马逊网站销售的产品截图，该截图显示，产品包装盒标记的版权信息记载了发表时间为 2013 年。据此，在叶某某、微石公司未能提供反驳证据的情况下，前述证据中的版权信息、消费者评论时间互相印证，能够高度盖然地证明，在 2013 年 12 月 24 日之后，被诉侵权产品已经通过亚马逊网站向消费者销售，该产品于当时起已经进入流通领域。通常情况下，前述模型套件拼装图附随产品一并销售，因此，模型套件拼装图于 2013 年发布这一版权信息亦真实可信。

本案中，枕沐商行为证明其现有设计主张，提交了亚马逊网站产品图片及其评论信息、Fascinations 公司英文网站的产品图片以及模型套件拼装图、产品实物等证据。法院认为，枕沐商行在本案中主张现有设计抗辩，其成立必须符合以下要件：一是比对设计已经公开，且比对设计公开的时间早于涉案专利权申请日；二是比对设计所涉产品与涉案产品相同或者近类，且被诉侵权设计与比对设计构成相同或者无实质性差异。本案中，综合《伯尔尼公约》《美国版权法》的相关规定，《星球大战》影片上映的时间等公知信息以及前述在案证据，基于模型套件拼装图上标记的版权信息为"© 2013 Lucasfilm Ltd. & TM. All rights reserved"且其产品已经于 2013 年对外销售等事实，法院认定该模型套件拼装图于 2013 年已经向不特定的公众公开。该公开事实符合《专利法》（2008 年修正本）第 22 条"为公众所知"的条件。该图公开时间早于涉案专利权申请日 2014 年 4 月 28 日，可以作为涉案现有设计的比对文件进行比对。从模型套件拼装图披露的产品名称等信息可知，被诉侵权产品和比对设计产品属于同类产品。模型套件拼装图已经披露了拼装状态和组件状态的各个视图。将被诉侵权设计与比对文件拼装状态和组件状态的各个视图进行比对，两者无实质性差别，因此，应当认定被诉侵权产品上实施的设计是现有设计。枕沐商行主张现有设计抗辩依据充足，该案予以支持。枕沐商行销售的被诉侵权产品系现有设计产品，根据《专利法》（2008年修正本）第六十二条之规定，枕沐商行的销售行为不构成侵害涉案专利权。

鉴于现有设计抗辩成立，关于涉案物证是否来源于枕沐商行、被诉侵权产品是否落入涉案专利权的保护范围的问题不再评述。

据此，广东省高级人民法院依照《专利法》（2008年修正本）第二十二条、第六十二条，《最高人民法院关于审理侵犯专利权纠纷案件应用法律若干问题的解释》第十四条第二款，《民事诉讼法》（2017年修正本）第一百七十条第一款第二项的规定判决：

（1）撤销广州知识产权法院〔2017〕粤73民初339号民事判决；

（2）驳回叶某某、微石公司的诉讼请求。

【法官点评】

现有设计抗辩是侵害专利权诉讼中被告提出的常见抗辩类型，随着社会及科技的不断发展，可证明现有设计抗辩的新的证据形式也不断涌现。在互联网上公开的载有包含时间信息版权标记的产品图纸能否证明被告提出的现有设计抗辩主张？版权标记具有时间标注意义，对于证明有关文件的公开时间具有关键作用，然而由于前述互联网公开证据属于电子证据，存在易被篡改的特点，因此对其应结合其他证据进行综合判断。具体来说，首先，现有设计抗辩的被告需要证明其提交用以比对的设计属于现有设计，即该设计在专利申请日期已在国内外为公众所知。这其中包含两个要点：一是专利申请日前这一时间点；二是在国内外为公众所知。再者，该设计应当与原告的专利构成近似。

本案中，枕沐商行为了证明其用以比对的设计属于现有设计，提交了经过公证的 www.fascinations.com 网站上的产品图片以及亚马逊网站相关网页内容作为证据。其中，前者所在栏目公开了该产品的3D金属模型套件拼装图，该图披露了模型产品的外观，并记载有产品名称等信息，末尾处标记有"© 2013 Lucasfilm Ltd. & TM. All rights reserved"（© 2013卢卡斯电影公司版权所有）。亚马逊网站销售"Fascinations Darth Vader's TIE Fighter"产品的截图披露了产品的立体图，还标记有"Copyright 2013 Fascinations""© 2013 Lucasfilm Ltd. & TM. All rights reserved"等信息。二审法院注意到以上证据，并注意到枕沐商行在一审中提交的证据显示：亚马逊网站中披露了拼装后的产品图片，而消费者于 2013 年 12 月 24 日发布了评论信息；亚马逊网站销售的该产品截图显示包装盒标记的版权信息记载了发表时间为 2013 年。二审法院还考虑到：本案模型套件拼装图来源于 www.fascinations.com 网站，而该网站是专门销售星球大战主题模型产品的网站，展示有大量的模型产品，每件产品均附有相应的模型套件拼装图。该图均披露有产品的拼装状态和组件状态以及版权声明。本案未有证据显示该网站与本案双方当事人存在直接利害关系。据此，前述证据相互印证，能够高度盖然性地证明：在 2013 年 12 月 24 日，枕沐商行主张属于现有设计的产品已经通过亚马逊网站向消费者销售，该套模型拼装图于 2013 年已向不特定的公众公开，该公开事实符合《专利法》第二十二条"为公众所知"的条件。该图公开时间早于本案专利权申请日 2014 年 4 月 28 日，可以作为本案现有设计的比对文件进行比对。模型套件拼装图已经披露了拼装状态和组件状态的各个视图。将被诉侵权设计与比对文件拼装状态和组件状态的各个视图进行比对，两者构成近似。因此，二审法院认定被诉侵权产品上实施的设计是现有设计。由前述论证过程可见，网页上的版权标记上记载的时间以及消费者进行评论的时间对证明现有设计抗辩主张起到较关键的作用，而对电子证据需要结合其他证据或事实进行综合考虑，以对其真实性作出正确的认定。

本案通过网页上的版权标记这一有时间区分意义的标记，结合其他证据，认定被告通过其提交的产品拼装图电子证据等一系列证据，可以证明其提出的现有设计抗辩成立，从而作出公平、公正的判决，对于今后同类案件的审判具有参考意义。

（撰稿人：广东省高级人民法院　肖少杨　宋薇薇）

时某某诉张某某侵害外观设计专利权纠纷案

——在微博公开发布的图片证明现有设计抗辩成立

【裁判要旨】

在侵害外观设计专利权纠纷中,被告提交案外人在微博平台上发布的外观近似的同类产品图片作为其现有设计抗辩证据,若查明该图片于专利申请日前发布,为所有用户可见,且发布后未经修改,则该图片可作为现有设计比对文件证明被告现有设计抗辩成立。

【关键词】

现有设计抗辩　微博　图片

【案例索引】

一审:广州知识产权法院〔2016〕粤73民初1561号

二审:广东省高级人民法院〔2018〕粤民终849号

【案情及裁判】

原告:时某某

被告:张某某

一、一审

原告时某某因与被告张某某发生侵害外观设计专利权纠纷,向广州知识产权法院提起诉讼。

原告时某某诉称:时某某于2012年8月9日向国家知识产权局提出了名称为"双头夹具(A01)"的外观设计专利申请,并于2013年1月30日获得授权,专利号为ZL201230372122.5。权利人按期缴纳年费。本专利处于有效的法律状态。时某某的涉案专利权一直由其所注册的广州市雅量展示用品有限公司(以下简称雅量公司)在使用。因涉案专利产品的新颖性及创造性,产品一上市就成为行业内畅销产品,因此很快成为被侵权的对象。张某某在淘宝商城上大量销售、许诺销售侵犯时某某涉案专利权的产品,时某某委托代理人于 2015 年 6 月 25 日进行了网上购买律师见证。张某某未经过时某某授权许可,擅自生产、销售、许诺销售侵犯时某某专利权的产品,严重侵犯了时某某的专利权。故起诉请求判令:①张某某立即停止销售和许诺销售侵犯时某某专利号为 ZL201230372122.5 的外观设计专利权的侵权产品并销毁库存侵权产品;②张某某承担赔偿时某某经济损失 50 000 元(包括公证费、见证费、律师代理费、差旅费等维权合理开支);③张某某承担本案全部诉讼费用。

被告张某某辩称:张某某销售的被诉侵权产品是为他人代销,张某某无生产能力并非生产者,张某某不知道被诉侵权产品侵犯时某某专利,在时某某起诉前已下架,没有库存。张某某淘宝上只销售了少量产品,淘宝记录包括所有产品在内,总计 164 件。张某某所销售的产品不构成侵权,被诉侵权产品是双头夹具类产品,这种产品在市场上非常常见,而且各个部分形状差异不大。被诉侵权产品与涉案专利产品相差很大,不构成侵权。

广州知识产权法院一审查明:

2012 年 8 月 9 日,时某某向国家知识产权局申请名称为"双头夹具(A01)"的外观设计专利,专利权人为时某某,专利号为 ZL201230372122.5,并于 2013 年 1 月 30 日获得公告授权,至今持续合法有效状态。

该外观设计简要说明内容如下:"本外观设计产品的用途:用于钳夹物品;本外观设计的设计要点:产品的形状;最能表明设计要点的图片或照片:立体图。"

2015 年 6 月 25 日,时某某的委托代理人杨小阳、列韵强、张立文向广东律成定邦律师事务所(以下简称定邦律所)申请办理对网上购买、收货、封存被诉侵权产品过程进行现场见证的法律服务,定邦律所指派冯进挺律师、刘雪律师进行见证并出具见证书。见证书称:在见证律师的见证下,时某某的委托代理人列韵强通过计算机输入登录 https://www.taobao.com/,选择"店铺"输入"正跃塑料制品厂",并在该店铺中购买被诉侵权产品且付款成功,上述过程在见证律师的监督下现场操作计算机并打印相应的拷屏页。2015 年 6 月 29 日,在见证律师的陪同监督下,时某某的委托代理人杨小阳接收了表面注明"韵达速递",快递单号为"1600793487221"的包裹一件,并将该包裹运回定邦律所,由律所进行保管。2015 年 7 月 11 日,在见证律师的监督下,杨小阳打开上述包裹,并取出包裹内的两个广告夹产品,见证律师对上述包装、产品进行拍照,然后重新包装并用盖有定邦律所公章的封条进行封存。随后重新登录 https://www.taobao.com,进入购买产品时使用的淘宝账号,点击"我购买的宝贝",对订单详情作了截图并打印。对上述的见证行为,定邦律所出具了〔2015〕粤律见证字 2015 - GGJ - 03 号律师见证书。

一审法院当庭拆封封存实物,时某某发表比对意见如下:用被诉侵权产品实物与立体图、后视图、主视图、俯视图、仰视图进行比对。第一,本案专利由两侧夹子与中部连接杆通过两个连接件组合而成;第二,左侧夹子为对称设计,整体近似"鱼形",夹头与夹身长度比约为 1:3,头部略宽,中部内收;第三,右侧夹子为不对称设计,夹头与夹身长度比约为 2:1;第四,构成夹子的两面分别为平面与折面,折面转折部分夹角近似 90 度;第五,中部连接杆由两侧较细圆柱与中部略粗圆柱结合而成;第六,连接杆两侧连接件为短圆柱形,连接件两端均有弧形缺口,且缺口位于不同侧。被诉侵权产品完全是照搬时某某的设计方案,致使广大购买者产生混淆,无法分辨是时某某的产品还是被诉侵权产品。立体图、后视图、主视图都是一样的。从俯视图、仰视图看,柱子比较短,其他是一样的。被诉侵权产品与本案外观专利图片或照片相比,以普通消费者的眼光,两者设计要点相同,要部相同,整体视觉效果高度近似,被诉侵权产品落入了涉案专利权的保护范围,专利侵权成立。时某某认为被诉侵权产品与涉案专利产品构成近似。

张某某发表比对意见如下:被诉侵权产品与时某某专利产品有明显差异。相同点只有两个:①形状是鱼形的;②圆柱形中间的连接杆。不同点有两个:①连接杆比例长度不同;②夹子比例也是不一样的,涉案专利产品鱼形夹子是不对称的,一个呈 45 度角,被诉侵权产品是对称呈 30 度角的夹子,而且被诉侵权产品夹子的宽度比较宽,消费者是完全可以辨别出来的。从时某某提供的评价报告中第 4 页的对比设计 1,形状和时某某申请专利的形状也是一样的,只有连接杆不一样,所以时某某外观保护的是形状,而形状不一样就不构成侵权。

庭审中，张某某对于销售、许诺销售被诉侵权产品的行为不持异议。

广州知识产权法院一审认为：

时某某作为本案外观设计专利的专利权人，其享有的外观设计专利权应受法律保护，任何单位或者个人未经专利权人许可，都不得实施其专利，否则要承担相应的民事责任。

1. 被诉侵权产品是否落入涉案专利权的保护范围

被诉侵权产品与涉案专利类型相同，依照《专利法》（2008年修正本）第五十九条第二款规定，"外观设计专利权的保护范围以表示在图片或者照片中的该产品的外观设计为准，简要说明可以用于解释图片或者照片所表示的该产品的外观设计。"根据《最高人民法院关于审理侵犯专利权纠纷案件应用法律若干问题的解释》第八条规定，"在与外观设计专利产品相同或者相近种类产品上，采用与授权外观设计相同或者近似的外观设计的，人民法院应当认定被诉侵权设计落入专利法第五十九条第二款规定的外观设计专利权的保护范围。"根据《最高人民法院关于审理侵犯专利权纠纷案件应用法律若干问题的解释》第十条、第十一条，"人民法院应当以外观设计专利产品的一般消费者的知识水平和认知能力，判断外观设计是否相同或者近似"；"人民法院认定外观设计是否相同或者近似时，应当根据授权外观设计、被诉侵权设计的设计特征，以外观设计的整体视觉效果进行综合判断"；"产品正常使用时容易被直接观察到的部位相对于其他部位"，以及"授权外观设计区别于现有设计的设计特征相对于授权外观设计的其他设计特征"，通常对外观设计的整体视觉效果更具有影响；"被诉侵权设计与授权外观设计在整体视觉效果上无差异的，人民法院应当认定两者相同；在整体视觉效果上无实质性差异的，应当认定两者近似"。

本案中，被诉侵权产品与本案外观设计专利种类相同。被诉侵权产品与涉案专利设计均为双头夹具，由两侧夹子与中间连接杆通过两个连接件组合而成。根据整体观察、综合判断的基本原则，两者设计图片的外观设计整体上基本相同，产品的组成要素、线条设计和立体图线条设计基本一致，张某某所述区别点中，鱼形夹子近似，连接杆比例差异并未达到改变产品整体形状的程度，整体视觉效果无差异，被诉侵权设计与授权外观设计近似，被诉侵权产品设计落入涉案专利权的保护范围。

2. 关于承担民事责任问题

依照《专利法》（2008年修正本）第十一条第二款规定："外观设计专利权被授予后，任何单位或者个人未经专利权人许可，都不得实施其专利，即不得为生产经营目的制造、许诺销售、销售、进口其外观设计专利产品。"销售，是指将落入专利权利要求范围的侵权产品的所有权、依照专利方法直接获得的侵权产品的所有权或者含有外观设计专利的侵权产品的所有权从卖方有偿转移到买方。许诺销售，是指以做广告、在商店橱窗中陈列、在网络或者在展销会上展出等方式作出销售商品的意思表示。

时某某对其在张某某网店购买并收取被诉侵权产品，且张某某存在网络销售行为，张某某亦确认时某某提交的被诉侵权产品系其网上销售，一审法院认定张某某实施了销售、许诺销售被诉侵权产品的行为，故时某某主张张某某停止许诺销售、销售被诉侵权产品行为以及赔偿经济损失的诉讼请求，有事实和法律依据，一审法院依法予以支持。对于时某某主张张某某销毁被诉侵权产品库存的诉讼请求，未在本案中举证证明其实际存在，故一审法院依法不予支持。

3. 关于损害赔偿确定问题

依照《专利法》（2008年修正本）第六十五条规定，侵犯专利权的赔偿数额按照权利人因被侵权所受到的实际损失确定；实际损失难以确定的，可以按照侵权人因侵权所获得的利益确定。权利人的损失或者侵权人获得的利益难以确定的，参照该专利许可使用费的倍数合理确定。赔偿数额还应当包括权利人为制止侵权行为所支付的合理开支。权利人的损失、侵权人获得的利益和专利许可使用费均难以确定的，人民法院可以根据专利权的类型、侵权行为的性质和情节等因素，确定给予一万元以上一百万元以下的赔偿。本案中时某某主张本案适用法定赔偿，符合法律规定，一审法院依法予以准许。考虑涉案专利为外观设计类型，张某某存在销售和许诺销售侵权行为，以及时某某在本案中为制止侵权行为所支付合理开支等方面因素，酌定判定张某某赔偿时某某经济损失30 000元（已含时某某维权合理费用支出），时某某主张的超出上述部分的诉讼请求，一审法院依法不予支持。

综上，广州知识产权法院依照《专利法》（2008年修正本）第十一条、第二十三条、第五十九条、第六十五条，《最高人民法院关于审理侵犯专利权纠纷案件应用法律若干问题的解释》第八条、第十条、第十一条规定判决：

（1）张某某自一审判决发生法律效力之日起立即停止销售、许诺销售侵害时某某专利号为 ZL201230372122.5，名称为"双头夹具（A01）"外观设计专利权的被诉侵权产品的行为；

（2）张某某自一审判决发生法律效力之日起 10 日内赔偿时某某经济损失合计 30 000 元（含合理费用）；

（3）驳回时某某的其他诉讼请求。

二、二审

张某某不服一审判决，向广东省高级人民法院提起上诉称：①被诉侵权设计不落入涉案专利权的保护范围，二者的连接杆长度不同，较大的夹子的角度不同，涉案专利是不对称的；②被诉侵权设计属于现有设计，早在 2011 年 10 月 29 日，名为"中山秀可广告用品"的微博用户就在微博平台上公开发布外观与被诉侵权设计相同的产品的图片，因此，销售被诉侵权产品的行为不构成侵权；③张某某并非本案适格被告，因为销售被诉侵权产品的网店经营者是苍南县龙港镇正跃塑料制品加工厂（以下简称正跃塑料制品厂），而并非张某某。综上，请求二审法院撤销一审判决，驳回时某某的全部诉讼请求。

广东省高级人民法院经二审，确认了一审查明的事实。

二审中，时某某未提交证据，张某某提交以下证据。证据 1：新浪微博（网址：weibo.com）上名为"中山秀可广告用品"的用户于 2011 年 10 月 29 日发布的产品图片的公证取证书，张某某的委托代理人当庭连接互联网，登录新浪微博调出前述图片，时某某的委托代理人对该图片进行了质证，法院亦勘验了该图片情况。该证据拟证明被诉侵权设计属于现有设计。证据 2：正跃塑料制品厂出具的《证明》，拟证明该厂是销售被诉侵权产品的网店的实际经营者，张某某是该厂职员，被诉侵权产品是正跃塑料制品厂销售的，并非张某某销售的。正跃塑料制品厂的法定代表人张平挑亦出庭作证，陈述相关事实。

时某某发表质证意见如下：对证据 1 的真实性、合法性、关联性均不予确认，理由是微博上的图片是可以更换、编辑的，不能以该条微博显示的发表日期作为前述图片的公开日期并进行现有设计抗辩,且前述图片缺少六面视图,无法全面展示产品的特征,无法进行比对。对证据2的真实性、合法性、关联性均不予确认,一审法院向淘宝公司发出调查令,得到的回复显示销售被诉侵权产品的网店卖家的真实姓名是张某某,并非正跃塑料制品厂,因此张某某作为本案被告主体适格,且张某某一审也承认其销售被诉侵权产品,张某某与正跃塑料制品厂是何关系与本案无关。

广东省高级人民法院在审理过程中,向新浪微博的经营者北京微梦创科网络技术有限公司(以下简称微梦创科公司)发出调查函,调查新浪微博用户在微博平台上发布的信息(包括文字和图片、发布时间)是否可以编辑、更改,用户在微博上发布的信息是否所有用户可见等问题。该公司向广东省高级人民法院发回《答复函》,主要内容为:①名称为"中山秀可广告公司"的用户在2011年10月29日发布信息的真实时间为2011年10月29日10:30,该图片发布后并未更改;②2018年3月后新浪微博新增加了用户内容修改功能,该功能仅针对用户于2018年3月后发布在微博平台上的信息,用户无权修改2018年3月之前所发布的信息;③用户可以选择自身发布的信息内容为"所有用户可见""部分用户可见"及"仅自己可见",并可对公开状态进行修改,但该修改是不可逆的过程,仅可以缩小公开范围而不能扩大公开范围。"中山秀可广告用品"用户于2011年10月29日发布在微博中的图片自发布以来始终处于所有用户可见状态且未被更改。

广东省高级人民法院二审认为:

本案系侵害外观设计专利权纠。根据双方诉辩意见,二审诉讼争议的焦点是:①被诉侵权外观设计是否落入涉案专利权的保护范围;②张某某提出的现有设计抗辩理由是否成立;③张某某是否本案适格被告。

1. 关于被诉侵权外观设计是否落入涉案专利权的保护范围的问题

《专利法》(2008年修正本)第五十九条第二款规定,外观设计专利权的保护范围以表示在图片或者照片中的该产品的外观设计为准,简要说明可以用于解释图片或者照片所表示的该产品的外观设计。判断被诉侵权设计是否落入专利权的保护范围,应将被诉侵权设计与涉案专利表示在图片或者照片中的产品外观设计相比较,判断两者是否相同或近似。在比较时,应以一般消费者的知识水平和认知能力,从外观设计的整体视觉效果进行综合判断。

本案中，被诉侵权产品与涉案专利产品均为双头夹具，属于同类产品。将被诉侵权外观设计与本案授权外观设计进行比对，两者存在的区别在于两个夹子之间的连接杆长度比例及宽边夹子有折角的一面中折角角度有细微差异。与涉案专利产品同类的夹具产品，形状设计多种多样，设计空间较大。因此，一般消费者通常不容易注意到不同设计之间的较小区别。将本案的被诉侵权外观设计与本案授权外观设计比较，虽然两者存在前述区别，但是，前述区别属于细微变化，就一般消费者的知识水平和认知能力而言，这些细微变化对产品的整体视觉效果没有显著影响。而两者双头夹与连接件等各部分的形状设计基本一致，以一般消费者的知识水平和认知能力来综合判断，这些相同点对产品的整体视觉效果具有显著影响，两者构成近似。

2. 关于张某某提出的现有设计抗辩理由是否成立的问题

《专利法》（2008年修正本）第六十二条规定："在专利侵权纠纷中，被控侵权人有证据证明其实施的技术或者设计属于现有技术或者现有设计的，不构成侵犯专利权。"《最高人民法院关于审理侵犯专利权纠纷案件应用法律若干问题的解释》第十四条第二款规定："被诉侵权设计与一个现有设计相同或者无实质性差异的，人民法院应当认定被诉侵权人实施的设计属于专利法第六十二条规定的现有设计。"本案中，张某某主张现有设计抗辩，提供了名为"中山秀可广告用品"的新浪微博用户于2011年10月29日在其微博上发布的产品图片作为证据。新浪微博是第三方知名门户网站新浪网设立的公众交流平台，该平台用户群体众多，任何个人、政府机构、公司企业均可通过注册成为平台用户并发布微博，且可以浏览他人公开发布的微博。在微博上发布的图片，如果处于任何用户可随意浏览的状态，应当认定为《专利法》意义上的"为公众所知"的状态。新浪微博的实际经营主体为微梦创科公司，法院向微梦创科公司调查新浪微博平台管理机制，得知：2018年3月之前，新浪微博中上传图片一经发布，发布时间由系统自动生成且无法修改；2018年3月之后，部分用户可以对新浪微博中上传的图片进行修改，修改的时间、内容等信息被记录于"查看编辑记录"栏目下。用户发布图片等信息，可选择"所有用户可见""部分用户可见"及"仅自己可见"三种状态。图片等信息处于"所有用户可见"状态时、可以修改为"部分用户可见"或"仅自己可见"，但是，图片等信息处于"部分用户可见"或"仅自己可见"状态时,无法修改为"所有用户可见"。也就是说,如果微博上的图片等信息呈现为"所有用户可见"状态,则说明该图片等信息自从上传之时起至今一直处于"所有用户可见"的状态。本案中,用户名为"中山秀可广告用品"于 2011 年 10 月 29 日发布的图片,其显示的状态为"所有用户可见",况且,微梦创科公司亦确认该图片自发布之日起未曾被修改过。因此,应当认定用户名为"中山秀可广告用品"于 2011 年 10 月 29 日发布的图片,自发布之日起"为公众所知"的状态。该发布时间早于本案专利申请日。将该图片展示的外观设计与被诉侵权产品的外观设计进行比对,两者整体上基本相同,产品双头夹和连接件的形状设计基本一致,仅仅是宽边夹子有折角的一面中折角角度存在细微差别,该细微差别对产品的整体视觉效果没有显著影响,两者构成近似。虽然张某某没有提供六面视图,但是由于前述微博图片上的产品是透明的,而且有一端为对称图形,因此该图片已完全展示该产品外观的所有部位形状。故张某某提出的现有设计抗辩具有事实及法律依据,予以支持,张某某销售使用现有设计的被诉侵权产品并未侵犯时某某的专利权。

鉴于张某某的行为不构成侵害涉案专利权,因此,对于双方当事人争议的张某某是否本案适格被告这一焦点,不再评述。

据此,广东省高级人民法院依照《专利法》(2008 年修正本)第六十二条,《最高人民法院关于审理侵犯专利权纠纷案件应用法律若干问题的解释》第十四条第二款,《民事诉讼法》(2017 年修正本)第一百七十条第一款第二项规定,判决:

(1) 撤销广州知识产权法院〔2016〕粤 73 民初 1561 号民事判决;
(2) 驳回时某某的诉讼请求。

【法官点评】

本案入选《中国知识产权》杂志 2018 年度全国法院知识产权典型案例。侵害外观设计专利权民事案件中,现有设计抗辩经常被被诉侵权人作为不侵权的抗辩理由。随着互联网使用的广泛普及,电子证据在诉讼中的使用频率日益加大。新浪微博上发布的图片常被作为证明被诉侵权人现有设计抗辩主张的证据。然而,由于电子证据天然具有易被篡改的性质,所以其证明力常常受到对方当事人的质疑。

在个案中，如何判断作为现有设计抗辩证据的微博图片的真实性及证明力，值得展开讨论。常见问题及笔者意见有如：首先，在微博上公开图片是否属于《专利法》上"为公众所知"的状态？新浪微博是第三方知名门户网站新浪网设立的公众交流平台，该平台用户群体众多，并对公众提供开放的、自由的用户注册、浏览功能。因此，在微博上公开发布且能被浏览到的图片，应当认为是处于公众想知道就可以知道的状态。其次，微博网页上披露的图片所附随的时间标记，是否可以作为认定该图片在微博上对外公开时间的依据？如果在侵权诉讼中，被诉侵权人为主张现有设计抗辩，提交了新浪微博截屏的证据，该截屏显示有新浪微博栏目下的外观设计图片和新浪微博对该图片自动生成的时间标记，那么对该网络证据披露的信息，应当如何审查进而认定图片是否公开的事实？根据本案查明的新浪微博运作规则，在侵权诉讼中，被诉侵权人为主张现有设计抗辩而提交有新浪微博的网络证据，若可查明其是真实的，则其披露的内容和标记时间则可以认定为真实可信。而且，该图片如果处于对所有公众开放浏览的模式，则其附随标记的时间，应当认定为前述条文"为公众所知"的时间。

本案中，张某某提交了案外人在新浪微博上发布的图片作为现有设计比对文件，该图片有相关时间标记，标记的时间为本案专利申请日前，二审法院经向新浪微博的运营单位调查，得知该图片内容为所有人可见且未经更改，该标记时间真实。经比对，图片中产品与被诉侵权产品外观构成近似，故该图片被采纳为可证明被诉侵权设计为现有设计的证据，张某某的上诉理由获得支持。本案的主要意义在于，厘清以下问题：当微博平台上的图片能够由公众自由浏览时，其标记的时间是否能够证明该图片对公众公开的时间点。该案为同类案件的审理提供了重要的参考作用。

（撰稿人：广东省高级人民法院　肖少杨　宋薇薇）

珠海格力电器股份有限公司诉宁波奥克斯空调有限公司、广州市国美电器有限公司侵害实用新型专利权纠纷案

——运用证据规则破解知识产权侵权赔偿认定难

【裁判要旨】

在侵权人无正当理由拒不提供能够证明其制造、销售被诉侵权产品获利情况所涉的相关证据应承担举证妨碍责任的前提下，法院应综合考虑权利人举证的关于侵权人销售被诉侵权产品的时间段、数量、单价、利润率、涉案专利权对于侵权获利的贡献率以及权利人的维权合理开支等方面证据，对权利人索赔数额的合理性进行分析评判，最终确定赔偿金额。

【关键词】

侵权赔偿　举证妨碍　市场价值

【案例索引】

一审：广州知识产权法院〔2016〕粤73民初2495号

二审：广东省高级人民法院〔2018〕粤民终1198号

【案情及裁判】

原告：珠海格力电器股份有限公司（以下简称格力公司）

被告：宁波奥克斯空调有限公司（以下简称奥克斯公司）

被告：广州市国美电器有限公司（以下简称国美公司）

一、一审

原告格力公司因与被告奥克斯公司、国美公司发生侵害实用新型专利权纠纷，向广州知识产权法院提起诉讼。

原告格力公司诉称：奥克斯公司立即停止制造、销售型号为KFR-

26GW/BpX700（A2）的空调器侵权产品，销毁库存侵权产品及生产侵权产品的专用模具、赔偿格力公司经济损失 300 万元（含合理支出）并承担本案诉讼费，国美公司停止销售被诉侵权产品。

被告奥克斯公司辩称：①被诉侵权产品所采用的技术方案并未落入格力公司专利权的保护范围，不构成侵权；②被诉侵权技术方案属于现有技术，不构成侵权。

被告国美公司未到庭应诉发表答辩意见。

广州知识产权法院一审查明：

格力公司是专利号为 ZL201520297431.9、名称为"空调器室内机"实用新型专利的专利权人，格力公司主张以根据原权利要求 1~2、4~5、7~10、12~15 修改后新的权利要求 1~9 来确定涉案专利权的保护范围。被诉侵权产品是型号为 KFR–26GW/BpX700（A2）的奥克斯空调，被诉侵权产品是由奥克斯公司制造、销售以及国美公司销售的，格力公司公证购买的被诉侵权产品上标示制造日期是 2015 年 11 月。同时，奥克斯公司提交了申请号为 200680049181.0、名称为"空调的室内单元"的发明专利申请公布说明书作为对比文件主张现有技术抗辩不能成立。

关于格力公司主张的赔偿经济损失方面，格力公司主张根据"奥克斯公司销售被诉侵权产品的数量×被诉侵权产品的单价×利润率"计算奥克斯公司制造、销售被诉侵权产品的侵权获利，具体如下。

（1）关于被诉侵权产品的销售数量，本案中格力公司主张计算侵权赔偿的时间段是 2016 年 1 月至 2017 年 8 月，并且格力公司鉴于难以取得被告销售数量的直接证据，其主张根据"奥克斯公司在 2016 年 1 月至 2017 年 8 月销售空调产品的总量/奥克斯公司在售的空调机型数"计算出每一款空调机销售数量的平均值作为被诉侵权产品的销售数量。其中，格力公司主张根据其调查，奥克斯公司在售的壁挂机型号约为 40 款，其中壁挂机占全部型号的比例约为 50%，因此奥克斯公司在售的空调机型数约为 80 款；此外，奥克斯公司在 2016 年 1 月至 2017 年 8 月销售空调产品的总量是根据北京智信道科技股份有限公司的《中国家用空调产销月报》上的数字予以确定的。关于北京智信道科技股份有限公司及《中国家用空调产销月报》，格力公司提交了以下证据。

第一，根据格力公司提交的产业在线网站介绍，北京智信道科技股份有限公司是一家专业权威的产业链研究机构，自2000年开始致力于中国电器的产业链数据监测、研究和传播，与国内外200余家企业建立了良好的长期合作关系，其客户图示中包括奥克斯公司。

第二，格力公司称其与北京智信道科技股份有限公司也有合作关系，并提交了其与该公司签订的《信息报告服务协议》。

第三，北京智信道科技股份有限公司2016年8月、2016年12月、2017年8月分别出具的《中国家用空调产销月报》显示其统计数据包括格力、美的、海尔、奥克斯、TCL、志高、长虹等多个品牌的空调，并在报告说明中称该报告主要通过与空调上游企业（压缩机、电机、铜管、铝箔）进行的公开的交流沟通来获取数据，报告的数据是从制造企业出货的角度来监控的，报告仅供行业内企业参考研究，而非政府机构的行业发展报告。其中奥克斯公司2016年1月至8月空调产品生产数量是524万台、销售数量是545.9万台；奥克斯公司2016年全年空调产品生产数量是798万台、销售数量是733.1万台；奥克斯公司2017年1月至8月空调产品生产数量是806万台、销售数量是881.1万台。其中格力公司2016年全年空调产品生产数量是3680万台、销售数量是3604万台；格力公司2017年1月至8月空调产品生产数量是3106万台、销售数量是3095万台。

（2）关于被诉侵权产品的单价，格力公司称其共购买了三件被诉侵权产品，其中公证购买的产品单价为2999元，两次自行购买的产品单价为3599元，并提交了2016年6月29日和10月18日的发票予以证明。

（3）关于利润率，格力公司提交了其2016年的年度报告和2017年的半年度报告，证明其2016年和2017年的平均利润率大约为14%。格力公司主张被告的利润率可以参照格力公司的利润率进行计算。

格力公司认为综合以上内容可以计算出奥克斯公司制造、销售被诉侵权产品的侵权获利，同时考虑到同一被诉侵权产品涉及多项专利侵权，因此格力公司同意涉案的专利权在实现侵权获利的贡献率按平均计算，据此计算出奥克斯公司在本案中的赔偿数额。

奥克斯公司对于格力公司的上述主张陈述意见如下：北京智信道科技股份有限公司不是官方统计机构，其出具的《中国家用空调产销月报》中的数据并非来源于生产厂家,并且只是作为对比研究使用,不能作为计算销售量的依据;同时该报告并未提及具体的产品型号,因此与本案无关。而且,根据格力公司的利润率来确定被告的利润率也不合理。

法院责令奥克斯公司限期提交计算其制造、销售被诉侵权产品获利情况所涉的数据及相关证据,奥克斯公司没有提交相关证据,仅在庭审及回复中称:①关于被诉侵权产品的数量,由于其只生产了一两个月,所以仅制造、销售了1000余台;②关于被诉侵权产品的单价,由于市场冷淡进行降价处理出现了不同价格,包括本案公证购买的单价2999元;③关于奥克斯公司空调产品的平均利润率是3%~4%;④关于奥克斯公司目前在售的空调产品大约有200个型号,其中70%是壁挂机。

(4) 关于合理支出部分,格力公司主张以下费用。一是为制止侵权,格力公司购买了三台被诉侵权产品费用合计10 197元(格力公司称其中一台用于提交鉴定机构,一台用于自行拆解,还有一台公证购买作为实物证据提交法院,三台被诉侵权产品的生产时间均是2016年8月之前),除公证书记载的2999元产品费用以外,另提交了广州晶东贸易有限公司分别于2016年6月29日、10月18日出具的发票号码分别为73598042、19485261的发票两张作为证据,发票记载的货物名称均为奥克斯(AUX)大1匹极客平板空调纤薄机身冷暖变频二级能效智能空调挂机(KFR-26GW/BpX700)、数量均为1台、价税合计金额均为3599元。该10 197元是格力公司为本案以及另外5件同一被诉侵权产品的案件共同支出的费用。二是公证费3000元,提交了广州市南方公证处出具的金额为3000元的公证费发票,格力公司明确这是其为本案以及另外5件同一被诉侵权产品的案件共同支出的费用。三是律师费30 000元,提交了委托合同及发票。四是鉴定费30 000元,提交了北京市知识产权服务中心出具的金额为180 000元的验证服务费发票一张,其中验证服务费发票附有北京智慧知识产权司法鉴定中心出具的费用清单一份,显示格力公司的6件专利司法鉴定费用由北京智慧知识产权司法鉴定中心委托北京市知识产权服务中心收款,总费用金额为180 000元。奥克斯公司认为格力公司自行购买用于鉴定和拆解的被诉侵权产品费用和鉴定费用均不属于合理支出;公证费发票不能显示与公证书对应,律师费发票没有异议。

广州知识产权法院一审认为:

经比对,被诉侵权技术方案包含了涉案专利修改后新的权利要求 1~9 的技术特征,因此奥克斯公司制造及销售的、国美公司销售的被诉侵权产品所采用的技术方案落入了格力公司涉案专利权的保护范围。

同时,奥克斯公司提交的现有技术抗辩的对比文件未公开被诉侵权技术方案中还包括用于承载所述蒸发器的底座,底座上设置有与蒸发器相适配的安置槽,在安置槽的侧壁上设置有用于承载蒸发器的承载台,承载台上设置有泄水槽的特征。双方当事人也确认对比文件未公开上述底座特征,且没有证据证明底座特征是本领域的公知常识,因此对比文件没有公开被诉侵权技术方案落入涉案专利权保护范围的全部技术特征,奥克斯公司提出的现有技术抗辩不能成立。

奥克斯公司存在制造及销售被诉侵权产品的行为、国美公司存在销售被诉侵权产品的行为,依法应承担停止侵权以及赔偿损失的民事责任。关于赔偿的经济损失及合理费用,在双方当事人均没有提交证据证明格力公司的实际损失数额时,格力公司主张以奥克斯公司的侵权获利作为确定赔偿的依据,符合法律规定。为证明奥克斯公司的侵权获利,格力公司主要提供了北京智信道科技股份有限公司的《中国家用空调产销月报》的统计数据、格力公司购买被诉侵权产品的发票以及格力公司作为空调厂商的利润率等证据,即格力公司已就奥克斯公司的侵权获利进行了初步举证。由于证明被诉侵权产品获利情况的相关证据主要由奥克斯公司掌握,故法院依据《最高人民法院关于审理侵犯专利权纠纷案件应用法律若干问题的解释(二)》第二十七条的规定,责令奥克斯公司限期提交证明其制造、销售被诉侵权产品获利情况所涉的数据及相关证据,但是奥克斯公司没有提交相关证据,无正当理由拒不提供能够证明其制造、销售被诉侵权产品获利情况所涉的相关证据,仅对其中所涉的数据作出当事人陈述,导致法院无法查明其侵权获利,应由奥克斯公司承担举证妨碍责任。同时,法院结合《中国家用空调产销月报》的统计数据、被诉侵权产品的销售单价、销售被诉侵权产品的利润率、涉案专利权对于侵权获利的贡献率以及格力公司为制止侵权行为支出的合理费用 5 部分的因素来分析格力公司索赔数额的合理性。据此,法院认为格力公司在本案中向奥克斯公司所主张的赔偿数额 300 万元,合法有据,并未超出合理范围,应当予以全部支持。

综上，广州知识产权法院判决：

（1）宁波奥克斯空调有限公司于本判决发生法律效力之日起立即停止销售侵害珠海格力电器股份有限公司名称为"空调器室内机"，专利号为ZL201520297431.9实用新型专利的KFR-26GW/BpX700（A2）空调产品，并销毁库存侵权产品；

（2）宁波奥克斯空调有限公司于本判决发生法律效力之日起10日内赔偿珠海格力电器股份有限公司经济损失及维权合理支出共300万元；

（3）广州市国美电器有限公司于本判决发生法律效力之日起立即停止销售侵害珠海格力电器股份有限公司名称为"空调器室内机"专利号为ZL201520297431.9实用新型专利的KFR-26GW/BpX700（A2）空调产品；

（4）驳回珠海格力电器股份有限公司的其他诉讼请求。

二、二审

奥克斯公司不服一审判决，向广东省高级人民法院上诉请求：①撤销原判决一、二、三项；②判令被上诉人承担本案全部诉讼费。事实和理由：①一审程序不当；②一审法院认定事实有误。被诉侵权产品不具备涉案专利权利要求1记载的"前面板设置在所述蒸发器的背对所述底壳一侧"技术特征；③被诉产品实施了现有技术；④一审判决高额赔偿于法无据。

广东省高级人民法院经审理查明，一审法院查明事实属实。

广东省高级人民法院二审认为：

涉案专利经过实质审查并维持部分有效，其被维持有效部分具有较强的稳定性。鉴于被诉侵权产品落入涉案专利权的保护范围，且奥克斯公司主张的现有技术抗辩不成立，因此奥克斯公司应停止销售被诉侵权产品、销毁库存侵权产品及向格力公司赔偿损失，国美公司应停止销售被诉侵权产品。一审法院对此认定正确，二审法院予以维持。关于赔偿数额，由于格力公司已经提交初步证据证明奥克斯公司的侵权获利情况，而奥克斯公司掌握相关制造、销售及利润情况所涉数据和证据，未按一审法院要求提供相关证据，一审法院据此认定奥克斯公司构成举证妨碍，并无不当。一审法院在分析认定格力公司提交的销售数据的计算方式和数据来源均具有一定客观性的基础上，参考该数据并进一步依据被诉侵权产品的销售时间、产品单价、行业利润率、贡献率和合理支出等情况进行综合分析，酌定赔偿数额300万元，并无不当。

据此，广东省高级人民法院判决：

驳回上诉，维持原判。

【法官点评】

针对知识产权侵权赔偿问题，最高人民法院陶凯元副院长在2014年7月全国法院知识产权审判工作座谈会的讲话中提出，要促进形成符合市场规律和满足权利保护要求的损害赔偿计算机制，使损害赔偿数额与知识产权的市场价值相契合。广东法院自2011年开始推动破解知识产权侵权损害赔偿难改革，自2013起开展破解赔偿难试点工作。2015年9月，最高人民法院在广州知识产权法院设立了知识产权司法保护与市场价值研究（广东）基地。2015年，广东省高级人民法院将广州知识产权法院确定为"探索完善司法证据制度破解知识产权侵权损害赔偿难"的试点法院。广州知识产权法院既有上级法院的指导指明方向，又有研究基地的平台汇聚经验，在研究赔偿问题上具备优势，因此更应当在个案中不断研究、积极作为、主动担当。

本案是运用证据规则破解知识产权侵权损害赔偿难的典型案例。在权利人已经提交证明侵权获利的初步证据的情况下，侵权人无正当理由拒不提供能够证明其制造、销售被诉侵权产品获利情况所涉的相关证据，导致法院无法查明其侵权获利，应由其承担举证妨碍责任。在此大前提下，法院综合考虑权利人举证的关于侵权人销售侵权产品的时间段、数量、单价、利润率、涉案专利权对于侵权获利的贡献率以及权利人维权合理开支等方面证据，对侵权获利的计算和权利人索赔数额的合理性进行分析评判，最终全额支持了权利人的诉讼请求，体现了司法服务创新驱动发展战略、严格知识产权的理念与担当，是破解知识产权侵权赔偿认定难的典型案例。关于索赔数额的合理性分析评判如下。

1. 关于奥克斯公司销售被诉侵权产品的数量

（1）首先是根据证据认定被诉侵权产品的销售时间段为2016年1月至2017年8月。

（2）关于在上述时间段内奥克斯公司销售被诉侵权产品的数量。第一，奥克斯公司称其仅制造、销售了1000余台被诉侵权产品，既没有提交证据证明，数量也不符合常理，法院对该陈述不予采信。第二，对于《中国家用空调产销月报》，根据产业在线的网站介绍、该月报持续作出的时间跨度、格力公司与北京智信道科技股份有限公司签订的《信息报告服务协议》以及该月报所包含的"统计数据包括格力、美的、海尔、奥克斯、TCL、志高、长虹等多个品牌的空调，主要通过与空调上游企业（压缩机、电机、铜管、铝箔）进行的公开的交流沟通来获取数据，报告的数据是从制造企业出货的角度来监控的"等内容介绍，可以证明《中国家用空调产销月报》所统计的数据具有一定的客观性，若奥克斯公司认为该月报所记载的生产、销售数据远高于其实际情况，完全可以提交相反证据予以反驳。在奥克斯公司拒绝提交证明被诉侵权产品具体销售数量的证据情况下，奥克斯公司每种型号空调产品的平均销售数量可以作为被诉侵权产品具体销售数量的参考。

2. 关于被诉侵权产品的单价

格力公司于2016年11月通过公证购买被诉侵权产品的单价为2999元；此外，广州晶东贸易有限公司发票上载明被诉侵权产品的单价均为3599元。按上述两项价格的平均值则被诉侵权产品的单价为3299元。

3. 关于奥克斯公司销售被诉侵权产品的利润率

格力公司提交了其2016年的年度报告和2017年的半年度报告，证明其2016年和2017年的平均利润率大约为14%；奥克斯公司则辩称其利润率为3%~4%。

4. 关于涉案专利权对于侵权获利的贡献率问题

《最高人民法院关于审理侵犯专利权纠纷案件应用法律若干问题的解释》第十六条规定："人民法院依据专利法第六十五条第一款的规定确定侵权人因侵权所获得的利益，应当限于侵权人因侵犯专利权行为所获得的利益；因其他权利所产生的利益，应当合理扣除。"由于本案与其他案存在同一被诉侵权产品侵害不同专利权的情况，因此在根据侵权产品的获利数额确定赔偿数额时，应当考虑涉案专利权对于实现侵权获利的贡献率。此外，格力公司的涉案专利权已经过无效宣告审查程序，足以证明格力公司的涉案专利与现有技术相比具有创造性，其实质性的特点和进步会对空调企业实现利润产生重要贡献。因此，法院将在充分考虑各方面因素的基础上，合理确定涉案专利权对实现侵权获利的贡献率。

5. 关于合理支出

对于律师费,法院全部予以支持,公证购买被诉侵权产品的费用及公证费是多起侵权诉讼中共同支出的费用,应当进行相应折算。格力公司自行购买被诉侵权产品两台的费用以及自行委托鉴定的费用,不属于为制止侵权行为发生的必要合理支出,法院不予支持。

结合以上五部分来分析格力公司索赔数额的合理性,当根据《中国家用空调产销月报》所统计的数据以及奥克斯公司自述的在售空调型号数量、被诉侵权产品的单价按照平均值进行计算时,奥克斯公司在2016年全年销售被诉侵权产品的销售金额超过1.2亿元,奥克斯公司在2017年1~8月销售被诉侵权产品的销售金额约为1.45亿元,合计超过2.65亿元。基于此,即使合理的利润率按照奥克斯公司自述的3%~4%的中间值3.5%计算,2016年1月至2017年8月奥克斯公司销售被诉侵权产品的获利也超过900万元;若合理的利润率按照格力公司所主张的14%计算,则2016年1月至2017年8月奥克斯公司销售被诉侵权产品的获利将超过3600万元。况且,上述奥克斯公司销售被诉侵权产品的获利数额是根据奥克斯公司自述的其在售空调型号数量为200种计算所得,而格力公司对于该数量的主张则是80种,因此假如奥克斯公司在售的空调型号数量少于200种,则上述数额仍有上浮空间。当然,若根据上述奥克斯公司销售被诉侵权产品的获利数额来对格力公司索赔数额的合理性进行分析评判,还应当结合涉案的专利权对于实现侵权获利的贡献率、格力公司为制止侵权行为的合理支出等因素进行考虑。

综上所述,由于奥克斯公司在法院根据《最高人民法院关于审理侵犯专利权纠纷案件应用法律若干问题的解释(二)》第二十七条的规定责令其提交证明涉案侵权获利相关证据的情况下,无正当理由拒不提供其掌握的上述关键证据,而该部分证据恰恰可以证明奥克斯公司侵权获利的真实情况,据此认定奥克斯公司应承担举证妨碍责任。基于此,并结合上述针对格力公司索赔数额的合理性分析评判所考虑的因素,法院认为格力公司在本案中向奥克斯公司所主张的赔偿数额300万元,合法有据,并未超出合理范围,予以全部支持。

(撰稿人:广州知识产权法院 朱文彬)

第二章　商标权及不正当竞争案件

捷豹路虎有限公司诉广州市奋力食品有限公司侵害商标权纠纷案

——民事案件中如何规制当事人恶意囤积和不当使用商标行为

【裁判要旨】

被诉侵权人并非被诉标识的善意使用者，除了本案所涉被诉标识之外，还申请注册了大量与其他名人和知名企业称谓相同的商标，其利用我国商标注册制度囤积和不当使用商标、利用合法形式来掩盖侵权实质行为的主观恶意明显，严重有违诚实信用原则，应予制止。

无论被诉侵权人是否已就被诉商标在某一类商品上申请乃至获准商标注册，驰名商标权利人均有权寻求禁止在后注册商标使用的民事救济，从而制止被诉侵权人在实际经营活动中摹仿其驰名商标在不相同和不相类似的商品上作为商标使用、误导公众。

【关键词】

驰名商标　主观恶意　恶意囤积　商标注册制度

【案例索引】

一审：广州市中级人民法院〔2014〕穗中法知民初字第75号

二审：广东省高级人民法院〔2017〕粤民终633号

【案情及裁判】

原告：捷豹路虎有限公司（以下简称路虎公司）

被告：广州市奋力食品有限公司（以下简称奋力公司）

被告：万某某

一、一审

原告路虎公司因与被告奋力公司、万某某发生侵害商标权纠纷，向广州市中级人民法院提起诉讼。

原告路虎公司诉称：路虎公司享有的路虎商标具有极高美誉度，属于驰名商标。奋力公司在其制造、销售的相关功能饮料上使用"路虎"及"Land Rover"商标，构成商标侵权，请求判令：①奋力公司立即停止其商标侵权行为；②万某某立即停止其商标侵权行为；③奋力公司向路虎公司赔偿侵权损失共计人民币 200 万元，以及向路虎公司赔偿为制止侵权行为而支付的调查费、公证费、翻译费和律师费等合理费用人民币 411 494 元；④万某某向路虎公司赔偿侵权损失共计人民币 1 万元；⑤奋力公司、万某某在《上海日报》《深圳日报》和《人民日报》（海外版）等媒体上公开发布经路虎公司同意、澄清事实的公告，消除因奋力公司、万某某商标侵权行为给路虎公司造成的严重影响；⑥奋力公司、万某某共同承担本案全部诉讼费用。

被告奋力公司答辩称：路虎公司涉案商标不是驰名商标，不能进行跨类保护。涉案商标与被诉侵权产品上的商标不会引起公众的混淆及误认，类别完全不同，而且奋力公司使用的是注册的自有商标，不存在侵权问题。路虎公司没有证据证明其遭受损失，不应予以赔偿。

广州市中级人民法院一审查明：

路虎公司的关联公司先后于 1996 年、2004 年和 2007 年在中国境内申请注册了第 808460 号"LAND ROVER"商标、第 3514202 号"路虎"商标、第 4309460 号"LAND ROVER"商标，以上商标均核定使用在第 12 类"陆地机动车辆"等商品上，后转让到路虎公司名下。路虎公司提交大量获奖证书、媒体报道、市场销售份额情况、广告宣传等证据，证明涉案商标在中国大陆具有较高知名度，为公众所熟知。

奋力公司在网站上、实体店中宣传销售其"路虎维生素饮料"，相关产品、包装盒及网页宣传上使用的被诉标识包括"路虎""LAND ROVER""Land Rover 路虎"及上下排列的"路虎"和"Land Rover"等。

奋力公司于 2010 年 6 月 28 日向国家商标局申请注册"路虎"和"Landrover"文字上下排列的商标，注册号/申请号为 8429937，国际分类号为 30。国家商标局于 2012 年 9 月 25 日作出〔2012〕商标异字第 55190 号《"路虎 LANDROVER"商标异议裁定书》，裁定奋力公司申请注册的第 8429937 号"路虎 LANDROVER"商标不予核准注册。奋力公司于 2010 年 6 月 28 日向国家商标局申请注册"路虎"和"Land Rover"文字上下排列的商标，注册号/申请号为 10561102，国际分类表为 32 类。路虎公司称奋力公司申请注册的第 10561102 号商标已经被驳回。奋力公司、万某某称上述"路虎 LANDROVER"商标异议案已进入复审程序。

路虎公司主张奋力公司赔偿数额包括损失 200 万元和为制止侵权行为所支付的合理开支 411 494 元，万某某赔偿数额为损失 1 万元，并提交了部分合理维权开支单据。

广州市中级人民法院一审认为：

路虎公司涉案三个商标均核准在第 12 类陆地机动车辆等商品上，使用被诉侵权标识的维生素饮料属第 32 类不含酒精饮料商品，二者不相同也不相类似，本案确有必要对涉案商标是否驰名作出认定。经审核，路虎公司提供 2004 年至 2013 年期间中国各报纸、杂志、网站大量报道，相关销售记录和宣传广告规模等证据，可认定涉案商标在中国汽车行业中享有盛誉，具有较高知名度和广泛影响力，为相关公众所普遍知晓，已经达到驰名商标的程度。奋力公司在其产品上作为商标使用的被诉侵权标识与路虎公司驰名的涉案商标相同或者相近似，构成侵权。综合考虑奋力公司侵权行为的性质、情节、持续时间、后果、使用被诉侵权标识的产品种类、奋力公司的经营规模，路虎公司注册商标的数量、知名度及其核准使用的商品种类、路虎公司的企业声誉及路虎公司为制止侵权行为所支付的合理开支等因素，一审法院酌情确定奋力公司向路虎公司赔偿的数额为人民币 120 万元。

综上，广州市中级人民法院依照《中华人民共和国民法通则》（以下简称《民法通则》）（2009 年修正本）第一百三十四条第一款第一项和第七项、第二款，《中华人民共和国商标法》（以下简称《商标法》）（2001 年修正本）第五十二条第二项和第五项、第五十六条，《最高人民法院关于审理商标民事纠纷案件适用法律若干问题的解释》第一条第二项、第十六条第一款、第二款、第十七条的规定，判决：

（1）奋力公司立即停止在其生产、销售的商品上及在互联网上的广告宣传中使用侵犯路虎公司第808460号"LAND-ROVER"注册商标、第3514202号"路虎"注册商标、第4309460号"LAND ROVER"注册商标专用权的商标标识的行为，并销毁侵犯该三个注册商标专用权的商标标识，带有侵犯该三个注册商标专用权的商标标识的包装物及制造侵犯该三个注册商标专用权的商标标识的专用模具；

（2）万某某自判决发生法律效力之日起立即停止销售侵犯路虎公司第808460号"LAND-ROVER"注册商标、第3514202号"路虎"注册商标、第4309460号"LAND ROVER"注册商标专用权的商品，并销毁侵犯该三个注册商标专用权的商标标识、带有侵犯该三个注册商标专用权的商标标识的包装物；

（3）奋力公司自判决发生法律效力之日起10日内赔偿路虎公司人民币120万元；

（4）驳回路虎公司的其他诉讼请求。

二、二审

奋力公司不服一审判决，向广东省高级人民法院提起上诉称：①被诉侵权产品使用的是奋力公司自己注册的第84299937号商标，不侵害他人权益；②涉案商标在被诉行为发生时并非驰名商标，不能跨类保护；③奋力公司主观上并无过错。一审判令奋力公司向路虎公司赔偿120万元缺乏事实与法律依据，应予撤销。故上诉请求撤销一审判决第一项、第三项，改判奋力公司不构成侵权且无须向路虎公司赔偿人民币120万元。

广东省高级人民法院经二审，确定了一审查明的事。另查明，路虎公司在一审时向一审法院提交的商标查询资料证明，奋力公司在第5、29、30、32类商品上申请注册"张九龄""夏普 SHARP""甄子丹""陈道明""广本"等商标。二审庭审中，奋力公司对于申请注册、使用本案被诉商标及前述商标标识均无法作出合理解释。

二审期间，奋力公司向二审法院提交商评字〔2014〕第044638号《关于第8429937号"路虎LANDROVER"商标异议复审裁定书》，拟证明其申请注册的第8429937号"路虎LANDROVER"商标经商标评审委员会复审，裁定予以核准注册；路虎公司向二审法院提交北京市高级人民法院〔2016〕京行终4412号行政判决书，证明奋力公司前述商评字〔2014〕第044638号商标异议复审裁定书已被生效判决所撤销，奋力公司相关商标并未被核准注册。

广东省高级人民法院二审认为：

本案系侵害商标权纠纷。本案的争议焦点为：①被诉行为发生时，路虎公司涉案三个注册商标是否已经处于驰名状态；②被诉行为是否构成侵权；③一审判赔数额是否合理。

（1）关于被诉行为发生时，涉案商标是否已经驰名的问题。路虎公司涉案第808460号""商标、第3514202号"路虎"商标、第4309460号"LAND ROVER"商标先后于1996年、2004年和2007年在我国获准商标注册。路虎公司提供的2004年至2013年期间中国大陆相关媒体报道、公益慈善捐款单据、汽车行业评奖情况、审计报告、税收排名、广告合同和发票等大量证据，充分证明路虎汽车在2013年以前，已在中国大陆具有较大销售区域和市场份额，涉案商标使用时间长，为公众所熟知；且路虎公司对涉案注册商标及其产品进行了长期、广泛的宣传、使用和维护，涉案注册商标已在中国大陆有较高知名度和广泛影响力。故路虎公司提交的证据已经足以证明，涉案商标在本案被诉侵权行为发生前，即2013年7月前，已在中国境内成为社会公众广为知晓的商标，达到了驰名的程度。

（2）关于被诉行为是否构成商标侵权的问题。本案中，路虎公司涉案""、"路虎"和"LAND ROVER"注册商标均属于臆造词，其本身作为商标具有较强的显著性，经过路虎公司长期的、持续的、广泛的使用、宣传和维护，其显著性得到了进一步的加强，知名度也得到了相关公众的认可，相关公众只要一看到或者听到涉案商标，就会很容易联想到路虎公司。奋力公司使用的被诉商标标识为"路虎""LAND ROVER""Land Rover 路虎"及上下排列的"路虎"和"Land Rover"等，将之分别与路虎公司涉案三个注册商标相比，构成相同或相近似。相关公众看到被诉产品及被诉标识，容易误以为被诉行为获得了路虎公司的许可，或者误以为奋力公司与路虎公司之间具有控股、投资、合作等相当程度的联系，削弱了路虎公司涉案注册商标作为驰名商标所具有的显著性和良好商誉，损害了路虎公司的利益。故一审法院认定被诉行为构成商标侵权，并无不当。奋力公司以其曾在30类商品上申请并获准注册第8429937号"路虎LANDROVER"商标为由，上诉主张被诉行为是合法使用自己的注册商标、不构成侵权。但根据《最高人民法院关于审理涉及驰名商标保护的民事纠纷案件应用法律若干问题的解释》第十一条的规定，无论奋力公司是否已就"路虎LANDROVER"商标在某一类商品上申请乃至获准商标注册，路虎公司均有权寻求禁止在后注册商标使用的民事救济。况且，路虎公司在本案二审中提供的证据还表明，奋力公司申请注册的8429937号"路虎LANDROVER"商标已被生效行政判决认定"具有明显的复制、抄袭他人有一定知名度商标的故意……奋力公司恶意注册本案被异议商标的行为应当予以禁止"，从而认定对该商标的注册申请"不应予以核准"，故奋力公司所谓合法使用合法注册商标的抗辩不能成立。

（3）关于一审判赔数额是否合理的问题。二审法院认为：第一，路虎公司为涉案注册商标的使用、宣传与维护付出了长期、持续、大量的努力，涉案注册商标知名度高，享有良好的市场声誉，应受到与其知名度相匹配的司法保护力度；第二，奋力公司使用的被诉标识均为摹仿、复制路虎公司涉案三个驰名商标的全部或主要部分，攀附驰名商标声誉的主观恶意明显，情节恶劣；第三，奋力公司的被诉侵权行为在路虎公司提起本案诉讼后仍在持续，侵权行为持续的时间较长、传播范围较广；第四，奋力公司并非被诉标识的善意使用者，除了本案所涉被诉标识之外，奋力公司还申请注册了大量与其他名人和知名企业称谓相同的商标，其利用我国商标注册制度囤积和不当使用商标的主观恶意明显；第五，奋力公司曾因部分产品质量问题而被广东省工商行政管理局公示通告，路虎公司涉案驰名商标的美誉度显然因奋力公司的不当使用而受到贬损，路虎公司因此而遭受的损害较大；第六，路虎公司为制止本案侵权行为，提供了28万多元的前期调查取证费用凭据。综合前述情况，一审法院酌情判定奋力公司赔偿路虎公司经济损失共计120万元，并无不当。

据此，广东省高级人民法院依照《民事诉讼法》（2012年修正本）① 第

---

① 《民事诉讼法》（2017年修正本）对第一百七十一条第一款第一项未做改动。

一百七十条第一款第一项之规定判决：驳回上诉，维持原判。

【法官点评】

本案系驰名商标跨类保护、加大知识产权保护力度的典型案例，入选"2017年中国法院10大知识产权案件"。本案的特殊性在于，奋力公司不仅对被诉标识进行了商标注册，还对大量其他名人名企的姓名或标识进行了商标抢注，在诉讼过程中，坚持以商标获得注册为由抗辩没有主观过错，其利用法律漏洞、不尊重知识产权的恶意明显。考虑到商标抢注是当前社会比较突出的现象，如果完全依赖商标确权程序来解决商标抢注问题，不仅不利于对知识产权人提供充分及时的保护，还可能起到放任恶意囤积商标的不良后果。因此，有必要在司法实践中充分发挥司法主动性，及时制止相关侵权行为，并通过充分论理，起到裁判应有的评判和导向功能。在二审中，本案从以下两方面进行了论证。

一是在侵权定性上，依法加强对驰名商标的保护，明确无论被告的被诉标识是否获得注册，均不影响法院对相关侵权行为进行制止。司法实践中，对于普通商标侵权民事纠纷，若原被告的商标均为注册商标，在过往的做法中，法院一般不予受理，而留待双方通过商标确权纠纷程序来解决。但对于驰名商标，则无此限制，这体现出对驰名商标提供更强保护的倾向和态度。《最高人民法院关于审理涉及驰名商标保护的民事纠纷案件应用法律若干问题的解释》第十一条规定："被告使用的注册商标违反商标法第十三条的规定，复制、摹仿或者翻译原告驰名商标，构成侵犯商标权的，人民法院应当根据原告的请求，依法判决禁止被告使用该商标……"该条已明确，对于涉及驰名商标保护的，即使被告的商标已经被注册，亦不影响法院透过现象看本质，判决制止被告使用该商标。因此，虽然奋力公司曾经就"路虎LANDROVER"商标申请注册并自称获得注册，路虎公司仍有权寻求禁止在后注册商标使用的民事救济，法院不必等待相关商标确权程序结果，而可以根据本案情况和证据作出司法裁判，为路虎公司涉案驰名商标提供充分司法保护，及时制止奋力公司在实际经营活动中摹仿其驰名商标在不相同和不相类似的商品上作为商标使用、误导公众。当然，本案被诉标识的商标确权程序结果与本案民事一审结果相一致，这佐证了侵权认定结论的正确性。

二是在赔偿定量上，将当事人恶意囤积和不当使用商标的行为作为考量主观恶意的重要因素，加大对恶意侵权的惩治力度。本案中，当事人不仅抢注了被诉标识，还抢注了"广本""陈道明"等大量名人、名企的商标，充分显示出其具有抢注和囤积商标的恶意。一审法院认为该事实与本案无关，因此未作评述，但二审认为，相关行为充分显示奋力公司违背诚实信用原则，恶意攀附他人商标知名度的主观恶意。而且，奋力公司在二审中还坚持以其获得商标注册作为主观善意的抗辩，有必要对这种利用商标注册制度漏洞对自己违法行为进行掩饰的行为予以有针对性的批判和否定。因此，本案二审法院在查明事实同时，补充论述了奋力公司抢注其他名人、名企商标的事实，在论述赔偿责任一节中，将奋力公司恶意抢注和使用商标作为重要判赔考虑因素，详尽论述了确定120万元赔偿数额的事实与法律依据，彰显了制止恶意囤积商标行为的司法态度。本案对于打击利用商标注册制度恶意抢注名牌商标、加大驰名商标保护力度、引导社会公众尊重知识产权，具有良好的裁判导向和示范效果。

（撰稿人：广东省高级人民法院　肖海棠　张胤岩）

美商 NBA 产物股份有限公司、上海蛙扑网络技术有限公司诉成都蓝飞互娱科技有限公司、青岛零线互动网络技术有限公司等侵害商标权及不正当竞争案

——集体形象的商品化权益

【裁判要旨】

若识别特征元素集合经过商业化运营，已与某一对象建立起稳定的指向关系和对应关系，那么由此带来的商业机会和商业价值应受到法律保护。利用此类识别特征元素集合不当攀附他人声誉或经营成果牟利的行为，明显违反诚实信用原则和公认的商业道德，构成不正当竞争。

【关键词】

不正当竞争　商业道德　NBA 集体形象　识别特征元素集合

【案例索引】

一审：广州知识产权法院〔2015〕粤知法商民初字第 64 号

二审：广东省高级人民法院〔2017〕粤民终 1395 号

【案情及裁判】

原告：美商 NBA 产物股份有限公司（NBA Properties, Inc.）（以下简称美商公司）

原告：上海蛙扑网络技术有限公司（以下简称蛙扑公司）

被告：成都蓝飞互娱科技有限公司（以下简称蓝飞公司）

被告：青岛零线互动网络技术有限公司（以下简称零线公司）

被告：广州畅悦网络科技有限公司（以下简称畅悦公司）

一、一审

原告美商公司、蛙扑公司因与被告蓝飞公司、零线公司、畅悦公司发生侵害商标权及不正当竞争纠纷，向广州知识产权法院提起诉讼。

原告美商公司、蛙扑公司诉称：美商公司为 NBA 知识产权、集体肖像权、无形财产权的持有方，其享有 NBA 驰名商标，就 NBA 集体形象享有集体肖像权，对 NBA 特征识别库享有民事权益。蛙扑公司基于美商公司许可，有权在手机 NBA 游戏中使用并禁止他人未经许可使用 NBA 标识、NBA 集体肖像权、NBA 特征识别库。蓝飞公司、零线公司在被诉游戏中使用被诉标识 、注册使用 mcnba.com 域名以及使用"萌卡篮球是一款以 NBA 为题材的休闲竞技游戏"的表述，构成商标侵权。蓝飞公司、零线公司在被诉游戏上使用多名 NBA 现役球员、退役球员、主教练、管理层的卡通形象、姓名、绰号，侵犯了美商公司所享有的 NBA 集体肖像权；使用多项 NBA 识别要素的行为，侵犯了美商公司就 NBA 特征识别库所享有的财产权益，均构成不正当竞争。畅悦公司为蓝飞公司、零线公司上述侵权行为提供便利，且收到警告函后未停止帮助行为，构成共同侵权。蓝飞公司、零线公司、畅悦公司因其侵权行为获利巨大，美商公司、蛙扑公司因侵权行为遭受了巨大损失，支出了合理的维权费用。故请求判令：①蓝飞公司、零线公司立即停止在游戏上使用被诉标识；②蓝飞公司立即停止运营、零线公司立即停止开发和更新萌卡篮球和萌卡 MC 游戏，停止侵害 NBA 商标权、NBA 集体肖像权和 NBA 特征识别库的行为；③蓝飞公司、零线公司立即停止使用 mcnba.com 和 mcnba.cn 域名并将其转让给美商公司；④畅悦公司立即停止在其运营的手游通平台上提供萌卡篮球游戏的行为；⑤蓝飞公司、零线公司、畅悦公司在《中国工商报》显著位置刊登声明以消除影响；⑥蓝飞公司、零线公司、畅悦公司连带赔偿美商公司、蛙扑公司损失及制止侵权所产生的律师费、公证费和差旅费等，共计人民币 500 万元；⑦蓝飞公司、零线公司、畅悦公司承担本案全部诉讼费用。

被告蓝飞公司、零线公司辩称：①没有证据显示阿亚拉·多伊奇获得美商公司授权提起本案诉讼，蛙扑公司据以起诉授权文件并不合法，故其亦无权提起本案诉讼。②没有充分证据证明美商公司享有 NBA 知识产权、集体肖像权、无形财产权等权利。③提交的证据不足以证明 NBA 是驰名商标，也不能证明本案有认定该商标驰名的必要性。④所主张的 NBA 特征识别库不属于法律保护的对象。⑤蛙扑公司获得美商公司授权的时间是 2015 年 10 月 22 日，故即便美商公司授权有效，对蛙扑公司的侵权行为也只能从其获得授权之日起计算。⑥蓝飞公司并非被诉游戏的开发和经营者，其与本案无关。⑦零线公司开发的被诉游戏未侵犯两商标权，也不构成不正当竞争。首先，被诉游戏未出现对 NBA 商标的使用。其次，被诉域名是零线公司合法注册的域名，mcnba 系"萌卡牛逼啊"拼音首字母的组合，并未侵犯 NBA 商标。再次，被诉游戏中的卡通人物是零线公司完成的独创作品，与 NBA 球员真人并不相像，未侵犯所谓的 NBA 特征识别库。被诉游戏中的队徽亦由零线公司设计完成，与注册商标不相同也不相近似，且被诉游戏对队徽的使用也不属于商标性使用。⑧被诉游戏上线至今一直亏损，并未获利。故请求驳回起诉或驳回全部诉讼请求。

被告畅悦公司辩称：畅悦公司只是提供被诉游戏的下载链接，用户需要搜索指定名称才能下载。畅悦公司没有因被诉游戏获得任何收入。畅悦公司并未收到警告函，收到本案诉讼材料后也已经下架被诉游戏。

广州知识产权法院一审查明：

美商公司系第 770693 号、第 1149992 号"NBA"注册商标的注册人，该两商标均核定使用在第 41 类组织篮球比赛等服务上。美商公司、蛙扑公司主张该两商标是驰名商标，并提交了百度百科关于 NBA 的介绍、以 NBA 为关键词的国家图书馆检索报告、中国媒体关于 NBA 高收视率、中国球迷众多及高额市场价值的报道等证据予以证明。

美商公司系第 1017934 号"NBA"注册商标的注册人，该商标均核定使用在第 9 类电视游戏软件等商品上。

美商公司对 NBA30 支球队的名称和队标都在中国进行了商标注册，注册的类别包括第 9 类计算机软件、第 18 类箱包、第 25 类服装、第 41 类组织体育比赛等。

美商公司、蛙扑公司主张的 NBA 集体肖像权是指 NBA 球员、教练、管理层肖像的集合体；其所主张的 NBA 特征识别库是指除上述集体肖像权外，还包括 NBA 球员姓名、绰号、技术特点、教练和管理层姓名以及 NBA 球队名称、队标、球员清单，其中，技术特点包括球员在比赛中的位置、招牌动作以及在速度、力量、投篮准确率等方面的特点。

NBA 授权多个由众多 NBA 识别元素组成的篮球竞技游戏，且在网上销售 NBA 周边产品。美商公司授权蛙扑公司在中国大陆的卡牌类手机游戏上使用 NBA 标识、NBA 集体肖像权、NBA 特征识别库，并使用"NBA 官方授权手机游戏"字样；授权蛙扑公司与美商公司作为共同原告，针对第三方的商标侵权行为和/或不正当竞争行为提起民事诉讼。蛙扑公司是 NBA 梦之队及 NBA 梦之队 2 的登记著作权人，登记时间分别是 2013 年 7 月 19 日和 2015 年 6 月 15 日。NBA 梦之队游戏官网（www.nba.mobage.cn）由蛙扑公司经营，首页标注"NBA 官方授权手机游戏"。游戏中的球员以 NBA 球员真人形象体现。

萌卡篮球游戏软件是一款以 NBA 为题材的休闲竞技游戏，可通过其官网（www.mcnba.com）和各游戏平台免费下载。畅悦公司运营的网站也提供下载链接。该游戏的开发者和登记著作权人为零线公司，首次发表时间是 2013 年 12 月 5 日，登记时间是 2014 年 2 月 14 日。萌卡篮球游戏中的球员、教练、管理层人员均以卡通形象出现，能与真实的 NBA 球员、教练、管理人员对应。球员、教练、管理层姓名，球员绰号，球员所处位置等技术特点能与真实的 NBA 球员、教练、管理层对应。球队中的球员清单也基本能与真实的 NBA 球队对应。球队名称与真实的 NBA 球队名称在拼写上仅存在个别字母的差异。2016 年 9 月底 10 月初，"萌卡篮球"更名为"萌卡 MC"。

萌卡篮球游戏使用了蓝飞公司的"KUNPO"商标。零线公司商务经理杨阳发给美商公司的邮件也显示，被诉游戏图文资料记载开发商是零线公司，运营商是蓝飞公司。零线公司还与深圳市星耀互动科技有限公司、武汉斗鱼网络科技有限公司、虎扑（上海）文化传播有限公司等案外人签订了被诉游戏的运营合作协议。

mcnba.cn 域名亦由零线公司注册，该域名未使用。

2015 年 10 月 30 日，360 手机助手网站等游戏平台显示萌卡篮球游戏下载总量达 50 万次左右；零线公司确认，2013 年 12 月 17 日至 2015 年 11 月 10 日其支付宝账户的萌卡篮球游戏收入为 2 444 580 元；萌卡篮球游戏的充值支付方式还包括银行卡、微信、QQ 钱包等。

广州知识产权法院一审认为：

被诉标识 与美商公司"NBA"商标不相同也不相近似，不会导致相关消费者混淆，不构成商标侵权；零线公司注册的域名主要组成部分"mcnba"无正当理由含有"NBA"，容易导致混淆，应予制止。美商公司、蛙扑公司所主张的 NBA 特征识别库的财产利益实际就是 NBA 识别元素商品化垄断使用实现的民事利益。蓝飞公司、零线公司未经美商公司许可，选择 NBA 识别元素进行商品化使用，是希望通过利用 NBA 联盟和联赛的高知名度和美誉度，吸引更多玩家购买其游戏服务，从而获取更大利益的故意行为。该种搭别人知名度便车，攫取他人劳动成果的行为，违反了诚实信用原则和公认商业道德，构成对美商公司、蛙扑公司的不正当竞争。

综上，广州知识产权法院依照《侵权责任法》第八条、第九条第一款、第十五条第一款第一项、第六项、第八项、第二款，《商标法》（2013 年修正本）第十三条第三款、第四十八条、第五十九条第一款①，《中华人民共和国反不正当竞争法》（以下简称《反不正当竞争法》）（1993 年版）第二条、第二十条第一款，《最高人民法院关于审理商标民事纠纷案件适用法律若干问题的解释》第一条第二项、第三项，《最高人民法院关于审理涉及计算机网络域名民事纠纷案件适用法律若干问题的解释》第四条、第七条第一款、第八条的规定，判决：

（1）蓝飞公司、零线公司立即停止在被诉游戏上使用涉案 NBA 识别元素的不正当竞争行为；

（2）零线公司停止使用被诉域名，并将域名转让给美商公司；

（3）蓝飞公司、零线公司赔偿美商公司、蛙扑公司经济损失及合理维权费用共计 300 万元；

（4）畅悦公司对其中的 10 万元负连带赔偿责任；

（5）驳回美商公司和蛙扑公司其他诉讼请求。

---

① 《商标法》（2019 年修正本）对第十三条第三款、第四十八条、第五十九条第一款未做改动。

二、二审

蓝飞公司、零线公司不服一审判决，向广东省高级人民法院提起上诉称：①美商公司依据的授权文件不合法，美商公司提交的现有文件不足以证明阿亚拉·多伊奇已经取得合法授权，有权将与"NBA"有关的知识产权许可蛙扑公司使用并委托本案的代理人提起本诉，应依法驳回起诉；②现有证据无法证明美商公司对 NBA 识别元素享有权利，一审法院武断认定美商公司对 NBA 识别元素享有相应权利，严重缺乏证据支持；③一审法院将 NBA 识别元素作出可"商品化垄断使用"的认定缺少事实和法律依据，该认定等于变相扩大对 NBA 识别元素的保护，势必将限制或者损害他人对相关权利的行使；④零线公司对域名的使用为合法使用，对美商公司不构成侵权和不正当竞争，一审法院对该事实认定错误；⑤一审法院认定蓝飞公司为被诉游戏开发商和运营商缺少事实和法律依据；⑥一审法院判定 300 万元赔偿金明显过高。故请求：①裁定驳回起诉或依法撤销一审判决第一、二、三、四项，并改判驳回美商公司和蛙扑公司全部诉讼请求；②判决美商公司、蛙扑公司承担一、二审诉讼费用。

广东省高级人民法院二审查明，一审法院查明事实属实。

另查明，蓝飞公司的母公司青岛蓝飞互娱科技股份有限公司也在其公开转让说明书中记载，本案诉讼"系成都蓝飞代理青岛零线所开发的'萌卡篮球'游戏而发生……成都蓝飞已于 2015 年 12 月月底主动停止运营上述游戏……"

广东省高级人民法院二审认为：

（1）本案诉讼的提起已经过合法授权。美商公司提交的宣誓书、注册资料、法定代表人身份证明书和董事会会议记录能够证明阿亚拉·多伊奇有权委托律师提起本案诉讼，亦有权代表美商公司签署授权许可蛙扑公司使用相关标识的合同。

（2）蓝飞公司、零线公司的被诉行为构成不正当竞争。虽然被诉行为未被明列在《反不正当竞争法》（1993 年版）第二章中，但仍可适用该法第二条的一般规定予以调整。根据该条款规定，本案当事人属于反不正当竞争法意义上存在竞争关系的经营者，被诉行为构成不正当竞争。

首先，美商公司在本案所主张的权益应受到反不正当竞争法保护。本案中，美商公司和蛙扑公司所主张保护的 NBA 特征识别库，实质上是由众多富有特征的个体形象、特征要素和标识集合而成的 NBA 集体形象的商品化权益。而且，与一般的商品化权益不同，本案涉及的不是某一个体形象，而是集体形象，因此由运营维护 NBA 并对相关标识享有权益的美商公司寻求法律救济，并不存在法律障碍。反不正当竞争法保护的是经营者的合法权益而并不限于法定权利，即使经营者主张保护的不属于法定权利，亦有可能作为民事合法利益予以保护。虽然对这种并未明列为反不正当竞争法具体行为类型的民事利益的保护，确应慎重，不宜断言垄断，本案中，美商公司已经提供大量证据，证明在美商公司不断投入、良好运营和大力宣传之下，其主张的富有诸多个性特征与共同特征的 NBA 人物形象、特征要素、标识集合在一起，使相关公众首先联想到的，已经不是某一具体个体，而是不畏挑战、拼搏奋进、团结合作的 NBA 集体形象。因此，这种众多识别元素集合已经与 NBA 集体形象建立起稳定的指向关系与对应关系。此外，美商公司不仅在职业体育赛事领域积极经营和维护 NBA 集体形象，还将 NBA 集体形象产生的商品化利益积极运营于衍生行业领域，并至少已在游戏这一行业领域上进行了商业化运营。当这些代表 NBA 集体形象的 NBA 识别特征元素集合与游戏进行商业结合时，相关游戏显然将凭借 NBA 联盟的知名度与号召力而获得较高商业机会和商业价值。以上构成了美商公司在本案主张商品化权益的完整基础。

其次，本案被诉行为违反诚信原则和公认商业道德，具有明显的不正当性，损害美商公司和蛙扑公司权益。本案中，被诉游戏不仅将 NBA 比赛作为游戏背景和情节，还将大量 NBA 识别要素运用于整个游戏中，游戏中的大量球员、教练、管理层人物形象乃至相关姓名、绰号和技术特点，球队名称和队标均与美商公司现实运营的 NBA 球队相对应。这种使用范围甚至达到如果停止使用相关要素，该游戏将完全无法运行的程度。可见相关要素的使用远远超出了合理使用和正当使用所应当遵守的必要范围，是足以引起市场混淆、误认的全面模仿使用，此已明显违反诚实信用原则和公认的商业道德，具有明显的不正当性。且基于人物形象特征、动作特征、姓名、绰号等大量对应识别要素和特征的保留与使用，即使被诉游戏的相关要素经过卡通化处理，也并不妨碍相关公众毫不费力地将游戏识别为 NBA 集体并与之联系，被诉行为仍然属于对NBA识别元素集合的全面模仿与不正当使用。被诉行为系不当利用美商公司多年付出的经营成果及良好声誉牟利，使美商公司和蛙扑公司经济利益受到损害，给美商公司商誉造成不良影响，违反诚信原则和公认商业道德，构成不正当竞争。

（3）零线公司使用相关域名的行为构成商标侵权。美商公司与蛙扑公司为宣传、维护、提升涉案"NBA"商标知名度付出了商业努力，使其具有一定知名度与美誉度。零线公司所注册的mcnba.com和mcnba.cn域名与涉案NBA商标整体构成相近似，容易导致相关公众构成混淆、误认。零线公司通过www.mcnba.com域名进行与被诉游戏相关的电子商务交易，侵害了涉案"NBA"商标权；其对mcnba.cn域名的主要部分不享有权益，也没有注册的正当理由，明显具有攀附美商公司"NBA"标识知名度的恶意，构成不正当竞争。

（4）蓝飞公司系被诉游戏的共同运营商。被诉游戏使用了蓝飞公司的"KUNPO"商标，蓝飞公司母公司的公开转让说明书及零线公司商务经理杨阳发给美商公司的邮件亦显示被诉游戏开发商是零线公司，运营商是蓝飞公司，两公司构成共同侵权。

（5）一审法院确定的赔偿数额合理。考虑美商公司经营的NBA联盟及相应识别标识集合的商业价值、零线公司与蓝飞公司的侵权行为、主观恶意、获利情况以及合理维权费用五方面因素，一审法院确定的300万元判赔额并无不当。

据此，广东省高级人民法院依照《民事诉讼法》（2017年修正本）第一百七十条第一款第一项之规定，判决：驳回上诉，维持原判。

【法官点评】

对于涉及集体形象的识别特征元素集合相关使用能否在反不正当竞争法领域得以规制，法律并无明文规定，亦无先例可循。本案以《反不正当竞争法》（1993年版）第二条的原则性规定为基础，详细论述了识别特征元素集合在市场竞争领域的权益基础、受保护的要件，以及相关行为正当与否的判断等内容，进一步明确此类案件的裁判规则，给予了识别特征元素集合恰当而有力的法律保护。

1. 识别特征元素集合所涉相关权益受保护的法理基础

(1) 识别特征元素集合所涉商品化权益。商品化权益源于"角色形象和名称"的保护需求，其是美国法从隐私权中引申出来的公开权（right of publicity）。世界知识产权组织将商品化权益定义为："为了满足特定顾客的需求，使顾客基于与角色的亲和力而购进这类商品或要求这类服务，通过虚构角色的创作者或者自然人以及一个或多个合法的第三人在不同的商品或服务上加工或次要利用该角色的实质人格特征。"

我国法律尚未明确规定商品化权益，但司法实践已对该项权益进行了探索，本案更是国内首例涉及识别特征元素集合所指向的集体形象的商品化权益保护案例。识别特征元素集合，顾名思义，是指具有指示识别功能、能够展示某种相同或相关联特征的元素集合。相关主体出于经济利益的考虑，对其拥有的通过识别特征元素集合予以表达的（集体）形象进行转换性使用的商业化运营，使相关公众对与其结合的商品或服务产生移情作用，并因此获得相应的商业机会和商业价值，这种通过识别特征元素集合表达的（集体）形象即成为商品化权益的对象。

本案中的识别特征元素集合，即美商公司和蛙扑公司所主张保护的 NBA 特征识别库，实质上是由众多富有特征的个体形象、特征要素和标识共同组合而成的 NBA 集体形象集成。经过美商公司的良好运营和大力宣传，NBA 识别特征元素集合所指向的 NBA 集体形象已经形成其商品化权益。首先，美商公司《公司注册证明》记载公司组建目的系获得美国职业篮球联盟、俱乐部、协会及其成员相关识别标志权利，并进行广告推广、产品或服务制造、营销等商业化运用；美商公司提供的商标注册证表明其在中国对 NBA 标识及 NBA 球队名称和队标享有商标权。上述法律文件既能够明确 NBA 相关标识和权利的所有者，更能够从事实上说明美商公司对 NBA 联盟和球队的商业化运营本就是为了获得其所享有的相关标识的商业价值和经济利益。其次，美商公司提交的商标注册证、对外授权合同、相关游戏软件等证据足以证明，美商公司不仅在职业体育赛事领域积极经营和维护 NBA 集体形象，还将 NBA 集体形象产生的商品化利益积极运营于 NBA 衍生行业领域，并至少已在游戏这一行业领域上进行了商业化运营。当这些代表 NBA 集体形象的 NBA 识别特征元素集合与游戏进行商业结合时，相关游戏显然将凭借 NBA 联盟的知名度与号召力而获得较高的，包括被诉游戏行业领域在内的商业机会和商业价值。

需要强调的是，识别特征元素集合虽由若干具体元素组成，但其实质上却是基于各元素和各元素之间的相互关系、相互影响而形成的整体性权益，不宜将其割裂看待。因此由对相关标识享有权益，并因运营维护而取得商品化权益的相关主体寻求法律救济，并不存在法律障碍，不需要逐一获得相关个体的额外授权，否则无法解决其他众多识别元素的存在可能使元素集合的整体利益受损的问题。

（2）商品化权益得以保护的法律依据。《反不正当竞争法》（1993年版）第二条规定："经营者在市场交易中，应当遵循自愿、平等、公平、诚实信用的原则，遵守公认的商业道德。本法所称的不正当竞争，是指经营者违反本法规定，损害其他经营者的合法权益，扰乱社会经济秩序的行为。"同时，该法第二章第五条至第十五条对该法制定时市场上常见的和可以明确预见的不正当竞争行为类型进行了列举式规定。但由于市场竞争的开放性和激烈性，必然导致市场竞争行为方式的多样性和可变性，《反不正当竞争法》作为管制市场竞争秩序的法律，不可能对各种行为方式都做出具体化和预见性的规定。且《反不正当竞争法》保护的是经营者的合法权益而并不限于法定权利，即使经营者主张保护的不属于法定权利，亦有可能作为民事合法利益予以保护。因此，在具体案件中，法院根据《反不正当竞争法》（1993年版）第二条关于市场交易应遵循的基本原则和不正当竞争定义的一般性规定，对没有在第二章中明列的市场竞争行为予以调整，已形成基本共识。只是对这种并未明列为《反不正当竞争法》具体行为类型的民事利益的保护，确应慎重，不宜断言垄断。

具体到本案，本案诉争的涉及NBA识别元素集合转换性使用的市场竞争行为虽未被明确列举在《反不正当竞争法》中，但若确有不正当性，仍可依据《反不正当竞争法》（1993年版）第二条的兜底性条款进行调整。如此，既符合相关法律规定和现实需求，又能保障市场公平竞争。

（3）稳定的对应关系和指向关系。如前所述，《反不正当竞争法》保护的是市场竞争领域正当经营者的合法权益，因此相关客体具有商品化权益系其受《反不正当竞争法》保护的必要条件。而商品化权益的对象实质上是角色形象，而非表达角色形象的介质本身，故而表达介质（识别特征元素集合）与角色形象之间建立起稳定的指向关系和对应关系，也是相关商品化权益受保护的必要条件。换言之，若识别特征元素集合与某一形象之间建立起相对稳定的对应关系和指向关系，且这种对应、指向关系能够达到使相关公众通过元素集合自然联想到这一形象的程度，那么他人对元素集合的不当使用必将导致该形象的合法权益受损。

从美商公司在本案中提交的大量证据来看，美商公司提供了百度百科关于 NBA 的介绍、以 NBA 为关键词的国家图书馆检索报告、中国媒体关于 NBA 高收视率、中国球迷众多及高额市场价值的报道等证据，证明在其多年投入经营和维护下，NBA 联盟、球队和相关标识已经在中国具有极高知名度和极大号召力，深受中国公众的喜爱。美商公司中文官方网站、百度百科、腾讯网 NBA 数据库等均有对多名 NBA 球员姓名、绰号、肖像、所属球队、位置、简历和技术特点，对多名教练和管理层姓名、绰号、肖像、简历、球员特点和技术统计的详细介绍。可见美商公司在经营 NBA 联盟及球队的过程中也通过宣传相关球员、教练和管理层个体形象来吸引相关公众，进而树立和维护 NBA 集体的相关形象。在美商公司不断投入、良好运营和大力宣传之下，这些富有诸多个性特征与共同特征的人物形象、特征要素、标识集合在一起，使相关公众首先联想到的，已经不是某一具体个体，而是不畏挑战、拼搏奋进、团结合作的 NBA 集体形象。因此，在美商公司的商业运营之下，这种众多识别元素集合已经与 NBA 集体形象建立起稳定的指向关系与对应关系。

2. 使用识别特征元素集合所应遵循的诚实信用原则和商业道德

如前所述，在识别特征元素集合与某一形象之间已建立起相对稳定的对应关系和指向关系的情况下，他人对元素集合的不当使用必将导致该对象的合法权益受损。而在反不正当竞争领域，判断相关行为是否具有不正当性的重要准则为，是否有违诚实信用原则和公认的商业道德。遵循诚实信用原则、遵守公认的商业道德，是《反不正当竞争法》的核心价值，也是最基本的要求。经营者应当通过诚信经营、公平竞争来获得竞争优势，未经他人许可，不得不正当地攀附利用他人的声誉或经营成果来进行商业运作并从中获利，以致给正当经营者造成损害。

本案中，被诉游戏并非仅仅使用某一 NBA 元素，也不仅仅将 NBA 联赛作为游戏背景和情节，而是将大量 NBA 识别元素运用于整个游戏中，游戏中的大量球员、教练、管理层人物形象乃至相关姓名、绰号和技术特点，球队名称、清单和队标均与美商公司现实运营的 NBA 球队相对应。这种使用范围甚至达到如果停止使用相关识别元素，该游戏将完全无法运行的程度。可见被诉游戏对相关识别元素的使用远远超出了合理使用和正当使用所应当遵守的必要范围，而是足以引起市场混淆、误认的全面模仿与不正当使用。被诉游戏未经授权大量使用 NBA 识别元素的行为，实质上是不当利用了美商公司苦心经营 NBA 联盟而获得的影响力与号召力，使相关公众误以为该游戏与 NBA 联盟、赛事或美商公司存在某种特定关联，基于对 NBA 的喜爱而移情于被诉游戏，从而轻而易举地获得相关消费群体和占有市场份额。这种行为不当利用美商公司多年付出的经营成果及良好声誉为自己牟利，掠夺和挤占美商公司和蛙扑公司在游戏领域的市场份额，使美商公司和蛙扑公司经济利益受到损害。被诉游戏还刻意将球队名称拼写错误并对队标图案进行局部修改，容易降低相关公众对 NBA 联盟和联赛的评价，给美商公司商誉造成不良影响。被诉行为不仅大量商品化使用未经许可的、具有指向性的识别元素，还具有引起相关公众混淆、误认的故意，明显违反诚实信用原则和公认的商业道德，给权利主体的商品化权益造成了巨大损害，构成不正当竞争。

本案系国内首例涉及识别特征元素集合保护的不正当竞争纠纷案件，受到相关媒体与业界人士高度关注。本案以《反不正当竞争法》（1993 年版）第二条的原则性规定为法律基础，阐明识别特征元素集合具有商品化权益的理论基础，明确了法定权利之外的合法权益亦有受《反不正当竞争法》保护的可能，以及对此类权益审慎的保护态度，为此类涉识别元素特征集合案件的审理作出良好示范，也彰显了在市场竞争中倡导遵循诚实信用原则、遵守商业道德的知识产权司法保护态度，对于经营者在市场竞争中自觉规范自身经营行为具有重要参考价值。本案被《中国知识产权报》评为"2018 年度知识产权十大热点案件"之一，被中国外商投资企业协会优质品牌保护委员会评为"2018~2019 年度知识产权保护十佳案例"之一，被广东省高级人民法院评为"2018 年度院机关最有影响十大案例"之一及参阅案例。

（撰稿人：广东省高级人民法院　肖海棠　张胤岩）

陈某忠诉广东天池茶业股份有限公司、潮州市天池众福茶业有限公司、上海道轩贸易有限公司侵害商标权纠纷案

——恶意抢注者对在先权利人提起商标侵权之诉的处理原则

【裁判要旨】

当事人违反诚实信用原则,损害他人合法在先权利,恶意抢注商标后不实际使用,并起诉在先权利人商标侵权索赔的,法院应当以构成权利滥用为由,判决驳回其诉讼请求。

在民事诉讼中充分发挥司法的主导作用,在民事判决中明确对恶意抢注的商标排他权不予保护,凸显了民事程序的优先和决定地位,弥补了现行商标立法的不足。

【关键词】

商标侵权　诚实信用原则　恶意抢注　在先权利

【案例索引】

一审:潮州市中级人民法院〔2017〕粤51民初20号

二审:广东省高级人民法院〔2018〕粤民终310号

【案情及裁判】

原告:陈某忠

被告:广东天池茶业股份有限公司(以下简称天池茶业公司)

被告:潮州市天池众福茶业有限公司(以下简称天池众福公司)

被告:上海道轩贸易有限公司(以下简称道轩公司)

一、一审

原告陈某忠因与被告天池茶叶公司、天池众福公司、道轩公司发生侵害商标权纠纷，向潮州市中级人民法院提起诉讼。

原告陈某忠诉称：陈某忠系核定使用商品第30类（茶；面包）"天池"注册商标权人，注册时间为2006年10月21日。经过多年的潜心经营，该商标已成为潮州众所周知的茶业品牌。2016年11月，天池茶业公司、天池众福公司、道轩公司未经天池茶业公司同意，擅自在互联网上使用、销售 [图] 及 [图] 商标的茶叶产品。其在同一种商品上使用与陈某忠注册商标近似的商标行为，已侵犯了陈某忠的注册商标专用权，故请求法院判令天池茶业公司、天池众福公司、道轩公司立即停止生产、销售 [图] 及 [图] 商标的茶叶产品，停止在互联网使用上述商标，公开赔礼道歉，并赔偿陈某忠经济损失20万元及律师费、公证费等维权合理费用22 724元。

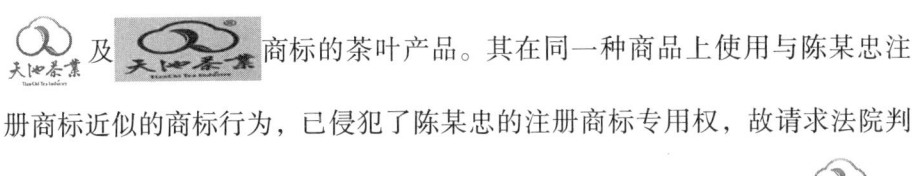

被告天池茶业公司、天池众福公司、道轩公司共同辩称：①天池茶业公司登记成立于2002年6月，早于涉案商标的申请注册时间，天池茶业公司使用"天池茶业"的字号应受法律保护，并不构成对陈某忠的商标侵权。天池茶业公司在公司网页、淘宝平台、被诉产品外包装及网页突出使用"天池茶业"指示商品生产者的做法并无不妥，特别是在天池茶业公司的上述商业标识已经具有较高知名度的情况下，天池茶业公司突出使用"天池茶业"字号的做法并不会使消费者误认商品来源。②陈某忠是恶意抢注"天池"商标，其权利取得并非正当。故请求法院驳回陈某忠的诉讼请求。

潮州市中级人民法院一审查明：

陈某忠是"天池"文字注册商标的权利人，申请日期为2004年6月15日，注册公告日为2006年10月21日，该商标核定使用类别为第30类，包括茶、面包。陈某忠注册该商标后，先后将该商标许可给广东宏伟集团有限公司（以下简称宏伟公司）、潮州市湘桥区宏发茶行使用。陈某忠为个人独资企业潮州市湘桥区宏发茶行投资人及宏伟公司法定代表人，同时还为潮州市茶业协会会长。

天池茶业公司的原名为潮州市天池凤凰茶业有限公司,该公司于 2002 年 10 月 18 日登记成立。该公司在生产经营中,曾在其茶产品外包装上突出使用"天池茶业"字样。2014 年 5 月,潮州市天池凤凰茶业有限公司经核准取得"◯◯"图形注册商标,核定使用商品为第 30 类,包括茶、茶饮料等。该公司自成立营业以来,先后取得国家级、省级、市级等多项奖励。天池茶业公司、天池众福公司、道轩公司在其生产、销售的茶产品及相关网页上使用 ◯◯ 及 ◯◯ 等标识。

潮州市中级人民法院一审认为:天池茶业公司将其取得的第 11878604 号"◯◯"图形注册商标与"天池"字号及"茶业"组合使用于该公司的茶叶产品,属于合法使用的行为。同时,天池茶业公司主观上并没有损害陈某忠的第 4121291 号"天池"注册商标的恶意。根据诚实信用原则并考虑在先使用的事实,应当依法保护在先使用人的合法利益。天池茶业公司享有合法使用包含"天池"字号的企业名称的权利,故该公司使用涉案标识的行为不构成对陈某忠的第 4121291 号"天池"注册商标权的侵害。

综上,广东省潮州市中级人民法院依照《民法通则》(2009 年修正本)第四条、《商标法》(2001 年修正本)第三十一条及《民事诉讼法》(2017 年修正本)第六十四条的规定,判决:

驳回陈某忠的诉讼请求。

二、二审

陈某忠不服一审判决,向广东省高级人民法院提起上诉称:天池茶业公司将其原本独立的只有图而没有文的商标下面自行加入了包含涉案商标"天池"字眼的"天池茶业",极其容易使得相关公众误认为天池茶业公司所销售的产品系来源于陈某忠,或与陈某忠具有关联关系,属于侵犯陈某忠商标专用权的行为。天池茶业公司的名称原为"潮州市天池凤凰茶业有限公司",其系于 2015 年 12 月 15 日才将企业名称变更为"广东天池茶业股份有限公司",虽然都含有"天池"二字,但前者字号是"天池凤凰"而不是"天池",不能因为企业名称含有"天池"二字就视为在先使用,因为企业名称是一个全称,一审法院认定天池茶业公司使用"天池"二字属于在先使用权利明显错误。综上,请二审法院予以改判,支持陈某忠一审的各项诉讼请求。

广东省高级人民法院经二审确定了一审查明的事实。

广东省高级人民法院经在中国商标网官网查询,陈某忠以其或宏伟公司名义还注册有各类商标87个,其中在第30类商品上注册商标47个。

广东省高级人民法院二审认为:

诚实信用原则是一切市场参与者所应遵循的基本准则,是规范民事主体相关活动的"帝王条款"。一是在市场活动中,市场主体应当遵循诚实信用原则。它鼓励和支持人们通过诚实劳动积累社会财富和创造社会价值,并保护在此基础上形成的财产性权益,以及基于合法、正当的目的支配该财产性权益的自由和权利;这要求人们在市场活动中讲究信用、恪守诺言、诚实不欺,在不损害他人合法利益、社会公共利益和市场秩序的前提下追求自己的利益。二是在民事诉讼活动中,诉讼主体同样应当遵循诚实信用原则。它要求当事人在不损害他人和社会公共利益的前提下,善意、审慎地行使自己的权利,不得超过其正当界限;任何违背法律目的和精神,以损害他人正当权益为目的,恶意取得并行使权利、扰乱市场正当竞争秩序的行为均属于权利滥用,需承担不利的法律后果,其相关权利主张不应得到法律的保护和支持。

(1) 从天池茶业公司的相关被诉行为的权利基础及其合法性来看,天池茶业公司享有合法的在先权利基础。首先,根据已经查明的事实可知,陈某忠第4121291号"天池"商标的申请时间为2004年6月,获准注册时间为2006年10月,而天池茶业公司前身潮州市天池凤凰茶业有限公司最早将"天池"作为企业字号使用的时间为2020年,早于陈某忠"天池"商标的获准注册时间,而且早于其申请时间。其次,从天池茶业公司提交的证据可见,天池茶业公司早在2002年至2005年就已开始将"天池茶业"作为商业标识在其茶产品的外包装上突出使用,并经过长期使用和经营,获得了一定的荣誉和奖励,在当地茶行业具有一定的影响力和知名度。据此,天池茶业公司对前述字号和商业标识享有合法的在先权利。

(2) 从天池茶业公司的使用方式和行为性质来看,其使用行为具有正当性,不会导致相关消费者产生混淆。商标的基本功能是区分商品和服务的来源。在客观上,如上所述,天池茶业公司的"天池"字号产生于2002年,其早在 2002 年至 2005 年就开始将"天池茶业"商业标识用于其茶产品上，经过长期持续的使用，其"天池茶业"茶产品获得不少荣誉，并在当地具有一定影响力。而与之相反的是，陈某忠在本案提供的证据难以证实其已将涉案商标实际使用于相应的茶产品上。虽然陈某忠提供了其茶产品取得了众多荣誉，但所有荣誉都是基于宏伟公司"宏伟牌""凤凰山牌"等其他品牌取得，而与涉案的"天池"商标没有关联。因此，天池茶业公司在其产品上使用"天池茶业"，在客观上不会使相关消费者误认该商品来自于陈某忠。从天池茶业公司的具体使用方式来看，由于"天池"本身就是天池茶业公司的企业字号，且一直以"天池茶业"为商业标识用于其茶产品上，故天池茶业公司将"天池茶业"与其"○○"图形注册商标组合使用于其茶叶产品的做法并无明显不妥，不具有攀附陈某忠涉案商标的主观意图，亦不会为普通消费者正确识别被诉商品的来源制造障碍，该使用行为不会导致相关消费者产生混淆。

（3）从陈某忠的权利正当性角度看，其取得和行使"天池"商标权的行为难谓正当。首先，根据《商标法》（2001 年修正本）第三十一条的规定，申请商标注册不得损害他人现有的在先权利，也不得以不正当手段抢先注册他人已经使用并有一定影响的商标。本案中，陈某忠和天池茶业公司均同处在潮州市相同地域、同系茶业即相同行业的商品经营者，且天池茶业公司是当地茶叶协会会员单位，而陈某忠为该协会会长，陈某忠对天池茶业公司及其在先享有的"天池"字号、"天池茶业"商业标识理应完全了解。在此情形之下，陈某忠仍在第 30 类相同类别的商品上申请注册"天池"商标，这种违反诚实信用原则、扰乱社会经济秩序的抢注行为，具有主观恶意性。其次，陈某忠在抢注"天池"商标后，又未有足够的证据证明其进行了实际使用。此外，经二审法院在国家商标局中国商标网官网查询，陈某忠以其本人或宏伟公司的名义还注册了各类商标近百个，其中仅在第 30 类商品上就注册了近 50 个商标。可见，陈某忠的商标注册行为并非基于其正常生产经营的需要，而有囤积商标之嫌，不正当占有公共资源，扰乱公平竞争的市场秩序，对享有在先权利的天池茶业公司也涉嫌存在不正当竞争。据此，陈某忠取得和行使"天池"商标权的行为难谓正当。陈某忠以非善意取得的商标权对天池茶业公司的正当使用行为提起的侵权之诉，有违权利行使的正当性，构成权利滥用，其与此有关的诉讼请求不应得到法律的支持。

据此，广东省高级人民法院依照《民事诉讼法》（2017年修正本）第一百七十条第一款第一项之规定，判决：驳回上诉，维持原判。

【法官点评】

本案入选2018年度广东高院服务保障民营企业健康发展十大典型案例。近年来，恶意抢注商标趋势日益严重，抢注人通过高价转让抢注商标、提起商标侵权诉讼要求高额赔偿等方式获利，极大地扰乱了商标申请和使用秩序，给诚信经营者造成了不必要的成本和障碍。最高人民法院陶凯元副院长在2018年全国法院知识产权审判工作会议上指出应"充分利用现有法律手段，坚决遏制恶意抢注商标行为，有力规范商标注册秩序"。广东法院通过对本案实体认定和程序衔接，不仅打击了不正当抢注行为，及时维护了在先权利人的合法权益和市场的公平竞争秩序，更明确了规则，回应了当前的社会关切和司法政策，发挥了应有的司法指引作用。

1. 在先权利范围的判定

根据《商标法》（2001年修正本）第三十一条[①]规定，申请商标注册不得损害他人现有的在先权利，也不得以不正当手段抢先注册他人已经使用并有一定影响的商标。"在先权利"是指在商标注册申请人提出商标注册申请之前，他人已经取得的权利和权益，既包括法律有明确规定的在先权利，也包括其他应予保护的合法权益，具体包括在先著作权、外观设计专利权、姓名权、字号权等权利以及角色形象、作品名称、角色名称等权益。判断是否损害在先权利的时间点一般为诉争商标申请日。这意味着，申请商标注册不应损害他人现有的在先权利，即不得将他人已获得的权利作为商标申请注册。在本案中，天池茶业公司将"天池"作为企业字号登记和使用的时间为2002年，早于诉争商标的申请日，天池茶业公司享有的在先权利为"天池"的企业字号权。同时，天池茶业公司在涉案商标的申请日前已经将"天池茶业"商业标识在其茶产品上突出使用，并在当地具有一定的影响力，因此，"天

[①] 在《商标法》2013年修正本和2019年修正本中这条规定被改为第三十二条规定。

池茶业"属于天池茶业公司已经使用并有一定影响的商标。天池茶业公司对前述字号和商业标识享有合法的在先权利。

2. 在先权利人商标使用行为的性质认定

对于是否对消费者造成购买障碍和认知混淆的判定。商标的基本功能是区分商品和服务的来源,在先权利人的商标性使用是否会造成消费者产生混淆,为本案认定是否构成商标侵权最核心的焦点问题。在判定是否会产生混淆这个问题上,应从使用人是否具有合法的在先权利基础、使用人在主观上是否有攀附对方商标的意图以及客观上是否会导致消费者产生混淆的后果这三方面进行综合分析。首先,如上所述,天池茶业公司享有"天池"在先企业字号权和"天池茶业"已使用但未经商标注册的权利,其具有合法的在先权利基础。其次,对于天池茶业公司的主观意图而言,天池茶业公司的"天池"字号产生于2002年,其于2002年至2005年期间就开始将"天池茶业"商业标识用于其茶产品上,经过长期持续的使用,其"天池茶业"茶产品获得不少荣誉,并在当地具有一定影响力。而与之相反的是,陈某忠未能提供证据证明其已将涉案商标实际使用于相应的茶产品上,虽然陈某忠证明了其茶产品取得众多荣誉,但所有荣誉都是基于宏伟公司"宏伟牌""凤凰山牌"等其他品牌取得,与涉案的"天池"商标没有任何关联。故天池茶业公司攀附陈某忠涉案商标知名度意图的说法难以成立。最后,从天池茶业公司的具体使用方式来看,由于"天池"本身就是天池茶业公司的企业字号,且一直以"天池茶业"为商业标识用于其茶产品上,故天池茶业公司将"天池茶业"与其"⬯"图形注册商标组合使用于其茶叶产品,在客观上不会使相关消费者误认该商品来自于陈某忠,不会为普通消费者正确识别被诉侵权商品的来源制造障碍和产生混淆。

3. 恶意抢注的判定标准

《商标法》(2001年修正本)第三十一条对商标的恶意抢注做出了规定:"申请商标注册不得损害他人现有的在先权利,也不得以不正当手段抢先注册他人已经使用并有一定影响的商标。"关于商标的恶意抢注的具体判断标准,可从以下三个方面进行判定。第一,被抢注人是否已经在先使用该商标或享有其他在先权利。第二,被抢注的商标是否具有一定影响力。对于是否具有"一定影响力",需要从商品的销售额、市场占有率、消费者的知悉状态、投放广告以及相关荣誉等方面进行综合判断。需要注意的是,在判定"一定影响力"时,要考虑双方所处的地域性以及知名度的相对性,并应适度从宽把握,以降低以不正当手段抢注商标的证明要求,以便在先权利人依法制止商标抢注,体现商标注册应有真实使用意图的精神,彰显人民法院遏制恶意抢注的司法导向。第三,抢注人在主观上是否具有恶意。可从以下因素进行判定。一是抢注人明知或应知被抢注人在先使用该商标或者享有其他在先权利。如两者是否同行关系、曾有合作经历或者属于一定范围内的知情人,如果是则一般可推定抢注人具有明知或应知的主观故意,这在《商标法》(2013年修正本)第十五条第二款规定中也得以充分体现,即"就同一种商品或者类似商品申请注册的商标与他人在先使用的未注册商标相同或者近似,申请人与该他人具有前款规定以外的合同、业务往来关系或者其他关系而明知该他人商标存在,该他人提出异议的,不予注册"。二是抢注人以获取不当利益为目的。这包括积极的作为和消极的不作为两方面。积极的作为包括抢注商标后进行高价转让、许可或直接控告被抢注人侵权并提出高额赔偿请求;消极的不作为是指抢注商标后自己并不进行实际使用,反而排斥他人使用。除此之外,抢注人如还存在抢注其他大量商标的囤积行为,不正当地占有公共资源,也是构成其具有主观恶意的考虑因素。上述所列几种不正当手段,其共同之处在于抢注者剽窃他人已经使用但未来得及申请注册的商标或其他在先权利,在他们所申请注册的商标上并未凝聚自己的智慧和创意,实为用合法的形式掩盖不合法的本质,违背了诚实信用原则。在本案中,陈某忠和天池茶业公司均同处在潮州市相同地域、同系茶业商品经营者,且天池茶业公司是当地茶叶协会会员单位,而陈某忠为该协会会长,陈某忠对天池茶业公司及其在先享有的"天池"字号、"天池茶业"商业标识理应完全了解,在此情形之下,陈某忠仍在第30类相同类别的商品上申请注册"天池"商标,这种违反诚实信用原则的抢注行为,具有主观并非善意。另外,陈某忠在抢注"天池"商标后,又未能提供证据证实其进行了实际使用,反而排斥他人使用。除此之外,经查,陈某忠以其本人或宏伟公司的名义还注册了各类商标近百个,其中仅在第30类商品上就注册了近50个商标。可见,陈某忠的商标注册行为并非基于其正常生产经营的需要,而有囤积商标之嫌,不正当占有公共资源,扰乱公平竞争的市场秩序,对具有在先权利的天池茶业公司也涉嫌存在不正当竞争。据此,陈某忠取得和行使"天池"商标权的行为难谓正当。陈某忠以抢注的商标权对天池茶业公司的正当使用行为提起的侵权之诉,有违诚实信用原则以及权利行使的正当性,构成权利滥用,其与此有关的诉讼请求不应得到法律的支持。恶意抢注者不能通过形式合法谋取不正当利益。

(撰稿人:广东省高级人民法院　王晓明　郑英豪)

ZER中央服务商贸股份有限公司与中山市欧博尔电器有限公司侵害商标权及不正当竞争纠纷案
——驰名商标认定及权利保护

【裁判要旨】

在中国境内为相关公众广为知晓是商标驰名的必要事实条件，企业整体是亏损还是盈利不是认定驰名商标的必要因素。

英文企业名称的注册使用须合法正当，遵循诚实信用原则；避让他人合法在先权利。恶意使用英文企业名称的，可构成不正当竞争。

诚实信用原则应贯穿于侵权诉讼的始终。若无相反证据证明被告网络宣传的销售情况不实，被告所宣称的销量可作为赔偿依据。

【关键词】

不正当竞争　诚实信用原则　驰名商标认定　企业名称

【案例索引】

一审：广州市中级人民法院〔2014〕穗中法知民初字第140号
二审：广东省高级人民法院〔2016〕粤民终1954号

【案情及裁判】

原告：ZER中央服务商贸股份有限公司（以下简称ZER公司）
被告：中山市欧博尔电器有限公司（以下简称欧博尔公司）

一、一审

原告ZER公司因与被告欧博尔公司发生侵害商标权及不正当竞争纠纷，向广州市中级人民法院提起诉讼。

原告 ZER 公司诉称：ZER 公司是第 1301945 号、第 1323880 号、第 1361801 号、第 7022261 号、第 7022524 号"BEKO"商标注册人，除第 1323880 号外的四项商标核定商品类别为家电尤其厨房电器类商品。经过常州倍科电器有限公司（以下简称常州倍科公司）和倍科贸易（上海）有限公司（以下简称上海倍科公司）对"BEKO"品牌的持续经营和宣传，该品牌家用电器在我国 10 余个省、直辖市相关公众中有较高知名度。欧博尔公司未经授权注册了域名 www.obeko.cn 和 www.o-beko.com，并进行相关小家电商品交易的电子商务。欧博尔公司在网站上宣传冠以 O-BEKO 商标的家电产品并在网站显著位置使用"◉-BEKO""O-BEKO""OBEKO"标识宣传、介绍其家电产品。欧博尔公司还将其未经登记注册的英文名称 Zhongshan City O-beko Electrical Appliances Co., Ltd. 用于推广和销售其家电产品。本案商标为驰名商标，欧博尔公司构成商标侵权及不正当竞争，请求判令欧博尔公司：①停止侵害 ZER 公司本案商标专用权；②注销域名 o-beko.com 和 obeko.cn；③停止不正当竞争行为；④赔偿损失及合理费用 100 万元。

被告欧博尔公司辩称：欧博尔公司没有侵害 ZER 公司本案商标权。欧博尔公司纯属贴牌企业，没有用"OBEKO"销售过产品，并未使用本案商标。"OBEKO"与"BEKO"首字母发音及字形明显不同，相应音译分别为欧博尔和倍科，不是近似商标。欧博尔公司使用"OBEKO"商标和域名均早于 ZER 公司获得本案商标权时间，没有与 ZER 公司发生混淆。欧博尔公司有权使用自己合法注册的域名。

广州市中级人民法院一审查明：

ZER 公司是第 1301945 号、第 1323880 号、第 1361801 号、第 7022261 号、第 702524 号"BEKO"商标注册人，除第 1323880 号注册商标外，其余的 4 项注册商标核定商品类别为家电、厨房电器类商品。经 ZER 公司许可使用"BEKO"商标的案外人全资控股的常州倍科公司和上海倍科公司，从 2009 年到 2014 年对"BEKO"品牌进行了持续的宣传和销售。ZER 公司为证明"BEKO"商标是驰名商标分别提交了：2007～2012 年 BEKO 品牌与国内各大经销商、销售商的推广销售合同、销售发票、BEKO 品牌的部分户外广告样本、广告合同、报纸媒体宣传资料、2007～2012 年 BEKO 品牌的年度审计报告以及 BEKO 品牌的获奖荣誉证书等证据，拟证明"BEKO"商标在中国持续广泛的使用和宣传，具有较高的知名度。ZER 公司为证明其为制止侵权行为支出的合理费用，提交了公证费、翻译费以及 ZER 公司代理人差旅费等维权费用总计人民币 18421 元。欧博尔公司系于 2010 年 6 月 7 日成立的有限责任公司，注册资本为 50 万元，经营范围为：生产销售家用电器、五金配件、塑料制品、模具、电子产品等。公证书显示，欧博尔公司注册了域名 www.o-beko.com 和 www.obeko.cn，并进行相关小家电商品交易的电子商务。欧博尔公司在网站上宣传冠以"O-BEKO"商标的家电产品，并在网站显著位置使用"⊕-BEKO""O-BEKO""OBEKO"标识宣传、介绍其家电产品。欧博尔公司在其绞肉机和网页的显著位置上使用了"⊕-BEKO"的侵权标识，将"Zhongshan City O-beko Electrical Appliances Co.，Ltd."作为其企业英文名称。欧博尔公司承认其注册了 www.obeko.cn 和 www.o-beko.com 两个域名，抗辩其注册时间均早于 ZER 公司获得商标权的时间，并且其中域名 www.obeko.cn 在 BEKO 前面加了一个"O"，构成显著区别。

广州市中级人民法院一审认为：

（1）关于 ZER 公司案涉的"BEKO"商标是否为驰名商标的问题。根据《商标法》（2001 年修正本）第十四条及《最高人民法院关于审理涉及驰名商标保护的民事纠纷案件应用法律若干问题的解释》第五条、第七条、第八条的相关规定，欧博尔公司对案涉"BEKO"商标是驰名商标事实提出异议，而 ZER 公司对于使用该商标的市场份额、销售领域、利税、宣传或者促销活动的方式、持续时间、程度、资金投入和地域范围、市场声誉等应承担举证责任。根据 ZER 公司所提交的证据，其 2008～2012 年的审计报告显示 ZER 公司的主营业务收入连续五年发生亏损，其中 2008 年审计报告的保留意见段载明："……主要生产线实际产量显著低于正常生产能力。"另外 ZER 公司提交的销售合同和西欧市场排名等证据不能证明其在中国的市场份额以及在相关公众中享有较高的声誉和市场知名度。故 ZER 公司主张案涉"BEKO"商标为驰名商标依据不足，不予支持。

（2）关于欧博尔公司的被控侵权行为是否侵害 ZER 公司注册商标专用权的问题。ZER 公司是"BEKO"注册商标的专用权人，案涉的五个商标均处于有效保护期内，依法应当受法律保护。鉴于欧博尔公司对 ZER 公司提交的上述公证书的真实性没有异议，亦承认其注册了 www.obeko.cn 和 www.o-beko.com 两个域名，故一审法院对欧博尔公司注册了涉案域名以及在企业英文名称和产品上使用 "O-beko" 和 "⦿-BEKO" 标识的行为予以确认。

对是否对商标造成侵权的判定，首先是对比被控侵权商品使用标识与注册商标之间是否相同或近似，从而判定是否造成相关公众的混淆。根据《最高人民法院关于审理商标民事纠纷案件适用法律若干问题的解释》第九条的规定，商标相同，是指被控侵权的商标与原告的注册商标相比较，二者在视觉上基本无差别。商标近似，是指被控侵权的商标与原告的注册商标相比较，其文字的字形、读音、含义或者图形的构图及颜色，或者其各要素组合后的整体结构相似，或者其立体形状、颜色组合近似，易使相关公众对商品的来源产生误认或者认为其来源与原告注册商标的商品有特定的联系。欧博尔公司注册的域名 www.obeko.cn 和 www.o-beko.com，主要部分 "obeko" 和 "o-beko" 均包含 ZER 公司注册商标 "BEKO"，视觉上并无明显差异，容易使相关公众产生误认和混淆，与 ZER 公司注册商标 "BEKO" 构成近似。欧博尔公司在其产品绞肉机上面使用的 "⦿-BEKO" 标识，起到商标标识作用，与 ZER 公司注册商标同在第 7 类、第 11 类商品或近似商品上使用，商标标识 "⦿-BEKO" 与其注册商标 "BEKO" 亦构成近似。根据《商标法》（2001 年修正本）第五十二条规定："有下列行为之一的，均属侵犯注册商标专用权：（一）未经商标注册人的许可，在同一种商品或者类似商品上使用与其注册商标相同或者近似的商标的……（五）给他人的注册商标专用权造成其他损害的。"《最高人民法院关于审理商标民事纠纷案件适用法律若干问题的解释》第一条规定："下列行为属于商标法第五十二条第五项规定的给他人注册商标专用权造成其他损害的行为……（三）将他人注册商标相同或者相近似的文字注册为域名，并且通过该域名进行相关商品交易的电子商务，容易使相关公众产生误认的。"未经 ZER 公司的许可，欧博尔公司注册域名 www.obeko.cn 和 www.o-beko.com 并且通过该域名进行相关商品交易的电子商务的行为侵害了 ZER 公司的商标专用权。其在相同或类似的商品上使用与 ZER 公司注册商标 "BEKO" 近似的商标标识的行为侵犯了 ZER 公司第 1301945 号、第 1361801 号注册商标专用权。欧博尔公司的企业字号是中文的欧博尔，其用英文描述的企业名称为"Zhongshan City O-beko Electrical Appliances Co., Ltd.",其中"O-beko"作为英文企业字号并未在其产品上突出使用，不构成《最高人民法院关于审理商标民事纠纷案件适用法律若干问题的解释》第一条第一项"将与他人注册商标相同或者相近似的文字作为企业的字号在相同或者类似商品上突出使用，容易使相关公众产生误认的"情形，对 ZER 公司要求欧博尔公司停止在其公司名称中使用"BEKO"或与之相似的商标的诉讼请求不予支持。

（3）关于欧博尔公司在其企业英文名称中使用"O-beko"是否对 ZER 公司构成不正当竞争的问题。根据《反不正当竞争法》（1993 年版）第二条之规定，经营者在市场交易中，应当遵循自愿、平等、公平、诚实信用的原则，遵守公认的商业道德。判断欧博尔公司的被控侵权行为是否构成不正当竞争应当考虑以下因素：①欧博尔公司主观上是否具有攀附 ZER 公司商誉、搭便车的故意；②欧博尔公司在其企业英文名称中使用"O-beko"客观上是否会造成消费者混淆。本案中，欧博尔公司的企业字号是中文的欧博尔，其用英文描述的企业名称为"Zhongshan City O-beko Electrical Appliances Co., Ltd.",虽其使用了"O-beko"作为英文字号，但根据 ZER 公司提供的欧博尔公司网站的相关公证书显示，欧博尔公司在其公司网页上明确标示其公司名称是中山市欧博尔电器有限公司，而 ZER 公司在中国成立的公司对应的企业字号是倍科，欧博尔公司使用了"O-beko"作为英文字号不足以使相关公众对产品的来源产生误认和混淆。且 ZER 公司提供的现有证据无法证明其"BEKO"品牌在相关公众中享有较高的声誉和市场知名度，无法证明欧博尔公司主观上有攀附 ZER 公司商誉搭便车的意图。ZER 公司主张欧博尔公司在其公司的英文名称中使用"O-beko"的行为构成不正当竞争缺乏理由及依据。

（4）关于赔偿损失的数额，根据《商标法》（2001 年修正本）第五十六条的规定，侵犯商标专用权的赔偿数额，为侵权人在侵权期间因侵权所获得的利益，或者被侵权人在被侵权期间因被侵权所受到的损失，包括被侵权人为制止侵权行为所支付的合理开支。本案 ZER 公司虽提供了公证书拟证明欧博尔公司的侵权收入，但欧博尔公司抗辩称网页上所宣称的年销售额只是出于宣传目的,且 ZER 公司未能证实欧博尔公司网站上的年销售额全部都是侵权收入,并且未提供其他证据予以佐证。鉴于因侵权造成的直接损失或因侵权所得利润难以计算确定,应依法酌定欧博尔公司的赔偿数额。根据欧博尔公司侵权行为的性质、经营规模、持续的时间、被侵害注册商标的品种、市场价格、商标的知名程度以及 ZER 公司为制止侵权行为支出的合理费用等因素,酌情判定欧博尔公司赔偿额为 10 万元(含为制止侵权行为支出的合理费用),ZER 公司诉讼请求超出 10 万元外的赔偿数额不予支持。

综上,广州市中级人民法院依照《商标法》(2001 年修正本)第五十二条第一项、第五项、第五十六条,《最高人民法院关于审理商标民事纠纷案件适用法律若干问题的解释》第一条第三项、第九条规定,判决:

(1) 中心市欧博尔电器有限公司于判决发生法律效力之日起,立即停止使用含有 "obeko" "O - beko" 字样的域名;

(2) 中心市欧博尔电器有限公司公司于判决发生法律效力之日起,立即停止侵害 ZER 中央服务商贸股份有限公司第 1301945 号、第 1361801 号注册商标的行为,即中心市欧博尔电器有限公司公司立即停止在其网站和产品上使用 "◉-BEKO" 标识;

(3) 中心市欧博尔电器有限公司公司于判决生效之日起 10 日内,赔偿 ZER 中央服务商贸股份有限公司经济损失 100 000 元;驳回 ZER 中央服务商贸股份有限公司的其他诉讼请求。一审案件受理费 13 900 元,由 ZER 中央服务商贸股份有限公司负担 11 610 元,中心市欧博尔电器有限公司公司负担 1390 元。

二、二审

ZER 公司、欧博尔公司不服一审判决,向广东省高级人民法院提起上诉。

ZER 公司上诉称:①一审认定 ZER 公司提供的证据不足以证明 "BEKO" 商标为驰名商标的事实错误。企业的亏损原因是多方面的,与商标是否知名没有必然的联系。ZER 公司提交的证据足以证明,BEKO 品牌经由多年来在中国进行持续的宣传,已在相关公众中建立很高的知名度,属于驰名商标。②一审判决漏审欧博尔公司在网站上使用 "◉-BEKO" "O - BEKO" "OBEKO" 标识的行为,应认定其构成商标侵权。③一审判决认定欧博尔公司在英文企业名称中使用"O-BEKO"未构成不正当竞争错误。欧博尔公司英文企业名称中使用"O-BEKO",客观上易使消费者产生其与ZER公司为关联企业或存在许可关系的误认,欧博尔公司主观上有攀附ZER公司商誉的故意。④一审判赔数额为10万元显失公平。ZER公司维权支出840 227.48元。欧博尔公司网站信息显示获利远远超过10万元。请求二审法院:①变更一审判决第二项内容为欧博尔公司立即停止在其网站及产品上使用"●-BEKO""O-BEKO""OBEKO"标识;②变更一审判决第三项内容为判决欧博尔公司赔偿ZER公司经济损失100万元人民币;③由欧博尔公司承担一审、二审全部案件受理费。

欧博尔公司上诉称:欧博尔公司没有侵害ZER公司本案商标权。欧博尔公司纯属贴牌企业,没有用"OBEKO"销售过产品,并未使用本案商标。"OBEKO"与"BEKO"首字母发音及字形明显不同,相应分别音译为欧博尔和倍科,不是近似商标。欧博尔公司使用"OBEKO"商标和域名均早于ZER公司获得本案商标权时间,没有与ZER公司发生混淆。欧博尔公司有权使用自己合法注册的域名。请求法院撤销一审判决,改判驳回ZER公司的诉讼请求,判决ZER公司承担本案诉讼费用。

广东省高级人民法院经二审查明事实:

(1)权利主体及权利主张相关情况。1999年12月2日,常州倍科公司成立。2000年12月22日,ZER公司许可土耳其公司阿奇立克公司(Arcelik A.S.)使用其在土耳其注册的"BEKO"商标,阿奇立克公司也可将"BEKO"商标使用权授予给阿奇立克公司拥有20%以上股份的子公司或第三方。阿奇立克公司是阿达奇公司的独资股东。阿达奇公司是上海倍科公司、常州倍科公司独资股东。常州倍科公司《审计报告》载明,2009~2012年常州倍科公司支付高额广告宣传、促销费。ZER公司提交了2007~2014年国内电器销售商、经销商的BEKO品牌推广与销售合同、销售发票、部分广告图片、展会活动报告及宣传资料、杂志宣传及合同;"BEKO创新大宽门无霜冰箱"在"2011年度家用电器创新成果评选"中获得工业设计创新奖,BEKO品牌获得"2010~2011年度冰箱行业环境贡献奖""2010~2011年度冰箱行业人气冰箱之星""2010~2011年度冰箱行业优秀外观设计之星""2011年度洗衣机行业健康之星""2011年度洗衣机行业绿色风尚品牌""2011～2012年度冰箱行业营养'标杆'奖""2012年度洗衣机行业节能技术领导品牌",用以证明BEKO品牌应认定为驰名商标。

常州倍科公司2008年《审计报告》载明常州倍科公司累计亏损132 149 704.26元,"主要生产线实际产量显著低于正常生产能力"。

2012年9月28日,欧博尔公司申请第11562161号"◎BREKO"商标注册,2014年3月7日被核准,指定使用在第7类厨房用电动机器等商品上。2016年11月30日,该商标被国家工商行政管理总局商标评审委员会以其与ZER公司第1301945号"BEKO"商标等近似,容易造成混淆误认为由,宣告无效。2014年4月30日,欧博尔公司申请第14496831号"BREKO"商标注册,2015年6月14日被核准,指定使用在第11类电热水瓶、面包炉等商品上。2016年7月15日,该商标被国家工商行政管理总局商标评审委员会以其与ZER公司第1361801号"BEKO"商标、第7022261号"BEKO及图"商标、第7022524号"BEKO及图"商标近似,容易造成混淆误认为由,宣告无效。

(2)被诉侵权标识使用情况。欧博尔公司宣传册醒目位置和办公楼顶部右侧有"⊕-BEKO"标志。其绞肉机、豆芽机、"光波炉配件"产品介绍中明确品牌名称为"O-BEKO"。在醒目的"⊕-BEKO"标志下分行列有欧博尔公司的中英文名称,"光波炉A-301A"产品图片上标记有"O-beko Electrical Appliances Co., Ltd.";"光波炉A-302C"产品图片上均标记有"O-beko Electrical Appliances Co., Ltd.";多处产品介绍上方标注"⊕-BEKO Zhongshan City O-Beko Electrical Appliances Co., Ltd."。

(3)有关赔偿请求的相关事实。〔2012〕京长安内经证字第16991号《公证书》附件第3页、第4页称:欧博尔公司"月标准产能15万台以上……产品销售网络遍布美国、英国、俄罗斯、中东、东南亚等海外三十多个国家和地区"。2012年9月13日《北京商报》发文《厨电50%利润率领跑行业》。2013年6月28日北京市长安公证处出具的〔2013〕京长安内经证字第25160号《公证书》附件第12页、第149～150页有与前述公证书相同内容文字。〔2012〕京长安内经证字第16992号《公证书》附件第14

页载明欧博尔公司"O – BEKO 大功率绞肉机 – 110V – Rosh，CE，CBAMG – 180B – 2000W""离岸价 15 ~ 23.5 美元/台"。〔2013〕京长安内经证字第 12028 号《公证书》载明，欧博尔公司在其网站多次声称其年销售额为 500 万美元到 1000 万美元，主要市场为北美、南美、东欧、东南亚、非洲，还有一次称其成立于 2007 年 6 月 6 日，年产量超过 500 万台，年销售额为 5000 万美元到 1 亿美元，并称产品出口率91% ~ 100%。

二审中，ZER 公司请求二审法院调取欧博尔公司 2010 ~ 2014 年审计报告或账簿、利润表、资产负债表、现金流量表、损益表。欧博尔公司当庭表示其无法提供。ZER 公司在二审中补充提交了其参加本案庭审的交通、食宿差旅费用 15 065.48 元。

广东省高级人民法院二审认为：

（1）关于应否认定 ZER 公司本案商标为驰名商标的问题。人民法院在民事诉讼案件涉及驰名商标的认定，不能只从一个市一个省的区域范围来考量，而必须从全国范围来考量；不能只从案件诉讼双方的商品及商标孰优孰劣来考量，而必须在全国全行业的范围内对其是否广为公众知晓进行考量。本案中，ZER 公司在一审、二审中均明确要求认定本案商标为驰名商标，其本案主张权利的 5 项商标中，第 1301945 号 BEKO 注册商标核定使用的第 7 类商品包括洗衣机、机械加工装置、制食品用电动机械、厨房用电动机器等；第 1361801 号 BEKO 注册商标核定使用的第 11 类商品包括冰箱、加热装置、烹调器具、炉子、烤箱、微波炉（厨房用具）等；第 1323880 号 BEKO 注册商标核定使用的第 9 类商品包括电子仪器及仪表等；第 7022261 号 BEKO 注册商标和第 7022524 号 BEKO 注册商标核定使用的第 11 类商品包括加热设备、烘烤器具（烹调器具）等。使用被诉侵权标识的产品绞肉机可归属于厨房用电动机器，豆芽机产品可归属于制食品用电动机械，与第 1301945 号"BEKO"注册商标核定使用的第 7 类商品属于相同类别的商品；以上明确具体使用被诉侵权标识的产品光波炉属于加热装置，可归属于第 1361801 号、第 7022261

号和第 7022524 号"BEKO"注册商标核定使用的第 11 类商品范畴。商标的禁用权范围大于专用权范围。欧博尔公司使用上述被诉侵权标识介绍的产品均为其经营范围所涉家用电器，尤其厨电产品，与该 4 项商标核定使用的商品是相同或者类似商品。ZER 公司本案注册商标已经足以保护其权利，无须对本案商标是否驰名商标作出认定。ZER 公司上诉提出应认定本案商标为驰名商标的上诉理由不成立。

退一步而言，即使 ZER 公司本案商标需要跨类保护从而需要进行商标驰名与否的审查，也应根据前述规定对于商标驰名的事实进行审查。本案并无证据证明"BEKO"商标有被认定为驰名商标、知名商标或者著名商标的记录，无"BEKO"商标曾被作为驰名商标受保护的记录，也无使用"BEKO"商标的商品在我国的市场份额、利税、行业排名、市场调查报告、市场价值评估报告证据。ZER 公司提交的证据中相当部分证据包括广告合同、销售合同、纸媒推广合同、发票、获奖证书，均为复印件，欧博尔公司又不予认可。且即使属实，其影响力也仅限于局部区域性影响，上述证据尚不足以证明"BEKO"商标为在中国境内为相关公众广为知晓的商标。一审对此结论正确。但是，一审以 ZER 公司所提交的常州倍科公司 2008~2012 年的审计报告显示常州倍科公司的主营业务收入连续 5 年发生亏损为不予认定"BEKO"商标为驰名商标的理由不当。企业亏损原因众多，与使用的商标是否驰名没有必然的联系。企业整体是否最终盈利，与企业的整体管理运营成本、经营策略、产品的性能定价是否适销对路、市场的调整波动等密切相关，与企业是否有驰名商标没有必然的联系。只有企业的亏损直接关系到商标的知名度和产品声誉的情况下，才可以作为考量因素。ZER 公司上诉提出一审以企业亏损为由不予认定本案商标为驰名商标的上诉有理。

（2）关于欧博尔公司是否使用了"❀-BEKO""O-BEKO""OBEKO"标志并侵害了 ZER 公司商标权的问题。二审法院认为，首先，ZER 公司关于漏审的部分上诉理由属实。本案一审已经查明欧博尔公司在绞肉机产品和网页的显著位置使用"❀-BEKO"商标的事实并判令欧博尔公司停止在其网站和产品上使用"❀-BEKO"标识，因此，ZER 公司上诉提出一审漏审该标识不全面。本案还应认定欧博尔公司存在使用"O-BEKO""OBEKO"标识的行为。其次，该商标使用在常州倍科公司和上海倍科公司经营的"BEKO"家用电器产品上，先后进入国美电器有限公司及广东、福建、浙江、辽宁、重庆等省、直辖市卖场进行销售，并在娱乐频道栏目等介质获得推广。"BEKO"品牌产品从2009年到2012年的销售数量和营业收入逐年递增。该商标在家用电器尤其洗衣机和冰箱上使用时间较长，有一定使用范围，在相关公众中具有较高知名度。欧博尔公司使用的" ⊕-BEKO ""O-BEKO""OBEKO"标识与"BEKO"仅存在一字之差，前者仅在后者的基础上简单添加前缀图形或者字母，文字的字形、读音、含义，各要素组合后的整体结构相似，使用在相同或者类似的家用电器商品上，易使相关公众对商品的来源产生误认或者认为其来源与ZER公司注册商标的商品有特定的联系。最后，ZER公司虽然受让第1301945号和第1361801号注册商标日期在欧博尔公司成立之后，但该两"BEKO"商标注册、使用日期在欧博尔公司成立之前。商标持续使用积累的商誉应由被诉侵权行为发生时的商标权人ZER公司享有。欧博尔公司对于前述" ⊕-BEKO ""O-BEKO""OBEKO"标识的使用行为构成对ZER公司该两商标权的侵害。此外，《商标法》（2001年修正本）第九条规定，申请注册的商标，不得与他人在先取得的合法权利相冲突。本案证据证明欧博尔公司的成立时间在ZER公司受让"BEKO"商标之前，但欧博尔公司未提交任何证据证明在2011年7月27日ZER公司受让"BEKO"商标之前，欧博尔公司已经在同一种商品或者类似商品上使用了"OBEKO"商标，更无证据证明此前"OBEKO"商标已有一定影响。因此，ZER公司提出欧博尔公司使用了" ⊕-BEKO ""O-BEKO""OBEKO"标识并侵害了ZER公司第1301945号和第1361801号注册商标专用权的上诉有据，二审法院予以支持。欧博尔公司提出其未侵害ZER公司商标权的上诉理由不成立，二审法院不予支持。

（3）关于欧博尔公司使用域名是否侵害ZER公司商标权的问题。欧博尔公司分别于2010年7月12日和2010年8月2日注册了域名www.obeko.cn和www.o-beko.com，域名的主要部分"obeko"和"o-beko"均包含ZER公司受让的在先注册使用的第1301945号和第1361801号"BEKO"注册商标标识的全部内容。"Obeko"为臆造词，并无固定含义，其与欧博尔公司的音译并不对应。欧博尔公司注册该域名时，与之近似的第1301945号和第1361801号"BEKO"商标在家电类产品上已经注册并使用多年。欧博尔公司并无持有该域名的正当理由，其注册该与他人注册、使用在先并有一定知名度的注册商标"BEKO"近似的域名，难谓正当。欧博尔公司在该域名下的网页中大量使用侵害ZER公司第1301945号和第1361801号"BEKO"注册商标专用权的标识"⊕-BEKO""O-BEKO""OBEKO"推销自己和自己经营的相同、类似商品，通过该域名进行相关商品交易的电子商务，容易使相关公众产生误认，其对该域名的使用也难谓善意。欧博尔公司并未举证证明在本案纠纷发生前其所持有的域名已经获得一定的知名度，且能与ZER公司的注册商标相区别。本案应当认定欧博尔公司使用的域名侵害了ZER公司第1301945号和第1361801号"BEKO"注册商标专用权。欧博尔公司上诉称其域名未侵害ZER公司商标权的上诉理由不成立，二审法院不予支持。

（4）关于欧博尔公司英文企业名称使用英文字号"O-BEKO"是否构成对ZER公司的不正当竞争的问题。企业名称的登记应当符合法律和行政法规的规定，企业使用外文名称的，其外文名称应当与中文名称相一致，并报登记主管机关登记注册，且不得损害他人的合法权利。本案中，第一，欧博尔公司并非外资企业，亦无证据证明其经登记主管机关登记注册了英文企业名称，故其使用英文企业名称无合法依据，构成擅自使用。第二，欧博尔公司英文企业名称与其中文企业名称不对应，违反了企业只准使用一个名称的规定。第三，欧博尔公司没有使用该英文企业名称的正当理由。欧博尔公司的英文企业名称中的英文字号"O-beko"与其中文字号"欧博尔"不能对应，但与ZER公司本案注册使用在先并在相关公众中具有一定知名度和市场声誉的"BEKO"商标对应。欧博尔公司不能说明其使用该英文字号的正当理由。第四，欧博尔公司对于该未经登记注册的英文企业名称，亦未规范使用。欧博尔公司在网页醒目"⊕-BEKO"标志下，将该英文名称与中文名称并用；在产品图片上标记将英文企业名称进行去行政区域简化使用，突出其英文字号"O-beko"；或将其英文企业名称与"⊕-BEKO"标识并用介绍产品，强化"O-beko"的品牌属性，已经明显逾越对于企业名称正当善意使用的界限。欧博尔公司使用英文企业名称违背了诚实信用原则，攀附了

"BEKO"商标商誉，容易造成相关公众产生该英文企业名称所指示的欧博尔公司和"BEKO"商标权人存在关联关系的混淆误认，搭便车意图明显。欧博尔英文企业名称虽未突出使用，但其包含了"O-beko"标识，其使用足以产生市场混淆，违反公平竞争规则，应认定构成不正当竞争。ZER公司提出欧博尔公司在英文企业名称中使用"O-Beko"标识构成不正当竞争的上诉理由成立，二审法院予以支持。

（5）关于一审判赔数额是否合理的问题。ZER公司上诉提出一审判赔数额不合理。二审法院认为，本案欧博尔公司被诉行为构成商标侵权和不正当竞争。根据相关规定，二审法院确定欧博尔公司应当承担的赔偿责任考虑了以下因素：①欧博尔公司的违法行为包括了商标侵权和不正当竞争行为，涵盖了商标、域名和英文企业名称，侵权多维，侵权程度较深，情节较重，主观过错较大。②ZER公司被侵害的商标权的状况。"BEKO"商标是使用时间较长、有一定知名度的商标。欧博尔公司侵权持续有一定时间，危害较大。③欧博尔公司获利可观。欧博尔公司在其网站宣称其月标准产能15万台以上，产品销售网络遍布美国、英国、俄罗斯、中东、东南亚等海外30多个国家和地区，而其主推产品绞肉机"离岸价15~23.5美元/台"。欧博尔公司还在网站多次宣称其年销售额500万美元到1000万美元，甚至年产量超过500万台，年销售额达到过5000万美元到1亿美元。ZER公司也举证证明了厨电行业利润率高的事实。据此推算，欧博尔公司的获利明显超过100万元。④欧博尔公司辩称其网站内容不实，却未提交证据予以证明。对于其产销情况，欧博尔公司有能力举证证明，而不予证明，且对ZER公司调取欧博尔公司相关财务资料的请求，当庭予以拒绝，应当承担举证不能和举证妨碍的后果。⑤本案ZER公司的维权成本高。ZER公司一审提交了公证费、翻译费以及代理人差旅费18 421元，二审补充提交了代理人参加一审、二审的交通、食宿差旅费用15 065.48元，共计33 486.48元。该费用并未包含律师费。本案是涉外案件，诉讼周期较长，牵涉面广，ZER公司举证责任较重，提交的证据多，实际开支大。ZER公司虽然并未就其所述近80万元律师费用举证，但本案的律师费用是必然存在的。如果按一审判赔数额，将产生ZER公司赢了官司输了钱的裁判效果，有悖实体正义。⑥人民法院应当通过裁判，让侵权者无利可图，彰显市场主体应实施创新驱动发展的司法导向。鉴于欧博尔公司因侵权和不正当竞争行为获利及给 ZER 公司带来的因本案诉讼而支出的合理费用已经明显超过 100 万元，ZER 公司要求欧博尔公司赔偿 100 万元可视为其对自己民事权利的处分，二审法院对 ZER 公司的赔偿请求予以全额支持。ZER 公司提出一审判赔数额显失公平的上诉理由成立。

据此，广东省高级人民法院依照《商标法》（2001 年修正本）第十四条、第五十二条第一项、第五项、第五十六条第一款、第二款，《反不正当竞争法》（1993 年版）第二条、第二十条，《最高人民法院关于审理涉及驰名商标保护的民事纠纷案件应用法律若干问题的解释》第一条、第三条、第五条，《最高人民法院关于审理商标民事纠纷案件适用法律若干问题的解释》第一条第三项、第九条、第十条、第十三条、第十六条第二款、第十七条，《最高人民法院关于审理涉及计算机网络域名民事纠纷案件适用法律若干问题的解释》第四条、第八条，《最高人民法院关于审理注册商标、企业名称与在先权利冲突的民事纠纷案件若干问题的规定》第四条，《民事诉讼法》（2017 年修正本）第一百七十条第一款第二项之规定，判决：

（1）维持一审判决第一项，即中山市欧博尔电器有限公司于本判决发生法律效力之日起立即停止使用含有"obeko""o‐beko"字样的域名；

（2）撤销一审判决"驳回原告其他诉讼请求"判项；

（3）变更一审判决第二项为：中山市欧博尔电器有限公司于本判决发生法律效力之日起，立即停止侵害 ZER 中央服务商贸股份有限公司第 1301945 号、第 1361801 号注册商标专用权的行为，立即停止使用"◉-BEKO""O‐BEKO""OBEKO"标识；

（4）变更一审判决第 3 项为：中山市欧博尔电器有限公司于本判决发生法律效力之日起 10 日内，赔偿 ZER 中央服务商贸股份有限公司经济损失及合理维权费用 100 万元；

（5）驳回 ZER 公司其他诉讼请求。

【法官点评】

本案入选第二届广东省十大涉外知识产权案例，是"一带一路"沿线国家知识产权司法保护的典型案例，对于彰显我国知识产权司法保护大国视野和平等姿态，展示我国良好的知识产权保护环境，推动"一带一路"倡议具有重要意义。案件主要涉及以下三个问题。

1. 驰名商标认定规则企业盈利是否是认定驰名商标的必要条件

驰名商标是在中国境内为相关公众广为知晓的商标。驰名商标既承载了商品的知名度，也承载了商品的美誉度。一般而言，知名度、美誉度越高的商品，盈利能力越强因而盈利越多。但是企业产品是否最终盈利，与企业的整体管理运营成本、经营策略、产品的性能定价是否适销对路、市场的调整波动等密切相关，与企业是否有驰名商标没有必然的联系。企业整体是亏损还是盈利不是认定驰名商标的必要因素。商标在中国境内为相关公众广为知晓且享有良好的市场声誉才是认定驰名商标的必要事实条件。只有企业的亏损直接关系到商标的知名度和产品声誉的情况下，才可以作为考量因素。但即使在此种情况下，亏损只是果而非因，不予认定为驰名商标的原因仍然不是企业亏损，而是基于商标的知名度和产品声誉不高的事实。企业亏损与驰名商标的认定关系有必要作重点分析予以澄清。二审明晰了驰名商标认定规则和标准，澄清了驰名商标认定与企业盈亏之间的关系，阐明了驰名商标认定原则和标准，为"一带一路"沿线国家理解和应用中国法律，更好地实施其商标战略提供了鲜活、生动的案例和指引。

2. 企业使用英文企业名称正当性的界限

企业名称是经营主体的名称，是区分市场主体的直接标志，具有最直观明确的市场识别力，容易成为商业标记侵权的抓手和平台。根据《企业名称登记管理规定》（2012年修正本）第六条、第八条规定，企业只准使用一个名称；企业名称应当使用汉字；企业使用外文名称的，其外文名称应当与中文名称相一致，并报登记主管机关登记注册。企业名称的使用，应当符合诚实信用原则，不得损害他人的合法权利。英文企业名称的产生，应当具备合法性，一要与中文名称相一致，二要报登记主管机关登记注册，三要保持唯一性，只能使用一个英文名称。英文企业名称的使用应当具备正当性，一要符合诚实信用原则，不得恶意使用；二要避让他人合法的在先权利，不得损害他人的合法权利。具体到本案，欧博尔公司英文名称的产生和使用均没有合法性和正当性。欧博尔公司英文企业名称未经登记且与中文名称无对应关系，但却与ZER公司本案注册使用在先并在相关公众中具有一定知名度和市场声誉的"BEKO"商标对应；欧博尔公司对于该未经登记注册的英文企业名称，亦未规范使用，将英文企业名称进行去行政区域简化使用，突出其英文字号"O-beko"，或将其英文企业名称与"⊕-BEKO"标识并用于介绍产品，强化"O-beko"的品牌属性，明显逾越对于企业名称正当善意使用的界限，违背诚实信用原则，误导公众，违反公平竞争规则，应认定构成不正当竞争。

ZER 公司本案诉讼目的之一系停止侵权，而欧博尔公司侵权的抓手就是其英文字号。其他的侵权标识、域名等，都是在企业字号基础上的扩张和衍生，并最终成为一个立体多维的全面侵权标识网络。本案通过阐明认定英文企业名称构成不正当竞争的规则，彰显了企业应以"创新驱动发展"国家战略为导向。欧博尔公司作为主营国际贸易的企业，其不思创新，只求模仿，将与 ZER 公司"BEKO"商标近似的标识作为其英文字号、域名和商标，将其未经登记注册的英文企业名称作为侵权支点，通过将其突出使用、变相使用、合并使用、多方使用等方式，全方位实施侵权行为，企图通过搭便车分享他人市场利益，不劳而获。误导公众的结果，既损害了权利人，也损害社会公众和消费者，最终损害行为人本身。对欧博尔公司侵权行为的认定和处理，直接关系到企业发展观、市场观和法律价值取向问题。外向型企业只有准确自我定位，禁绝仿冒"搭便车"，以创新谋求自我发展，拥有自主品牌才能真正做到可持续发展。

3. 酌赔数额的合理性问题及如何在个案中破解赔偿难题

知识产权尤其商标价值的变动性和不确定性以及其对产品利润的贡献率难以确定，导致侵权诉讼中损害的准确填平往往难以实现。取得高额赔偿，通常有被诉侵权产品以及财务依据等作为确定赔偿数额的支撑。但实际上，在举证困难的情况下，对于侵权情节和后果的考量应当是重点：①若侵权多维，侵权程度深，情节严重，则其主观过错也大，比如侵害的是高知名度的商标或者创新程度高、市场价值大的技术，或侵权时间长，则侵权危害大；②若侵权获利丰厚，则侵权后果严重；③若案件性质导致权利人维权成本高，则合理的、必然的维权费用应予支持。侵权人网站中对外宣传的产品销售状况和销售数量是其面向市场和公众所作的自我陈述，应当是诚实、负责任的宣告，虽非诉讼中的自认，但系产生于当事人的直接证据，在没有相反证据推翻和明显不符合常理的情况下，应予以确认。合理费用的赔偿包括必然发生的合理的律师费用。对于诉讼周期长、牵涉面广、权利人举证责任重、提交的证据多、实际开支大的涉外案件，即使权利人未提交符合法律规定的律师费用的依据，也应根据案件实际情况予以适当考虑。本案在权利人对自己的损失举证不力，又未获取被诉侵权产品实物和被诉侵权产品的实际销售依据的情况下，主要依据被告侵权的网络证据，根据诚实信用原则、证据规则，运用裁量权，作出了全额支持权利人赔偿请求的改判。本案表明，诚实信用原则的贯彻适用，可以很好地助力破解知识产权赔偿难题。

本案彰显了我国新时期司法政策。"司法主导、严格保护、分类施策、比例协调"是在知识产权日益成为国家根本利益和国际竞争核心领域时代背景下我国出台的司法政策，要求善于运用诚实信用、保护在先权利、维护公平竞争等原则裁决案件，使知识产权保护范围和强度与其创新和贡献程度相协调，侵权人的侵权代价与其主观恶性和行为危害性相适应。涉外商标流转及使用情况复杂，举证困难、举证及维权成本高昂，需要遵循法律法规和司法解释的原则精神能动行使司法裁量权，彰显我国保护知识产权的坚强决心，为"一带一路"倡议保驾护航。

（撰稿人：广东省高级人民法院　欧丽华）

吉尼斯世界纪录有限公司与奇瑞汽车股份有限公司、安徽奇瑞汽车销售有限公司侵害商标权及不正当竞争案

——恶意侵权的认定及惩罚性赔偿的适用问题

【裁判要旨】

被诉侵权行为人对相关标识的使用属于描述性正当使用和指示性正当使用商标标识的,不属于商标法禁止的商标侵权行为。指示性正当使用应体现善意,不能超出合理的限度。描述性正当使用应以被使用的标识确有用于描述的相关含义为前提。判断标识是否存在该含义,应从该标识的固有文义、被规范文件收录的用法或者相关公众约定俗成的用法等方面来考察。

惩罚性赔偿的适用不限于被司法或行政程序认定为侵权后再次侵权的情况。对于权利人发送内容明确的停止侵权律师函、通知等,侵权人未积极履行注意义务仍故意侵权的,属于恶意侵权。情节严重的,可以适用惩罚性赔偿。

【关键词】

商标侵权　不正当竞争　恶意侵权　惩罚性赔偿

【案例索引】

一审:佛山市中级人民法院〔2015〕佛中法知民初字第 8 号

二审:广东省高级人民法院〔2017〕粤民终 2347 号

【案情及裁判】

原告:吉尼斯世界纪录有限公司(以下简称吉尼斯公司)

被告:奇瑞汽车股份有限公司(以下简称奇瑞公司)

被告：安徽奇瑞汽车销售有限公司（以下简称奇瑞销售公司）

一、一审

原告吉尼斯公司因与被告奇瑞公司、奇瑞销售公司发生侵害商标权及不正当竞争纠纷，向佛山市中级人民法院提起诉讼。

原告吉尼斯公司诉称：吉尼斯公司在中国第 35 和 41 类上享有"吉尼斯""吉尼斯世界纪录""GUINNESS WORLD RECORDS"注册商标专用权，吉尼斯公司及"吉尼斯世界纪录"已经在包括中国在内的世界范围内享有极高的知名度。两被告奇瑞公司、奇瑞销售公司未经吉尼斯公司许可，在 19 个城市举办了 20 多场名为"奇瑞艾瑞泽挑战吉尼斯中国巡演"的大型商业活动，并在奇瑞公司的官方网站及其他网站发布了有关此活动的宣传推广信息，大量使用与吉尼斯公司注册商标相同的"吉尼斯""GUINNESS"标识，并在其举办的多次大型商业活动中大量使用"吉尼斯""GUINNESS"标识，导致相关公众误认为其商业活动与吉尼斯公司有关联或经过吉尼斯公司的许可，其行为构成商标侵权和不正当竞争。在经过吉尼斯公司发送律师函、向芜湖市工商行政管理局多次投诉之后其仍不停止侵权行为，具有极深的主观恶意和极强的社会危害性。故诉至法院，要求判令：①奇瑞公司和奇瑞销售公司立即停止对吉尼斯公司的商标侵权及不正当竞争行为，包括未经授权使用吉尼斯公司的第 1744886 号"GUINNESS WORLD RECORDS"、第 2024454 号"吉尼斯"、第 2024455 号"吉尼斯世界纪录"、第 11149021 号"GUINNESS WORLD RECORDS"、第 11149025 号"吉尼斯世界纪录"等注册商标，以及吉尼斯公司的企业字号"GUINNESS WORLD RECORDS"和"吉尼斯"；②奇瑞公司和奇瑞销售公司连带赔偿因侵权给吉尼斯公司造成的损失 500 万元，其中包括吉尼斯公司为调查取证、制止侵权所支出的费用；③奇瑞公司和奇瑞销售公司在网站 www.autohome.com.cn 及《汽车杂志》《中国汽车报》上刊登声明，消除其侵权行为给吉尼斯公司造成的不良影响；④奇瑞公司和奇瑞销售公司承担本案全部诉讼费用。

被告奇瑞公司和奇瑞销售公司辩称：①涉案巡演活动分别由快乐隽实营销策划（北京）有限公司上海分公司（以下简称快乐隽实分公司）及上海同立会展服务有限公司（以下简称同立公司）组织和实施，奇瑞公司不是涉案"奇瑞艾瑞泽挑战吉尼斯中国巡演"活动的组织者和实施方。②涉案巡演活动未对"吉尼斯"等词语进行商标性使用,不构成商标侵权。③奇瑞公司的官方网站并无对活动进行报道的内容,只有对第三方网站相关报道的链接。第三方网站对于涉案巡演活动的报道性质类似于新闻报道,不构成商业上的广告宣传,不属于商业活动。④吉尼斯公司主张奇瑞公司构成不正当竞争无事实及法律依据。吉尼斯公司与奇瑞公司之间业务领域差异巨大,不构成竞争关系。吉尼斯公司的企业名称为"GUINNESS WORLD RECORDS","吉尼斯"或"GUINNESS"均非其企业名称,即使"GUINNESS"为吉尼斯公司的字号,吉尼斯公司提供的证据也不足以证明其企业字号因实际开展过组织挑战赛、组织表演、广告宣传等服务并取得一定的知名度。⑤吉尼斯公司请求的赔偿没有事实及法律依据。奇瑞公司在本案中不存在任何侵权行为,奇瑞公司从事的行业与吉尼斯公司相距甚远,相关公众不会造成混淆,因而不会对吉尼斯公司造成任何损失。

佛山市中级人民法院一审查明:

(1)吉尼斯公司涉案商标的相关情况。吉尼斯公司享有以下注册商标专用权:①第1744886号"GUINNESS WORLD RECORDS"注册商标,核定服务项目为第41类;②第2024454号"吉尼斯"注册商标,核定服务项目为第41类;③第2024455号"吉尼斯世界纪录"注册商标,核定服务项目为第41类;④第11149021号"GUINNESS WORLD RECORDS"注册商标,核定服务项目为第35类;⑤第11149025号"吉尼斯世界纪录"注册商标,核定服务项目为第35类。

吉尼斯公司提交的证据显示,自2000年起,我国数份报刊上有多份关于吉尼斯世界纪录认证的报道文章以及关吉尼斯公司的历史与发展的介绍,吉尼斯公司还与中央电视台合作制作了《吉尼斯中国之夜》电视节目。

(2)被诉侵权行为的相关事实。安徽省芜湖市商务局、奇瑞销售公司分别与快乐隽实分公司和同立公司签订合同,约定在2014年4月到6月,在16个城市举办"奇瑞艾瑞泽7挑战巅峰中国巡演活动",由快乐隽实分公司和同立公司根据奇瑞销售公司同意的活动形式及内容规划该活动所需相关设施及活动,并监督实际执行。奇瑞销售公司与临沂正直汽车特技表演有限公司签订《汽车特技表演活动协议》,约定由该公司使用奇瑞销售公司提供的车辆并冠名"奇瑞汽车特技队"进行汽车特技表演,活动包括"我是挑战者

——奇瑞艾瑞泽挑战巅峰中国巡演"16 个城市巡演。

吉尼斯公司的证据保全公证显示,奇瑞公司在其官方网站设有关于"奇瑞艾瑞泽挑战吉尼斯中国巡演"(以下简称涉案活动)的专页。涉案活动网页的首页上方设有"我要报名"链接,点击链接显示有报名所需填写的表格、活动的介绍等。奇瑞公司在涉案活动网页中有标示"奇瑞艾瑞泽 挑战吉尼斯中国巡演 GUINNESS 我是吉尼斯 CHALLENGERS"文字的涉案活动海报以及"我是吉尼斯"等多个栏目。点击奇瑞公司官网"活动报道"一栏中对活动介绍的链接,网页跳转至"奇瑞在线"网站、该网站中的相关报道标题使用了"挑战吉尼斯"等字样,在报道正文载有"曾经,奇瑞为中国屡创吉尼斯世界纪录。今天,全新艾瑞泽 7 以至真实力,再一次挑战世界!"等内容。该网站底部的版权信息显示网站权利人为奇瑞销售公司。从奇瑞公司官方网站跳转的"奇瑞在线"网站等对涉案活动的报道中,主会场背景板等多处使用了"GUINNESS 我是吉尼斯 CHALLENGERS 奇瑞艾瑞泽 挑战吉尼斯中国巡演""ARRIZO 我是挑战者 CHALLENGERS 奇瑞艾瑞泽 挑战巅峰中国巡演"等文字,活动的特技车辆车身、围栏等多处印有"挑战吉尼斯""GUINNESS 我是吉尼斯"等标识。

(3)与吉尼斯公司主张的侵权责任相关的事实。2014 年 4 月 10 日,吉尼斯公司向奇瑞公司发出律师函,告知奇瑞公司举办的涉案活动侵犯了其商标权及企业名称权,要求奇瑞公司立即停止侵权行为。奇瑞公司在收到律师函后并未予以回复,并继续在举办的涉案活动中使用前述被诉侵权标识。

吉尼斯公司曾分别与多个案外人签订认证协议,约定案外人向吉尼斯公司支付认证服务费,由吉尼斯公司提供与相关世界纪录的咨询和认证等服务,并许可案外人在一定条件下使用其注册商标,以上协议中多数协议约定的认证服务费为 84 800 元。

(4)其他案件相关事实。《英汉大词典》、爱词霸网站、有道词典网站、海词词典网站、百度在线翻译对"Guinness"的翻译均指向健力士黑啤酒以及吉尼斯世界纪录等。百度网、爱词霸、有道词典等网站对"吉尼斯"的在线翻译为"Guinness"。

奇瑞公司、奇瑞销售公司提交的证据显示,多份出版物及文章以"吉尼斯"作为书名或标题,但文章内容中对相关世界纪录表述为"吉尼斯纪录"

"世界吉尼斯纪录"。

佛山市中级人民法院一审认为：

本案一审的争议焦点是：①奇瑞公司、奇瑞销售公司是否实施了被诉侵权行为；②奇瑞公司、奇瑞销售公司的行为是否侵害了吉尼斯公司的注册商标专用权；③奇瑞公司、奇瑞销售公司的行为是否构成不正当竞争；④如果构成侵权，奇瑞公司、奇瑞销售公司应如何承担民事责任。

关于焦点一。一审法院认为，首先，奇瑞公司在其官方网站上专门开设网页对涉案活动进行专题介绍，网页上显示有涉案活动的海报以及对表演车队的介绍，也有对涉案活动的报道和报名表格，结合涉案活动现场、海报、表演车队使用的"挑战吉尼斯""GUINNESS 我是吉尼斯"等被诉侵权标识均与奇瑞公司官网显示的内容相同，涉案活动现场还标示有奇瑞公司的注册商标，上述证据足以证明奇瑞公司是涉案活动的主办方。其次，奇瑞销售公司分别与快乐隽实分公司、同立公司签订合同约定，快乐隽实分公司、同立公司应根据奇瑞销售公司同意的活动形式及内容规划涉案活动，奇瑞销售公司负责提供活动所需数据等，监督活动的执行过程及成果等，这表明涉案活动是由奇瑞销售公司组织、策划。此外，奇瑞公司的官方网站显示有包含"GUINNESS""我是吉尼斯""CHALLENGERS""挑战吉尼斯中国巡演"字样的海报，并以"我是吉尼斯"作为栏目的名称；网站版权信息显示版权人为奇瑞销售公司的"奇瑞在线"网站相关报道的标题显示有"挑战吉尼斯"等字样。因此，一审法院认定奇瑞公司、奇瑞销售公司共同组织实施涉案活动，并实施了在网站上使用"GUINNESS""我是吉尼斯""挑战吉尼斯中国巡演"等被诉侵权标识的行为以及在"奇瑞在线"网站发布"曾经，奇瑞为中国屡创吉尼斯世界纪录。今天，全新艾瑞泽7以至真实力，再一次挑战世界！"等内容的行为。

关于焦点二。首先，由于涉案活动是为了宣传、推广奇瑞公司的品牌或汽车而举办的商业活动，故奇瑞公司、奇瑞销售公司在涉案活动、奇瑞公司的官方网站、"奇瑞在线"网站上使用包含吉尼斯公司注册商标"吉尼斯""GUINNESS"等字样的标识的行为构成商标性使用。其次，关于奇瑞公司、奇瑞销售公司对"GUINNESS""我是吉尼斯""挑战吉尼斯""挑战吉尼斯中国巡演"等字样的使用是否构成正当使用的问题。一审法院认为，第一，根据相关词典对"吉尼斯""GUINNESS"词语的解释,"GUINNESS"的固有含义仅是人名或名称,"吉尼斯"作为"GUINNESS"的中文翻译,其固有含义也仅是人名或名称,并不包含"世界之最"或"纪录"之义,故"世界之最""纪录"并不是"吉尼斯""GUINNESS"的固有含义。第二,从本案现有证据看,"吉尼斯""GUINNESS"并未在使用过程中被赋予"世界之最"或"纪录"等含义。理由如下:吉尼斯公司并未将"吉尼斯"或"GUINNESS"作为世界纪录的代名词使用;而且,吉尼斯公司对"吉尼斯世界纪录""GUINNESS WORLD RECORDS"等注册商标的使用,一直用以指示吉尼斯公司提供的世界纪录认证服务,未使"吉尼斯""GUINNESS"失去其区分商品或服务来源的功能,成为直接指代"世界纪录"或"纪录"的词语。从相关公众的认知情况看,大量的文章或报道将"吉尼斯"与"纪录"或"世界纪录"同时使用,以表示该世界纪录是由吉尼斯公司认证的世界纪录。吉尼斯纪录仅是众多世界纪录中的一种,世界纪录并不能与吉尼斯公司认证的世界纪录形成唯一对应关系,"吉尼斯""GUINNESS"并不能直接指代世界纪录。综上,奇瑞公司、奇瑞销售公司主张其使用"吉尼斯""GUINNESS"是取其"世界之最"或"纪录"的含义缺乏理据,奇瑞公司、奇瑞销售公司对"吉尼斯""GUINNESS"的使用不构成对前述标识的正当使用。最后,本案中吉尼斯公司提交的证据证明"吉尼斯""吉尼斯世界纪录""GUINNESS WORLD RECORDS"注册商标经过吉尼斯公司长期的宣传和使用,具有较高的知名度。吉尼斯公司第1744886号、第2024454号、第2024455号注册商标核定使用的服务类别包括组织挑战赛、制作及展示有关世界纪录的竞赛或表演等,与奇瑞公司、奇瑞销售公司使用被诉侵权标识的服务类别相同,奇瑞公司、奇瑞销售公司在涉案活动以及相关网站中使用的"GUINNESS""我是吉尼斯""挑战吉尼斯""挑战吉尼斯中国巡演"等被诉侵权标识,其最显著认读部分是"吉尼斯"或"GUINNESS",与吉尼斯公司的"吉尼斯"注册商标的标志相同,也与吉尼斯公司的"吉尼斯世界纪录""GUINNESS WORLD RECORDS"注册商标的主要认读部分"吉尼斯""GUINNESS"相同,构成近似。奇瑞公司、奇瑞销售公司在涉案活动及相关网站上使用被诉侵权标识,容易使相关公众认为涉案活动所涉的挑战项目是吉尼斯公司参与组织的或与吉尼斯公司认证的世界纪录存在联系,造成混淆或误认。因此，奇瑞公司、奇瑞销售公司在涉案活动以及相关网站上使用被诉侵权标识的行为侵犯了吉尼斯公司第 1744886 号、第 2024454 号、第 2024455 号注册商标专用权。

第 11149021 号、第 11149025 号注册商标核定服务项目与涉案活动不属于相同或类似服务，故吉尼斯公司主张奇瑞公司、奇瑞销售公司的行为侵犯其第 11149021 号、第 11149025 号注册商标专用权缺乏理据，一审法院不予支持。

关于焦点三。一审法院认为，第一，根据吉尼斯公司提交的证据，"吉尼斯""GUINNESS"作为吉尼斯公司的企业字号经过长时间的大量使用，已具有较高的知名度。奇瑞公司、奇瑞销售公司未经许可在涉案活动以及相关网站中使用含吉尼斯公司"吉尼斯"或"GUINNESS"字号的被诉侵权标识，足以造成相关的混淆或误认，其行为构成不正当竞争。第二，奇瑞公司、奇瑞销售公司在相关网站上宣称其多次代表中国创造吉尼斯世界纪录，但未能举证证明其曾确实代表中国创造过吉尼斯公司认证的世界纪录，奇瑞公司、奇瑞销售公司使用上述宣传用语缺乏事实依据，容易造成相关公众的误认其汽车产品曾创造过吉尼斯世界纪录，使其产品获得竞争优势，造成吉尼斯公司认证服务交易机会的丧失，其行为构成虚假宣传。

关于焦点四。奇瑞公司、奇瑞销售公司实施了商标侵权及不正当竞争行为，根据相关法律的规定，奇瑞公司、奇瑞销售公司应承担相应的民事责任。本案中，虽然吉尼斯公司因侵权所受损失以及奇瑞公司、奇瑞销售公司因侵权所获利益均无法确定，但由于吉尼斯公司已举证证明其为案外人提供世界纪录咨询、认证服务以及许可案外人使用其注册商标所收取的认证服务费，而该认证服务费中包含了商标许可使用费，故根据上述规定，本案可参照认证服务费中所包含的许可使用费确定损害赔偿数额。吉尼斯公司提交的证据显示，吉尼斯公司单场世界纪录认证服务的费用大部分为 84 800 元。由于前述认证服务费不仅包含了商标许可使用费，还包括咨询和认证服务等的费用，而认证协议中并未区分各项费用的具体金额，故一审法院根据认证协议所反映的吉尼斯公司提供的咨询服务和认证服务等的具体情况，酌定一场世界纪录认证活动的商标许可使用费为 6 万元，奇瑞公司、奇瑞销售公司在全国 16 个城市举办涉案活动对吉尼斯公司造成的经济损失为 96 万元。由于吉尼斯公司在发现奇瑞公司、奇瑞销售公司在涉案活动中实施侵权行为后，曾向奇瑞公司寄送过律师函，要求奇瑞公司停止侵权行为，但奇瑞公司、奇瑞销售公司在知悉其举办的活动涉嫌侵权的情况下，未与吉尼斯公司进行沟通协商，继续举办涉案活动，反映出奇瑞公司、奇瑞销售公司具有明显的侵权恶意，故依照《商标法》（2013年修正本）第六十三条第一款关于"对恶意侵犯商标专用权，情节严重的，可以在按照上述方法确定数额的一倍以上三倍以下确定赔偿数额"的规定，一审法院按照上述确定的经济损失96万元的2倍确定奇瑞公司、奇瑞销售公司应向吉尼斯公司赔偿的经济损失为192万元。考虑到吉尼斯公司已实际委托律师参加本案诉讼，而且本案诉讼标的额较大，一审法院综合考量吉尼斯公司为本案支付的合理费用，综合确定奇瑞公司、奇瑞销售公司向吉尼斯公司赔偿经济损失及合理开支共计212万元。

综上，一审法院依照《侵权责任法》第十五条第一款第一项、第六项、第八项，《商标法》（2013年修正本）第四十八条、第五十七条第一项和第二项、第六十三条第一款[①]，《反不正当竞争法》（1993年版）第九条第一款[②]，《最高人民法院关于审理不正当竞争民事案件应用法律若干问题的解释》第十七条的规定，判决：

（1）奇瑞公司、奇瑞销售公司于判决发生法律效力之日起立即停止在所举办的汽车特技挑战巡演活动中以及相关网站上使用"GUINNESS""我是吉尼斯""挑战吉尼斯""挑战吉尼斯中国巡演"等含"GUINNESS"或"吉尼斯"的被诉侵权标识的行为；

（2）奇瑞公司、奇瑞销售公司于判决发生法律效力之日起立即停止在网站上使用"曾经，奇瑞为中国屡创吉尼斯世界纪录。今天，全新艾瑞泽7以

[①] 《商标法》（2019年修正本）对第四十八条、第五十七条第一项和第二项未做改动；把第六十三条第一款的"对恶意侵犯商标专用权，情节严重的，可以在按照上述方法确定数额的一倍以上三倍以下确定赔偿数额"改为"对恶意侵犯商标专用权，情节严重的，可以在按照上述方法确定数额的一倍以上五倍以下确定赔偿数额"。

[②] 《反不正当竞争法》（1993年版）第九条第一款规定："经营者不得利用广告或者其他方法，对商品的质量、制作成分、性能、用途、生产者、有效期限、产地等作引人误解的虚假宣传。"《反不正当竞争法》2017年修订本和2019年修正本将其改为第八条第一款："经营者不得对其商品的性能、功能、质量、销售状况、用户评价、曾获荣誉等作虚假或者引人误解的商业宣传，欺骗、误导消费者。"

至真实力，再一次挑战世界！"等广告用语；

（3）奇瑞公司、奇瑞销售公司于判决发生法律效力之日起 30 日内，在汽车之家网站（www.autohome.com.cn）及《汽车杂志》上刊登声明消除因其侵权行为所造成的影响（内容须经一审法院审核），费用由奇瑞公司、奇瑞销售公司负担；

（4）奇瑞公司、奇瑞销售公司于判决发生法律效力之日起 10 日内赔偿吉尼斯公司经济损失及合理开支共计 212 万元；

（5）驳回吉尼斯公司的其他诉讼请求。

二、二审

奇瑞公司、奇瑞销售公司不服一审判决，向广东省高级人民法院提起上诉，其上诉请求为：①撤销一审判决，改判驳回吉尼斯公司的全部诉讼请求；②一审、二审诉讼费用由吉尼斯公司负担。事实和理由如下。第一，奇瑞公司、奇瑞销售公司并未实施被诉侵权行为。涉案活动既非奇瑞销售公司、奇瑞公司实施，也不是奇瑞公司主办，涉案活动中使用与"吉尼斯"有关的标识与奇瑞销售公司无关。"奇瑞在线"并非奇瑞公司运营的网站，"奇瑞在线"的被诉侵权内容并非奇瑞公司发布。第二，涉案巡演活动并未构成商标侵权。首先，涉案巡演活动中有关"吉尼斯"的标识使用并非商标性使用。一是涉案巡演活动未向观众收取费用，不属于营利性商业活动。二是涉案活动中使用的"我是吉尼斯""挑战吉尼斯"等，是取"吉尼斯"的"世界之最""世界纪录"的含义，属于描述性正当使用。三是"吉尼斯世界纪录"具有很强的描述含义，涉案活动中使用"吉尼斯"属于指示性正当使用。四是涉案巡演活动组织方不存在将"吉尼斯"等作为商标进行使用的主观意图。活动现场突出使用了"奇瑞艾瑞泽汽车图样""奇瑞""艾瑞泽"品牌和相关标识，而不是使用吉尼斯商标，与涉案商标"吉尼斯世界纪录""GUINNESS WORLD RECORDS"差异巨大。其次，涉案巡演活动在客观上没有也不可能造成相关公众的混淆误认。吉尼斯公司在组织挑战赛活动领域并无知名度，而奇瑞公司的商标在汽车行业内获得了极高的知名度，艾瑞泽为奇瑞公司的子品牌，相关公众不会将其与吉尼斯公司的商标产生混淆，更不会误认为涉案活动由吉尼斯公司组织开展。第三，奇瑞公司、奇瑞销售公司的行为不构成不正当竞争。首先，奇瑞公司、奇瑞销售公司未使用吉尼斯公司的企业名称。涉案活动中，奇瑞公司、奇瑞销售公司大量突出使用自己的商标，对"吉尼斯""GUINNESS"的使用属于正当使用，未攀附吉尼斯公司的商誉。其次，"奇瑞在线"发布的内容并无任何虚假。第四，即便侵权成立，一审判决的法律责任也没有依据。吉尼斯公司提供的大量证据充分表明，其向相关活动组织方收取的是认证服务费，不是商标许可费，一审判决将认证服务费认定为商标服务费计算赔偿错误。奇瑞公司在收到吉尼斯公司的律师函后，不认同吉尼斯公司及其律师的单方主张，不属于恶意，不能适用惩罚性赔偿。

广东省高级人民法院经二审，确认了一审查明的事实。

广东省高级人民法院二审认为：

本案的争议焦点为：①奇瑞公司、奇瑞销售公司是否实施了被诉行为；②奇瑞公司、奇瑞销售公司的行为是否侵害了吉尼斯公司的注册商标专用权；③奇瑞公司、奇瑞销售公司的行为是否构成不正当竞争；④如果构成商标侵权和不正当竞争，一审判决的责任是否适当。

（1）奇瑞公司、奇瑞销售公司是否实施了被诉行为。本案中，涉案活动为宣传和推广奇瑞公司的艾瑞泽汽车而举行，多处标示有奇瑞公司的注册商标。奇瑞销售公司与案外人签订合同，组织实施涉案活动，决定是否同意案外人策划的涉案活动形式与内容；其享有权利的"奇瑞在线"网站上发布了"挑战吉尼斯"的相关报道。奇瑞公司在其官方网站上对涉案活动进行了"奇瑞艾瑞泽挑战吉尼斯中国巡演"的专题介绍，网页上显示有涉案活动的海报，并设有"我要报名"的链接，提供报名表格的填写。以上组织实施、宣传涉案活动以及为涉案活动提供报名的事实足以显示，奇瑞公司和奇瑞销售公司对举办涉案活动、在涉案活动中使用相关标识的行为并非不知情，而是有共同的意思联络。奇瑞销售公司称合同约定的活动内容为"奇瑞艾瑞泽挑战巅峰中国巡演活动"，被诉侵权行为系快乐隽实分公司和同立公司超出约定范围单独所为，与奇瑞销售公司和奇瑞公司无关。但奇瑞销售公司的该主张与快乐隽实分公司和同立公司应根据奇瑞销售公司同意的形式及内容规划活动的合同约定不符，也与奇瑞公司、奇瑞销售公司网页宣传的内容包含与"吉尼斯"相关内容的事实不符。

由于奇瑞公司、奇瑞销售公司对涉案活动主观上有共同的意思联络，客观上也实施了分工合作的行为，故一审法院认定奇瑞公司和奇瑞销售公司共同实施了被诉侵权行为并无不当。

此外，关于奇瑞公司主张"曾经，奇瑞为中国屡创吉尼斯世界纪录！今天，全新艾瑞泽 7 以至真实力，再一次挑战世界！"等广告用语系"奇瑞在线"的宣传，与奇瑞公司无关。经查，根据（2014）京国信内民证字第 03105 号公证书的记载，奇瑞公司官网 https：//www.chery.cn/ 上"我是吉尼斯"栏目中也作了相同的宣传。因此，奇瑞公司关于其并未实施被诉虚假宣传行为的上诉意见依据不足，二审法院不予采纳。

（2）奇瑞公司、奇瑞销售公司的行为是否侵害了吉尼斯公司的注册商标专用权。商标侵权的前提是被诉侵权行为人对相关标识的使用属于商标性的使用。根据《商标法》（2013 年修正本）第四十八条的规定，要构成商标性使用需要满足以下要件，即相关标识必须是在商业活动中使用，使用是用于识别商品或服务的来源。对于涉案活动对被诉侵权标识的使用是否用于识别商品或者服务来源的问题，奇瑞公司、奇瑞销售公司提出了其对被诉侵权标识的使用属于描述性正当使用和指示性正当使用的抗辩。

对于描述性正当使用的抗辩，描述性正当使用以被使用的标识确有用于描述的相关含义为前提，而本案中，"吉尼斯""GUINNESS"并不包含"世界之最"的固有含义，奇瑞公司、奇瑞销售公司提交的证据也不足以证明"吉尼斯""GUINNESS"在使用中被赋予了"世界之最""世界纪录"的含义。首先，并无任何证据显示有法律规定、国家标准、行业标准或者专业工具书、词典等将"吉尼斯"收录为指代与"世界纪录"有关的服务名称。其次，吉尼斯公司和奇瑞公司、奇瑞销售公司对于相关文章和报道是否将"吉尼斯"作为"世界之最""世界纪录"使用分别提交了相反的不同证据。但在奇瑞公司、奇瑞销售公司提交的这些报道中，绝大部分是将"吉尼斯"用于标题或用于引号之中，由于标题本身需要简化，可以非规范地使用词句，而引号一般系特指，并非通常用法，因此，这些报道中对"吉尼斯"的用法本身均不具有代表性。再次，由于"吉尼斯"不属于因历史传统、风土人情、地理环境等造成的仅较为固定地存在于有限市场的情况，故对"吉尼斯"是否构成约定俗成的通用名称或已形成"世界之最"的约定俗成用法，应以相关公众的通常认识为判断标准。而奇瑞公司、奇瑞销售公司在一审、二审中提交的相关证据有限，吉尼斯公司对此还提交了大量的反证，因此，奇瑞公司、奇瑞销售公司的证据不足以证明用"吉尼斯"指代"世界纪录""世界之最"属于相关公众的通常认识。最后，"吉尼斯""GUINNESS"作为人名用于指示与世界纪录有关的服务，具有较强的先天显著性，其要成为"世界纪录""世界之最"的代名词必然有一个商标淡化的过程，而本案中，吉尼斯公司提交了其对涉案商标积极使用、对商标侵权行为及时维权的大量证据，证明其一直以实际行动维护涉案商标的显著性，这也为本院判断"吉尼斯"是否成为"世界纪录""世界之最"的代名词提供了参考。

对于指示性正当使用的抗辩。指示性正当使用是指为了客观说明某商品、服务与注册商标的商品、服务之间的某种联系而不可避免地正当使用注册商标。在指示性正当使用中，虽然被诉侵权人对他人注册商标的使用也是采用其指示商品、服务来源的含义，但这种使用的正当性在于，其使用商标指示的正是商标权人，且只是出于说明自己的商品、服务与商标权人的商品、服务之间在功能或用途等方面的某种联系的客观需要而必须使用，而不是让相关公众将二者的商品、服务产生混淆或者误认为二者在来源上存在许可使用、关联企业关系等特定关系。因此，在指示性正当使用中，对相关标识的使用应当出于善意，不能超出合理的限度。本案中，首先，并无证据证明奇瑞艾瑞泽汽车已经获得了吉尼斯世界纪录，或者涉案活动是关于艾瑞泽汽车挑战已有的、与汽车本身有关的吉尼斯世界纪录的，故现有证据不足以证明在艾瑞泽汽车的宣传活动中对"吉尼斯"的使用有其客观需要；其次，奇瑞公司、奇瑞销售公司在涉案活动的宣传大屏幕、舞台背景、特技表演车辆的车身等活动现场的显著、焦点位置和网页宣传的中心位置，大幅、突出使用"我是吉尼斯""GUINNESS""挑战吉尼斯""挑战吉尼斯中国巡演"等标识，还在现场工作人员的衣服、活动设施上大量、突出使用了以上标识，其对"吉尼斯"和"GUINNESS"的使用已经超出了仅出于"善意指示"目的的合理限度；最后，奇瑞公司、奇瑞销售公司也未提交证据证明其在涉案活动中进行了明确的、足以让相关公众不会与吉尼斯公司产生混淆的显著性说明或表述。涉案活动中虽然也标识了奇瑞公司的商标，但那是指示与汽车商品之间的联系，不足以让相关公众将涉案挑战赛与吉尼斯公司相区别。

因此，奇瑞公司、奇瑞销售公司对被诉侵权标识的使用属于在商业活动中使相关公众对涉案活动服务提供者产生来源关联联系的商标性使用，且该使用与涉案商标核定使用类别相同、标识近似、容易造成混淆，故认定构成商标侵权。

（3）奇瑞公司、奇瑞销售公司的行为是否构成不正当竞争。奇瑞公司和奇瑞销售公司均在网站上使用了宣传语"曾经，奇瑞为中国屡创吉尼斯世界纪录。今天，全新艾瑞泽7以至真实力，再一次挑战世界！"奇瑞公司提交的相关证据最多只能证明，奇瑞汽车特技表演队的多名队员曾经驾驶奇瑞汽车获得过驾车技术方面的吉尼斯世界纪录。而本案中，"艾瑞泽"为汽车名称，前述宣传语会使人将"奇瑞为中国屡创吉尼斯世界纪录"与奇瑞公司汽车的高质量和高性能产生联系，从而对"车技好"的客观事实产生了"汽车品质高"的误解，属于通过歧义性的语言作出片面宣传，足以引人误解，构成虚假宣传的不正当竞争。

（4）如果构成商标侵权和不正当竞争，一审判决的责任是否适当。本案并无证据证明侵权损失或获利，而吉尼斯公司单场世界纪录认证服务的费用大部分为84 800元，包括咨询服务费、认证服务费和商标许可费，综合考虑合同约定的咨询服务、认证服务的具体内容，涉案商标的知名度和价值以及二者对认证服务费用的贡献比例，遂酌情单场涉案活动商标许可费6万元，乘以16个城市的倍数判决赔偿。奇瑞公司、奇瑞销售公司在诉讼前收到吉尼斯公司的律师函后，在明知举办涉案活动涉嫌侵权的情况下，仍然大量、突出使用与他人具有较高显著性和知名度的注册商标相近似的商标，并结合采用引人误解的宣传，故意混淆相关公众对涉案活动的服务来源的认知，其侵权的主观恶意明显，且影响大、范围广，情节严重，遂适用2倍惩罚性赔偿。结合吉尼斯公司的合理维权费用，最终维持一审认定的赔偿金额212万元。

据此，广东省高级人民法院依照《民事诉讼法》（2017年修正本）第一百七十条第一款第一项规定，判决：驳回上诉，维持原判。

【法官点评】

本案入选《广东省高级人民法院关于加大知识产权司法保护力度服务创新经济发展的报告》所附十大案例。《商标法》（2013年修正本）第四十八条规定："本法所称商标的使用，是指将商标用于商品、商品包装或者容器以及商品交易文书上，或者将商标用于广告宣传、展览以及其他商业活动中，用于识别商品来源的行为。"在我国商标法的逻辑框架下，对是否构成商标性使用的判断是认定商标侵权的前提，只有对相关标识的使用属于商标性使用的才涉及是否构成商标侵权的问题，属于非商标性使用的为正当使用，不构成商标侵权。而根据《商标法》（2013年修正本）第四十八条的规定，认定商标性使用要从相关标识使用的表面行为和实质用途来考量。从表面行为来看，对标识的商标性使用应该是将标识用于商品、商品包装或者商业活动中；从实质用途来看，对标识的商标性使用，应该是用于识别自己商品的来源。我国商标法并没有对不属于商标性使用的情况予以类型化，但是在司法实践经验中，最常引起争议的非商标性使用行为为描述性使用和指示性使用。描述性使用是指经营者在商业活动中使用了他人商标的文义用于描述其商品或者服务。商标，尤其是文字商标，首先是作为一种符号用于意思的交流和传播，随着商品经济的发展才赋予了其识别商品来源的含义。当一些标识本身就具有描述含义时，商标权人对商标的垄断不应延伸至对文义的垄断，不能排除他人对文义的使用。描述性正当使用以被使用的标识确有用于描述的相关文义为前提，考虑到语言具有多义性，对相关文义的认定应结合所涉及的商品或者服务类别，在该特定语境下考虑，以相关公众的通常认识为标准。如果商品的销售范围限于特定的有限市场，对相关公众的通常认识的考察还应限定在该有限地域范围内。指示性使用是指经营者在商业活动中使用他人商标用于合理必要地指示自己的商品或者服务与他人商品或服务的关系。最常见的例子就是修理公司使用被修理商品的商标，用于说明修理公司可修理商品的范围。因此，指示性使用的标识严格来讲起到的就是识别来源的作用，只不过其识别的并不是使用者自己的商品或者服务的来源，从狭义上可以视为不属于《商标法》（2013年修正本）第四十八条不识别商品来源的情况。由于指示性使用的标识本身具有商品来源识别所用，因此，判断指示性正当使用要尤其注意使用者的主观意图和客观使用方式，使用者对相关标识的使用不能超出善意、合理的限度，当使用者对相关标识的使用明显有攀附的故意，其使用行为会造成相关公众对商品是来源于原商标权人还是使用人产生混淆时，该商标使用行为已经超出了不识别自己商品来源的情况，超出了正当使用的范围。

本案中，奇瑞公司和奇瑞销售公司对涉案标识的使用性质具有一定的模糊性，奇瑞公司和奇瑞销售公司主张其对涉案标识的使用属于描述性使用和指示性使用，不构成商标性使用。对于描述性正当使用，本案通过三个方面考察"吉尼斯"是否有"世界纪录"的文义：首先，从法律规定、国家标准、行业标准或者专业工具书、词典等的收录情况来看；其次，从相关新闻报道的通常用法来看；最后，从"吉尼斯""GUINNESS"的词源和发展来看其是否被淡化为通用名称。考虑到从以上方面奇瑞公司和奇瑞销售公司并未提出有力的证据予以证明，相反，吉尼斯公司还提供了反证证明"吉尼斯""GUINNESS"就是特指吉尼斯公司认证的世界纪录，本案对奇瑞公司和奇瑞销售公司主张的描述性合理使用抗辩未予采信。对于指示性正当使用，本案从奇瑞公司和奇瑞销售公司对"吉尼斯""GUINNESS"是否有使用需求、实际使用方式以及其在使用过程中有无相关措施避免混淆等方面予以分析，奇瑞公司和奇瑞销售公司的"吉尼斯""GUINNESS"的使用超出了善意的范围，超出了合理的限度，对其主张的指示性合理使用抗辩亦未采信。

此外，本案还完善了惩罚性赔偿的适用条件。关于知识产权惩罚性赔偿的适用条件，目前没有系统规定，仅商标法规定，对于恶意侵权且情节严重的，可以适用惩罚性赔偿。一种观点认为，惩罚性赔偿的恶意应仅限于被司法或行政程序明确认定为侵权后再次侵权的情况，但该种观点在法理上并无充足依据，也无法满足我国现阶段加强知识产权保护的现实需求。本案依据诚实信用原则，认定侵权人在收到权利人内容具体的律师警告函或侵权通知后负有合理注意义务，侵权人不履行注意义务合理避让他人权利的，亦属于恶意侵权，情节严重的，可适用惩罚性赔偿。

（撰稿人：广东省高级人民法院　喻洁　张婷）

利惠公司与中山第五街棉业有限公司、中山金三角成衣有限公司侵害商标权纠纷

——权利人关联注册商标知名度的认定

【裁判要旨】

商标权人拥有多个注册商标的，其主要商标知名度高不能直接推定其他注册商标亦具有相当的知名度。对被请求保护注册商标知名度的认定，仍需以现有证据和客观事实为基础，根据其使用范围、时间、程度、享有的声誉等情况进行综合判断。

【关键词】

注册商标　知名度　近似　混淆

【案例索引】

一审：中山市中级人民法院〔2016〕粤20民初2号

二审：广东省高级人民法院〔2016〕粤民终1537号

【案情及裁判】

原告：利惠公司（Levi Strauss & Co.）（以下简称利惠公司）

被告：中山第五街棉业有限公司（以下简称第五街公司）

被告：中山金三角成衣有限公司（以下简称金三角公司）

一、一审

原告利惠公司因与被告第五街公司、金三角公司发生侵害商标权纠纷，向中山市中级人民法院提起诉讼。

原告利惠公司诉称：第五街公司、金三角公司在第五街牛仔裤上使用近似标识侵害了利惠公司第2023725号"　　　"商标和第75383号

"▽"商标的注册商标专用权,请求法院判令第五街公司、金三角公司停止生产销售侵权牛仔裤并销毁库存,赔偿利惠公司经济损失 600 万元人民币。

被告第五街公司、金三角公司辩称:利惠公司的"▽"注册商标与被诉侵权标识"▽""▽"从图案、寓意、含义上说,既不相同,也不近似,不构成侵权。利惠公司的第 75383 号商标是由口袋形状图案和"LEVI'S"文字组成,口袋图案是所有牛仔裤的通用形状,没有显著性,其小红贴标上的"LEVI'S"字母构成该商标的显著性,而第五街公司、金三角公司小红贴标上使用的是"5th STREET"商标字样,两者显然不同。且除红色带字小贴标外,其与利惠公司均未将上述涉案商标或被诉侵权标识的其余部分作为商标使用。

中山市中级人民法院一审查明:

第 2023725 号"▽"商标的注册人为利惠公司,核定使用商品为第 25 类,包括服装、牛仔裤、裤子等,注册有效期自 2005 年 5 月 14 日起至 2015 年 5 月 13 日止,经核准续展注册有效期至 2025 年 5 月 13 日。第 75383 号"▽"商标的注册人是利瓦伊斯特劳斯公司(瑞士),核定使用商品第 53 类服装,注册有效期自 1976 年 5 月 10 日起至 1986 年 5 月 9 日止,1993 年 5 月 20 日,经核准转让注册人为莱威斯特劳斯公司(美国),1999 年 6 月 7 日变更商标注册人为利惠公司,注册有效期经多次续展至 2016 年 5 月 9 日,续展核准使用商品为第 25 类。

2014 年 12 月 1 日,利惠公司代理人通过互联网在第五街公司于天猫网站开设的"第五街官方旗舰店"购买了两条带有"▽""▽""▽""▽"等标识(以下简称"被诉侵权标识")的牛仔裤,第五街公司和金三角公司确认上述网购牛仔裤是由金三角公司生产,第五街公司销售。上述两条网购牛仔裤除在后裤袋有被诉侵权标识外,在右后裤袋上方的裤腰处还有显眼的"5th STREET"商标标贴;此外,商标标贴旁的皮带环处还挂有纸质吊牌,每一个吊牌上均有"5th STREET"或"5th STREET"商标标识；两牛仔裤的外包装盒上各面均印有"第五街牛仔裤"字样，外包装盒封口胶带上也印有非常显眼的红色"5th STREET"字样。2014年12月1日，利惠公司的代理人到广州市天河路摩登百货5楼休闲馆"5th STREET"铺位购买了带有被诉侵权标识的牛仔裤一条，第五街公司和金三角公司确认上述牛仔裤是金三角公司生产，但否认是第五街公司销售。

利惠公司的牛仔裤除后裤袋使用了涉案商标外，在后裤袋附近的裤腰处显著缝制了其"LEVI'S"商标。金三角公司的牛仔裤的后裤袋除了使用了被诉侵权标识外，在右后裤袋附近的裤腰处均显著缝制了其注册商标"5th STREET"。

金三角公司的第677929号"第五街5ᵗʰSTREET"商标于2006年1月被广东省著名商标认定委员会认定为广东省著名商标，并于2010年11月1日被国家工商行政管理总局商标评审委员会认定为驰名商标。利惠公司是1853年创立的美国公司，在全球销售超过35亿条"LEVI'S"品牌牛仔裤，产品销往超过110个国家和地区，是全世界最大的服饰公司之一。

金三角公司提交了《袋花美式风格老鹰系列》作品登记证书，作者为：施鍊钦，创作完成时间及首次发表时间为：1993年6月14日，上述作品袋花包括被诉侵权标识"袋花美式风格老鹰设计图B"和"袋花美式风格老鹰设计图C"；画册中的牛仔裤中有被诉侵权标识；国家纺织品服装服饰产品质量监督检验中心检验报告记载样品受理日期为2003年12月15日，检验的牛仔裤有被诉侵权标识；2004年、2005年活动现场模特所穿牛仔裤有被诉侵权标识。

中山市中级人民法院一审认为：

被诉侵权标识使用在其牛仔裤商品上，第五街公司和金三角公司称其标识"⌄"是由两条相交的"V"形虚线构成，"V"即罗马数字五，寓意金三角公司的第五街商标，可见该标识的使用有使相关公众在购买相关商品时能识别该商品来源的目的，第五街公司和金三角公司在其品牌牛仔裤上长期使用该标识，客观上也起到了区分商品来源效果。故第五街公司、金三角公司对被诉侵权标识的使用属商标性使用。

将利惠公司的第 2023725 号 "⌒⌒" 注册商标与被诉侵权标识 "▽" "▽" 进行比对，第 2023725 号商标是由两组平行的弧线组成，两组平行弧线一端叠加成棱形，整体像鸟展翅飞翔的形状，被诉侵权标识是由两个展开程度不同的 "V" 形线条相交而成，该 "V" 形线条有两种形式，一种是单线条的，一种是双平行线的。整体构图而言，第 2023725 号商标与上述两个被诉侵权标识有较明显差异，相关公众施以一般注意力即能将两者区分，故两者不构成相同或近似。将利惠公司的第 75383 号 "▢" 商标与被诉侵权的标识 "▢" "▢" 进行比对，两者均是由 "图形+文字" 形成的组合商标，即由右边的五边形图案加左上角带有文字的小红标签组成，由于组合商标的图形部分，即右边的五边形是牛仔裤后袋的通用形状，缺乏显著性，所以第 75383 号商标具显著性或起指示商品来源功能的主要是该小红标签上的文字，此为该组合商标的主要部分，第 75383 号商标小红标签上的文字为 "LEVI'S"，而被诉侵权标识的小红标签上的文字是 "5th STREET"，两者明显不同，故被诉侵权标识与第 75383 号商标虽然图形部分相似，但其在能够起指示商品来源作用的文字部分明显不同。因此，两者既不相同，也不近似。由于两被诉侵权标识与两注册商标不相同，也不近似，故不侵犯利惠公司两涉案注册商标的专用权。

即使认定两被诉侵权标识与涉案两注册商标构成近似，也因不存在导致相关公众混淆的可能性，亦不构成侵权。主要原因是各自品牌牛仔裤是以专卖店或专柜模式销售，不会与其他品牌商品混同销售，且在整个商品中，发挥识别商品来源功能的主要是 "LEVI'S" 而非涉案商标，因此涉案商标的知名度不高，相关公众对一个较弱的商标不易产生关联关系的混淆，加之金三角公司生产销售第五街牛仔裤达二十多年之久，第 677929 号 "第五街 5ᵗʰSTREET" 商标是驰名商标，无攀附涉案商标的主观意图，不宜认定导致混淆。

综上，一审法院依照《商标法》（2013 年修正本）第四十八条、第五十七条第二项①、《最高人民法院关于审理商标民事纠纷案件适用法律若干问题的

---

① 《商标法》（2019 年修正本）对第四十八条、第五十七条第二项未做改动。

解释》第九条第二款，《民事诉讼法》（2012年修正本）第六十四条①之规定，判决：驳回利惠公司的诉讼请求。

二、二审

利惠公司不服一审判决，向广东省高级人民法院提起上诉称：①一审错误认定使用被诉侵权标识的行为不构成商标侵权。被诉侵权标识"　　""　　"与"　　"商标仅在弧线相交的形式上存在不容易注意到的差异，被诉侵权标识与注册商标构成近似。"　　"注册商标至今依然有效，整体当然具有显著性，无证据证明其为牛仔裤后袋通用形状。被诉侵权标识与注册商标红标签的文字非常小，相关公众施以一般注意力不能发现二者的区别。②一审认为利惠公司对注册商标的使用重在装饰，而非发挥区别商品来源的功能，不仅认定事实错误，而且超出了审理范围。③一审强调"　　"的显著性却无视利惠公司"LEVI'S"商标的知名度，有失公允。

广东省高级人民法院经二审查明，一审法院认定的基本事实属实，二审法院予以确认。另查明，利惠公司涉案两个注册商标未单独被授予荣誉。

广东省高级人民法院二审认为：

本案被诉侵权标识使用在商品牛仔裤上，与利惠公司主张权利的第2023725号、第75383号注册商标核定使用的第25类牛仔裤等商品类别相同。被诉行为未获得利惠公司许可以及该行为属于商标性使用，双方当事人对此已不持异议，因此本案被诉行为是否侵犯注册商标专用权，关键在于对标识是否近似以及是否容易导致混淆的判断。

第2023725号注册商标"　　"系图形商标，被诉侵权标识为"　　""　　"，就二者图形进行比对，二者虽然都由两组弧线组成，但弧线相交的部位不同，每组弧线弯曲的角度也存在差别，由于注册商标和被诉侵权标识的构图要素简单，所以以上区别导致整体图形在视觉效果上呈现

---

① 《民事诉讼法》（2017年修正本）对第六十四条未做改动。

一定差异。第 75383 号注册商标为"▨",被诉侵权标识为"▨""▨",二者均为图形和字母组合标识,其中字母要素部分分别为"LEVI'S"和"5th STREET",区别明显;图形要素部分注册商标与被诉侵权标识均为五边形,形状和比例基本相同,区别主要在于五边形线条粗细和是否为双线条上,二者整体上亦存在一定差异。应当指出的是,近似性判断中除对标识客观形态的比对外,还应以相关公众的一般注意力为标准,同时考虑请求保护的注册商标的显著性和知名度。从利惠公司提交的证据来看,现有证据虽能证明"LEVI'S"商标享有很高的知名度,但当商标权人拥有多个注册商标时,其主要商标或部分商标知名度高,不能推定其他商标亦具有相当的知名度。对被请求保护的涉案注册商标知名度的认定,仍需以现有证据和客观事实为基础,对其使用范围、时间、程度、享有的声誉等方面进行综合判断。从利惠公司提交的证据来看,"LEVI'S"品牌的牛仔裤商品市场份额大,宣传广,但在用于识别商品来源时主要使用"LEVI'S"商标,鲜见涉案注册商标单独使用。涉案注册商标与"LEVI'S"同时使用的情形,也主要是出现在牛仔裤后裤袋处,在兼具装饰功能的情况下,即便双弧线是"LEVI'S"品牌商品的经典元素,但在发挥识别来源的商标功能时,尚不足以仅此认定其具有很高的知名度。此外,也没有涉案注册商标单独获得商业声誉的证明。综上所述,在缺乏证据足以认定第 2023725 号、第 75383 号注册商标具有很高的知名度和显著性的情况下,以相关公众的一般注意力来判断,被诉侵权标识与注册商标不构成近似。

关于是否容易导致混淆的问题。被诉侵权标识主要使用于牛仔裤后裤袋上,装饰作用和效果较强,更重要的是被诉侵权标识除了本身包含"5th STREET"以外,还与金三角公司、第五街公司的注册商标第 677929 号"▨"或第 6256601 号"▨"结合使用于商品上,并未单独或突出使用。而第 677929 号"▨"曾经被认定为驰名商标,其具有的知名度也导致在同时使用时,金三角公司、第五街公司的注册商标比被诉侵权标识发挥识别来源功能和作用更强。此外被诉商品专卖店、商品吊牌上清晰记载了生产商名称、商标等相关识别信息。从被诉侵权标识使用方式、被诉商品销售场景等方面综合来看,金三角公司、第五街公司也并无故意攀附涉案注册商标商誉的主观意图。二审法院认为被诉行为不会导致相关公众对商品来源产生误认，或误以为经营者之间具有特定联系，不容易导致混淆。

据此，广东省高级人民法院依照《民事诉讼法》（2017年修正本）第一百七十条第一款第一项规定，判决：驳回上诉，维持原判。

【法官点评】

本案被《中国知识产权审判年度典型案例评析》（2018年卷）收录，具有典型意义。在现实经济活动中，民商事主体同时拥有多个注册商标是很普遍的现象，而且在其品牌运营中，同类商品上往往会有一个主打品牌。若商标权人就其中一个注册商标享有很高或较高的知名度，但却以另外的注册商标主张权利的，侵权成立标准和构成要件如何？知名度高的注册商标对于权利人的其他关联商标的知名度是否具有辐射或带动作用？

现行《商标法》及其司法解释中，关于如何判断知名度最直接的规定是，《最高人民法院关于审理涉及驰名商标保护的民事纠纷案件应用法律若干问题的解释》第五条规定，"当事人主张商标驰名的，应当根据案件具体情况，提供下列证据，证明被诉侵犯商标权或者不正当竞争行为发生时，其商标已属驰名：（一）使用该商标的商品的市场份额、销售区域、利税等；（二）该商标的持续使用时间；（三）该商标的宣传或者促销活动的方式、持续时间、程度、资金投入和地域范围；（四）该商标曾被作为驰名商标受保护的记录；（五）该商标享有的市场声誉；（六）证明该商标已属驰名的其他事实。前款所涉及的商标使用的时间、范围、方式等，包括其核准注册前持续使用的情形。对于商标使用时间长短、行业排名、市场调查报告、市场价值评估报告、是否曾被认定为著名商标等证据，人民法院应当结合认定商标驰名的其他证据，客观、全面地进行审查。"虽然前述条文规定的是"驰名"的判断标准，但对如何进行商标知名度判断具有很好的指导作用。从现行规定中，无法找到关于商标权人拥有多个商标，其商标知名度可以相互"嫁接"的规定，商标的知名度仍需回归商标自身的使用情况进行判断。也就是说，商标权人拥有多个注册商标的，其主要商标知名度高不能直接推定其他注册商标亦具有相当的知名度，对被请求保护注册商标知名度的认定，仍需以现有证据和客观事实为基础，根据被请求保护的注册商标的使用范围、时间、程度、享有的声誉等情况进行综合判断。

知名度高的注册商标对其他关联商标的知名度是否具有影响呢？回归商标的使用情况具体分析。第一，权利人将知名度高的注册商标扩张注册于一个全新的商品/服务类别上，从而形成一个新的关联商标。这种情况下，该关联商标可以说是"出身名门""自带光环"，在进行商标性使用时与普通商标相比，往往可以通过投入较少的成本却快速获得较高的知名度，因此在判断商标使用持续时间、范围和方式等情况时，应予合理考虑。第二，权利人打造一个全新的品牌，即关联商标与知名度高的注册商标不相同也不近似。从使用场景来看，如果关联商标与权利人知名度高的注册商标同时使用，且相关公众的"注意力流量"可以比较容易地导入关联商标上时，知名度高的商标的声誉和影响力确实能够辐射到关联商标上；如果关联商标虽与知名度高的注册商标同时使用，但关联商标本身的显著性不强，或不容易获得相关公众的注意力，则知名度高的商标无法直接赋予关联商标知名度方面的正面影响；如果关联商标通常被独立使用，一般不存在商标之间的相互影响问题，只需按照该商标显著性、使用情况等，按照常规判断规则认定其知名度。

《商标法》（2013年修正本）第五十七条第二项规定，"有下列行为之一的，均属侵犯注册商标专用权……（二）未经商标注册人的许可，在同一种商品上使用与其注册商标近似的商标，或者在类似商品上使用与其注册商标相同或者近似的商标，容易导致混淆的……"据此，符合本条法律规定的商标侵权要件包括以下几方面：①被诉行为属于商标的使用行为；②在相同类别商品上使用与注册商标近似的标识，或在类似商品上使用与注册商标相同或近似的标识；③容易导致混淆，即足以使相关公众对商品来源产生误认，或足以使相关公众认为使用被诉标识的经营者与商标注册人之间具有许可使用、关联企业关系等特定联系；④上述使用行为未经商标注册人许可。近似性判断中，除对标识客观形态的比对外，还应以相关公众的一般注意力为标准，同时考虑请求保护的注册商标的知名度。

本案从利惠公司提交的证据来看，"LEVI'S"品牌的牛仔裤商品市场份额大，宣传广，但在用于识别商品来源时主要使用"LEVI'S"商标，鲜见被请求保护注册商标单独使用。被请求保护注册商标与"LEVI'S"同时使用的情形，也主要是出现在牛仔裤后裤袋处，在兼具装饰功能的情况下，即便双弧线是"LEVI'S"品牌商品的经典元素，但在发挥识别来源的商标功能时，尚不足以仅此认定其具有很高的知名度。此外，也没有涉案注册商标单独获得商业声誉的证明。在缺乏证据足以认定第2023725号、第75383号注册商标具有很高的知名度和显著性的情况下，以相关公众的一般注意力来判断，被诉侵权标识与注册商标不构成近似。

（撰稿人：广东省高级人民法院　郑颖）

广州王老吉大健康产业有限公司诉王老吉有限公司确认不侵害商标权纠纷案

——提起确认不侵害商标权诉讼的条件

【裁判要旨】

判断原告是否符合提起确认不侵害注册商标权诉讼的条件时，应当综合考虑以下因素：①被告已就原告使用涉案标识的行为发出警告；②被告怠于向法院起诉，原告对此进行过催告；③被告的前述行为可能对原告的权益造成损害。

【关键词】

确认不侵害商标权　警告　催告　损害

【案例索引】

一审：广州市中级人民法院〔2012〕穗中法知民初字第 264 号

二审：广东省高级人民法院〔2016〕粤民终 240 号

【案情及裁判】

原告：广州王老吉大健康产业有限公司（以下简称大健康公司）

被告：王老吉有限公司（以下简称王老吉公司）

一、一审

原告大健康公司因与被告王老吉公司发生确认不侵害商标权纠纷，向广州市中级人民法院提起诉讼。

原告大健康公司诉称：广州医药集团有限公司是我国第 626155 号、第 3980709 号、第 9095940 号"王老吉"商标注册人，该商标核定使用商品为第 32 类（包括无酒精饮料、固体饮料等商品）。"王老吉"商标 2009 年被认定为"中国驰名商标"。2012 年 5 月 25 日，广州医药集团有限公司将上述商标授权给大健康公司使用后，大健康公司开始生产及销售"王老吉"红罐及瓶装凉茶。2012年11月开始，大健康公司陆续接到经销商反映的情况，全国部分地区工商局以大健康公司生产销售的"王老吉"红罐及瓶装凉茶侵犯了王老吉公司的"吉庆时分"商标为由对大健康公司经销商作出相应行政强制措施。经查，王老吉公司由鸿道（集团）有限公司董事长陈鸿道投资设立并在中国香港登记注册。鸿道（集团）有限公司自2010年5月2日就不得再继续使用"王老吉"商标，但陈鸿道设立的王老吉公司仍然以大健康公司享有商标使用权的"王老吉"为字号进行企业名称登记，其注册明显属于恶意。且其于2011年1月28日在中国大陆向商标评审委员会申请"吉庆时分"注册商标，而早在2009年，"吉庆时分"就已经用在"王老吉"产品宣传上，其注册已经属于恶意抢注。另查，广东加多宝饮料食品有限公司于2012年11月28日召开新闻发布会，称其经过王老吉公司授权，主张大健康公司使用"吉庆时分"侵权，同时表示欲起诉大健康公司。大健康公司认为，"王老吉"是中国驰名商标，王老吉公司使用"王老吉"注册商标的行为，侵犯了大健康公司的注册商标使用权。王老吉公司虽在中国香港注册成立，其企业名称侵犯大健康公司的注册商标使用权，其主体设立已经违反中国境内的法律，其申请注册商标的民事行为应属违法。王老吉公司应依法承担停止侵权撤回"吉庆时分"商标登记权，请求法院确认大健康公司并没有侵犯"吉庆时分"商标。

王老吉公司恶意以"王老吉"注册为自己公司名称，又在中国大陆抢注与"王老吉"密切关联的"吉庆时分"商标，已经违反《中华人民共和国商标法实施条例》（以下简称《商标法实施条例》）（2002年版）第五十二条、第五十三条及《最高人民法院关于审理商标民事纠纷案件适用法律若干问题的解释》第一条第一款。王老吉公司违法注册"吉庆时分"，其目的就是搞不正当竞争。王老吉公司在大健康公司住所地广州向各大媒体爆料，宣扬大健康公司侵权，被五十多家工商部门查处。这扰乱了我国的市场经济秩序，其行为理应被制止。王老吉公司在媒体上的宣传对大健康公司产生极为不利的影响，大健康公司并没有侵犯王老吉公司的"吉庆时分"商标，请求法院确认大健康公司不侵犯王老吉公司"吉庆时分"商标权，由王老吉公司承担本案诉讼费用。立案时，大健康公司的诉讼请求包括要求判令王老吉公司不正当竞争造成大健康公司的经济损失人民币 200 万元及合理开支 10 万元，后当庭撤回该诉讼请求。并在一审庭审中明确，其诉讼请求为请求法院确认其在外包装使用的"吉庆时分喝王老吉"字样不侵犯王老吉公司的注册商标专用权。

被告王老吉公司辩称：①本案不符合确认不侵权案件的受理条件。我方已经在合理期限内向工商投诉，属于提起了纠纷解决程序，故本案不符合确认不侵权之诉的受理条件，应当驳回起诉。②即便把我方向工商投诉视为一种警告，大健康公司在收到该警告后，也未向我方发出书面催告，所以也是不符合确认不侵权案件的受理条件。③王老吉公司所持有的"吉庆时分"商标合法有效。王老吉公司在 2011 年 1 月 28 日申请注册涉案商标，2012 年 2 月 7 日被核准注册。在本案立案前，大健康公司的关联公司于 2012 年 11 月 16 日向商标评审委员会提出了商标争议申请，商标评审委员会于 2014 年 4 月 14 日做出了维持涉案商标裁定，该裁定书已经生效。王老吉公司持有的"吉庆时分"商标合法有效。④王老吉公司是依据中国香港法律在香港注册的公司，企业名称是否侵权与是否具备法人资格是没有关系的，根据中国境内的法律，即便企业名称侵权也仅仅应当承担变更名称的责任，不影响在中国注册商标。⑤大健康公司在商品包装上使用"吉庆时分"，已经对王老吉公司侵权，该行为已经被工商认定侵权，并做出行政处罚。根据《商标法》（2001 年修正本）第 53 条的规定，大健康公司如不服该行政处罚，应当在期限内提出行政诉讼。但是大健康公司未能提起，该处罚已经发生了效力。同时，大健康公司在本案中也没有就未侵权提交相关证据。

广州市中级人民法院一审查明：

广州医药集团有限公司是第 9095940 号 、第 3980709 号 、第 626155 号 注册商标的商标权人。上述商标核定使用商品种类均为第 32 类：包括无酒精饮料、果汁/固体饮料等。2009 年 4 月 24 日，国家工商行政管理总局商标局作出商标驰字〔2009〕第 18 号《关于认定"王老吉"商标为驰名商标的批复》，认定广州医药集团有限公司使用在商标注册用商品和服务国际分类第 32 类无酒精饮料商品上的"王老吉"注册商标为驰名商标。

广州医药集团有限公司属下的广州药业股份有限公司于2012年2月28日全资设立了大健康公司。同年5月11日，广州医药集团有限公司与大健康公司签订《商标使用许可合同》，约定广州医药集团有限公司将前述第626155号、第9095940号、第3980709号商标授予大健康公司在第32类饮料指定商品上使用。随后，大健康公司委托生产了"王老吉"凉茶饮料。

2012年11月29日的《广州日报》和《信息时报》分别登载了名称为《加多宝广药"吉庆时分"再交锋——加多宝称对方遭50多个地区查封 广药指"吉庆时分"被注册违规》和《加多宝王老吉"侵权战"升级——加多宝指责广药使用"吉庆时分"侵权，广药称"吉庆时分"商标在大陆无效》的文章，内容均包括"加多宝称，在山西、辽宁、浙江、新疆、陕西等省份的50多个地区的工商部门已查封广药大量涉嫌侵权的凉茶产品"。同日，中国保护知识产权网登载了《第一财经日报》的文章《加多宝下月将诉广药商标侵权 围绕吉庆时分商标》。

大健康公司为证明其销售商被投诉的情况，向一审法院提交了全国各地多个工商行政管理局做出的书面文件。大健康公司还自制了王老吉公司向各地工商举报投诉后各地工商的处理情况表，共有98件。大健康公司称截至2013年1月15日，因"吉庆时分"被查封货物共109 513箱，罚款76.385万元，已解封货物32 071箱。

大健康公司在本案中确认其在本案中主张的不侵害王老吉公司商标权的"吉庆时分"使用方式在"王老吉"凉茶的外包装箱上，该外包装一面为大大的"吉"字，另一面为"王老吉"凉茶产品的图案。在"吉"下方的两侧分别有较小字体的"吉庆时分"和"喝王老吉"字样。对称位置，在"产品图案"下方的两侧分别为"怕上火"和"就喝王老吉"字样。该包装盒其他四面侧边均有明显的"王老吉"字样，并标注有注册商标标识®。

王老吉公司是于1991年10月1日，在中国香港注册的有限公司，现任董事包括陈鸿道。该公司名称先后为善和企业发展有限公司、松田集团有限公司、鸿道发展（中国）有限公司，于2004年8月9日变更为现公司名称"王老吉有限公司"。第9102892号"吉庆时分"注册商标，为王老吉公司于2011年1月28日申请，于2012年2月7日公告，核定使用商品种类为第32类，注册有效期限自2012年2月7日至2022年2月6日。王老吉公司将该

"吉庆时分"商标许可给其关联企业,包括加多宝(中国)饮料有限公司在内的六家"加多宝"公司。2012年11月2日,王老吉公司全权委托加多宝(中国)饮料有限公司在中国境内处理侵犯其公司名下商标(包括本案"吉庆时分"商标)专用权的一切行为,加多宝(中国)饮料有限公司有权全权行使维权权利,并独立采取一切有关附件商标的维权行为。并确认加多宝(中国)饮料有限公司在处理授权事务过程中签署的有关文件,该公司均予以确认,授权有效期自2012年11月2日至2022年11月1日止。

2012年11月16日,广州医药集团有限公司就王老吉公司本案的"吉庆时分"提出争议申请,国家工商行政管理总局商标评审委员会于2014年4月14日作出商评字〔2014〕第050090号《关于第9102892号"吉庆时分"商标争议书》裁定:争议商标予以维持。该裁定已经生效。

王老吉公司为证明工商部门已经作出行政处罚决定,提交了三份《行政处罚决定书》复印件,其中包括2012年11月23日,新抚区工商行政管理局作出抚工商新处字〔2012〕016号《关于李德喜商标侵权案的行政处罚决定》,称该局接到加多宝(中国)饮料有限公司的投诉,抚顺市新抚德喜食品商行经销的"王老吉"外包装上的"吉庆时分"字样,构成商标侵权。经查,该局认定构成商标侵权,决定责令当事人停止违法行为,并罚款290 900元,上缴国库。2013年1月7日淮阳县工商行政管理局作出的淮工商处字〔2013〕经第001号《行政处罚决定书》和2013年2月27日襄阳市工商行政管理局樊城分局作出的樊城工商处字〔2013〕第155号《行政处罚决定书》内容近似。

另查明,在广州医药集团有限公司授权"加多宝"公司生产"王老吉"凉茶期间,产品外包装和媒体宣传中多处可见"吉庆时分当然是王老吉"的广告语。

再查明,2012年12月6日,大健康公司曾在一审法院起诉王老吉公司侵害"王老吉"注册商标的侵权行为,案号为〔2012〕穗中法知民初字第250号,后于2014年12月5日撤回起诉。

广东加多宝饮料食品有限公司在重庆市第一中级人民法院起诉何燕以及大健康公司,认为王老吉公司使用"怕上火喝王老吉"广告语构成不正当竞争,案号为〔2012〕渝一中法民初字第777号。2013年12月16日,重庆市第一中级人民法院作出判决，认为大健康公司作为"王老吉"商标的合法使用人，对"怕上火喝王老吉"广告语享有合法利益，其继续延用"怕上火喝王老吉"广告语在行为动机及行为结果上不具有不正当性，因此不构成不正当竞争，驳回广东加多宝饮料食品有限公司的全部诉讼请求。

2014年12月12日，广东省高级人民法院作出〔2013〕粤高法民三初字第1、2号民事判决，认定案涉知名商品特有包装装潢的内容是指明在王老吉红罐凉茶产品的罐体上包括黄色字体"王老吉"等文字、红色底色等色彩、图案及其排列组合等组成部分在内的整体内容，该知名商品特有包装装潢权应由广州医药集团有限公司享有。

还查明，本案于2012年12月11日在一审法院立案。

2013年4月22日，广东明镜律师事务所刘洪波律师受大健康公司委托，通过邮政EMS向王老吉公司注册地址发出《律师催告函》，内容概括为：王老吉公司于2012年10月1日起，向工商行政部门投诉大健康公司的各地经销商销售侵犯王老吉公司的"吉庆时分"商标，但迄今为止未起诉大健康公司，却又在媒体报道广州医药集团有限公司和大健康公司侵权。特此催告王老吉公司，要么立即撤回对大健康公司所有经销商的行政投诉，要么在一个月内向法院提出侵权之诉。该函件于2013年4月26日被退回。

大健康公司称王老吉公司授权广东加多宝饮料食品有限公司，在中国境内全权处理侵犯授权人持有的所有有效注册商标的一切侵权行为，为此提交了《授权委托书》复印件一份。

广州市中级人民法院一审认为：

本案的争议焦点包括：①本案是否具备确认不侵害商标权之诉的受理条件；②大健康公司在其外包装上使用"吉庆时分"字样是否构成对王老吉公司商标权的侵害。

关于第一个问题。2012年11月，王老吉公司授权加多宝（中国）饮料有限公司向全国各地工商部门投诉当地商户销售的大健康公司生产的凉茶产品涉嫌侵犯其商标权。大健康公司提交了一份授权委托书复印件，称王老吉公司是授权广东加多宝饮料食品有限公司进行的上述行为，该授权书仅为复印件，王老吉公司不予确认，且与相关行政处罚决定书上列明的投诉人不符，一审法院不予采信。大健康公司自述，截至2013年1月15日，因王老吉公司举报行为，共 98 处经销商被查处，被查封货物共 109 513 箱，罚款 76.385 万元，已解封货物 32 071 箱。遑论大健康公司所述数据的真实性，但从王老吉公司在媒体上的宣传，可见王老吉公司至少在山西、辽宁、浙江、新疆、陕西等省份的五十多个地区向工商部门举报当地商户销售的大健康公司生产的凉茶产品涉嫌侵犯其商标权，大量涉嫌侵权的凉茶产品被查封。

从确认不侵权之诉确立的立法本意出发，在符合民事诉讼法规定的民事案件受理条件的基础上，符合以下三个条件即可。一是商标权利人已向其发出了警告，而被诉侵权人不承认自己的行为构成侵权；二是商标权利人无正当理由延迟向人民法院起诉或向有关知识产权行政管理部门投诉；三是商标权利人的此种延迟行为可能对被诉侵权人的权益造成损害。结合本案的实际情况，王老吉公司在全国范围内向工商行政管理部门投诉大健康公司的销售商，并在媒体上进行宣传，而未对大健康公司采取直接的行为。诚如王老吉公司所述，有部分工商行政管理部门已经作出了行政处罚决定，并向一审法院提交了三份行政处罚决定书，虽然王老吉公司提交的行政处罚决定书为复印件，但是考虑到大健康公司有提交反证的能力，故一审法院采纳这些文书的真实性。由于大健康公司并非这些行政行为的相对人，这些行政决定不应认定为工商部门已经就大健康公司、王老吉公司双方之间的争议作出处理。王老吉公司投诉以及宣传的行为使得大健康公司处于是否侵权的不确定状态，大健康公司的起诉符合上述第一个条件。进而，如上所述，王老吉公司在全国范围内向工商行政管理部门投诉大健康公司的经销商，其在媒体宣传的就有多个省份的五十多个地区，王老吉公司在同一时间段、在全国展开了如此大范围的投诉行为，但是却不选择投诉或起诉被诉产品的生产商大健康公司，显然无任何正当理由。虽王老吉公司有在媒体上宣称要起诉大健康公司，大健康公司也在本案立案后向王老吉公司发出书面催告函，但是事实是王老吉公司至今未起诉大健康公司或在本案中提出反诉。故大健康公司的起诉符合上述第二个条件。至于上述第三个条件，王老吉公司如此大范围的投诉大健康公司的经销商，显然会对大健康公司生产、经营产生不利影响。综上，一审法院认为大健康公司的起诉符合确认不侵犯商标权纠纷的受理条件。

关于第二个问题。商标的主要功能是识别产品的来源。首先，涉案外包装箱上"吉庆时分"字样字体较小,与"喝王老吉"字样分列在大"吉"字下方的两侧,并与包装箱另一侧的"怕上火""就喝王老吉"字样在对称位置。该"吉庆时分"字样虽和"喝王老吉"是分开的,但是无论是从排版上,还是语义上消费者很容易将两者联系起来,如同包装另一侧的"怕上火就喝王老吉"为一句完整的广告语一样。其次,王老吉公司的"吉庆时分"商标有明确的中文含义,显著性较弱。王老吉公司亦未提交其将"吉庆时分"作为商标使用的相关证据。加之"加多宝"公司生产"王老吉"凉茶时的宣传中也多以广告语的形式使用"吉庆时分"字样,比如"吉庆时分当然是王老吉"。故消费者很难意识到该"吉庆时分"字样是商标。最后,涉案外包装上标识有明显的"王老吉"注册商标,基于"王老吉"商标的知名度以及明显的注册商标标识,更加使得消费者不会去从商标角度理解被诉外包装上的"吉庆时分"字样,更容易从排版、语义上将"吉庆时分喝王老吉"理解为广告语。综合以上分析,一审法院认为涉案包装上的"吉庆时分"字样,为"吉庆时分喝王老吉"广告语的一部分,大健康公司对该字样的使用不构成商标性的使用,不会使消费者对产品的来源产生误认。进而,大健康公司对该字样的使用显然不会侵犯王老吉公司的注册商标专用权。

综上,广州市中级人民法院依照《商标法》(2001 修正本)第三条、《商标法实施条例》(2002 年版)第三条、《民事诉讼法》(2012 年修正本)第一百一十九条[①]的规定,判决:

确认大健康公司涉案使用"吉庆时分"字样的方式不侵犯王老吉公司的商标权。一审案件受理费人民币 1000 元,由王老吉公司负担。

二、二审

王老吉公司不服一审判决,向广东省高级人民法院提起上诉称:①大健康公司未依法书面催告王老吉公司行使诉权,本案不符合确认不侵害商标权的受理条件,应依法驳回大健康公司的起诉;②一审判决认为大健康公司在涉案商品包装上使用"吉庆时分"字样,系"吉庆时分喝王老吉"广告语的一部分,不构成商标性的使用,一审法院该认定适用法律有误;③大健康公司明知王老吉公司已经将"吉庆时分"注册为商标,仍然将其用于广告宣

---

① 《民事诉讼法》(2017 年修正本)对第一百一十九条未做改动。

传，其目的就是希望通过长期使用，弱化涉案商标的显著性，并将"吉庆时分"标示与大健康公司建立联系，其主观恶意如果不制止，将导致王老吉公司的"吉庆时分"注册商标丧失区别商品来源的功能。故请求二审法院：撤销原判，依法驳回被上诉人的诉讼请求；一、二审诉讼费由对方负担。

广东省高级人民法院经二审，确认了一审查明的事实。

广东省高级人民法院二审认为：

本案系确认不侵害商标权纠纷。根据当事人的上诉请求和答辩意见，本案的争议焦点为：①本案是否符合确认不侵害商标权之诉的受理条件；②大健康公司在其商品外包装上使用"吉庆时分"标识的行为，是否侵害王老吉公司本案商标权。

（1）关于本案是否符合确认不侵害商标权之诉受理条件的问题。王老吉有限公司认为，法院受理确认不侵害商标权之诉，应当按照《最高人民法院关于审理侵犯专利权纠纷案件应用法律若干问题的解释》第十八条的规定，以诉前先行书面催告、在规定期限后起诉等条件为前提。法院认为，确认不侵权之诉的立法目的在于规制权利人滥用诉权。在被警告人遭受侵权警告，而权利人怠于行使诉权使得被警告人处于不安状态情形下，被警告人能够获得司法救济的途径。但是，由于侵权之诉在举证和事实查明上优于确认不侵权之诉，为了尽量促使当事人之间通过侵权之诉解决争议，防止被警告人动辄提起确认不侵权之诉，对于被警告人提起确认不侵权之诉，有必要设置被警告人向权利人催告行使权利的程序，以及留给权利人提起侵权之诉的合理期限。《最高人民法院关于审理侵犯专利权纠纷案件应用法律若干问题的解释》第十八条规定："权利人向他人发出侵犯专利权的警告，被警告人或者利害关系人经书面催告权利人行使诉权，自权利人收到该书面催告之日起一个月内或者自书面催告发出之日起二个月内，权利人不撤回警告也不提起诉讼，被警告人或者利害关系人向人民法院提起请求确认其行为为不侵犯专利权的诉讼的，人民法院应当受理。"该司法解释明确规定了确认专利不侵权之诉的条件。在商标领域，虽然未有法律或者司法解释对此作出规定，但一般情况下，可以参照前述司法解释第十八条规定执行。但是，在确认不侵害商标权之诉中，对于前述规定的催告程序，亦不宜机械地适用。应当结合确认不侵权之诉的立法目的，根据个案具体情况，妥当地理解和适用，以恰当平衡双方当事人的利益。本案中，由于王老吉公司向工商行政管理部门投诉，从 2012 年 11 月 23 日起至 12 月 11 日本案立案期间，大健康公司的经销商被工商行政管理部门查处。而且，王老吉公司在媒体上宣传大健康公司侵权。由此可知，在此期间，大健康公司遭受王老吉公司侵权警告的事实确实存在。在本案争议之前，双方当事人已经发生不正当竞争纠纷等多起纷争。而且，在本案商标行政评审程序中，大健康公司的关联公司广州医药集团有限公司以在先使用"吉庆时分喝王老吉"广告语为理由，主张撤销本案商标；国家工商行政管理总局商标评审委员会以该广告语"不能作为在先使用的商标"为理由，维持本案商标。在明知双方商品市场争夺激烈的情形下，王老吉公司认为在被诉商品上使用"吉庆时分"标识侵犯其商标权，本来可以及时地向被诉商品的生产者大健康公司直接主张权利，而不仅仅投诉大健康公司的经销商。大健康公司在王老吉公司仅仅投诉其经销商，其无法参与到行政程序中主张权益的情况下，未经诉前书面催告程序而直接提起确认不侵害商标权之诉，以尽快明确双方权利边界，有其合理之处。不仅如此，大健康公司代理人于一审起诉之后不久，向王老吉公司发出《律师催告函》，王老吉公司拒收该《律师催告函》的邮件。在一审期间收到起诉状之时，王老吉公司即已知道大健康公司在维护其权益。王老吉公司可以在一审期间收到起诉状之后的合理期限内，提起侵权之诉或者撤回警告。但是，在本案历经的管辖权异议及其上诉期间，直至一审法院实体审理开庭辩论终结之前，王老吉公司一直未提起侵权之诉或者撤回警告。而且，无论是一审还是二审，王老吉公司始终主张大健康公司侵害其商标权，可见，大健康公司仍然明显处于王老吉公司侵权警告的不安之中。在此种情形下，如果机械地参照前述司法解释的书面催告程序及其"自权利人收到该书面催告之日起一个月内或者自书面催告发出之日起二个月内"期限来设定受理条件，从而驳回大健康公司起诉，然后再由大健康公司提起确认不侵害商标权之诉，这在事实上只是徒增了无意义的司法程序空转。综上，一审法院认为大健康公司符合确认不侵害商标权之诉的受理条件正确。王老吉公司该项上诉主张依据不足。

（2）关于大健康公司在其商品外包装等使用"吉庆时分"标识的行为，是否侵害王老吉公司本案商标权的问题。王老吉公司上诉认为，大健康公司将"吉庆时分"使用在商品包装上，该标识已经具备区别商品来源的功能，且《商标法实施条例》等并未将商标使用限定为商标性的使用,无论该使用行为是否属于商标性使用,均不影响判定该使用行为构成商标侵权。法院认为,商标法保护商标的本质在于保护商标的识别功能,侵害商标权实质上是他人行为对商标识别功能的破坏。他人将商标权人的商标标识使用在他人的商品上,只有该标识起到识别来源的作用之时,才有可能进一步的引起消费者对商品来源产生混淆误认,进而有可能构成侵害商标权。如果他人将商标权人的商标标识使用在他人的商品上,但是该商品上的标识并没有发挥识别来源的作用,那么此时他人对该标识的使用,也就不可能使得消费者发生下一步的混淆误认判断,该种使用行为并不构成侵害商标权。本案中,大健康公司商品外包装上,既标有广告语"吉庆时分喝王老吉",又标有其"王老吉"注册商标;注册商标字体较大,标注在包装盒较为显眼的位置;广告语字体较小,标注在包装盒一面下部边缘处。而且,在王老吉公司"吉庆时分"注册商标获得授权之前,大健康公司的关联公司广州医药集团有限公司亦曾在其商品上使用过类似的广告语。在此情形下,在商品包装等使用"吉庆时分喝王老吉"的广告语,消费者并不认为其中的"吉庆时分"标识是在发挥识别商品来源的作用,因此,也就不可能引起消费者对该商品的来源产生混淆误认。一审法院关于被诉商品包装等使用"吉庆时分"标识不构成侵害本案商标权的认定正确。2002年颁布的《商标法实施条例》第三条列举了商标使用的情形,该条款的"商标的使用",亦应当理解为包含了"用于识别商品来源"这一要件。综上,王老吉公司该项主张依据不足。

综上,王老吉公司的上诉请求不成立,应予驳回;一审判决认定事实清楚,适用法律正确,应予维持。

据此,广东省高级人民法院依照《民事诉讼法》(2017年修正本)第一百七十条第一款第一项之规定,判决如下:驳回上诉,维持原判。二审案件受理费1000元,由王老吉有限公司负担。

【法官点评】

本案入选2018年广东知识产权司法保护十大案件、《中国知识产权》杂志2018年度全国法院知识产权典型案例。确认不侵害注册商标权诉讼是一种新的诉讼类型,目前现行法律对此没有明确的相关规定,可供参考适用的法律规定是《最高人民法院关于审理侵犯专利权纠纷案件应用法律若干问题的解释》第十八条,即:"权利人向他人发出侵犯专利权的警告,被警告人或者利害关系人经书面催告权利人行使诉权,自权利人收到该书面催告之日起一个月内或者自书面催告发出之日起二个月内,权利人不撤回警告也不提起诉讼,被警告人或者利害关系人向人民法院提起请求确认其行为不侵犯专利权的诉讼的,人民法院应当受理。"在司法实践中,结合不侵权之诉的立法目的并参照前述规定,可以确定判断原告是否符合提起确认不侵害注册商标权诉讼的条件时,应当综合考虑以下因素:①被告已就原告使用涉案标识的行为发出警告;②被告怠于向法院起诉,原告对此进行过催告,关于这一点,不宜机械适用前述司法解释中规定的"自权利人收到该书面催告之日起一个月内或者自书面催告发出之日起二个月内"的期限,而是应当结合具体案件的情况,公平合理地确定合理期限;③被告的前述行为可能对原告的权益造成损害,具体来说是可能造成商誉上的损害,或交易机会的丧失等。

本案中,王老吉公司向工商行政管理部门投诉,并在媒体上宣传大健康公司侵权,属于对大健康公司使用涉案标识行为的警告,却一直未提起侵权之诉或者撤回警告,使大健康公司明显处于王老吉公司侵权警告的不安之中,且可能遭受商誉损害。因此,本案符合确认不侵害注册商标权诉讼的受理条件。

(撰稿人:广东省高级人民法院 肖少杨 宋薇薇)

洛克尔国际有限公司诉大连岩棉有限公司侵害商标权及不正当竞争纠纷案

——企业名称翻译不当构成不正当竞争之判断因素

【裁判要旨】

在国内企业将其名称翻译为英文，而翻译后的名称与外国企业字号构成近似的情况下，判断该企业是否构成不正当竞争，需要综合考虑其是否按通常方式进行规范翻译，以及主观上是否存在攀附他人知名字号的恶意。

【关键词】

企业名称　翻译　不正当竞争

【案例索引】

一审：江门市中级人民法院〔2014〕江中法知民初字第95号

二审：广东省高级人民法院〔2016〕粤民终783号

【案情及裁判】

原告：洛克尔国际有限公司（ROCKWOOL INTERNATIONAL A/S）（以下简称洛克尔公司）

被告：大连岩棉有限公司（以下简称大连岩棉公司）

一、一审

原告洛克尔公司因与被告大连岩棉公司发生侵害商标权及不正当竞争纠纷，向江门市中级人民法院提起诉讼。

原告洛克尔公司诉称：其为"ROCKWOOL"商标权利人，大连岩棉公司在其公司网站上使用了"Rockwool"标识，并在该网站上"公司介绍"部分附图公司大门图片可以看出大连岩棉公司在其大门上使用了"DALIAN ROCKWOOL CO. LTD"作为英文商号；英文版网页的"Profile"（即"公司介绍"部分）中，大连岩棉公司使用了"Dalian Rockwool Co.，Ltd"的英文名称。此外，大连岩棉公司注册使用"chinarockwool.com"域名。故起诉请求判令：①大连岩棉公司立即停止对洛克尔公司所属的第G813306号"ROCKWOOL"商标及"ROCKWOOL"商号的侵权行为，包括停止在网站上、宣传材料中、宣传中、公司经营过程中使用"ROCKWOOL"商标、商号的行为；②大连岩棉公司立即停止使用"www.chinarockwool.com"域名、侵犯洛克尔公司商标和商号的行为，并将其转让给洛克尔公司；③大连岩棉公司分别在《中国工商报》《中国建设报》《中国建材报》《中国房地产报》显著位置刊登声明以消除影响；④大连岩棉公司赔偿洛克尔公司损失及制止侵权所产生的律师费、公证费和差旅费等，共计人民币200万元；⑤大连岩棉公司承担本案的全部诉讼费用。

被告大连岩棉公司辩称：其为正当使用企业名称及域名，请求驳回洛克尔公司的诉讼请求。

江门市中级人民法院一审查明：

本案所涉"ROCKWOOL"商标由洛克尔公司于1937年3月13日在丹麦王国登记注册，注册A类编号为260/37，核定使用商品为国际分类第17类的"保温材料的岩棉，对冷、热、火和声音的控制"和国际分类第19类的"从岩棉提炼的建材"。"ROCKWOOL"商标于2014年9月9日经国家工商行政管理总局商标局核准注册，商标注册证号为G813306，有限期自2013年10月9日至2023年10月9日，核定使用商品/服务为第17类的"防止高温，寒冷，火灾以及噪声的矿棉制的绝缘物，包括用于音响调节的；防止高温，寒冷，火灾以及噪声的矿棉制的绝缘物，包括用于音响调节的（截止）"和第19类的"矿棉制的建筑材料（截止）"。洛克尔公司"ROCKWOOL 洛科威"商标经国家工商行政管理总局商标局核准注册，商标注册证号为第9173648号和第9173647号，核定使用商品（第17类）"隔热材料；保温用非导热材料；绝缘耐火材料；声音调节用吸音材料（截止）"和（第19类）"非金属建筑材料（截止）"。

洛克尔公司提供的ROCKWOOL集团发展简史及其翻译件，洛克尔公司首席财务官出具的宣誓书，丹麦出口协会高级部门经理出具的并经公证认证程序的证明及所附洛克尔公司参加中国营销活动的照片、记录以及中文翻译，ROCKWOOL 岩棉案例手册，《材料开发与应用》和《建材与设计》杂志报道，洛克威建材材料香港有限公司、洛克威防火保温材料（广州）有限公司、洛克威建筑材料（天津）有限公司以及洛克威防火保温材料（上海）公司的公司资料、相关财务报告节选、参展照片、买卖合同、交易单据以及增值税发票，2013 年第十一届上海国际保温材料与节能技术展览会会刊节选，2014 年第十届国际绿色建筑与建筑节能大会暨新技术与产品博览会会刊节选，洛克尔公司 2013 年年报节选及其翻译件，上述证据可以证明"ROCKWOOL"商标和"ROCKWOOL"商号由洛克尔公司 1937 年独创并在全球持续使用。自 1983 年开始，国内媒体已有洛克尔公司"ROCKWOOL"商标和"ROCKWOOL"商号的相关报道。洛克尔公司于 1995 年已开始在中国向包括"北京东方广场"和"深圳嘉里中心"项目在内的其他建筑项目销售、供货"ROCKWOOL"商标的岩棉产品并持续至今。

洛克尔公司于 1996 年 4 月 16 日注册并使用 www.rockwool.com 网络域名，到期日期为 2016 年 4 月 17 日。大连岩棉公司于 2001 年 8 月 28 日注册并使用 www.chinarockwool.com 网络域名，到期日期为 2017 年 8 月 28 日。

大连岩棉公司成立于 1987 年 6 月 3 日，注册资本为 30.7 万元，经营范围为岩棉制造；辉绿岩矿石、硅酸铝耐火纤维加工（不含开采）、铆焊加工。2003 年 8 月 22 日，企业名称由"大连岩棉厂"变更为"大连岩棉有限公司"。

北京市长安公证处〔2014〕京长安内经证字第 19578 号公证书显示，登录 www.chinarockwool.com，打开大连岩棉公司网页，大连岩棉公司中文名称上方突出使用"Rockwool"字样，且大连岩棉公司的英文名称翻译为"Dalian Rockwool Co., Ltd"，该网页内附有的大连岩棉公司大门照片显示其英文名称翻译为"DALIAN ROCKWOOL CO., LTD"。东北认证有限公司将"大连岩棉厂"英文翻译为"THE DALIAN ROCKWOOL FACTORY"，将"大连岩棉有限公司"英文翻译为"DALIAN ROCK WOOL CO., LTD"。中国船级社大连分社将"大连岩棉有限公司"英文名称翻译为"Dalian Rockwool

Co.，Ltd"。

洛克尔公司为本案诉讼支付法律服务费 106 595.15 元，公证费 11 322 元，检索费及复印费 1661 元。

江门市中级人民法院一审认为：

本案系侵害商标权及不正当竞争纠纷案件。本案的争议焦点有以下三个：

（1）洛克尔公司主张的"ROCKWOOL"商号权是否受我国法律保护，大连岩棉公司使用"DALIAN ROCKWOOL CO.，LTD"英文名称是否侵害洛克尔公司"ROCKWOOL"商标权及"ROCKWOOL"商号权并构成不正当竞争。

洛克尔公司的企业名称及其"ROCKWOOL"商号经过自身多年的经营，已经在中国境内为相关公众广泛知晓，具有较高的知名度和美誉度。因此，洛克尔公司企业名称中所使用的"ROCKWOOL"商号可以认定为《反不正当竞争法》（1993 年版）第五条第三项规定的"企业名称"，依法受到保护。判断大连岩棉公司使用"DALIAN ROCKWOOL CO.，LTD"是否构成与洛克尔公司"ROCKWOOL"商号的混淆，需要考量商业活动习惯，且应从经营者、消费者或者相关市场需求者出发，综合判断。本案中，根据洛克尔公司的公司简介可以证明洛克尔公司成立于 1937 年，远早于大连岩棉公司的成立时间 1987 年，且洛克尔公司系目前世界上较大的岩棉产品制造企业。洛克尔公司及其"ROCKWOOL"品牌产品于 1983 年已被中国媒体报道，"ROCKWOOL"品牌产品于 1995 年已被中国的建筑行业采购、使用。本案的在案证据可以形成完整的证据链，足以证明洛克尔公司"ROCKWOOL"商号在世界范围内具有较高的知名度，同时洛克尔公司及其"ROCKWOOL"品牌产品已经进入中国大陆市场，在中国大陆市场进行了较长时间和较大范围的宣传、使用和大量的销售，通过上述商业使用在中国市场确立了较高比例的市场份额，形成了稳定的市场秩序和固定的消费群体，并具有相应的知名度和影响力。因大连岩棉公司与洛克尔公司生产的岩棉产品在销售渠道和消费群体等方面存在密切联系，作为同业竞争者，大连岩棉公司对于洛克尔公司在行业内的地位、经营时间、知名度及影响力应当是知晓的，大连岩棉公司在其官网和公司大门上使用"Dalian Rockwool Co.，Ltd"和"DALIAN ROCKWOOL CO.，LTD"英文企业名称翻译，包含了洛克尔公司"ROCKWOOL"商号，"DALIAN ROCKWOOL CO., LTD"英文企业名称中的"ROCKWOOL"与洛克尔公司"ROCKWOOL"商标权相近似，并突出使用了洛克尔公司"ROCKWOOL"商标权，在主观上具有明显的恶意模仿、搭便车的故意并侵害了洛克尔公司"ROCKWOOL"商标权，违反了诚实信用原则和公认的商业道德，在客观上足以使相关公众对商品及商品的生产者发生混淆和误认，违反了公平竞争的原则。大连岩棉公司关于"ROCK WOOL"属于岩棉产品通用名称的主张，根据大连岩棉公司提供的相关英文翻译资料显示，"rock wool"或"ROCK WOOL"是作为分开的英文词组翻译成岩棉或岩棉制品，但"ROCKWOOL"属于连续的英文字母组合，"ROCKWOOL"和"rock wool"或"ROCK WOOL"并不相同，"ROCKWOOL"不属于岩棉产品通用名称，故大连岩棉公司的主张理据不足。

（2）大连岩棉公司注册使用www.chinarockwool.com的网络域名是否侵害洛克尔公司"ROCKWOOL"商标权及"ROCKWOOL"商号权并构成不正当竞争。大连岩棉公司注册使用的www.chinarockwool.com网络域名与洛克尔公司的"ROCKWOOL"商标权、"ROCKWOOL"商号权以及www.rockwool.com网络域名相比较，整体组成构成近似，主要部分均为"rockwool"，仅有的区别在于有无"china"前缀，而这种区别并不足以使相关公众对两域名进行区分，与之相反会导致相关公众误认为"www.chinarockwool.com"是"www.rockwool.com"网络域名的中文版，进而将大连岩棉公司与洛克尔公司的产品或服务相混淆。洛克尔公司依法对"ROCKWOOL"商标权、"ROCKWOOL"商号权以及"www.rockwool.com"网络域名享有权利，应当受到法律保护。而大连岩棉公司对其网络域名的主要部分"rockwool"并不享有权利，也无注册、使用该网络域名的正当理由，大连岩棉公司通过在网络域名的主要部分"rockwool"添加"china"前缀的行为，存在不规范注册、使用网络域名的故意，这种不规范注册、使用网络域名的行为不再受到法律保护；且其注册"www.chinarockwool.com"网络域名的时间为2001年，晚于"www.rockwool.com"网络域名的注册时间即1996年，主观上亦存在利用该域名造成两公司的产品或服务相混淆的故意，故大连岩棉公司注册使用"www.chinarockwool.com"网络域名的行为构成侵害商标权和不正当竞争，应当予以禁止。

（3）大连岩棉公司应当承担何种民事责任。前文已述，大连岩棉公司在其英文企业名称、网络域名上使用"ROCKWOOL"的行为已构成侵犯商标专用权及不正当竞争，依法应当承担停止侵权、赔偿损失的民事责任。判令大连岩棉公司停止在其英文企业名称、网络域名、网站内容、宣传资料中使用"ROCKWOOL"标识及"ROCKWOOL"商号。关于转让案涉域名的问题，洛克尔公司诉请将 www.chinarockwool.com 网络域名转让给其的诉讼请求，缺乏法律依据，不予支持。关于赔偿数额的问题，综合考虑大连岩棉公司侵权行为的性质、情节、侵权的持续时间、洛克尔公司注册商标和"ROCKWOOL"商号的知名度及其为制止侵权行为所支出的合理费用等因素的基础上，确定大连岩棉公司应向洛克尔公司赔偿经济损失及维权费用15万元。关于消除影响、赔礼道歉的问题，因洛克尔公司并未举证证明本案的侵权行为给其造成多大的商誉影响，且本案的处理已足以制止大连岩棉公司的侵权行为，对洛克尔公司诉请判令大连岩棉公司消除影响、赔礼道歉的诉讼请求，不予支持。

综上，江门市中级人民法院依照《商标法》（2013年修正本）第五十七条第七项、第六十三条，《反不正当竞争法》（1993年版）第二条、第五条，《最高人民法院关于审理反不正当竞争民事案件应用法律若干问题的解释》第六条第一款、第七条，《最高人民法院关于审理涉及计算机网络域名民事纠纷案件适用法律若干问题的解释》第四条，判决：

（1）大连岩棉有限公司在判决发生法律效力之日起立即停止侵犯洛克尔国际有限公司第G813306号"ROCKWOOL"注册商标专用权及不正当竞争行为，不得突出使用"ROCKWOOL"标识和"ROCKWOOL"商号；

（2）大连岩棉有限公司在判决发生法律效力之日起立即停止使用并注销"www.chinarockwool.com"网络域名；

（3）大连岩棉有限公司在判决发生法律效力之日起10日内赔偿洛克尔国际有限公司经济损失及维权费用15万元；

（4）驳回洛克尔国际有限公司其他诉讼请求。

二、二审

大连岩棉公司不服一审判决，向广东省高级人民法院提起上诉称：①大连岩棉公司使用rockwool作为公司英文名称组成部分的行为并未侵害洛克尔公司的合法权利；②一审判决书中存在认定事实和适用法律方面的错误。综上，请求二审法院查清事实，依法改判驳回洛克尔公司全部诉讼请求。

广东省高级人民法院经二审，确认了一审查明的事实。

广东省高级人民法院二审另查明：北京市第一中级人民法院〔2012〕一中知行字初第1722号行政判决第17页"本院认为"部分表述："原告（洛克尔公司）在评审阶段提交的证据7可以证明在2002至2010年间，使用'ROCKWOOL'商标的原告绝缘材料和保温材料产品已经向中国10余个省市的30余家企业进行了销售，涉及的贸易金额近亿元人民币，申请商标在中国使用的持续时较长，涉及面广，销售量大，该商标在中国相关公众中已形成一定的消费群体并具有相应的知名度。此外，该证据中的发票、提单、航运单等商业票据在右上角的显著位置均标有'ROCKWOOL'标识，按照国际贸易的一般惯例，上述标识即为申请商标在国外企业商业票据中的实际使用形式，属于商标的实际商业使用。"

广东省高级人民法院二审认为本案争议焦点包括以下三个方面：

（1）大连岩棉公司在网页上使用"Rockwool"标识的行为是否侵犯洛克尔公司涉案商标权以及构成不正当竞争。根据《最高人民法院关于审理商标民事纠纷案件适用法律若干问题的解释》第一条第一项规定，"将与他人注册商标相同或者相近似的文字作为企业的字号在相同或者类似商品上突出使用，容易使相关公众产生误认的"，"属于商标法第五十二条第五项规定的给他人注册商标专用权造成其他损害的行为"。商标的使用，是指将商标用于商品、商品包装或者容器以及商品交易文书上，或者将商标用于广告宣传、展览以及其他商业活动中，用于识别商品来源的行为。本案中，大连岩棉公司的网站用于企业介绍和商品宣传，大连岩棉公司在其网站首页上使用"Rockwool"标识，起到识别商品来源的作用，该使用行为属于商标性使用。大连岩棉公司的主营商品及网站宣传的商品是岩棉产品，与洛克尔公司涉案商标核定注册商品类别相近。大连岩棉公司使用的"Rockwool"标识，与洛克尔公司涉案商标标识相同。大连岩棉公司在其网站的网页上使用"Rockwool"标识，容易使得公众产生混淆的可能，公众会以为该网站宣传的商品系来源于洛克尔公司，或者与洛克尔公司存在某种联系。因此，大连岩棉公司在其网页上使用"Rockwool"标识的行为,构成侵害洛克尔公司涉案商标权。

(2)大连岩棉公司在其网站上使用英文全称的企业名称以及在其企业门口牌匾上使用英文企业名称行为,是否构成不正当竞争。

《企业名称登记管理规定》(2012年修正本)第六条规定:"企业只准使用一个名称,在登记主管机关辖区内不得与已登记注册的同行业企业名称相同或者近似。确有特殊需要的,经省级以上登记主管机关核准,企业可以在规定的范围内使用一个从属名称。"《企业名称登记管理实施办法》(2004年修正本)第八条规定:"企业名称应当使用符合国家规范的汉字,不得使用汉语拼音字母、阿拉伯数字。企业名称需译成外文使用的,由企业依据文字翻译原则自行翻译使用,不需报工商行政管理机关核准登记。"由此可知,在一般情况下,中国的企业只使用一个汉字名称,企业名称需译成外文的,企业可以自行翻译使用,但应当依据文字翻译原则进行翻译。将企业名称翻译成外文企业名称,对于其中字号部分,既可以拼音形式表达,也可以直译、意译、音译、单词缩写及合并演化等方式进行翻译。拼音的形式表达翻译对象,其结果具有固定的对应性,不可能进行选择。直译的方式包括按照通用辞典所标注的单词或者词组进行翻译的情形,也包括公众已经普遍知悉,该翻译对象中文与外文的对应较为固定的情形。直译的结果也不具有选择性。意译、音译、单词缩写和合并演化等方式,其翻译结果具有可选性,不同人对同一对象进行翻译,能产生多种不同的结果。在企业中文名称具有正当性的前提下,企业将其中文名称翻译为外文,如果是以拼音和直译方式进行翻译,因其翻译结果具有固定的对应性,因此,即使该翻译结果与他人在先权益存在冲突,一般而言,仍然可以认定该使用外文企业名称的行为具有正当性。以意译、音译、单词缩写及合并演化等方式翻译的结果,因其翻译结果可选择、不唯一,所以该种方式翻译结果有可能构成侵害他人在先权益。

本案中,《英汉大词典》中收录了"Rock Wool"一词,解释为矿毛绝缘纤维(一种矿物纤维,用作绝缘材料)。来源于国家质量技术监督局的国家标准《绝热用岩棉、矿渣棉及其制品》(GB 11835—1989)亦载明,自1989年起"岩棉"被翻译为"Rock Wool"。因此,将"岩棉"翻译为

"Rock Wool"系通常的翻译,两者的对应较为固定。大连岩棉公司提交中国知网中的论文作为证据,拟证明"岩棉"通常被翻译为"Rock Wool"的情形。该证据只能证明少数人的使用情况,并不足以证明"Rock Wool"已经成为"岩棉"的通常翻译。综上,在大连岩棉公司中文名称未被证明不正当使用的前提下,如果大连岩棉公司将其企业名称翻译为"Dalian Rock Wool Co., Ltd."并进行使用,系大连岩棉公司对其自身企业名称的合理使用,难以认定不正当。

本案中,洛克尔公司指控的是对方使用"Dalian Rockwool Co., Ltd."的行为。两者字号的区别在于,前者系由两个单词组成的词组"Rock Wool",后者为一个单词"Rockwool"。在本案中,洛克尔公司提交的宣誓书及交易单据等证据,可以证明洛克尔公司及其"ROCKWOOL"品牌于1983年已被中国媒体报道,"ROCKWOOL"品牌产品于1996年进入中国市场。2002年至2010年间,"ROCKWOOL"品牌产品向中国多个省市多家企业进行销售,涉及的贸易金额和销售量较大,且销售持续时间较长,在销售过程中一直使用"ROCKWOOL"字号,因此,"ROCKWOOL"字号自2002年起在中国相关公众中已形成一定的消费群体,并具有一定的知名度。从大连岩棉公司在本案提交的证据来看,在2002年之前,大连岩棉公司所使用的英文企业名称多为"DALIAN ROCK WOOL FACTORY"或者"Dalian Rock wool Co., Ltd"。也即是,在洛克尔公司"ROCKWOOL"字号获得中国相关公众知悉、具有一定知名度之前,大连岩棉公司并未将"ROCKWOOL"在其英文企业全称中使用并致使该英文企业全称与大连岩棉公司建立识别性质的联系;较多的情形是,大连岩棉公司根据通常翻译习惯在其英文企业全称中使用"Rock Wool"。而在洛克尔公司"ROCKWOOL"字号在中国具有一定知名度之后,大连岩棉公司才开始将"ROCKWOOL"在其英文企业全称中较多使用。在洛克尔公司的"ROCKWOOL"字号已经具有一定知名度的前提下,大连岩棉公司使用其英文企业名称,应当按照通常的翻译习惯进行使用,以合理避让他人有一定知名度、为相关公众所知悉的企业字号。大连岩棉公司在网站及企业门牌中使用"Dalian Rockwool Co., Ltd."的行为,具有攀附意图,难谓正当、善意使用。大连岩棉公司的该项主张依据不足。

(3)大连岩棉公司注册、使用域名"www.chinarockwool.com"的行为是否侵害洛克尔公司涉案商标权以及构成不正当竞争。

大连岩棉公司网站注册时间是2001年8月28日，早于洛克尔公司涉案商标获得授权的时间2013年10月9日，亦早于洛克尔公司英文企业名称在中国获得一定知名度的时间（2002年）。因此，大连岩棉公司在先注册、使用域名"www.chinarockwool.com"，不构成侵害洛克尔公司涉案商标权，亦不构成侵害洛克尔公司企业名称的权益。再者，本案中，由于域名格式的使用习惯，通常不会在域名中使用空格。也即是，在域名中不会出现"Rock Wool"的情形。基于"岩棉"通常被翻译为"Rock Wool"，且大连岩棉公司对"Dalian Rock wool Co., Ltd"的使用具有正当性，因此大连岩棉公司注册、使用域名"www.chinarockwool.com"亦具有正当理由。大连岩棉公司于1987年成立。在洛克尔公司的岩棉产品进入中国之前，大连岩棉公司已经在中国生产、销售岩棉产品。该网站记载有大连岩棉公司的公司全称、简介、地址，这些信息可以表明网页上的产品来源于大连岩棉公司。且该网页中的内容亦无故意造成与洛克尔公司提供的产品或者网站混淆或者攀附洛克尔公司声誉的情形，因此，大连岩棉公司在该网页的使用行为不具有恶意。综上，退一步而言，即使洛克尔公司"Rockwool"字号权益形成时间早于大连岩棉公司注册、使用域名"www.chinarockwool.com"的时间，大连岩棉公司亦不构成侵害洛克尔公司企业名称的权益。针对洛克尔公司网站域名的权益而言，亦属同理。大连岩棉公司该项上诉主张依据充足，二审法院予以支持。

据此，广东省高级人民法院依照《反不正当竞争法》（1993年版）第五条第三项，《最高人民法院关于审理涉及计算机网络域名民事纠纷案件适用法律若干问题的解释》第四条、第五条，《民事诉讼法》（2017年修正本）第一百七十条第一款第二项之规定，判决：

（1）维持广东省江门市中级人民法院〔2014〕江中法知民初字第95号民事判决第一项、第三项；

（2）撤销广东省江门市中级人民法院〔2014〕江中法知民初字第95号民事判决第二项、第四项；

（3）驳回洛克尔国际有限公司的其他诉讼请求。

【法官点评】

在国内公司将自身中文名称翻译成英文名称，而该英文名称包含外国知名企业的字号及商标的情况下，应当如何判断国内公司是否侵害外国公司的相关权利，根据有关法律规定，应当结合其翻译方式是否具有正当性、其行为是否具有攀附外国知名企业商誉的故意等方面来分析。

本案中，洛克尔公司是岩棉行业的国际知名企业，大连岩棉公司将自身的企业名称翻译为"Dalian RockWool Co.，Ltd."并进行使用，是否侵犯洛克尔公司的字号权。现有证据显示，将"岩棉"翻译为"Rock Wool"系通常的翻译，如果大连岩棉公司将其企业名称翻译为"Dalian Rock Wool Co.，Ltd."并进行使用，系大连岩棉公司对其自身企业名称的合理使用，难以认定不正当。然而，大连岩棉公司将其企业名称翻译为"Dalian Rockwool Co.，Ltd."并进行使用，属于未对自身名称进行规范翻译，正当性有所欠缺。关于恶意问题，从大连岩棉公司在本案提交的证据来看，在2002年即洛克尔公司"ROCKWOOL"字号获得中国相关公众知悉、具有一定知名度之前，大连岩棉公司并未将"ROCKWOOL"在其英文企业全称中使用；而在此之后，大连岩棉公司才开始将"ROCKWOOL"在其英文企业全称中较多使用，由此可以推断出大连岩棉公司具有攀附意图，难谓正当、善意使用。综上，大连岩棉公司的本案行为构成侵害洛克尔公司字号权。这一案例警示中国企业在翻译自身名称时，应当进行规范翻译，以避免构成侵害他人字号权的不正当竞争行为。

（撰稿人：广东省高级人民法院　肖少杨　宋薇薇）

第三章 著作权案件

广州求知教育科技有限公司诉北京新浪互联信息服务有限公司侵害计算机软件著作权纠纷案
——信息网络传播侵权软件的帮助侵权行为认定

【裁判要旨】

故意避开或破坏计算机软件技术措施的行为构成对计算机软件著作权的侵害。网络用户明知系未经许可提供、破坏技术措施的侵权软件并介绍方法予以信息网络传播，经权利人合理方式通知，网络服务提供者应知网络用户上述行为的存在，而未采取删除、屏蔽、断开链接的必要措施，构成帮助侵权。

【关键词】

计算机软件著作权　信息网络传播　帮助侵权

【案例索引】

一审：广州知识产权法院〔2016〕粤73民初1387号

【案情及裁判】

原告：广州求知教育科技有限公司（以下简称求知公司）

被告：北京新浪互联信息服务有限公司（以下简称新浪公司）

原告求知公司因与被告新浪公司发生侵害计算机软件著作权纠纷，向广州知识产权法院提起诉讼。

原告求知公司诉称：求知公司开发的"考无忧全国专业技术人员计算机应用能力考试辅导软件"系列软件于2014年1月申请了著作权登记，并通过在公司官方网站 www.k51.com.cn 下载客户端后购买各模块注册码的方式供用户使用。新浪博客用户"蓝魔之泪"2014 年 11 月起在新浪博客平台发布文章，内容为对求知公司享有著作权的上述软件及破解版软件的介绍，并提供了侵权软件的下载链接及破解方法、说明等内容；通过下载链接并按说明步骤运行操作的结果显示，软件经破解后显示的多界面内容与正版软件正常运行时显示的内容相同，且无须注册码验证。博客网站的经营者新浪公司经求知公司两次邮件通知，作为网络服务提供者应知用户的侵权行为，至起诉时拒绝删除相关博客文章，该行为损害了求知公司的权益，请求判令新浪公司：①停止侵害求知公司涉案软件著作权的信息网络传播权的行为，从新浪公司网站上撤下侵权文章与链接；②在新浪公司网站上对求知公司赔礼道歉；③赔偿求知公司经济损失及维权费用共计 10 万元。

被告新浪公司辩称：①新浪公司没有实施侵害涉案软件著作权的行为。作为新浪博客平台的经营者，在本案中属于网络服务提供者，因没有实施自行上传侵权软件的行为，侵权软件也未存储于新浪公司的服务器上，对侵权软件的存在不明知也不应知；②求知公司所述的投诉通知未构成有效的投诉，新浪公司对此没有过错，不能据此承担责任；③求知公司提供的证据无法证明可从涉案博客文章中下载并安装运行侵权软件，应自行承担举证不能的不利后果；④因不存在侵权行为，求知公司未受到人身权利损害，未能举证证明因本案的行为遭受的损害，亦未能证明新浪公司因此而获取的利益；⑤涉案软件经济价值低。故请求驳回求知公司的全部诉讼请求。

广州知识产权法院一审查明：

"考无忧全国专业技术人员计算机应用能力考试辅导软件"是求知公司开发并享有著作权的软件，该系列软件的开发完成及首次发表时间为 2014 年 1 月，登记时间为 2014 年 9 月。该软件通过求知公司官方网站 www.k51.com.cn 下载客户端后购买各模块注册码的方式供用户使用。"在线购买"的订购单标注"购买多个模块可直接修改购买数量，无须多次单个购买；一个注册码可以注册一个模块，注册码在未注册之前是不分模块的……在线购买优惠价 19 元/科"等内容。

新浪公司是新浪网（www.sina.com）的主办单位，经营范围包括计算机互联网技术服务。

新浪博客用户"蓝魔之泪"2014年11月12日在新浪博客平台发布涉案博客文章。2016年7月1日显示的文章名称为"【考无忧】2016职称计算机软件破解版(亲测可用)",博文网址为http：//blog.sina.com.cn/s/blog_6626e1510102v77v.html。文章标签为"职称计算机",分类"酷软推荐";内容为考无忧职称计算机模块考试软件及破解版软件的介绍,包括计算机桌面文件夹内容、软件运行界面的截图及文字说明、下载链接、安装步骤等,还包括被诉侵权软件的下载链接及破解方法、说明等内容;通过下载链接并按说明步骤运行操作的结果显示,软件经破解后显示的多界面内容与涉案软件正常运行时显示的内容相同,且无须通过注册码注册即可使用。

2015年6月9日,求知公司向新浪公司vipfax@vip.sina.com邮箱发出投诉邮件,内容为:"新浪博客管理员：贵用户发布的【考无忧】2015职称计算机软件破解版(亲测可用)[①] 网址http：//blog.sina.com.cn/s/blog_6626e1510102v77v.html侵犯我司知识产权,请予以删除。"邮件底部留有求知公司名称、联系电话及手机号码,并包含经办人身份证、公司营业执照、在职证明、软件著作权、申请资料、公司组织机构代码证等六个附件,除申请资料外,其余附件均为JPG方式,可清晰显示内容。申请资料文档系求知公司依据新浪公司提供的格式文本填写的申请删帖文档。新浪公司回复邮件,内容包括"要求以快递或寄信的形式,将书面材料送至新浪网,否则为无效申请"。

2016年4月20日,求知公司向新浪公司前述邮箱再次发出"新浪网删帖申请"邮件,内容大致如前。针对该邮件,新浪公司系统邮件自动回复,仍然要求以快递或寄信的形式将书面材料送至新浪网,否则申请无效。

2016年8月30日,涉案博客文章被新浪管理员删除。其中经2016年修改的博客文章中的链接指向"考无忧2014职称计算机模块考试破解版"目录,与破解相关的两个文件上传于2016年4月7日,分别被浏览907次、2145次。至2016年7月1日,涉案博客文章阅读46112/评论9/收藏3/转载13,评论显示的时间自2014年11月至2016年5月,内容包括"真的能用"等。

[①] 后更名为"【考无忧】2016职称计算机软件破解版(亲测可用)"。

广州知识产权法院一审认为：

"考无忧全国专业技术人员计算机应用能力考试辅导软件"是求知公司开发并享有著作权的软件，该软件通过在求知公司官方网站下载客户端后购买各模块注册码的方式供用户使用。计算机软件著作权人在授权用户使用涉案软件时要求用户接受"一个注册码注册一个模块"等内容的服务模式，是其行使著作权的方式。行为人采取故意避开或者破坏著作权人为保护计算机软件而采取的技术措施，属于侵害计算机软件著作权的行为；网络用户明知系未经许可提供、破坏技术措施的侵权软件而予以信息网络传播，应当认定其构成侵害计算机软件著作权的信息网络传播权行为。

新浪博客用户"蓝魔之泪"在新浪博客平台上发布了附被诉侵权软件下载链接及破解方法、说明等内容的涉案博客文章；通过下载链接并按说明步骤运行操作的结果显示，软件经破解后显示的多界面内容与涉案软件正常运行时显示的内容相同，且无须通过注册码注册即可使用，该用户未经求知公司许可发布、信息传播破坏技术措施软件的行为，侵害了求知公司对涉案软件享有的著作权，包括信息网络传播权。

新浪公司为涉案博客文章提供网络技术服务，符合法律规定的网络服务提供者的主体条件。

求知公司依照新浪公司公开的网络联系方式，两次发送邮件投诉涉案博客文章侵害其知识产权，要求新浪公司删除，并提供了其作为权利人的名称、公司地址、联系方式等主体资料，以及涉案软件的权利证书、要求删除文章的地址链接。求知公司的投诉内容客观、具体，投诉行为合法、有效。是否需要进一步提供纸质材料，不影响已有效抵达新浪公司的投诉通知的合法有效性，且提供纸质材料供审核为网络服务提供者新浪公司自行设定的规则，加重了求知公司的义务，投诉不当的抗辩意见，不予采纳。

涉案博客文章不仅在标题标示"破解版（亲测可用）"，还在文章正文贴图说明软件破解前后区别，进行软件功能对比，提供软件下载安装链接，标示破解方法。经求知公司两次邮件通知，新浪公司作为网络服务提供者应知网络用户通过信息网络侵害求知公司对涉案软件享有的信息网络传播权，其至起诉时未采取删除、屏蔽、断开链接的必要措施，应当认定其构成帮助侵权行为。因求知公司的权益被持续侵害，所以新浪公司应就帮助网络用户实施侵害信息网络传播权行为、因未及时采取必要措施导致求知公司进一步扩大的损失，承担法律责任。

鉴于涉案博客文章已删除，求知公司的第一项诉讼请求已实现，故不再处理。因本案并非人身权益的侵权之诉，求知公司无证据支持其曾遭受精神上的损害，故对求知公司要求新浪公司赔礼道歉的主张不予支持。在求知公司未对实际损失、侵权人的违法所得有效举证的情况下，考虑到涉案软件以模块为单位收取注册码费用、一个软件内包含多个模块、每个注册码优惠价 19 元/科等情况，酌定新浪公司赔偿求知公司包括合理维权费用在内的经济损失 50 000 元，超出该部分的赔偿数额不予支持。

综上，广州知识产权法院依照《中华人民共和国著作权法》（以下简称《著作权法》）（2010 年修正本）第二条、第三条第八项、第十条第十二项、第四十七条、第四十九条，《侵权责任法》第三十六条，《民事诉讼法》（2017 年修正本）第六十四条，《最高人民法院关于审理著作权民事纠纷案件适用法律若干问题的解释》第二十五条，《最高人民法院关于民事诉讼证据的若干规定》第二条判决：

（1）新浪公司自本判决生效之日起 10 个工作日赔偿求知公司经济损失及维权费用共计 50 000 元；

（2）驳回求知公司的其他诉讼请求。

【法官点评】

互联网的蓬勃兴旺为学习提供了多种路径。教育类软件通过对相应领域知识素材的积累、结构体系的搭建、学习方法的展示、学习成果的检验，为广大网民提供了便利。本案系广州知识产权法院第一例因破解学习软件加密措施引发的计算机软件著作权侵权案。新浪公司自行设定的投诉规则阻碍了权利人求知公司正常、及时、有效地维权，应就帮助服务对象实施侵权的行为承担法律责任。

1. 侵害计算机软件著作权的认定路径

审理侵害著作权案件，在已确定管辖的情况下，受理法院一般应按顺序审查：原告起诉的案由、主体是否适格、原告的权利基础及范围、被诉侵权行为、被告抗辩事由是否成立、被告承担民事责任的形式。其中，认定被诉侵权行为是否构成侵权、被告是否承担民事责任，一般审查如下内容：被诉侵权行为的内容、被告是否实施了被诉侵权行为、被告有无过错、是否造成损害、被诉侵权行为与损害之间有无因果关系等。而被诉侵权行为的内容，既包括行为的性质，也包括被诉侵权作品是否与原告主张权利的作品表达相同或者实质性相似。内容的比对，通常是此类案件的技术事实认定的核心。只有依次对权利主体、权利内容、被诉侵权行为（行为事实及技术事实）作出认定后，才进入有针对性的抗辩事由审查，并最终得出被告是否应承担法律责任，以及如何承担法律责任。

本案为侵害计算机软件著作权案由，求知公司主张其享有权利的考试类辅导软件被他人在新浪博客网站上信息网络传播破解版。这里存在的行为有两种：①故意避开或者破坏著作权人为保护其软件著作而采取的技术措施；②明知系"未经许可提供、破坏技术措施的侵权软件而予以信息网络传播"。求知公司提起诉讼并未针对以上两种行为的具体实施者，而是针对为第2种行为"信息网络传播"提供支持的网络服务提供者。如此，必须先针对信息网络传播这种行为进行具体分析，按照此前设定的审理顺序予以审查，即首先确定被诉侵权作品是否与权利作品表达相同或者实质性相似、如何进行信息网络传播的行为事实。否则，"皮之不存，毛将焉附"，没有具体实施侵权行为的网络用户，也就无从追究网络服务提供者的法律责任。

计算机软件是《著作权法》（2010年修正本）第三条第八项规定的作品。根据《计算机软件保护条例》（2013年修正本）第二条、第三条规定，计算机软件是指计算机程序及其有关文档，即包括计算机程序和文档两部分。① 本案的学习软件即应用软件，属于著作权法意义上需要保护的作品。软件著作权人享有的权利包括修改、复制、发行、信息网络传播权等。该条例第二十三条也规定，未经软件著作权人许可，修改、翻译其软件的，应当根据情况，承担停止侵害、消除影响、赔礼道歉、赔偿损失等民事责任。若软件加密，破解加密措施的行为，即采取通过修改软件的方式，破坏权利人

---

① 计算机程序是指为了得到某种结果而可以由计算机等具有信息处理能力的装置执行的代码化指令序列，或者可以被自动转换成代码化指令序列的符号化指令序列或者符号化语句序列。同一计算机程序的源程序和目标程序为同一作品。文档是指用来描绘程序的内容、组成、设计、功能规格、开发情况、测试结果及使用方法的文字资料和图表等，如程序设计说明书、流程图、用户手册等。

在软件中设定某种条件、非满足该条件软件不得正常运行的技术措施,是一种典型的侵权行为。

2. 信息网络传播侵权软件行为的性质判断

本案发生的场景是互联网环境下,新浪博客的文章附带破解软件的下载链接,以及对破解方法的具体介绍。对权利人而言,其享有的计算机软件信息网络传播权是受法律保护的,相关行为受《信息网络传播权保护条例》规制。

从上述条例制定的宗旨看,为保护著作权人的信息网络传播权,鼓励有益于社会主义精神文明、物质文明建设的作品的创作和传播,具体并未提及计算机软件这种类型的作品。但《信息网络传播权保护条例》(2013年修正本)第四条规定:"为了保护信息网络传播权,权利人可以采取技术措施。任何组织或者个人不得故意避开或者破坏技术措施,不得故意制造、进口或者向公众提供主要用于避开或者破坏技术措施的装置或者部件,不得故意为他人避开或者破坏技术措施提供技术服务。但是,法律、行政法规规定可以避开的除外。"第五条也规定:"未经权利人许可,任何组织或者个人不得进行下列行为:(一)故意删除或者改变通过信息网络向公众提供的作品、表演、录音录像制品的权利管理电子信息,但由于技术上的原因无法避免删除或者改变的除外;(二)通过信息网络向公众提供明知或者应知未经权利人许可被删除或者改变权利管理电子信息的作品、表演、录音录像制品。"

本案的特殊处就在于,新浪博客文章仅提供侵权软件的下载链接,以及介绍破解方法的文字介绍,故无法直接对新浪博客经营者适用前述条款进行规制。但由于博客文章的内容,是可以明显判断出侵害计算机软件著作权的行为存在,据文章链接下载的软件,经运行比对分析,印证确为破解版。为充分保障权利人的权益,此类行为可以比照适用《信息网络传播权保护条例》(2013年修正本)第十四条予以调整:"对提供信息存储空间或者提供搜索、链接服务的网络服务提供者,权利人认为其服务所涉及的作品、表演、录音录像制品,侵犯自己的信息网络传播权或者被删除、改变了自己的权利管理电子信息的,可以向该网络服务提供者提交书面通知,要求网络服务提供者删除该作品、表演、录音录像制品,或者断开与该作品、表演、录音录像制品的链接。"也就是说,网络用户明知系未经许可提供、破坏技术措施的侵权软件而予以信息网络传播,应当认定其构成侵害计算机软件著作权的信息网络传播权行为。权利人可以对与此相关的网络服务提供者主张权利。

3. 帮助侵权的法律责任承担

《最高人民法院关于审理侵害信息网络传播权民事纠纷案件适用法律若干问题的规定》第七条第三款规定:"网络服务提供者明知或者应知网络用户利用网络服务侵害信息网络传播权,未采取删除、屏蔽、断开链接等必要措施,或者提供技术支持等帮助行为的,人民法院应当认定其构成帮助侵权行为。"第八条第一款规定:"人民法院应当根据网络服务提供者的过错,确定其是否承担教唆、帮助侵权责任。网络服务提供者的过错包括对于网络用户侵害信息网络传播权行为的明知或者应知。"第九条则规定了认定网络服务提供者是否构成应知的具体因素。

根据以上条款规定,结合本案的具体情形,网络服务提供者新浪公司应知网络用户信息网络传播侵权软件行为的存在,而未采取删除、屏蔽、断开链接的必要措施,构成帮助侵权。由于新浪公司系两次接获通知,根据通知的内容可知,求知公司的诉求是明确、具体的,意味着新浪公司第一次接获通知后就应知网络用户侵权,由此对未及时采取措施导致权利人的损害结果,特别是扩大部分的损失,是负有因果关系的。新浪公司需对该时起权利人继续发生的损失,就自己帮助侵权的行为承担相应的赔偿责任。

一审判决后,双方均未上诉,本案达到了较好的法律效果和社会效果。

(撰稿人:广州知识产权法院 佘朝阳)

深圳市腾讯计算机系统有限公司与上海千杉网络技术发展有限公司侵害作品信息网络传播权纠纷案

——视频聚合软件中盗链行为的认定

【裁判要旨】

视频聚合软件在采取盗链行为向用户提供在线视频播放时，不仅构成"避开或破坏技术措施"的著作权侵权，该盗链行为也构成作品的再提供行为，使涉案作品的传播超出权利人的控制范围，系对信息传播权人专有权的直接侵害，构成信息网络传播权的直接侵权。

【关键词】

信息网络传播权　盗链行为

【案例索引】

一审：深圳市南山区人民法院〔2016〕粤0305民初3636号

二审：深圳市中级人民法院〔2018〕粤03民终8807号

【案情及裁判】

原告：深圳市腾讯计算机系统有限公司（以下简称腾讯公司）

被告：上海千杉网络技术发展有限公司（以下简称千杉公司）

一、一审

原告腾讯公司因与被告千杉公司发生侵害作品信息网络传播权纠纷，向深圳市南山区人民法院提起诉讼。

原告腾讯公司诉称：腾讯公司是《北京爱情故事》电视剧作品的独家信息网络传播权人，其在其运营的"腾讯视频"软件上向公众提供上述作品的在线播放服务。"腾讯视频"采取了针对其视频剧集的播放地址加密，并通过密钥鉴真获取视频密钥的技术措施以保护其视频剧集的播放地址。被告千杉公司是"电视猫视频"应用软件的开发者及运营方。腾讯公司发现,"电视猫视频"上提供了涉案作品的在线播放和下载,该视频系通过技术手段解析了应该只由腾讯公司专有的视频播放服务程序才能生产的特定密钥 ckey 值,突破腾讯公司的安全防范措施,获取了服务器 v. qq. com 中存储的视频数据。腾讯公司认为,千杉公司的行为"故意避开或破坏权利人为其作品所采取的保护著作权或与著作权有关的权利的技术措施",同时也侵犯了腾讯公司的信息网络传播权,遂诉至法院,请求判令:①千杉公司立即停止在其电视猫平台上通过信息网络对外提供《北京爱情故事》电视剧作品的在线播放及下载;②千杉公司连续一个月在电视猫官方网站(网址为:www. moretv. com. cn)的首页显著位置、电视猫平台 APP 内指定位置及《法制日报》第一版显著位置刊登声明、消除影响;③千杉公司赔偿腾讯公司经济损失 20 万元、合理开支 3 万元。

被告千杉公司辩称:①原告主体资格不适格。原告不能证明其为涉案作品的独占信息网络传播权人,作为继受取得的信息网络传播权,其权利来源存在瑕疵,且所获授权本身存在瑕疵。②即使原告主体资格适格,被告也不构成侵犯信息网络传播权的行为。被告提供网络搜索链接服务,从未上传或者向用户提供过影视作品,不属于信息网络传播权直接控制的作品提供行为;电视猫上关于影片的名称、海报、演员简介、影片简介等影片介绍文件都是静态的公开信息,被告没有侵害原告主张的影视作品的著作权;被告的行为不构成著作权法律法规中所规定的"实质替代行为",不构成信息网络传播权的直接侵害;即使从间接侵权或者帮助侵权的共同侵权角度,被告也不构成信息网络传播权的间接侵权;原告不能证明其采取了著作权法意义上的技术保护措施,被告亦未实施避开或破坏其技术保护措施的行为。③被告在收到诉状后即断开涉案作品链接,依法不应承担赔偿责任。综上,原告的诉讼请求无事实及法律依据,应当予以驳回。

深圳市南山区人民法院一审查明:

(1)涉案作品的权属情况。原告提交的公开出版的《北京爱情故事》光碟,封面显示"出品单位:新丽传媒股份有限公司";播放该光碟,显示出品单位为"新丽传媒股份有限公司 东阳狂欢者影视文化有限公司"。

2014年8月29日，原告委托代理人刘青向北京市方圆公证处公证人员申请证据保全公证，出示了一份文件的原件，并在公证人员的监督下，使用公证处复印室现场复印一式十一套；该复印件与刘青出示给公证人员的文件原件相符，北京市方圆公证处为此出具〔2014〕京方圆内经证字第19143号《公证书》。该公证书所附的文件如下：①（2012）京长安内经证字第21994号《公证书》，所附2011年9月30日出具的（浙）剧审字（2011）第023号《国产电视剧发行许可证》记载，《北京爱情故事》（共39集）制作机构为东阳狂欢者影视文化有限公司，合作机构为东阳新经典影业有限公司。②（国）名称变核内字〔2011〕第1205号《企业名称变更核准通知书》，记载2011年8月18日，东阳新经典影业有限公司变更名称为新丽传媒股份有限公司。③2011年12月22日新丽传媒股份有限公司出具的《授权书》，将其享有的《北京爱情故事》的全部版权权利永久授权给东阳狂欢者影视文化有限公司。④2011年12月23日，东阳狂欢者影视文化有限公司出具的《授权书》，将《北京爱情故事》的独占信息网络传播权授予原告腾讯公司，权利内容包括独占信息网络传播权、独占维权权利、转授权权利；授权平台包括但不限于被授权人或其关联公司运营的腾讯网（www.qq.com）、soso网（www.soso.com）等网站及其下属子页面，腾讯视频、QQLive、QQ旋风等视频播放终端、其他可能的使用平台及被授权人依约转授权其他任何主体运营的各类网站及其下属子页面、视频播放终端、其他可能的使用平台等；授权范围为中华人民共和国境内（不包括港、澳、台地区）；授权期限为5年，自相应授权内容在浙江卫视频道或中国大陆的省级电视台的卫视频道首集首播之日起8年，具体以电视台卫视频道首集实际首播实际为准。

原告另提交了舜网新闻中心及新浪娱乐网的网页打印件，显示《北京爱情故事》在浙江卫视的首播日期为2012年1月8日。

（2）被告使用涉案作品的情况。2015年5月20日，原告的委托代理人邓迪向上海市东方公证处申请保全证据公证。在公证人员的现场监督下，邓迪使用公证处提供的一台HTC手机，连接公证处的网络进行网页浏览、软件下载、安装及运行，对操作过程进行录像并对相关页面截图保存，上海市东方公证处为此出具了〔2015〕沪东证经字第7947号《公证书》。该《公证书》所附光盘记载：①登录www.moretv.com.cn网站，下载安装"电视猫视频手机版（安卓）"；②使用微博账号登录"电视猫视频"软件，搜索"北京爱情故事"并点击搜索结果，显示共39集，点击"选集手机播放"第1集，在播放载入页面显示"北京爱情故事［1］优酷【高清】"字样，播放时右上角有"来源 YOUKU 优酷"标识。该《公证书》除涉案作品外，还保全公证了多部其他影视剧。经比对，"电视猫"软件上在线播放的"北京爱情故事"与原告主张权利的作品内容相同，为同一作品。

原告主张被告是通过破坏技术保护措施获取原告服务器存储的视频数据，并提交如下证据。证据1：京网协鉴定中心〔2016〕计鉴字第19号《北京网络行业协会电子数据司法鉴定中心司法鉴定意见书》，委托单位：腾讯公司，委托鉴定事项：对腾讯公司设置的防盗链技术措施及其有效性进行司法鉴定；对千杉公司避开或者破坏腾讯公司的防盗链技术措施，未经授权获取腾讯公司计算机信息系统数据进行司法鉴定。鉴定意见：①经对 www.moretv.com.cn 上下载的视频服务应用程序"电视猫视频"的功能及其实现过程进行技术检验，发现"电视猫视频"应用软件在提供视频服务，播放《北京爱情故事》《奔跑吧兄弟4》时，通过技术手段解析了应该只由腾讯公司专有视频播放服务程序才能生产的特定密钥 ckey 值，突破了腾讯公司安全防范措施，获取了服务器 v.qq.com 中存储的视频数据；②腾讯公司的视频服务应用程序"腾讯视频"采取了针对其视频剧集的播放地址加密，并通过密钥鉴真获取视频密钥的技术措施保护其视频剧集的播放地址。证据2：原告出具的《关于我公司视频服务接口防盗链技术措施的情况说明》，声明其使用了加密参数保护，时间相关参数等方法，来防止未经授权的第三方获取其视频文件。

被告在庭审中确认电视猫平台播放的《北京爱情故事》来源于原告的腾讯视频网站，但辩称其"电视猫"仅提供链接服务，没有实施作品提供行为，并提供如下证据。证据1：被告出具的《有关电视猫手机 APP 软件的技术说明》，声明其电视猫手机 APP 软件是针对各视频网站的视频内容，为用户提供搜索服务，并通过网络链接为用户提供上述视频点播的聚合性视频播放软件，供用户在手机中使用；其通过爬虫技术抓取"腾讯视频"或其他网站中的相关信息，从而获得有效视频源播放地址，进行链接播放。证据2：电视猫网站网页打印件，在首页的"知识产权保护声明"显示，"电视猫视频所有影视资源均来自于第三方网站，本服务运营方并未做任何的存储及编辑操作。如您认为电视猫视频所连接的第三方影视资源侵犯了您的合法权益，请通过邮件：service@moretv.com.cn 与我们联系。"证据3：百度及优酷网的网页打印件，显示通过百度搜索"北京爱情故事"，搜索出多条优酷网在线观看的结果；进入优酷网"北京爱情故事"的播放页面，显示"上映：2012-1-08"，在剧集列表处显示"暂无播放源"。原告对上述证据不予认可。

（3）其他。为证明其损失金额，原告提交了如下证据。证据1：《影视节目独占授权合同书》，浙江海宁冠亚文化传媒有限公司（甲方）与原告腾讯公司（乙方）签订，约定甲方授权乙方行使《北京爱情故事》的独占信息网络传播权、独占维权权利、转授权权利，授权期限为5年。证据2：新浪娱乐网及网易娱乐网关于《北京爱情故事》热播报道的打印件，以证明涉案作品的知名度。证据3："电视猫"软件下载页面打印件，显示累计观看数为594831705。被告对上述证据不予认可，认为不能证明原告的证明目的。

原告另提交了《司法鉴定缴费通知书》及鉴定费发票1张，金额5万元，律师费发票一张，金额人民币5万元，以证明其维权支出费用。

深圳市南山区人民法院一审认为：

千杉公司在其运营的"电视猫"软件上提供涉案作品的在线播放服务，该行为是否侵权，应从以下几方面予以分析：一是千杉公司通过何种方式获取涉案作品的问题。腾讯公司主张千杉公司通过破坏技术措施获取腾讯公司的视频数据，千杉公司则辩称涉案作品是其通过爬虫技术链接第三方网站。根据双方的举证、质证意见，综合以下因素：①腾讯公司提交的司法鉴定意见书，可以证明千杉公司的"电视猫"软件在播放《北京爱情故事》时，通过破坏腾讯公司的技术措施来获取视频数据；②千杉公司辩称其仅提供链接服务，但其作为"电视猫"的运营管理者，未提交证据证明其主张；③"电视猫"播放涉案作品时，右上角显示的"优酷"字样并非作品的链接来源，不能作为涉案作品的来源证明。据此，根据腾讯公司提交的鉴定意见书，认定千杉公司系通过破坏技术措施而获得腾讯公司的视频数据。

二是千杉公司的行为是否侵犯腾讯公司的权利，以及侵犯何种权利的问题。本案千杉公司通过破坏腾讯公司的技术措施获取涉案作品，并在"电视猫"上进行播放。根据《著作权法》（2010年修正本）第四十八条第六项的规定："有下列侵权行为的，应当根据情况，承担停止侵害、消除影响、赔礼道歉、赔偿损失等民事责任……（六）未经著作权人或者与著作权有关的权利人许可，故意避开或者破坏权利人为其作品、录音录像制品等采取的保护著作权或者与著作权有关的权利的技术措施的……"根据该规定，千杉公司的行为已构成侵权。

对于双方争议的千杉公司是否侵犯腾讯公司信息网络传播权的问题，根据《著作权法》（2010年修正本）第十条第十二项的规定，信息网络传播权，即以有线或者无线方式向公众提供作品，使公众可以在其个人选定的时间和地点获得作品的权利。根据《最高人民法院关于审理侵害信息网络传播权民事纠纷案件适用法律若干问题的规定》第三条第一款规定，网络用户、网络服务提供者未经许可，通过信息网络提供权利人享有信息网络传播权的作品、表演、录音录像制品，除法律、行政法规另有规定外，人民法院应当认定其构成侵害信息网络传播权行为。因此，判断千杉公司是否侵犯信息网络传播权的关键在于其行为是否构成法律所规定的"提供行为"。根据《最高人民法院关于审理侵害信息网络传播权民事纠纷案件适用法律若干问题的规定》第三条第二款规定："通过上传到网络服务器、设置共享文件或者利用文件分享软件等方式，将作品、表演、录音录像制品置于信息网络中，使公众能够在个人选定的时间和地点以下载、浏览或者其他方式获得的，人民法院应当认定其实施了前款规定的提供行为。"上述规定对"提供行为"进行了解释和认定，但并未将"提供行为"局限为上述规定所列举的几种方式。结合本案，从千杉公司的行为表现看，其在主观上具有在其软件上直接为用户呈现涉案作品的意图，客观上也使用户在其软件上获得涉案作品，同时使得涉案作品的传播超出了腾讯公司的控制权范围，构成未经许可的作品再提供，侵害了腾讯公司的信息网络传播权，应当承担相应的侵权责任。

综上，深圳市南山区人民法院依照《著作权法》（2010年修正本）第十条、第十一条、第四十八条、第四十九条，《最高人民法院关于审理侵害信息网络传播权民事纠纷案件适用法律若干问题的规定》第三条，《最高人民法院关于审理著作权民事纠纷案件适用法律若干问题的解释》第七条，《民事诉讼法》（2017年修正本）第六十四条第一款之规定，判决：

（1）千杉公司立即停止在其电视猫平台在线播放《北京爱情故事》；

（2）千杉公司于本判决生效后 10 日内赔偿腾讯公司经济损失人民币 10 万元；

（3）千杉公司于本判决生效后 10 日内赔偿腾讯公司合理费用人民币 1 万元；

（4）驳回腾讯公司的其他诉讼请求。

二、二审

千杉公司不服一审判决，向深圳市中级人民法院提起上诉称：①一审法院径行变更案由，系审理程序错误，且不符合腾讯公司起诉时主张的案件事实和理由；②一审认定的涉案作品的来源有误；③一审法院错误增加了侵害作品信息网络传播权所规定的"提供行为"方式，超出法律相关规定；④一审法院判决赔偿的金额明显过高。

深圳市中级人民法院对一审查明事实予以确认。

深圳市中级人民法院二审认为：

本案为侵害作品信息网络传播权纠纷，腾讯公司享有本案诉权。腾讯公司在腾讯视频服务器上传、存储涉案作品，并向其用户提供视频播放服务的行为，使其用户可以在个人选定的时间和地点获得涉案作品，腾讯公司的行为显然属于提供作品的行为。腾讯公司同时对其服务器中的涉案作品采取了技术措施，以阻止非授权的软件或网站获取涉案作品。千杉公司经营的"电视猫视频"应用软件通过技术手段破解腾讯公司设置的技术措施，模拟用户点播涉案影视作品的请求，获取腾讯视频服务器中存储的视频数据，并在"电视猫视频"软件界面中提供播放。从实现效果来看，千杉公司破解技术措施，提供涉案影片播放的行为，亦使得其用户可以在其个人选定的时间和地点获得涉案作品。从传播范围来看，腾讯公司通过设定相应的加密算法，限定涉案作品仅在特定的网站或软件传播；千杉公司的行为，使得涉案作品的传播范围超越了腾讯公司控制权的范围，即在权利人意愿之外扩张了涉案作品的传播范围，构成对腾讯公司信息网络传播权的专有控制权的直接侵权，其行为属于未经许可的作品再提供，应承担相应的法律责任。综上，千杉公司认为其行为不侵权的上诉理由缺乏事实和法律依据，法院不予采纳。

据此，深圳市中级人民法院依照《民事诉讼法》（2017 年修正本）第一百七十条第一款第一项的规定，判决：驳回上诉，维持原判。

【法官点评】

　　该案曾先后入选广东省加强民营经济司法保护十大典型案例、2018年广东服务创新驱动发展十大典型案例、"深圳法院2018年度典型案件"。

　　聚合链接行为，是指通过网络爬虫等技术手段在互联网中收集图片、视频等文件的深层链接，然后对这些链接进行整理和分类，通过行为人运营的APP或网页等，向用户提供链接，使用户无须跳转到原提供者的背景网页或用户界面，点击链接之后即可直接获得作品。本案相关事实也属于上述情形。对于此类行为，从经济利益来看，其避开了权利人设置的技术措施，使得用户得以绕过前者的登录或付费要求，直接在聚合链接平台上获得权利作品，分流了权利人授权网站的注册用户，显然损害了其经济利益。从法律层面上看，根据《著作权法》（2010年修正本）第四十八条的相关规定，该行为属于未经许可，故意避开或者破坏权利人为其作品、录音录像制品等采取的保护著作权或者与著作权有关的权利的技术措施的行为，显然已构成著作权侵权。但该行为是否同时侵害了权利人主张的信息网络传播权？

　　根据《著作权法》（2010年修正本）第十条规定，信息网络传播权即以有线或者无线方式向公众提供作品，使公众可以在其个人选定的时间和地点获得作品的权利。作为著作权权利的一种，信息网络传播权是权利人控制其作品通过信息网络传播的专有权利。侵害信息网络传播权的本质，是指未经许可擅自行使权利人的信息网络传播权，或者直接破坏权利人对其专有权的控制。

　　本案中，千杉公司通过破坏技术措施，直接从腾讯视频的存储服务器中抓取视频数据，并将该数据内容由腾讯视频的服务器直接传输到"电视猫"进行解读、播放，虽然未实施将涉案视频置于服务器的行为，且从技术上该行为仍是通过链接技术来实施的，但因为该链接之上附加了千杉公司有意识的破坏技术措施等行为因素，所以超出了网络技术服务应有的范围，事实上导致其能够在权利人不知情的情况下，主导、操纵整个传播流程，实际上窃取了作品传播者的地位，使得涉案视频在未经权利人允许的范围和渠道进行传播，构成未经许可的作品再提供行为；因此，是符合法律规定的未经许可，通过信息网络提供权利人享有信息网络传播权的作品、表演、录音录像制品的行为，应当认定其构成侵害信息网络传播权行为，应予以规范。

近年来，随着移动互联网技术的发展以及用户对移动端视频导航的强烈需求，产生了大量的聚合类视频软件。该类视频聚合软件在为用户提供一站式服务的同时，也引发了关于侵害信息网络传播权的认定标准的讨论。本案在千杉公司已构成"避开或破坏技术措施"的著作权侵权的情形下，对该盗链行为是作为网络服务提供行为，还是为作品的提供行为，以及是否侵害权利人的信息网络传播权的认定，将有助于我们进一步厘清信息网络传播权的侵权认定标准，也对目前司法实践中所争论的服务器标准、用户感知标准、实质替代标准在论证视频聚合软件的盗链行为是否构成作品提供行为方面具有典型意义；同时案件的妥善处理，也为当下视频行业的有序运营、竞争，提供了良好的示范效应。

（撰稿人：深圳市南山区人民法院　黄娟敏）

广州市明静舞台灯光设备有限公司诉广州市白云区石井欧朗舞台灯光音响设备厂侵害计算机软件著作权案

——运行界面、文档与软件侵权之间的法律关系

【裁判要旨】

相同的功能与运行界面,可以通过不同的计算机程序实现。若运行界面并未显示原告的软件名称或者其他暗记,亦无被告程序开发人员接触原告源程序的事实,则两款软件的程序功能、运行界面、使用方法相同不能作为认定两款软件程序相同或者实质相似的初步证据,被告此时尚不负有提交被诉侵权软件源代码进行比对的举证责任。

在计算机程序不构成侵权时,计算机文档仍然可以作为计算机软件作品予以独立保护,但其独创性的认定标准以及侵权比对的判定方法均要视其内容的具体表达方式而定。囿于描述程序的特定功能或者目的,计算机文档的独创性门槛不宜设定过高。

【关键词】

运行界面　源代码比对　计算机文档　计算机程序

【案例索引】

一审:广州知识产权法院〔2016〕粤73民初1205号

二审:广东省高级人民法院〔2017〕粤民终2207号

【案情及裁判】

原告:广州市明静舞台灯光设备有限公司(以下简称明静公司)

被告:广州市白云区石井欧朗舞台灯光音响设备厂(以下简称欧朗设备厂)

一、一审

原告明静公司因与被告欧朗设备厂发生侵害计算机软件著作权纠纷，向广州知识产权法院提起诉讼。

原告明静公司诉称：欧朗设备厂制造、销售的被诉侵权产品与安装了明静公司软件的产品在使用过程中的屏幕显示、功能、功能键、使用方法均基本一致，侵害其著作权，请求法院判令：①欧朗设备厂立即停止侵犯明静公司名称为"金刚1024电脑灯控制台主程序V2.0"计算机软件版权的行为，包括复制、发行的侵权行为，销毁侵权复制品；②欧朗设备厂赔偿明静公司经济损失及为制止侵权行为所支出的合理费用共20万元；③欧朗设备厂承担本案全部的诉讼费用。

被告欧朗设备厂辩称：欧朗设备厂确认其用户手册参考了明静公司的用户手册，但主张该两台产品使用的是其自行开发的"POWER1024舞台灯控制台主控软件V1.03"程序，故不构成侵权。

广州知识产权法院一审查明：

明静公司系"金刚1024电脑灯控制台主程序V2.0"计算机软件在版权中心登记的著作权人，其购买了2台由欧朗设备厂制造、销售的被诉侵权产品并获得该产品的用户手册一套。

在本案诉讼过程中，明静公司就被诉侵权软件与其软件的同一性问题提出司法鉴定申请。一审法院经摇珠选定深圳市公标知识产权鉴定评估中心为本案的司法鉴定机构。其后，明静公司要求欧朗设备厂提交被诉侵权软件的源代码进行鉴定，欧朗设备厂则认为可通过从被诉侵权产品中提取目标代码进行鉴定，对于被诉侵权软件的源代码其没有义务提供。在收到深圳市公标知识产权鉴定评估中心缴纳20万元鉴定费的通知后，明静公司以欧朗设备厂不提交源代码导致鉴定费增加为主要理由拒绝预交该项费用，一审法院视为其撤回鉴定申请。

广州知识产权法院一审认为：

明静公司未在规定期限内缴纳鉴定费用，导致司法鉴定程序无法开展，依据现有证据亦无法对被诉侵权软件与其涉案软件是否相同或实质相似作出判断，故其应当承担举证不能的责任。本案并不能单纯从用户手册及产品外观、功能、功能键、使用方法等方面相似判断两款软件的代码同一，而用户手册的编写方式或产品外观、功能键的设置等方面是否应受著作权法保护，并非本案审查范围。

综上，广州知识产权法院依照《民事诉讼法》（2012年修正本）第六十四条第一款及第一百四十二条①的规定，判决：驳回明静公司的诉讼请求。

二、二审

明静公司不服一审判决，向广东省高级人民法院提起上诉。广东省高级人民法院二审查明事实与一审一致。

广东省高级人民法院二审认为：

（1）关于欧朗设备厂是否构成计算机程序侵权的问题。本案必须先从被诉侵权产品主板中提取出程序代码才能进一步比对两款软件的同一性。明静公司请求法院保护的程序为版权保护中心登记的源代码，该源代码还需编译成可执行程序才能运行。其运行之后的屏幕界面如何，可以实现何种功能以及如何操作使用，均不能通过在案证据确定。明静公司关于两款软件在上述方面一致的结论，是建立在其自行对其产品与被诉侵权产品进行对比试验的事实基础之上的。但是，该结论的成立隐含了一个假设的前提条件，即其产品所使用的软件程序与其在本案诉讼中请求保护的源代码为同一程序。对于该前提条件，明静公司并未提交充分证据加以证明。退一步而言，即使明静公司关于两款软件运行界面、功能等一致的主张属实，相同的运行界面与软件功能也完全可能通过不同的程序实现。并且，本案软件运行界面是对软件操作步骤的客观描述，并未出现明静公司的软件名称或者其他可以指向明静公司软件的标记用语。再者，明静公司在版权部门登记的并非其完整的源代码，其亦未证明欧朗设备厂的代码开发人员通过其他途径接触过其完整源代码。故而，本案的软件功能、运行界面以及使用方法相同还不足以推定两款软件相同或者实质相似的事实具有高度可能性。在明静公司尚未完成其举证责任的情况下，其要求对方提交源代码反证被诉侵权软件程序与其程序有何不同之处的主张并无法律依据。另外，被诉侵权软件的源代码并非明静公司用来证明两款软件具备同一性所需的证据，所以，欧朗设备厂不提交被诉侵

---

① 《民事诉讼法》（2017年修正本）对第六十四条第一款及第一百四十二条未做改动。

权软件源代码的行为并未对明静公司完成其该项举证责任构成妨碍,本案不能就此适用举证妨碍的推定规则作出对欧朗设备厂不利的事实认定。二审中,明静公司仍坚持若欧朗设备厂不提供源代码就拒绝鉴定的意见,故其应承担举证不能的不利后果。

(2)关于欧朗设备厂是否构成计算机文档侵权的问题。明静公司的用户手册符合法律所保护的计算机文档的形式要件。此外,其各部分内容的组织、架构,一定程度上体现了作者自我选择和安排的烙印;并且,在语言描述上,大量个性色彩鲜明的表达,更加突出了其独创性特征。因此,该用户手册属于著作权法所保护的计算机软件作品范畴。

计算机文档系以普通人可以理解的自然语言编写而成,明静公司拒绝司法鉴定的行为,并不影响法院查明与文档侵权判定有关的事实。明静公司提交的著作权登记证书显示,包含用户手册部分在内的软件早在2013年11月21日业已发表,欧朗设备厂亦在一审庭审中明确承认其用户手册在编写过程中借鉴了明静公司用户手册的内容。据此法院认为,欧朗设备厂接触过明静公司上述用户手册的事实已经可以确认。文档是计算机软件中用于描述程序的文字资料和图片等,故法院应视文档内容的具体表达形式确定其侵权比对方式。本案将两本用户手册相比较,首先,两者的文字内容与表述方式、产品示意图绘制细节等均大幅度相同或者实质相似;其次,两者的文字、产品示意图在使用手册中的编排组合亦大体相同。法院经审查后认为,在上述相同或者实质相似的表达中,部分内容确实系对软件功能、使用方法、步骤等的客观描述,属于思想与表达合一或者表达方式有限的情形,不宜作为认定欧朗设备厂侵权的依据。但是,除此之外,欧朗设备厂的用户手册还多处抄袭了明静公司用户手册中具有个性化的表达。对于该部分由明静公司独创的具有个性化的表达,欧朗设备厂在经营活动中未经他人许可擅自以不注明来源的方式将其直接纳入自己的用户手册之中。欧朗设备厂此种所谓的"借鉴"已经超出了合理使用他人作品的范畴,应当被认定为侵犯明静公司计算机文档著作权的行为。一审法院将计算机文档与计算机软件的功能、产品外观相提并论,认为用户手册的编写方式并非本案审查范围,实质上无异于否认作为计算机软件作品构成部分的文档具有独立保护价值的事实。既然法律已将计算机程序及其文档均纳入软件的框架下保护,那么即使程序不构成侵权或者不能被证明构成侵权，文档仍应受到保护，而一审法院错误地理解了文档的法律属性。

据此，广东省高级人民法院依照《著作权法》（2010年修正本）第四十九条，《计算机软件保护条例》（2013年修正本）第二条、第三条第二项、第二十五条以及《最高人民法院关于审理著作权民事纠纷案件适用法律若干问题的解释》第七条，《民事诉讼法》（2017年修正本）第六十四条第一款、第七十六条、第一百七十条第一款第二项之规定，判决：

（1）撤销一审判决；

（2）欧朗设备厂立即停止复制与发行侵犯明静公司文档著作权的产品用户手册、销毁库存的侵权用户手册并赔偿明静公司经济损失3万元；

（3）驳回明静公司其他诉讼请求。

【法官点评】

根据《计算机软件保护条例》（2013年修正本）第二条的规定，计算机程序及其有关文档均应受到法律保护。众所周知，计算机程序包括源程序与目标程序。在审判实践中，原告为证明被告侵权，向法院提交的证据通常是被告制造的被诉侵权产品。对于该产品中所使用的软件与原告主张权利的软件是否一致的"同一性"判断，由于涉及的问题过于专业，很难绕开司法鉴定。若按照被告能否提供被诉侵权产品的完整源代码供鉴定为标准，该类司法鉴定可分为源代码比对鉴定与目标代码比对鉴定。因源代码比对鉴定具有费用相对低廉、误差风险相对可控等优势，原告往往倾向于选择该鉴定方式。但是，在当前我国证据开示配套措施不完善以及诚信诉讼理念缺失的现实之下，被告则更容易倾向于作出相反的选择。在双方就检材产生分歧导致鉴定无法继续、事实无法查明的时候，法院需要判断的关键问题在于，原告是否已经完成了证明被告程序侵权的初步举证责任？本案中，明静公司请求法院保护的程序为版权保护中心登记的程序源代码，该源代码还需编译成可执行程序才能运行。其运行之后的屏幕界面如何，可以实现何种功能，以及如何操作使用，均不能通过在案证据确定。即使诚如明静公司所言，被诉侵权软件与其主张权利的软件运行界面、程序功能、操作方法、按键均相同，因相同的程序功能与运行界面完全可能经不同的程序实现，故亦不能从上述因素相同直接推测两款软件程序相同或者实质相似，除非还有其他可以结合考虑的案件事实，如两款软件有相同的错误、暗记、被告软件界面显示了原告的软件名称等指向性信息，或者被告软件开发人员已被证明接触过原告源代码等。就本案而言，明静公司自身的举证责任尚未完成，其请求法院责令欧朗设备厂提交源代码反证两款软件有何区别的主张缺乏事实与法律依据。

用户手册能否成为受著作权法保护的计算机软件作品，主要取决于其是否具备独创性。考虑到该类作品内容客观上受到作品功能的限制，故独创性的门槛不宜设置过高。明静公司用户手册在内容的组织、架构方面体现了其自我选择和安排的烙印，在语言方面采用了大量个性色彩鲜明的表达，应当认定具有独创性。至于计算机文档作品侵权比对的方式，应视其内容的具体表达形式确定，即文字部分按照文字作品方式比对，示意图部分按照图形作品方式比对。经比对，欧朗设备厂的用户手册大量抄袭了明静公司用户手册中具有个性化的文字与图形表达。一审法院认为文档依附于计算机程序，单独的文档侵权并非本案审查的范围。二审法院明确指出，文档是计算机软件的重要组成部分，在计算机程序不侵权的情况下，文档仍然具有被独立保护的价值，故改判欧朗设备厂构成文档侵权。

（撰稿人：广东省高级人民法院　王静　李艳）

广州医享网络科技发展有限公司与广州云医科技有限公司、深圳市卫生健康委员会侵害计算机软件著作权纠纷及计算机软件著作权权属纠纷案

——受托人在作品上署委托人名并不当然认定委托人为著作权人

【裁判要旨】

在委托人和受托人未对软件的著作权权属进行书面约定的软件委托开发合同法律关系中,尽管受托人在作品上署委托人名,如果认定委托人享有软件著作权明显不符合双方合同目的,且受托人曾作出过相反意思表示的,不宜直接以作品署名认定委托人为著作权人。

【关键词】

著作权权属　软件　委托开发合同　署名

【案例索引】

一审:广州知识产权法院〔2016〕粤73民初1054号

二审:广东省高级人民法院〔2019〕粤知民终6号

【案情及裁判】

原告:广州医享网络科技发展有限公司(以下简称医享公司)

被告:广州云医科技有限公司(以下简称云医公司)

第三人:深圳市公立医院管理中心(以下简称医管中心),二审诉讼中由深圳市卫生健康委员会(以下简称卫健委)承继其诉讼地位

一、一审

原告医享公司因与被告云医公司、第三人医管中心发生侵害计算机软件

著作权纠纷及计算机软件著作权权属纠纷，向广州知识产权法院提起诉讼。

原告医享公司诉称：医享公司受第三人的委托，开发"健康易市民健康服务平台"（以下简称"健康易"）软件并已经上线运行，是"健康易"软件的著作权人。云医公司成立不久便推出"云医通""深圳智慧医院"软件，比对两软件运行界面，云医公司的上述软件（2016年6月21日的1.0版本以及其擅自进行著作权登记的版本）侵害了医享公司"健康易"软件的著作权，给医享公司造成了重大损失。请求：①判令云医公司立即停止侵权，停止运营并删除侵犯医享公司著作权的计算机软件"云医通""深圳智慧医院"，在云医公司官网、《健康报》《广州日报》、新浪网站上公开道歉；②向医享公司赔偿经济损失200万元；③本案的诉讼费用由云医公司承担。

被告云医公司辩称：①"云医通"软件是云医公司自行开发的计算机软件，云医公司依法享有著作权；②医享公司依法不享有"健康易"软件的著作权，无权提起本案的侵权之诉；③"云医通""深圳智慧医院"软件与"健康易"软件并不构成实质相同。请求驳回医享公司的诉讼请求。

广州知识产权法院一审查明：

（1）关于涉案"健康易"软件及其著作权归属的相关事实。2015年9月22日，医享公司（乙方）与医管中心（甲方）签订《深圳市市属公立医院市民健康服务平台（健康易）项目技术合作协议》，约定包括以下等内容：甲方决定开发全国首创的区域性统一平台市民健康服务平台（即"健康易"软件），甲方委托乙方进行平台的技术开发以及负责平台正式上线后的免费运营、推广和维护。双方约定了"健康易"应包括的功能（包括挂号、候诊、分诊、交费等），并约定具体功能由甲方确认。关于权利归属，双方约定深圳市行政区域内的"健康易"的网站域名、商标及其他相关内容的所有权均属于甲方，深圳市行政区域以外的所有权属于乙方；无论是协议期限内还是协议期限外，项目的品牌价值都属于甲方。庭审中，医管中心与医享公司均认为上述协议文本中关于权利归属的约定不包含涉案"健康易"软件著作权权属的约定。医享公司提交签订上述协议前其与若干医院签订的移动医疗服务的合同等证据，医享公司确认以上合同所涉软件与涉案"健康易"软件并不相同。

2015年10月26日，医享公司向中国版权保护中心软件登记部申请登记

"健康易市民健康服务平台（简称健康易）"的著作权，注明：开发完成日期是 2015 年 9 月 22 日，开发方式是独立开发（未选委托开发等其他方式），著作权人是医享公司，权利取得方式是原始取得，权利范围是全部权利，软件鉴别材料交存是提交源程序前连续 30 页和后连续 30 页等。2015 年 10 月 29 日，国家版权局颁发了《计算机软件著作权登记证书》。

医管中心不确认医享公司主张"健康易"软件于 2015 年 9 月 22 日已完成的事实，并称双方在 2015 年 10 月以及后续时间仍然在对"健康易"软件的功能、配置、测试等内容进行协商，并提供双方工作人员的往来电子邮件作为证据。

2016 年 3 月 16 日，医管中心向医享公司发出《市医管中心关于市民健康服务平台服务迁移及相关信息提供的函》，内容是认为"健康易"软件是医管中心享有完全知识产权的产品，对于软件源代码与产品文档，医管中心享有知识产权。医享公司对此未作回应。

2016 年 6 月 21 日，医享公司申请进行公证保全证据，〔2016〕粤广南方第 039968 号公证书显示，打开"APP Store"软件搜索"健康易"，"健康易"软件的介绍有以下内容："健康易是深圳市公立医院管理中心为深圳市民量身打造的'深圳市民健康服务平台'，市民可通过该平台自助完成挂号、门诊费用缴纳、检验检查报告查看"等内容；开发商显示为医享公司，更新日期显示是 2016 年 5 月 28 日，版本是 1.1.7，介绍最后有"© 广州医享网络科技发展有限公司"字样。医享公司明确上述内容均是其在将涉案"健康易"软件上传至苹果商店（APP Store）时自行填写的。安装"健康易"软件并打开软件后，在输入账号、密码登录之前的页面显示内容如下：页面上方为医管中心的名称及标识、页面中间部分显示"健康易"及"深圳市市民健康服务平台"字样、页面下方显示"深圳市公立医院管理中心 Copyright© 2015"的字样。医享公司称上述页面是在医管中心与医享公司的协议签订后由医享公司当天设置到涉案"健康易"软件中的。

（2）关于云医公司被诉侵权的相关事实。在云医公司提交的"云医通"软件产品说明文档中，界面上出现"＊存豪"与证件号码"4＊＊＊651"等信息，云医公司承认刘存豪是其产品经理。刘存豪在医享公司处原任产品经理职位并曾接触"健康易"软件，于 2016 年 2 月 29 日从医享公司处离职，并且其部分个人信息出现在"云医通"软件的产品说明文档中。

2016年6月21日，医享公司对"云医通"和"深圳智慧医院"的内容进行公证证据保全。医享公司称由于"健康易"软件的源代码被案外人拿走，其已没有"健康易"软件完整的源代码，因此不主张对软件通过鉴定方式进行比对，而是将公证保全的被诉侵权软件和涉案软件相对比。经比对，"云医通"软件和"深圳智慧医院"软件的页面中与"健康易"软件存在完全相同的页面和相似的页面，具体内容略。此外，"云医通"软件产品说明文档中存在刘存豪的个人信息，云医公司承认刘存豪是其产品经理。刘存豪在医享公司处原任产品经理职位并曾接触"健康易"软件，于2016年2月29日从医享公司处离职，并且其部分个人信息出现在"云医通"软件的产品说明文档中。

广州知识产权法院一审认为：

本案的本诉属于侵害计算机软件著作权纠纷，参加之诉属于计算机软件著作权权属纠纷。

（1）关于涉案健康易软件的著作权人是医享公司还是医管中心的问题。《著作权法》（2010年修正本）第十七条规定："受委托创作的作品，著作权的归属由委托人和受托人通过合同约定。合同未作明确约定或者没有订立合同的，著作权属于受托人。"《中华人民共和国合同法》（以下简称《合同法》）第三十六条规定，当事人未采用书面形式但一方已经履行主要义务，对方接受的，该合同成立。据此，关于委托作品的著作权归属的约定既可以通过合同文本的书面形式进行，也可以根据双方当事人达成合意的履行行为予以认定。本案中，由于医享公司与医管中心均确认上述协议文本中关于权利归属的约定不包含"健康易"软件著作权权属的约定，因此一审法院主要审查是否存在以双方当事人达成合意的履行行为来确定"健康易"软件著作权权属的情况。在审查是否存在以双方当事人达成合意的履行行为来确定委托作品"健康易"软件著作权权属时，应结合涉及著作权的底稿、原件、合法出版物、著作权登记证书、认证机构出具的证明、取得权利的合同等包含署名信息以及其他著作权权利归属信息的证据予以认定。

第一，关于涉案作品的署名信息。本案中，涉及"健康易"软件著作权权属的署名信息共有以下三项事实。一是在"健康易"软件中的登录必经页面（输入账号、密码登录之前的页面）上明确显示医管中心是"健康易"软件的著作权人，并且医享公司称上述页面是在医管中心与医享公司的协议签订当天即2015年9月22日设置到涉案"健康易"软件中的。二是经医享公司于2015年10月26日申请，国家版权局于2015年10月29日颁发的《计算机软件著作权登记证书》载明医享公司是"健康易"软件的著作权人；医管中心认为医享公司存在未经其同意擅自申请著作权登记的情况。三是2016年6月21日苹果商店（APP Store）中包含介绍"健康易"软件是医管中心为深圳市民量身打造的"深圳市民健康服务平台"，开发商为医享公司，介绍内容的最后含有医享公司享有著作权的标识；医享公司明确上述内容均是其在将涉案"健康易"软件上传至苹果商店（APP Store）时自行填写的，医管中心认为上述著作权权属信息是医享公司未经其同意擅自填写的。根据《著作权法》（2010年修正本）第十一条第四款的规定："如无相反证明，在作品上署名的公民、法人或者其他组织为作者。"一审法院认为，相对于第二处、第三处署名信息而言，第一处的署名信息产生时间最早，该署名信息处于"健康易"软件中的登录必经页面上，属于《著作权法》上述规定的在作品上署名的情形；且该署名信息也属于医享公司与医管中心双方关于权属问题达成合意后，由医享公司将该署名信息设置到"健康易"软件中的情形。因此，一审法院采信上述第一处署名信息作为本案确定著作权权利归属的定案依据，如无相反证明，则据此足以认定医管中心与医享公司以双方当事人达成合意的直接在作品中署名的履行行为来约定涉案委托作品"健康易"软件著作权属于医管中心。而第二处、第三处署名信息与第一处署名信息的证明内容相悖，产生时间在第一处署名信息之后，均非直接在作品中署名的情况，且属于医享公司未经医管中心同意擅自填写、申请的内容，因此不能采信为本案的定案依据。

第二，关于本案是否存在足以否定著作权属于医管中心的上述第一处署名信息的其他相反证据，具体分析如下。首先，医享公司在庭审中明确其在本案合同之前与其他医院签订的合同所涉的软件与涉案"健康易"软件并非同一软件，因此医享公司具有设计和开发软件的能力不足以否定"健康易"软件著作权属于医管中心的事实。其次，医享公司认为其涉案合同签订之前已经独立开发完成了"健康易"软件。但没有证据证明医享公司申请计算机软件著作权登记时填写的内容征得医管中心的同意，且医享公司在申请时存在瞒报委托开发事项等不诚信的行为；同时，医享公司在申请登记时提交的是源程序的部分内容而非提交完整的源程序，也无法从程序内容的角度证明在医享公司向中国版权保护中心软件登记部提交登记申请时"健康易"软件已全部开发完成。而苹果商店的介绍内容是医享公司自行填写的信息，证明力基本等同于当事人单方陈述；优酷视频图片亦无法证明"健康易"软件于2015年9月22日已完成的事实。而根据医管中心与医享公司之间来往电子邮件内容显示，至少在2015年10月27日前，"健康易"软件仍处于研发完善阶段。因此，医享公司没有充分证据证明其所陈述的在与医管中心签订协议的2015年9月22日，已经独立开发完成了"健康易"软件的事实。

综上，一审法院认为"健康易"软件著作权属于医管中心，对医管中心的诉讼请求予以支持。

（2）关于被诉侵权软件与涉案软件是否构成实质相似的问题。被诉侵权软件中出现了属于"健康易"软件特有的名称、权属信息等页面内容，本不应当出现在"云医通"软件和"深圳智慧医院"软件中，结合刘存豪曾在医享公司处任产品经理职位接触"健康易"软件，其后在云医公司处任产品经理职位，且其部分个人信息也出现在"云医通"软件的产品说明文档中等事实，在没有相反证据的情况下，足以推定被诉侵权软件与涉案软件构成实质相似。

由于本案中医享公司不享有"健康易"软件的著作权，因此医享公司也不具有著作权的权利基础向云医公司主张侵权责任，故医享公司在本案中主张的全部诉讼请求，一审法院均不予以支持。

综上，广州知识产权法院依照《著作权法》（2010年修正本）第十条第一款第五项、第十一条第四款、第十七条，《最高人民法院关于审理著作权民事纠纷案件适用法律若干问题的解释》第七条，《民事诉讼法》（2012年修正本）第六十四条第一款①规定，判决：

（1）深圳市公立医院管理中心为健康易市民健康服务平台（简称健康易）计算机软件的著作权人；

---

① 《民事诉讼法》（2017年修正本）对第六十四条第一款未做改动。

(2) 驳回广州医享网络科技发展有限公司的全部诉讼请求。

二、二审

医享公司不服一审判决,向广东省高级人民法院提起上诉称:涉案"健康易"软件的著作权归医享公司。涉案合同约定由医享公司负担开发建设涉案软件的全部费用,并负责涉案软件上线后的免费运营、推广和维护,而医管中心没有对涉案软件支付任何对价的义务。医享公司不可能在全面负担软件开发、维护、运营成本的情形下,再不计利润和成本将开发完成的软件著作权主动归属他人。至于涉案软件中插入的一张标注"深圳市公立医院管理中心 Copyright© 2015"字样的图片,是基于合作项目的考虑,对在深圳市范围内的使用进行商标的冠名,绝非与医管中心达成合意对软件权属进行的处分。故请求:①撤销一审判决;②改判涉案"健康易"软件的软件著作权归医享公司所有;③判决云医公司立即停止侵害医享公司涉案"健康易"软件著作权的行为,赔礼道歉,赔偿经济损失 200 万元;④一审、二审诉讼费由云医公司和医管中心负担。

广东省高级人民法院二审查明事实:

深圳市委、深圳市人民政府于 2019 年 1 月 10 日印发《深圳市机构改革方案》,组建卫健委,履行原医管中心等行政机关的职能。2019 年 2 月 2 日,卫健委成立。

广东省高级人民法院二审认为:

(1) 关于涉案"健康易"软件的著作权归属问题。医享公司与医管中心于 2015 年 9 月 22 日签订《深圳市市属公立医院市民健康服务平台(健康易)项目技术合作协议》,合作开发涉案软件,涉案软件归谁所有首先应看该协议的性质和双方意思表示的具体内容。

医享公司是从事软件开发业务的营利性企业,卫健委是深圳市公立医院的主管行政机关,根据涉案合同第三条关于合作形式和第五条关于双方权利义务的约定,涉案软件系由医管中心主导、委托医享公司进行涉案平台的技术开发,由医享公司具体实施涉案软件开发、上线工作的合同,属于计算机软件委托开发合同。

《著作权法》(2010 年修正本)第十七条规定:"受委托创作的作品,著作权的归属由委托人和受托人通过合同约定。合同未作明确约定或者没有订立合同的,著作权属于受托人。"《计算机软件保护条例》(2013年修正本)第十一条规定:"接受他人委托开发的软件,其著作权的归属由委托人与受托人签订书面合同约定;无书面合同或者合同未作明确约定的,其著作权由受托人享有。"本案中,医享公司和卫健委确认在涉案书面协议中,双方未明确约定涉案软件著作权归属哪一方。双方亦无达成其他书面约定对涉案软件的著作权权属进行确定。卫健委提交软件首页和版权声明字样、《市医管中心关于市民健康服务平台服务迁移及相关信息提供的函》等证据,拟证明双方已达成涉案软件归属医管中心的意思表示。而医享公司否认该待证事实。二审法院认为,医享公司主张其享有涉案软件著作权,依据充足。理由如下。

首先,在涉案书面合同已经明确对软件权属并无约定、软件权属依据法律规定应该归受托人医享公司的情况下,卫健委主张涉案软件权属归自己所有的,卫健委应对自己提出的这一变更法律关系的反驳主张承担证明责任,且其对待证事实的举证应达到高度盖然性的程度。

其次,卫健委为证明医享公司用事实行为已经作出著作权归卫健委所有的意思表示,提交了涉案软件的开始页署名和《市医管中心关于市民健康服务平台服务迁移及相关信息提供的函》。对于《市医管中心关于市民健康服务平台服务迁移及相关信息提供的函》,虽然医管中心在函中称其对涉案软件享有完全知识产权,但该函并未得到医享公司的回应,不足以证明医享公司作出了著作权归卫健委所有的意思表示。对于涉案软件的开始页署名,医享公司确认其在涉案软件的开始页插入了标注"深圳市公立医院管理中心Copyright© 2015"字样的图片,但仅凭该证据,不足以认定医享公司认可将涉案软件著作权归医管中心所有。理由有四个:第一,对涉案软件著作权归属是否通过事实行为进行变更的推定应当符合逻辑和日常生活常理。本案中,双方未有书面约定权属问题,在立法已有明确规定权属认定规则的情况下,双方在合同签订之时均能预见,该软件权属属于受托人医享公司。而且,根据涉案合同的约定,涉案软件受医管中心的委托开发,而开发涉案软件的费用、软件上线后的运营、推广和维护成本均由医享公司负担,医管中心并不对医享公司的义务直接支付对价,在此情况下,如果要推定双方在实际履行过程中变更了著作权归属应该慎重。第二,涉案软件同时安装在医院、第三方支付平台的服务器和患者的手机上。涉案合同第六条第一款约定,深圳市内的"健康易"网站域名、商标及其他相关内容的所有权归卫健委,深圳市外的归医享公司。卫健委在二审庭审中称,之所以约定深圳市内的所有权归医管中心是为了避免医享公司向深圳市内的医院收费,而医享公司也称其盈利模式是向支付宝等第三方支付平台收取费用。因此,医享公司受托开发涉案软件的获利方式为向第三方支付平台或者深圳市以外的医院收取费用,如果医享公司对涉案软件不享有著作权,其向第三方支付平台或者医院收费将缺少依据,合同目的将难以实现。卫健委认为,医享公司向他人收费依据的是双方的合同,而非享有的软件著作权。但合同效力具有相对性,仅对合同签订双方有拘束力,对医管中心和医享公司之外的第三人没有拘束力。如果涉案软件著作权归医管中心所有,则医享公司向他人收费将依赖于医管中心的支持,而涉案合同并未约定医管中心应履行何种义务帮助医享公司向他人收费,且卫健委是深圳市的行政机关,向他人收取软件许可费盈利显然超出了其正常职能范围,深圳市以外的地域也超出了其管辖范围。因此,推定医享公司作出了将涉案软件著作权归医管中心所有的意思表示不符合双方合作的合同目的。第三,卫健委和医享公司基于涉案软件进行合作,对涉案软件权属的处分是双方合同权利义务的重要内容,一般会有一个磋商的过程。卫健委在本案中主张医享公司通过开始页署名的行为表示著作权归医管中心所有,但在开始页署名只是意思表示结果的反映,卫健委并未对双方如何达成意思表示合意的过程进行解释,推定医享公司未经磋商且无任何对价的情况下就主动放弃重要权利不符合常理。相反,在法律有明确规定的情况下,医享公司对合同不作约定情形下由其享有著作权具有明确期待,医享公司也提交其申请著作权登记和苹果商店著作权署名的证据证明其对涉案软件多次主动宣告著作权。第四,医享公司对其在涉案软件开始页署名"深圳市公立医院管理中心 Copyright© 2015"的行为作出了解释,称该署名系对该开始页标注医管中心名称、单位徽标及"健康易"软件名称的宣传图片的署名,是基于推广涉案软件的目的对涉案软件进行商标的冠名。法院对此认为,医享公司作为常年从事医疗信息化经营的软件开发公司,可以预见以卫健委的名义和以医享公司自己的名义向患者推广涉案软件会存在差距较大的推广结果,而医享公司的收益直接与其向患者推广涉案软件的数量挂钩,故医享公司称其出于推广涉案软件的目的进行相关署名,该种做法虽然不规范,但该解释具有一定合理性。综上，卫健委提供的证据并不足以证明医享公司在实际履行过程中同意将涉案软件著作权权属变更为医管中心所有。

最后，从尊重民营企业知识产权的角度来考虑，医管中心作为深圳市公立医院的管理和服务单位，其工作职能决定了其在涉案项目合作中具有更为优势的谈判地位。医享公司为民营企业，卫健委为行政机关，医管中心为深圳市政府直属事业单位，社会对医管中心的法律意识和法律适用能力也具有更高期待。因此，医管中心本应在项目合作中与医享公司就涉案软件的著作权归属问题进行磋商，并明确写入涉案书面合同之中。在没有书面约定的情况下，卫健委也应对双方确有达成相关权属约定的事实进行更为充分的举证。涉案软件为医享公司付出金钱和劳动具体开发，体现了医享公司的独创性表达，一审法院未深入考虑双方之间的权利义务关系和举证责任分配，仅凭医享公司某一署名的表面行为，就认定双方同意将著作权变更归医管中心所有，不符合相关法律规定。

综上所述，卫健委的举证未到达高度可能性的程度，现有证据不足以证明医管中心和医享公司就涉案软件的著作权约定归医管中心所有，在双方对权属未作约定的情况下，涉案软件的著作权应该归受托人医享公司。一审法院认定涉案软件著作权归医管中心所有不当，予以纠正。

（2）关于云医公司是否构成侵权及其侵权责任应如何负担的问题。由于云医公司的产品经理刘存豪曾在医享公司处任产品经理，刘存豪的个人信息曾在医享公司的涉案软件说明文档中，在没有相反证据的情况下，足以推定云医公司有接触涉案软件的可能性。一审法院依据"云医通"软件1.0版本、"深圳智慧医院"软件1.0版本中出现"健康易"软件1.1.7版本中特有名称、权属信息，以及两软件多处页面设计及内容相同的事实，认定两者构成实质近似，并无不当。云医公司对此并未提起上诉，二审法院予以确认。故二审法院认定云医公司未经医享公司许可复制涉案软件，构成软件著作权侵权，依法应当承担停止侵权等民事责任。关于赔礼道歉，本案中，云医公司侵害的系医享公司的软件著作权财产权益的部分，医享公司并未举证证明云医公司还存在何种侵害其著作人身权的情形，故赔礼道歉的诉讼请求不予支持。关于赔偿损失，由于医享公司并未提交其因侵权所受的实际损失或者云医公司侵权所得的确切证据，故二审法院综合考虑医享公司无法提供涉案

"健康易"软件的完整源代码导致被诉侵权软件中复制涉案软件的比例无法查明、云医公司的侵权行为时间不长、涉案软件的价值、云医公司侵权行为的其他情节、医享公司为制止本案侵权行为所支付的合理开支等酌情判决 5 万元。

据此，广东省高级人民法院依照《民事诉讼法》（2017 年修正本）第一百七十条第一款第二项规定，判决：

（1）撤销广州知识产权法院〔2016〕粤 73 民初 1054 号民事判决；

（2）广州医享网络科技发展有限公司为健康易市民健康服务平台（简称健康易）计算机软件的著作权人；

（3）广州云医科技有限公司立即停止侵害广州医享网络科技发展有限公司的健康易市民健康服务平台计算机软件著作权；

（4）广州云医科技有限公司于本判决生效之日起 10 日内赔偿广州医享网络科技发展有限公司经济损失及合理维权费用 5 万元；

（5）驳回广州医享网络科技发展有限公司的其他诉讼请求。

【法官点评】

《著作权法》（2010 年修正本）第十条第一款第二项规定："著作权包括下列人身权和财产权……（二）署名权，即表明作者身份，在作品上署名的权利……"《计算机软件保护条例》（2013 年修正本）第八条第一款第二项规定："软件著作权人享有下列各项权利……（二）署名权，即表明开发者身份，在软件上署名的权利……"因此，在著作权法意义上，署名具有表明作者或者软件开发者身份的独特含义，而除法律另有规定外，作品的著作权归作者，软件作品的著作权归软件开发者。《世界版权公约》规定，版权标记由版权符号"©"即英文"copyright"（版权）一词的首字母外加一个圆圈、版权所有者的姓名以及作品首次出版或注册年份三部分组成，这也是被我国在内的大多数国家所使用和承认的通用标记和署名方式。故医享公司在涉案软件开始页注明"深圳市公立医院管理中心 Copyright© 2015"是一种规范、明确的标明作品著作权人的署名，其辩称该署名只是因为插入了医管中心提供的附有前述标注的图片、不具有软件署名效力的解释意见不能成立。本案存在三种署名行为，目前，并无法律对不同署名的证明力大小进行明确规定,对署名效力的分析应根据证据规则,结合逻辑推理和日常生活经验法则来分析。首先,署名人作出的于己不利的署名证明力更高。作者有权选择其作品被使用时的署名方式,即作者有权在自己创作的作品上署上真实姓名(实名)、署假名(笔名)或者不署名(匿名),但署他人姓名显然不在通常情形之列。署名是理性行为,署名人在作品上署他人名,于己不利,通常都有一定的原因,相较于署自己名证明力更高。本案中,第二、三处署名为医享公司署名自己为著作权人,而第一处为医享公司署名医管中心为著作权人,第一处署名为署名人作出的对自己不利的署名,其证明力大于另外两处。至于署名的时间和位置对证明力大小的影响,仅凭署名的时间和位置就对署名的证明力大小下结论依据并不充分,但署名是标明作者身份的意思表示行为,可以反映署名者意思表示的相关情况,可以结合其他证据对之证明力进行综合判断。

《著作权法》(2010年修正本)第十一条第四款规定:"如无相反证明,在作品上署名的公民、法人或者其他组织为作者。"《计算机软件保护条例》(2013年修正本)第九条第二款规定:"如无相反证明,在软件上署名的自然人、法人或者其他组织为开发者。"因此,以署名认定作者和软件开发者的前提是没有其他反证证明。《著作权法》(2010年修正本)第十七条规定:"受委托创作的作品,著作权的归属由委托人和受托人通过合同约定。合同未作明确约定或者没有订立合同的,著作权属于受托人。"《计算机软件保护条例》(2013年修正本)第十一条规定:"接受他人委托开发的软件,其著作权的归属由委托人与受托人签订书面合同约定;无书面合同或者合同未作明确约定的,其著作权由受托人享有。"《合同法》第三十六条规定:"法律、行政法规规定或者当事人约定采用书面形式订立合同,当事人未采用书面形式但一方已经履行主要义务,对方接受的,该合同成立。"从以上法律规定可以看出:①委托创作的作品著作权首先由委托人和受托人合同约定;②没有约定或约定不明的,著作权归软件的创作人受托人所有;③《计算机软件保护条例》(2013年修正本)还规定了该约定为要式约定,需要签订书面合同约定;④对于要式合同,虽然未签订书面合同,但一方已经履行主要义务,对方接受的,该合同亦成立。本案中,医享公司和卫健委确认在涉案书面协议中,双方未明确约定涉案软件著作权归属哪一方。也无证据显示双方之间还签订了其他书面合同对权属进行了约定,因此,根据双方的书面合同,涉案作品归受托人,也即作品的实际创作人医享公司享有。要看著作权是否归医管中心享有,则要看双方是否存在合意的事实履行行为。

医管中心称第一处署名是医享公司的事实履行行为。合意的履行行为是意思表示和履行行为的统一,仍然以存在相关意思表示为前提。医享公司的第一处署名虽然存在标识医管中心为著作权人的行为,但还要看医享公司是否存在将涉案软件著作权归属医管中心的真实意思表示。本案中,医享公司与医管中心合作是以盈利为目的,但医享公司受医管中心的委托开发涉案软件,开发涉案软件的费用、软件上线后的运营、推广和维护成本均由医享公司负担,医管中心并不对医享公司的义务直接支付对价,医享公司的盈利模式是向使用涉案软件的第三方支付平台收取费用。一方面,医享公司和医管中心的权利义务并不对等,医享公司已经承担了涉案软件的所有开发、推广、运营费用,其主动将著作权归属医管中心缺乏动力;另一方面,医享公司的盈利依赖于将涉案软件向第三方支付平台授权,医享公司自己享有涉案软件著作权是其获利的前提。因此,认定医享公司作出涉案软件归医管中心所有的意思表示并不符合其行为目的,也将导致医享公司和医管中心之间的权利义务失衡。医管中心向医享公司发出《市医管中心关于市民健康服务平台服务迁移及相关信息提供的函》,称其对涉案软件享有完全知识产权,但该函并未得到医享公司的回应;医享公司还在申请著作权登记和苹果商店署名自己为著作权人。这些事实反映了医享公司的相反意思表示情况。因此,仅凭第一处署名就认定医享公司存在著作权归医管中心的意思表示依据并不充分。

(撰稿人:广东省高级人民法院 肖少杨 张婷)

达索系统公司诉中山市鑫海精密制造科技有限公司侵害计算机软件著作权案

——在法定赔偿限额以上合理确定计算机软件侵权案件赔偿数额

【裁判要旨】

计算机软件最终用户侵犯计算机软件著作权,计算机软件著作权人实际损失一般可按照侵权复制品数量乘以权利人正常许可或者销售该软件的市场价格计算。本案赔偿数额突破了现行著作权法规定的 50 万元的最高赔偿上限,按照涉案软件的类型,结合侵权复制品数量、软件发行时间、版本等因素综合确定计算机软件权利人发行软件复制品的市场销售价格,并以此作为权利人的单位利润来计算本案损害赔偿数额。

【关键词】

计算机软件　市场价格　赔偿数额

【案例索引】

一审:广州知识产权法院〔2015〕粤知法著民初字第 4 号

二审:广东省高级人民法院〔2016〕粤民终 870 号

【案情及裁判】

原告:达索系统公司(以下简称达索公司)

被告:中山市鑫海精密制造科技有限公司(以下简称鑫海公司)

一、一审

原告达索公司因与被告鑫海公司发生计算机软件著作权侵权纠纷,向广州知识产权法院提起诉讼。

原告达索公司诉称,鑫海公司未经合法授权,在其计算机上大量安装使用 SolidWorks 系列计算机软件侵害其著作权给其造成经济损失,请求判令鑫海公司:①立即停止复制、安装及使用侵害达索公司享有著作权的 SolidWorks 系列计算机软件的行为,并删除或销毁全部侵权复制件和(或)含有侵权复制件的载体;②赔偿达索公司经济损失 6 242 600 元及为制止侵权行为所支付的合理费用 100 458 元;③在《人民日报》中缝之外的版面上书面向达索公司赔礼道歉;④承担本案全部诉讼费。

被告鑫海公司辩称:①达索公司提供的证据不能充分证明其享有涉案软件的著作权;②鑫海公司在网站上发布招聘"熟练运用 SolidWork 系列绘图软件人员"的信息并未侵犯涉案软件权利人的著作权,个别员工可能私自在其计算机安装了涉案软件,但该使用不属于商业用途,不构成侵权;③达索公司请求判令鑫海公司赔偿经济损失及赔礼道歉,没有依据。故请求驳回达索公司的诉讼请求。

广州知识产权法院一审查明:

SolidWorks 软件是一款三维机械设计软件,达索公司以作者身份向美国版权局申请登记了 SolidWorks 系列计算机软件,该系列软件首次发行所在国均为美国。美国版权局版权登记证书显示:SolidWorks 2008 首次发表于 2008 年 9 月 13 日,创作者为达索公司,完成年份为 2008 年,注册号为 TX 7-051-815,注册生效日期为 2010 年 1 月 27 日;SolidWorks 2012 首次发表于 2011 年 9 月 20 日,创作者为达索公司,完成年份为 2011 年,注册号为 TX 7-534-639,注册生效日期为 2012 年 4 月 23 日。上述两款软件的版权索赔人均登记为达索公司。美国版权局网站 www.copyrihgt.gov 显示 SolidWorks 2008、SolidWorks 2012 两款软件的版权信息与上述版权登记证书内容一致。

2015 年 3 月 31 日,根据达索公司的申请,一审法院依法作出〔2015〕粤知法著民初字第 4 号民事裁定,裁定对鑫海公司办公场所使用的涉案计算机软件进行证据保全。同年 4 月 3 日实施证据保全,保全前一审法院工作人员向鑫海公司员工说明了证据保全的具体内容及方式,并送达了《民事诉讼证据保全义务及风险告知书》。该告知书载明,依据《最高人民法院关于民事诉讼证据的若干规定》第七十五条规定,如果法院有理由相信持有证据保全裁定所指向的证据的当事人无正当理由拒不提供或拒不配合法院证据保全工作,法院可以推定证据保全申请人主张的相关事实成立。鑫海公司的员工同意以抽检的方式进行检查，由达索公司在鑫海公司厂房二楼的四间设计室各随机选择两台计算机进行检查，以抽查安装涉案软件的计算机比例作为确定安装使用软件的全部计算机数量。但在证据保全实施过程中，鑫海公司的员工接到负责人指示后，开始妨碍法院工作人员开展证据保全工作，随后以强行断电方式阻止证据保全的实施。经法院工作人员进行教育并释明法律责任后，鑫海公司的员工仍拒不恢复供电以配合法院保全证据。在断电前已经完成抽检1台计算机，发现该计算机安装有SolidWorks 2008、SolidWorks 2012计算机软件，在对第二台计算机抽检时发生断电，断电前发现该计算机安装有SolidWorks 2012计算机软件。经现场清点，在鑫海公司厂房二楼办公区办公室门口铭牌显示的技术一科有10台计算机，技术四科有13台计算机，技术五科有20台计算机，生产技术部（技术中心）有22台计算机。

为证明涉案SolidWorks 2012计算机软件销售价格，双方当事人均提供了相关证据。达索公司提交了2012年5月4日签订的《SolidWorks 2012白金版购销合同》及其发票，合同显示SolidWorks 2012白金版一套、服务一年及软件培训的金额为96 040元。鑫海公司提交公证书一份，该公证书保全了鑫海公司委托代理人通过邮箱收取的SolidWorks系列软件的报价（报价均含以后升级及网络版的费用），内容为：①广东睿盟计算机科技有限公司向鑫海公司销售SolidWorks系列软件标准版的报价，5套，每套单价是29 000元；10套，每套单价是28 000元。报价有效期至2015年5月31日。②智诚科技有限公司工作提供的SolidWorks 2015软件报价，报价显示：标准版，5套总价23万元，每套单价46 000元；白金版，10套总价38万元，每套报价38 000元。庭审时，达索公司确认鑫海公司涉嫌侵害软件版本为SolidWorks 2012，并主张按照SolidWorks 2012白金版每套市场价格96 040元单价乘以保全现场鑫海公司研发人员计算机台数65台作为经济损失的依据；达索公司还提交了发票等证据主张其为本案维权支出了律师费10万元、公证费458元。

广州知识产权法院一审认为：

根据证据保全现场取证笔录及照片等证据显示，鑫海公司经营场所内的计算机确实安装有SolidWorks 2008、SolidWorks 2012等软件，但由于受到鑫海公司的恶意阻挠，无法对鑫海公司经营场所内计算机上安装使用的SolidWorks 2012系列计算机软件及软件信息予以逐一登记，应视为鑫海公司持有不利于自己的证据但拒绝提供,已构成证据妨碍。结合鑫海公司在不同网站发布招聘信息均要求应聘人员熟练掌握 SolidWorks 软件,其工作人员在称工作中需要使用上述软件,而鑫海公司又未提供证据证明上述软件系合法取得或得到达索公司的授权、许可等事实,足以推定鑫海公司未经达索公司许可在其计算机上复制了涉案 SolidWorks 2012 计算机软件。关于鑫海公司复制涉案 SolidWorks 2012 计算机软件的行为是否属于商业使用计算机软件的问题。首先,鑫海公司是一间专业从事电梯零部件、精密钣金设计、生产和加工的企业,而涉案 SolidWorks 2012 计算机软件是一款三维机械设计软件,其用途与鑫海公司的经营业务密切相关;其次,证据保全资料显示,安装有涉案 SolidWorks 2012 计算机软件的电脑处于鑫海公司产品设计部门,且上述涉及产品设计部门的计算机多达 65 台,上述计算机软件处于可使用状态。据此认定鑫海公司经营场所内计算机上安装涉案 SolidWorks 2012 计算机软件是为设计、加工等生产经营活动的需要,属于商业性使用。鑫海公司未经达索公司许可商业使用涉案 SolidWorks 2012 计算机软件的行为,侵害了达索公司对该软件享有的复制权,构成侵权。

关于本案赔偿数额。首先,鑫海公司经营场所涉及产品设计的计算机共有 65 台,在鑫海公司强行断电前抽查完成的 2 台计算机上均检测到涉案 SolidWorks 2012 计算机软件,据此推定鑫海公司安装涉案计算机软件的计算机为 65 台。其次,涉案 SolidWorks 系列计算机软件存在标准版、专业版、白金版,不同版本软件的销售价格不同,鑫海公司提供的证据还显示同一客户购买软件的数量不同,涉案软件单套销售价格亦存在巨大差异。因达索公司提交的正版软件市场销售价格并不能准确反映其实际损失,对达索公司要求按照 SolidWorks 2012 计算机软件白金版的销售价格计算本案赔偿数额的主张不予支持。最后,虽然鑫海公司提交的证据仅为涉案软件的报价并非实际销售价格,但考虑到提出报价的智诚科技有限公司是涉案 SolidWorks 系列计算机软件的合法代理商,本案参考 SolidWorks 系列计算机软件 10 套以上标准版的销售单价 38 000 元计算本案赔偿数额较为适宜。据此计算,每套软件 38 000 元乘以 65 台共计人民币 247 万元。故鑫海公司应赔偿达索公司经济损失 247 万元。

综上所述,广州知识产权法院依照《著作权法》(2010 年修正本)第四十七条第七项、第四十八条、第四十九条,《计算机软件保护条例》(2013 年修正本)第五条第三款、第八条第一款第三项、第九条、第二十四条第一款第一项及《最高人民法院关于审理著作权民事纠纷案件适用法律若干问题的解释》第二十一条、第二十五条之规定,判决:

(1)鑫海公司停止对达索公司 SolidWorks 2012 计算机软件著作权的侵权行为,并将该软件从计算机系统中卸载删除;

(2)鑫海公司赔偿达索公司经济损失 247 万元;

(3)鑫海公司赔偿达索公司为本案维权而支出的合理费用共计 100 458 元;

(4)驳回达索公司的其他诉讼请求。

二、二审

鑫海公司不服一审判决,向广东省高级人民法院提起上诉称:①鑫海公司在不能确定是否法院工作人员的情况下没有积极配合证据保全是可以理解的,保全过程中停电是不可预测的,鑫海公司不存在故意,一审举证责任分配明显不公平;②一审认定涉案软件价格,依据不充分;③一审保全程序违法,如没有现场送达证据保全裁定书,在鑫海公司未同意的情况下对办公场所计算机进行抽检等;④鑫海公司不存在举证妨碍行为,不应承担法律后果。

达索公司辩称一审法院认定事实清楚、适用法律正确,请求二审法院予以维持。

广东省高级人民法院二审查明事实与一审法院一致。

二审中,当事人没有提交新证据。

广东省高级人民法院二审认为:

一审法院工作人员进行证据保全时已当场送达了保全裁定书,并对证据保全工作进行了详细解释和说明,鑫海公司无正当理由拒绝在保全笔录上签字且拒不退回送达回证,保全笔录已经详细记载了相关过程;鑫海公司在证据保全时恶意阻挠,导致一审法院无法对其经营场所内计算机上所有软件情况进行登记,结合停电前检查完成的 2 台计算机上均检测到涉案软件的事实,一审法院推定鑫海公司经营场所内涉及产品设计的计算机上均安装有涉案软件,于法有据。由于涉案软件分为不同版本且对于不同采购数量的客户价格浮动较大,一审法院参考达索公司合法代理商的涉案软件最低版本价格计算本案赔偿数额并无不当。

据此，广东省高级人民法院依照《民事诉讼法》（2017年修正本）第一百七十条第一款第一项之规定判决：驳回上诉，维持原判。

【法官点评】

本案通过优势证据合理确定本案的赔偿数额，避免简单适用法定赔偿，进一步从探索完善司法证据制度角度出发寻求破解知识产权损害赔偿难问题。

1. 计算机软件著作权赔偿数额的计算方法

《计算机软件保护条例》（2013年修正本）第二十五条规定："侵犯软件著作权的赔偿数额，依照《中华人民共和国著作权法》第四十九条的规定确定。"根据前述规定，软件著作权的赔偿有三种计算方式：①按照软件著作权人的实际损失给予赔偿；②按照侵权人的违法所得给予赔偿；③人民法院在法定数额内酌情确定。

软件著作权人的实际损失是指软件权利人因侵权行为所受直接经济损失和所失预期应得利益。在司法实践中，实际损失的计算方法包括：被告侵权行为使原告利润减少的数额；原告合理的许可使用费；原告复制品销售量减少的数量乘以该复制品每件利润之积；被告侵权复制品数量乘以原告每件复制品利润之积；因被告侵权行为导致原告许可使用合同不能履行或难以正常履行产生的逾期利润损失；因被告侵权行为导致原告作品价值下降产生的损失。本案中，达索公司要求按照SolidWorks 2012计算机软件白金版的销售价格计算其实际损失，就现有证据分析，涉案SolidWorks系列计算机软件不同版本的销售价格不同，且同一客户购买软件的数量不同会导致涉案软件单套销售价格存在巨大差异。因此，达索公司提交的正版软件市场销售价格并不能准确反映其实际损失。

侵权人的违法所得一般包括以下情况：盗版软件销售利润、被告的营业利润、被告的净利润。由于鑫海公司是软件的最终用户，并非软件销售商，故不可能按照盗版软件销售利润计算其违法所得。鑫海公司是专业从事电梯零部件、精密钣金设计、生产和加工的企业，现有证据没有显示其营业利润或净利润，且即使在营业利润、净利润确定的情况下，如何确定涉案软件的使用与其营业利润、净利润之间的贡献率本身亦是一个难题。故在达索公司的实际损失及鑫海公司的侵权获利均无法查明的情况下，本案赔偿数额只能适用第三条路径即根据法定赔偿数额确定。

2. 在法定最高数额以上合理确定数额的依据

软件最终用户侵犯计算机软件著作权，软件著作权人的损失一般可以按照相当于其正常许可或者销售该软件的市场价格计算。对于难以证明实际损失或侵权获利的具体数额，但有证据证明损害数额明显超过法定赔偿最高限额的，可以综合全案证据在法定赔偿限额 50 万元以上合理确定赔偿数额。

本案中，综合考虑以下因素达索公司的实际损失明显超过 50 万元。首先，安装涉案软件的计算机数量。在鑫海公司强行断电前抽查完成的 2 台计算机上均检测到涉案 SolidWorks 2012 计算机软件，故根据证据妨碍规则推定鑫海公司经营场所涉及产品设计的 65 台计算机均安装了涉案软件。其次，涉案 SolidWorks 系列计算机软件存在标准版、专业版、白金版，不同版本软件的销售价格不同，不同销售数量亦对软件销售价格产生巨大影响。据此，根据不同版本的销售价格，以最高售价或最低售价计算，甚至以同一客户购买 10 套软件销售单价计算，65 套 SolidWorks 软件给达索公司造成的实际损失都远远超过 50 万元。例如，以 SolidWorks 2012 白金版的售价 96 040 元计算，销售金额高达 624 万多元；以 SolidWorks 系列软件标准版 5 套、每套 29 000 元计算，销售金额达 188.5 万元；以 SolidWorks 系列软件标准版 10 套、每套 28 000 元计算，销售金额达 182 万元。根据前述分析，本案最终按照正版软件的合理市场价格乘以鑫海公司非法安装软件数量确定达索公司的损失，依法判决鑫海公司赔偿经济损失 247 万元。

本案赔偿数额突破了现行著作权法规定的 50 万元的最高赔偿上限，通过避免简单适用法定赔偿的方法，而是按照涉案软件的类型，结合侵权复制品数量、软件发行时间、版本等因素综合确定计算机软件权利人发行软件复制品的市场销售价格，并以此作为权利人的单位利润来计算本案损害赔偿数额，提高了损害赔偿计算的合理性。

（撰稿人：广州知识产权法院　彭盎）

叶某某诉始兴县新银龙俱乐部侵害作品署名权、复制权、表演权纠纷案
——通过卡拉 OK 点播系统播放录像制品构成侵权

【裁判要旨】

经营卡拉 OK 的商业主体未经许可通过卡拉 OK 点播系统公开播放包含对作者享有著作权的词、曲作品之表演的录像制品，构成侵害词、曲作品作者的复制权、表演权。

【关键词】

卡拉 OK　录像制品　复制权　表演权

【案例索引】

一审：韶关市中级人民法院〔2017〕粤 02 民初 39 号

二审：广东省高级人民法院〔2018〕粤民终 603 号

【案情及裁判】

原告：叶某某

被告：始兴县新银龙俱乐部（以下简称新银龙俱乐部）。

一、一审

原告叶某某因与被告新银龙俱乐部发生侵害作品署名权、复制权、表演权纠纷，向韶关市中级人民法院提起诉讼。

原告叶某某诉称：叶某某是《赤足走在田埂上》《外婆的澎湖湾》等 43 首音乐作品的词、曲作者。新银龙俱乐部未经叶某某授权及许可，以盈利为目的，擅自将上述音乐作品进行技术制作处理而使其增加伴唱功能后，复制至其点播系统内，供消费者演唱表演。其行为严重侵犯了叶某某对该作品享有的署名权、复制权和表演权。新银龙俱乐部作为卡拉 OK 营业场所的经营

者，在使用叶某某享有著作权的作品前，依法应取得叶某某的授权或许可，而新银龙俱乐部未经许可长期擅自使用上述作品而获取利益，既未向叶某某支付报酬，也未向著作权集体管理组织缴纳版权使用费，其侵权的主观故意十分明显，新银龙俱乐部的侵权行为造成了对叶某某享有著作权的财产权的侵犯，特依法起诉。叶某某起诉时明确主张新银龙俱乐部侵犯了其对涉案音乐作品的复制权、表演权（叶某某是其中《三个字》《昨夜之灯》的曲作者，其余音乐作品其担任词曲作者）；另外，叶某某还主张新银龙俱乐部侵犯了其对11首歌曲的署名权：《思念总在分手后》《从不拒绝归来》《外婆的澎湖湾》《伸手等你牵》《梦中也好》《又见春天》《假装我们还相恋》《昨夜之灯》《心锁等你合》《伤心也好》《梦里新娘》。庭审中，叶某某明确本案主张的维权合理费用由法院酌定。叶某某起诉请求法院判令：①新银龙俱乐部在其点播系统内立即删除叶某某享有著作权的音乐作品43首（即《流浪者的独白》《赤足走在田埂上》《七夕雨》《年轻人的心声》《思念总在分手后》《踏着夕阳归去》《秋意上心头》《从不拒绝归来》《三个字》《外婆的澎湖湾》《疼惜我的吻》《生为女人》《再爱我一次》《乡间的小路》《爸爸的草鞋》《走味的咖啡》《声声慢》《酒窟仔相对看》《Say Yes My Boy》《无啥通无采》《随风来去》《伸手等你牵》《爱情莎哟哪啦》《月娘岛有我在等你》《酒是舞伴你是生命》《梦中也好》《无怨的青春》《我是你爱过》《爱你是我所有的言语》《早安太阳》《又见春天》《假装我们还相恋》《昨夜之灯》《稻草人的心情》《无你是欲搁按怎》《酒量酒胆》《爱的等路》《风向球》《心锁等你合》《伤心也好》《等你脚步声》《梦里新娘》《我们拥有一个名字叫中国》）；②新银龙俱乐部承担因其侵犯叶某某音乐作品著作权的赔偿责任43 000元、叶某某为制止侵权行为而支出的合理费用3088元（包括公证费900元、律师费2000元、取证费用188元），共计46 088元；③由新银龙俱乐部承担本案的诉讼费及其他诉讼费用。

被告新银龙俱乐部辩称：①新银龙俱乐部并非以播放音乐作品为盈利目的，更未通过播放音乐作品产生盈利。新银龙俱乐部是以售卖酒水和预包装食品获得盈利，播放的音乐是免费提供给客户欣赏的，没有收取客户播放音乐的费用，根据《著作权法》（2010年修正本）第22条规定，新银龙俱乐部并未侵害叶某某所诉权益。②新银龙俱乐部所使用的歌曲播放系统，购买于厦门市前沿科技开发有限公司（以下简称前沿公司），系统设备包括音乐，并非由新银龙俱乐部自行制作、修改或者存放于系统中，因此叶某某所诉的43首音乐作品，并不是新银龙俱乐部主观意愿要求存放以及播放的。请求法院依法驳回原告的全部诉讼请求。

韶关市中级人民法院一审查明：

2011年3月9日，湖北省公证协会出具〔2011〕鄂公协核字第133号《证明书》，证明吴某某持有中国台湾板桥地方法院公证处（所属民间公证人新北联合事务所）出具的一份编号为000031的公证书共54页，经与台湾海峡交流基金会根据《两岸公证书使用查证协议》寄予该会同字号的公证书副本核对相符。中国台湾板桥地方法院公证处出具的编号为000031号《公证书》内容为对吴某某购买唱片的过程予以公证，该公证书后附所购唱片及歌词影印件。上述唱片及歌词影印件包含涉案歌曲《流浪者的独白》《赤足走在田埂上》《七夕雨》《年轻人的心声》《思念总在分手后》《踏着夕阳归去》《秋意上心头》《外婆的澎湖湾》《疼惜我的吻》《再爱我一次》《乡间的小路》《走味的咖啡》《酒窟仔相对看》《Say Yes My Boy》《月娘岛有我在等你》《酒是舞伴你是生命》《梦中也好》《我是你爱过》《爱你是我所有的言语》《早安太阳》《又见春天》《假装我们还相恋》等22首。

2012年3月15日，湖北省公证协会出具〔2012〕鄂公协核字第171号《证明书》，证明吴某某持有中国台湾板桥地方法院公证处（所属民间公证人新北联合事务所）出具的一份编号为000022的公证书共19页，经与台湾海峡交流基金会根据《两岸公证书使用查证协议》寄予该会同字号的公证书副本核对相符。中国台湾板桥地方法院公证处出具的编号为000022号《公证书》内容为对吴某某购买唱片的过程予以公证，该公证书后附所购唱片及歌词影印件。上述唱片及歌词影印件包含涉案歌曲《秋意上心头》《从不拒绝归来》《三个字》《生为女人》《爸爸的草鞋》《昨夜之灯》6首。

2012年4月9日，湖北省公证协会出具〔2012〕鄂公协核字第226号《证明书》，证明吴某某持有中国台湾板桥地方法院公证处（所属民间公证人新北联合事务所）出具的一份编号为000040号的公证书共29页，经与台湾海峡交流基金会根据《两岸公证书使用查证协议》寄予该会同字号的公证书副本核对相符。中国台湾板桥地方法院公证处出具的编号为000040号《公证书》内容为对叶某某出具的《著作权声明暨切结书》予以认证，该《著作权声明暨切结书》后附叶某某所创作歌曲的曲谱与歌词。上述曲谱与歌词中包含涉案歌曲《从不拒绝归来》《酒窟仔相对看》《Say Yes My Boy》《无啥通无采》《随风来去》《伸手等你牵》《爱情莎哟哪啦》《无怨的青春》《又见春天》《假装我们还相恋》《稻草人的心情》《无你是欲搁按怎》《酒量酒胆》《风向球》《心锁等你合》《伤心也好》《等你脚步声》《梦里新娘》《我们拥有一个名字叫中国》19 首。

2013 年 7 月 26 日，湖北省公证协会出具〔2013〕鄂公协核字第 549 号《证明书》，证明吴某某持中国台湾新北地方法院公证处（所属民间公证人新北联合事务所）出具的一份编号为 000694 的公证书共 16 页，经与台湾海峡交流基金会根据《两岸公证书使用查证协议》寄予该会同字号的证明书副本核对相符。中国台湾新北地方法院公证处出具的编号为 000694 的证明书内容为证明叶某某所拥有著作权的 26 首词曲著作经登记并托管于社团法人中华音乐著作权协会。上述 26 首词曲中包含涉案词曲《从不拒绝归来》《声声慢》《酒窟仔相对看》《Say Yes My Boy》《无啥通无采》《随风来去》《伸手等你牵》《爱情莎哟哪啦》《无怨的青春》《又见春天》《稻草人的心情》《无你是欲搁按怎》《酒量酒胆》《风向球》《心锁等你合》《伤心也好》《等你脚步声》《我们拥有一个名字叫中国》18 首。

2014 年 7 月 22 日，湖北省公证协会出具〔2014〕鄂公协核字第 474 号《证明书》，证明吴某某持有中国台湾新北地方法院公证处（所属民间公证人新北联合事务所）出具的一份编号为 000812 的公证书共 3 页，经与台湾海峡交流基金会根据《两岸公证书使用查证协议》寄予该会同字号的公证书副本核对相符。中国台湾新北地方法院公证处出具的编号为 000812 的《公证书》内容为认证叶某某在《授权委托书》上的签名。该《授权委托书》的内容为叶某某委托吴某某在中国大陆地区，就叶某某的音乐著作权遭受不法侵害事宜执行维权行动，吴某某的代理权限具体内容包括但不限于：代为诉前及受委托人认为必要时的调查取证和行政投诉；代为签字立案（含一审、二审、再审、执行程序）起诉；代为答辩；代为参加庭审；代为案件执行（含强制执行申请）及作为案件执行申请人有关的所有事宜；代为办理及收取执行款项；代为缴纳诉讼费及收取法院退还之诉讼费；代为在案件执行过程中选取评估、拍卖等中介机构；代为承认、放弃、变更诉讼请求，进行和解、调解、提起上诉等，吴某某有权就上述权项再授权中国大陆各当地维权公司、律师事务所或个人执行相关维权事宜；本委托有效期为5年。叶某某享有音乐版权的作品名单包含87首歌曲，涉案歌曲均包含在内。

2016年12月24日，吴某某的委托代理人孔某某在湖北省武汉市东西湖公证处公证员曹某及公证人员喻某的监督下，与其他工作人员来到广东省韶关市始兴县太平镇永安大道公路局新办公大楼底层一处娱乐场所，该场所大楼挂有"新银龙KTV"字样招牌。上述人员以普通消费者身份进入该场所一楼"卡尔文306"的包房内消费，孔某某在该包房内歌曲点播机上点播了《流浪者的独白》等涉诉43首歌曲，并对上述歌曲的播放画面进行同步录像。消费结束后，孔某某向该场所索取了号码为4478879，并加盖了"银龙卡拉OK内部专用章"的收据一张，银联POS签购单一张。消费金额为188元。事后，在上述公证处人员的监督下，孔某某将摄影机拍摄的内容刻录成光盘一式两份。湖北省武汉市东西湖公证处对上述过程进行了公证并制作了〔2016〕鄂东内证字第11087号《公证书》，并附收据及银联POS签购单各一张、封存的光盘一份。叶某某为此支付公证费900元。

经一审法院当庭播放〔2016〕鄂东内证字第11078号《公证书》所附光盘，显示所点播的43首歌曲的相关播放画面为视频片断，且有伴唱功能，歌名与叶某某主张权利的歌曲名称相同，除《三个字》《昨夜之灯》叶某某仅为曲作者，词作者为他人外，其余歌曲的词曲作者均为叶某某。庭审时新银龙俱乐部承认其系统中有涉案歌曲，但认为没有点播过。

另查明，新银龙俱乐部成立于2013年10月10日，为个体工商户，经营者为李某某，经营场所在广东省韶关市始兴县太平镇永安大道公路局新办公大楼底层，经营范围为：零售、预包装食品、酒类、服务、歌舞娱乐、餐饮服务。

韶关市中级人民法院一审认为：

本案是涉及中国台湾地区著作权侵权纠纷。根据《最高人民法院关于适用〈中华人民共和国民事诉讼法〉的解释》第五百五十一条的规定，本案可以参照适用涉外民事诉讼程序的特别规定。本案被告住所地在一审法院管辖范围内，一审法院对本案有管辖权。依照《中华人民共和国涉外民事法律关系法律适用法》第四十八条规定:"知识产权的归属和内容,适用被请求保护地法律。"第五十条规定:"知识产权的侵权责任,适用被请求保护地法律,当事人也可以在侵权行为发生后协议选择适用法院地法律。"由于当事人未协议选择本案适用的准据法,本案被请求保护地为中国大陆地区,故本案应适用我国大陆地区法律。

本案为侵害作品署名权、复制权、表演权纠纷。根据《最高人民法院关于审理著作权民事纠纷案件适用法律若干问题的解释》第七条规定:"当事人提供的涉及著作权的底稿、原件、合法出版物、著作权登记证书、认证机构出具的证明、取得权利的合同等,可以作为证据。在作品或者制品上署名的自然人、法人或者其他组织视为著作权、与著作权有关权益的权利人,但有相反证明的除外。"本案中,叶某某提交的中国台湾板桥地方法院公证处以及新北地方法院公证处出具的公证文书,已经台湾海峡交流基金会验证后专递于湖北省公证协会核对,上述公证文书具有法律效力。根据中国台湾板桥地方法院公证处以及新北地方法院公证处出具的公证文书显示,叶某某为除《爱的等路》之外的其余涉诉42首歌曲的词曲作者(其中《三个字》《昨夜之灯》为曲作者)。根据《中华人民共和国著作权法实施条例》[以下简称《著作权法实施条例》(2013年修正本)]第六条规定,著作权自作品创作完成之日产生。叶某某主张权利的上述涉案歌曲、谱曲具有创意的智力劳动,具有独创性,属于《著作权法》(2010年修正本)第三条第一款第三项规定的"音乐艺术作品"。叶某某为上述42首歌曲的著作权人。至于《爱的等路》,因叶某某没有提供证据证实其对该歌曲享有著作权,其主张是该歌曲的著作权人,一审法院不予支持。根据中国台湾新北地方法院公证处出具的编号为000812公证书显示,叶某某委托吴某某在中国大陆地区执行维权行动所包含的87首歌曲中,涉案歌曲均包含在内,故吴某某有权转委托他人提起诉讼。

关于新银龙俱乐部的侵权行为,叶某某的维权代理人申请公证机关进行了证据保全公证。根据《民事诉讼法》(2017年修正本)第六十九条"经过法定程序公证证明的法律事实和文书,人民法院应当作为认定事实的根据,但有相反证据足以推翻公证证明的除外"的规定,在新银龙俱乐部未提供相反证据的情况下,一审法院确认湖北省武汉市东西湖公证处〔2016〕鄂东内证字第 11087 号《公证书》的证明效力。根据该《公证书》载明的内容,结合该公证书所附的消费发票,以及刻录光盘的内容相互印证,可以认定新银龙俱乐部以营利为目的,在其营业场所内通过卡拉 OK 伴奏系统及放映设备,向不特定的消费者提供叶某某享有著作权的 42 首涉案歌曲的视频点播、播放服务。

本案中,叶某某主张新银龙俱乐部侵犯了其对涉案歌曲的复制权、表演权(其中《三个字》《昨夜之灯》只主张曲作者的权利);另外,叶某某还主张新银龙俱乐部侵犯了其对以下 11 首歌曲的署名权:《思念总在分手后》《从不拒绝归来》《外婆的澎湖湾》《伸手等你牵》《梦中也好》《又见春天》《假装我们还相恋》《昨夜之灯》《心锁等你合》《伤心也好》《梦里新娘》。依照《著作权法》(2010 年修正本)第十条规定,署名权,即表明作者身份,在作品上署名的权利;复制权,即以印刷、复印、拓印、录音、录像、翻录、翻拍等方式将作品制作一份或者多份的权利;表演权,即公开表演作品,以及用各种手段公开播送作品的表演的权利。新银龙俱乐部辩称其是从前沿公司购买的正版点播软件,涉案歌曲是软件自带,不存在侵权问题。对此一审法院认为,前沿公司只是享有软件的著作权,但并不能剥夺词曲作者所享有的著作权,新银龙俱乐部既未提供证据证明前沿公司使用叶某某作品时得到其授权,也未提供证据证明其审查了前沿公司的作品版权声明,故其辩称不存在侵权事实的观点一审法院不予采纳。新银龙俱乐部未经权利人许可,通过 KTV 视频点播系统等设备公开再现叶某某享有著作权的涉案歌曲,其中《思念总在分手后》《从不拒绝归来》《外婆的澎湖湾》《伸手等你牵》《梦中也好》《又见春天》《假装我们还相恋》《昨夜之灯》《心锁等你合》《伤心也好》《梦里新娘》11 首歌曲未署词曲作者名字,且新银龙俱乐部也承认其系统中有上述歌曲。故一审法院确认新银龙俱乐部侵犯了叶某某涉案 42 首歌曲的著作权。依法应当承担停止侵害、赔偿损失等责任。至于赔偿数额。根据《著作权法》(2010 年修正本)第四十九条规定:"侵犯著作权或者与著作权有关的权利的,侵权人应当按照权利人的实际损失给予赔偿;实际损失难以计算的,可以按照侵权人的违法所得给予赔偿。赔偿数额还应当包括权利人为制止侵权行为所支付的合理开支。权利人的实际损失或者侵权人的违法所得不能确定的,由人民法院根据侵权行为的情节,判决给予五十万元以下的赔偿。"由于叶某某的实际损失和新银龙俱乐部的违法所得均难以确定，故一审法院综合考虑作品类型、侵权作品的数量、合理使用费、侵权行为方式、叶某某为制止侵权所支出的合理费用等情况，酌情确定由新银龙俱乐部赔偿给叶某某31 500元。

综上，韶关市中级人民法院依照《著作权法》（2010年修正本）第十条第一款第二项、第五项、第九项、第十一条第四款、第四十八条第一款第一项、第四十九条、《著作权法实施条例》（2013年修正本）第二条、第四条第一款第三项、《最高人民法院关于审理著作权民事纠纷案件适用法律若干问题的解释》第七条判决：

（1）限新银龙俱乐部于一审判决生效后立即在其经营场所的视频点播系统内删除以下叶某某享有著作权的音乐作品：《流浪者的独白》《赤足走在田埂上》《七夕雨》《年轻人的心声》《思念总在分手后》《踏着夕阳归去》《秋意上心头》《从不拒绝归来》《三个字》《外婆的澎湖湾》《疼惜我的吻》《生为女人》《再爱我一次》《乡间的小路》《爸爸的草鞋》《走味的咖啡》《声声慢》《酒窟仔相对看》《Say Yes My Boy》《无啥通无采》《随风来去》《伸手等你牵》《爱情莎哟哪啦》《月娘岛有我在等你》《酒是舞伴你是生命》《梦中也好》《无怨的青春》《我是你爱过》《爱你是我所有的言语》《早安太阳》《又见春天》《假装我们还相恋》《昨夜之灯》《稻草人的心情》《无你是欲搁按怎》《酒量酒胆》《风向球》《心锁等你合》《伤心也好》《等你脚步声》《梦里新娘》《我们拥有一个名字叫中国》；

（2）限新银龙俱乐部于一审判决生效之日起10日内支付赔偿款31 500元给叶某某；

（3）驳回叶某某的其他诉讼请求。

二、二审

新银龙俱乐部不服一审判决，向广东省高级人民法院提起上诉称：①新银龙俱乐部播放的被诉侵权音乐电视中，有音像出版社标记的属于以类似摄制电影的方法创作的作品，即音乐电视作品，新银龙俱乐部仅提供前述音乐电视作品的点播服务，即对其整体地放映和表演，并非单独使用叶某某的词、曲作品，根据现有法律规定，只有前述音乐电视作品的制片人有权向新银龙俱乐部主张权利，叶某某作为词、曲作者无权直接主张权利。②被诉侵权音乐电视是由相关出版社制作，故本案侵权责任应当由相关出版社承担。③新银龙俱乐部从前沿公司购买正版点播软件，故其使用叶某某的词、曲作品的行为不构成侵权。④叶某某提交的公证录像仅能证明新银龙俱乐部存在播放行为，不足以证明存在复制行为。一审法院将证明新银龙俱乐部存在复制行为的举证责任错误地倒置于新银龙俱乐部，以致作出对新银龙俱乐部不利的判决结果。新银龙俱乐部的卡拉 OK 系统是由前沿公司安装的，该系统有一个叫"云歌库"的功能，消费者在新银龙俱乐部当地搜索歌曲后，会将该信息上传至互联网，系统在互联网搜索到歌曲后，把歌曲数据传输到新银龙俱乐部的系统上，因此，歌曲并非存放于新银龙俱乐部，新银龙俱乐部未侵犯复制权。⑤一审法院没有对新银龙俱乐部播放本案歌曲的确切次数进行认定。新银龙俱乐部在叶某某取证之前从未播放过本案歌曲，不存在侵权行为。⑥一审法院对侵权赔偿金额进行了错误认定。根据现有法律规定，新银龙俱乐部的违法所得应当认定为消费收据上载明的 188 元。综上，请求二审法院：①撤销一审判决；②改判驳回叶某某的全部诉讼请求；③判令叶某某承担本案全部诉讼费用。

广东省高级人民法院经二审，确认了一审查明的事实。

广东省高级人民法院二审期间，叶某某未提交证据，新银龙俱乐部提交如下证据。证据 1：新银龙俱乐部经营场所内点播歌曲过程视频，拟证明本案歌曲来源于互联网，并非复制于本地。证据 2：新银龙俱乐部的 KTV 管理系统内本案歌曲点播次数截屏打印件，拟证明本案歌曲的点播次数。叶某某对上述证据的质证意见为：对前述证据真实性、合法性、关联性均不予确认。首先，新银龙俱乐部提供的视频资料与叶某某公证取证的视频资料相比较，可以发现取证的地点并不相同。其次，新银龙俱乐部提供的视频资料是新银龙俱乐部的后台控制总机，与其包房的点歌机的界面完全不同，包房点歌机无下载功能，消费者可直接在包房点歌，无须进行歌曲下载操作即可获得自己想要演唱的歌曲。最后，新银龙俱乐部提供的是人为表演和机械表演服务，无论消费者通过何种方式点播词、曲，均是从新银龙俱乐部处提供的设备中获得点唱的歌曲。

广东省高级人民法院二审另查明以下事实：新银龙俱乐部提交的其经营场所内点播歌曲过程视频显示，新银龙俱乐部点歌系统是通过从网络上下载被点唱歌曲的卡拉 OK 视频文件，然后在显示器中播放该卡拉 OK 视频文件以供消费者表演有关歌曲时使用。同时，操作过程及界面均不能证明下载被诉侵权歌曲的服务器已联通互联网络，不能证明被诉侵权歌曲系通过互联网下载获得。另外，从叶某某提供的公证证据来看，包房点歌机不存在"下载"按钮，歌曲无须下载，即可播放。同时亦无证据显示包房点歌机已联通网络。

广东省高级人民法院二审认为：

本案系侵害作品署名权、复制权、表演权纠纷。根据双方诉辩意见，二审诉讼争议焦点是：①被诉侵权音乐电视是属于以类似摄制电影的方法创作的作品（以下简称类电作品），还是属于录像制品；②叶某某对被诉侵权音乐电视中的词曲作品是否享有著作权；③新银龙俱乐部的行为是否侵犯了叶某某对本案词曲作品享有的著作权，具体来说是署名权、复制权、表演权；④一审法院判决新银龙俱乐部赔偿的数额是否适当。

（1）关于被诉侵权音乐电视是属于类电作品，还是属于录像制品的问题。本案中，被诉侵权音乐电视是由系列画面构成的，在播放时产生连续画面且有音乐伴音。因此，被诉侵权音乐电视属于类电作品或者录像制品当中的一种。《著作权法实施条例》（2013 年修正本）第二条规定，作品是指文学、艺术和科学领域内具有独创性并能以某种有形形式复制的智力成果。因此，是否具备独创性，是判断音乐电视是否构成类电作品的标准。类电作品的"独创性"要求，一般应具有电影制片者与电影导演鲜明的个性化的创作特征；在摄制技术上以分镜头剧本为蓝本，采用蒙太奇等剪辑手法；由演员、剧本、摄影、剪辑、服装设计、配乐、歌曲、灯光、化妆、美工等多部门合作；投资额较大等。一般情况下，仅仅是拍摄者采用镜头拉伸、片段剪辑、机位改变、片头片尾美工设计等，均不能产生类电作品，其拍摄成果应认定为录音录像制品。本案被诉侵权的 42 首歌曲的音乐电视拍摄成果，其中一部分是对表演现场的机械录制，显然不具有独创性。另一部分虽然有人物、风景的简单组合，但是属于对连续图片铺陈再现，并未产生鲜明的个性化的电影创作特征。因此，被诉侵权音乐电视缺乏电影作品的独创性，不属于类电作品，应当认定为录像制品。新银龙俱乐部主张被诉侵权音乐电视中有部分属于类电作品，该主张缺乏事实依据。

（2）关于叶某某对被诉侵权音乐电视中的词曲作品是否享有著作权的问

题。《著作权法》（2010年修正本）第二条第一款规定"中国公民、法人或者其他组织的作品，不论是否发表，依照本法享有著作权"，第三条规定"本法所称的作品，包括以下列形式创作的文学、艺术和自然科学、社会科学、工程技术等作品：（一）文字作品；（二）口述作品；（三）音乐、戏剧、曲艺、舞蹈、杂技艺术作品……"《最高人民法院关于审理著作权民事纠纷案件适用法律若干问题的解释》第七条规定："当事人提供的涉及著作权的底稿、原件、合法出版物、著作权登记证书、认证机构出具的证明、取得权利的合同等，可以作为证据。在作品或者制品上署名的自然人、法人或者其他组织视为著作权、与著作权有关权益的权利人，但有相反证明的除外。"根据前述规定，本案中叶某某提交的公证文书等证据足以证明被诉侵权音乐电视中的歌词文字作品和乐曲音乐作品的著作权属于叶某某。即叶某某对被诉侵权音乐电视中的词曲作品享有署名权、复制权、表演权等著作权。新银龙俱乐部认为，被诉侵权音乐电视无论是类电作品还是录像制品，其中词曲作品著作权均属于被诉侵权音乐电视的制作者享有，不属于叶某某享有。对此，法院认为，《著作权法》（2010年修正本）第十五条规定："电影作品和以类似摄制电影的方法创作的作品的著作权由制片者享有，但编剧、导演、摄影、作词、作曲等作者享有署名权，并有权按照与制片者签订的合同获得报酬。电影作品和以类似摄制电影的方法创作的作品中的剧本、音乐等可以单独使用的作品的作者有权单独行使其著作权。"根据该条文，在音乐电视如果属于类电作品的情况下，音乐电视中词曲作品的著作权由制片者享有。如前所述，本案被诉侵权音乐电视属于录像制品，即属于对词曲作品表演的录制成果，故其中词曲作品的著作权由其作者叶某某享有。新银龙俱乐部关于被诉侵权音乐电视的制片人享有著作权，叶某某无权起诉新银龙俱乐部的主张缺乏事实及法律依据。

（3）关于新银龙俱乐部的行为是否侵犯了叶某某对本案词曲作品享有的著作权的问题。第一，关于新银龙俱乐部的行为是否侵犯了叶某某对本案词曲作品享有的署名权问题。根据《著作权法》（2010年修正本）第十条规定，署名权是表明作者身份，在作品上署名的权利；根据《著作权法实施条例》第十九条规定，使用他人作品的，应当指明作者姓名，但是当事人另有约定或者由于作品使用方式的特性无法指明的除外。本案中，现无证据证明新银龙俱乐部播放的本案录像制品是由其制作,其行为属于利用机械设备播放该录像制品,故该使用作品的方式决定了其无法或难以指明本案歌曲的词曲作者姓名,属于前述法律规定"但是当事人另有约定或者由于作品使用方式的特性无法指明的除外"的情形,故新银龙俱乐部并未侵犯叶某某的署名权。

第二,关于新银龙俱乐部的行为是否侵犯了叶某某对本案词曲作品享有的表演权问题。根据《著作权法》(2010年修正本)第十条规定,表演权是公开表演作品,以及用各种手段公开播送作品的表演的权利。本案中,新银龙俱乐部在其经营场所内,以营利为目的,未经叶某某许可,通过卡拉OK点播系统放映设备公开播放前述录像制品,而前述录像制品包含对叶某某享有著作权的词曲作品的表演,因此,新银龙俱乐部的前述行为侵犯了叶某某对本案词曲作品享有的机械表演权。至于新银龙俱乐部主张本案录像制品是由相关出版社制作,故本案侵权责任应当由相关出版社承担。对此,法院认为,新银龙俱乐部的前述行为本身构成侵权行为,其侵权责任与相关出版社制作本案录像制品的行为分属各自独立的行为。此外,新银龙俱乐部还主张其从前沿公司购买正版点播软件,故其使用本案词曲作品的行为不构成侵权。对此,法院认为,现有证据不能证明前沿公司经过叶某某的授权使用本案词曲作品制作录像制品或使用相关录像制品制作点播软件,因此,新银龙俱乐部的行为依然构成为未经许可的使用。新银龙俱乐部的前述抗辩不能成立。

第三,关于新银龙俱乐部的行为是否侵犯了叶某某对本案词曲作品享有的复制权问题。根据《著作权法》(2010年修正本)第十条规定,复制权是以印刷、复印、拓印、录音、录像、翻录、翻拍等方式将作品制作一份或者多份的权利,本案中,根据新银龙俱乐部在二审中提交的证据,其通过局域网从不明IP地址的服务器将本案音乐电视制品下载到后台控制总机,供各卡拉OK包房的播放设备播放。且新银龙俱乐部不能证明该不明IP地址的服务器是否属于其自身持有。可见,新银龙俱乐部至少通过下载行为在本地服务器复制了1次本案被诉侵权的词曲作品。新银龙俱乐部的行为构成对本案词曲作品复制权的侵害。当然,亦应当注意到,该复制行为并非以销售本案录像制品的复制件进行牟利而进行的大批量复制,而是为了达到对本案词曲作品进行表演的目的而进行的单次复制,其造成的损失包含在新银龙俱乐部侵害本案词曲作品表演权行为所造成的损失中,应当综合考虑一并予以计算。

（4）关于一审法院判决新银龙俱乐部赔偿的数额是否适当的问题。《著作权法》（2010年修正本）第四十九条规定："侵犯著作权或者与著作权有关的权利的,侵权人应当按照权利人的实际损失给予赔偿;实际损失难以计算的,可以按照侵权人的违法所得给予赔偿。赔偿数额还应当包括权利人为制止侵权行为所支付的合理开支。权利人的实际损失或者侵权人的违法所得不能确定的,由人民法院根据侵权行为的情节,判决给予五十万元以下的赔偿。"《最高人民法院关于审理著作权民事纠纷案件适用法律若干问题的解释》第二十五条规定："权利人的实际损失或者侵权人的违法所得无法确定的,人民法院根据当事人的请求或者依职权适用著作权法第四十八条第二款的规定确定赔偿数额。人民法院在确定赔偿数额时,应当考虑作品类型、合理使用费、侵权行为性质、后果等情节综合确定。当事人按照本条第一款的规定就赔偿数额达成协议的,应当准许。"上述司法解释第二十六条规定："著作权法第四十八条第一款规定的制止侵权行为所支付的合理开支,包括权利人或者委托代理人对侵权行为进行调查、取证的合理费用。人民法院根据当事人的诉讼请求和具体案情,可以将符合国家有关部门规定的律师费用计算在赔偿范围内。"本案中,综合考虑作品类型、侵权作品的数量、侵权行为方式、叶某某为制止侵权所支出的合理费用等情况,酌情确定由新银龙俱乐部赔偿给叶某某31 500元。新银龙俱乐部主张上述赔偿数额过高,该主张缺乏事实及法律依据。

据此,广东省高级人民法院依照《民事诉讼法》（2017年修正本）第一百七十条第一款第一项之规定,判决:驳回上诉,维持原判。

【法官点评】

在侵害著作权纠纷民事诉讼中,针对经营卡拉OK业务的商业主体提起诉讼的原告通常是唱片公司或出版社,那么,音乐电视中歌曲的词、曲作者是否有权针对经营卡拉OK的商业主体单独提起侵害著作权纠纷诉讼?卡拉OK包厢内播放的音乐电视是由系列画面构成的,在播放时产生连续画面且有音乐伴音,故属于我国著作权法中规定的类电作品或者录像制品当中的一种，根据《著作权法实施条例》（2013年修正本）第二条关于作品的规定，若其具备独创性，则构成类电作品，若不具备独创性，则属于录像制品。"独创性"要求，具体来说，一般应具有电影制片者与电影导演鲜明的个性化的创作特征；在摄制技术上以分镜头剧本为蓝本，采用蒙太奇等剪辑手法；由演员、剧本、摄影、剪辑、服装设计、配乐、歌曲、灯光、化妆、美工等多部门合作；投资额较大等。一般情况下，仅仅是拍摄者采用镜头拉伸、片段剪辑、机位改变、片头片尾美工设计等，均不能产生类电作品，其拍摄成果应认定为录音录像制品。录像制品属于对词曲作品表演的录制成果，故其中词曲作品的著作权由其作者享有，本案即属于此种情况。本案中，涉案音乐电视均未能达到类电作品所要求的独创性标准，而是属于录像制品，故原告有权提起本案诉讼。

关于经营卡拉OK的商业主体是否侵犯了歌曲的词曲作者享有的著作权及侵害的具体权能的问题。如前所述，在被诉侵权音乐电视属于录像制品的情况下，录像制品中词曲作品的著作权由其作者享有，因此经营卡拉OK的商业主体未经前述作者同意而在经营中播放该录像制品的行为，侵犯了词曲作者享有的著作权。本案中，新银龙俱乐部构成侵犯著作权。根据《著作权法》（2010年修正本）第十条规定，署名权是表明作者身份，在作品上署名的权利；根据《著作权法实施条例》第十九条规定，使用他人作品的，应当指明作者姓名，但是当事人另有约定或者由于作品使用方式的特性无法指明的除外。本案中，在无证据证明经营卡拉OK的商业主体播放的录像制品是由其制作的情况下，其行为属于利用机械设备播放该录像制品，故该使用作品的方式决定了其无法或难以指明本案歌曲的词曲作者姓名，属于前述法律规定"但是当事人另有约定或者由于作品使用方式的特性无法指明的除外"的情形，应当认定经营卡拉OK的商业主体并未侵犯作者署名权。根据《著作权法》（2010年修正本）第十条规定，表演权是公开表演作品，以及用各种手段公开播送作品的表演的权利。本案中，新银龙俱乐部在其经营场所内，以营利为目的，未经叶某某许可，通过卡拉OK点播系统放映设备公开播放前述录像制品，而前述录像制品包含对作者享有著作权的词曲作品的表演，因此，前述行为侵犯了作者对词曲作品享有的机械表演权。根据《著作权法》（2010年修正本）第十条规定，复制权是以印刷、复印、拓印、录音、录像、翻录、翻拍等方式将作品制作一份或者多份的权利。本案中，新银龙俱乐部通过局域网从不明 IP 地址的服务器将音乐电视制品下载到后台控制总机供各卡拉 OK 包房的播放设备播放，可见其至少通过下载行为在本地服务器复制了 1 次被诉侵权的词曲作品，其行为构成对词曲作品复制权的侵害。当然，应当注意到，该复制行为并非以销售有关录像制品的复制件进行牟利而进行的大批量复制，而是为了达到对词曲作品进行表演的目的而进行的单次复制，其造成的损失与侵害本案词曲作品表演权行为所造成的损失应当综合考虑，一并予以计算。

（撰稿人：广东省高级人民法院　肖少杨　宋薇薇）

第四章　反垄断及不正当竞争纠纷

东莞市横沥国昌电器商店诉东莞市晟世欣兴格力贸易有限公司等纵向垄断协议纠纷案
——具有排除、限制竞争效果是构成纵向垄断协议的必要条件

【裁判要旨】

判断处于不同生产流通环节的经营者之间形成的具有限制竞争内容的纵向协议是否构成垄断协议，应考虑协议是否具有排除、限制竞争效果。而判断协议是否具有排除、限制竞争效果，则要重点考量相关市场竞争是否充分、被告是否具有支配或优势市场地位、被告实施纵向协议的目的和后果等相关因素。

【关键词】

纵向垄断　排除、限制竞争效果

【案例索引】

一审：广州知识产权法院〔2015〕粤知法商民初字第33号

二审：广东省高级人民法院〔2016〕粤民终1771号

【案情及裁判】

原告：东莞市横沥国昌电器商店（以下简称国昌电器商店）

被告：东莞市晟世欣兴格力贸易有限公司（以下简称晟世公司）

被告：东莞市合时电器有限公司（以下简称合时公司）

一、一审

原告国昌电器商店因与被告晟世公司、合时公司发生纵向垄断协议纠纷，

向广州知识产权法院提起诉讼。

原告国昌电器商店诉称：晟世公司、合时公司通过与其签订2012年度、2013年度《东莞地区格力电器家用空调销售三方协议》，限定最低转售价格，构成纵向垄断行为。请求判令：①晟世公司赔偿国昌电器商店2011～2015年格力空调在其违法操纵下无法正常经营销售直接损失人民币350万元；②合时公司退还国昌电器商店2009～2015年格力空调6年保修期内维修服务费1 344 000元，以及2011年6月9日国昌电器商店在与其合作时缴纳的格力市场维护诚意押金15 000元，格力样机押金2000元；③由晟世公司承担本案相关诉讼费用。

被告晟世公司、合时公司共同答辩称：排除、限制竞争效果是纵向垄断协议成立的构成要件，纵向垄断行为适用"合理分析规则"而非"本身违法规则"。家用空调行业竞争充分，格力品牌空调并无较强的市场地位。因此，《东莞地区格力电器家用空调销售三方协议》中虽约定有限制最低转售价格条款，但并不构成纵向垄断协议。

广州知识产权法院一审查明：

国昌电器商店（合同丙方）与晟世公司（合同甲方）、合时公司（合同乙方）签订2012年度、2013年度《东莞地区格力电器家用空调销售三方协议》中明确约定："丙方必须遵守甲方市场管理规范的相关制度及要求，终端销售过程中最低零售价不得低于甲方每期的最低零售价，不得产生任何形式的低价行为……丙方如若违规，甲方有权按相关市场规范文件予以处罚，直至取消其经营资格，并收回其门头、展柜、样机……"2015年年初，合时公司以国昌电器商店在2013年2月期间违反约定，以低于晟世公司制定的某型号家用空调商品的最低零售价格销售了该型号的家用空调商品，被晟世公司按上述约定罚款13 000元为由，未全数退还国昌电器商店缴纳的"维护诚意押金"。

广州知识产权法院一审认为：

东莞市空调电器市场存在多个知名度和美誉度等各方面与格力品牌实力相当的品牌。晟世公司和合时公司提供的格力空调参与促销活动等证据可证明东莞地区空调电器市场竞争充分，格力品牌在该地区空调市场并未占据绝对优势的份额，更不足以形成市场支配地位。即使格力空调品牌限制最低转售价格，消费者完全可替代选择其他同类品牌。晟世公司与国昌电器商店签订含有销售限价内容的三方协议不是出于排除、限制竞争的目的，不论对横向的空调品牌市场，抑或纵向的空调关联产业供给市场，均没有产生排除、限制竞争的效果。即便面对同一空调品牌，经销商仍然可以在售前宣传、售中促销和售后服务等多方面参与竞争，消费者也仍存有选择的空间。

综上，广州知识产权法院认为晟世公司的被诉行为不属于反垄断法意义上的垄断行为，依照《最高人民法院关于审理因垄断行为引发的民事纠纷案件应用法律若干问题的规定》第一条、《最高人民法院关于民事诉讼证据的若干规定》第二条的规定，判决：驳回国昌电器商店的全部诉讼请求。

二、二审

国昌电器商店不服一审判决，向广东省高级人民法院提起上诉称：晟世公司、合时公司通过与其签订2012年度、2013年度《东莞地区格力电器家用空调销售三方协议》，限定最低转售价格，构成纵向垄断行为。请求支持其一审全部诉讼请求。

广东省高级人民法院经二审，确认了一审查明的事实。

广东省高级人民法院二审认为：

《中华人民共和国反垄断法》（以下简称《反垄断法》）第十四条第二项规定，禁止经营者与交易相对人达成限定向第三人转售商品的最低价格的垄断协议。2012年至2013年，晟世公司、合时公司与交易相对人国昌电器商店达成并实施了限制最低转售价格的纵向协议。但是，上述规定的纵向垄断协议应当以具有排除、限制竞争效果为构成要件。因此要从相关市场竞争是否充分、被告市场地位是否强大、被告实施限制最低转售价格的目的及后果等方面综合考量该限制最低转售价格的纵向协议是否产生了排除和限制竞争的效果。二审界定本案的相关市场为：2012年至2013年，中国大陆范围内的家用空调商品市场。同时根据经济分析认定，虽然格力家用空调商品在相关市场具有相对优势地位，但是由于家用空调商品相关市场的竞争比较充分，尚不能认定晟世公司实施限制最低转售价格是为了达到获取高额垄断利润的目的，也没有产生排除和限制竞争的严重后果。因此，二审法院依法认定本案《东莞地区格力电器家用空调销售三方协议》所约定限制最低转售价格的纵向协议不具有排除、限制竞争效果，不属于《反垄断法》第十四条第二项所禁止的纵向垄断协议。晟世公司、合时公司不构成纵向垄断行为，无须承担民事责任。

据此，广东省高级人民法院依照《民事诉讼法》（2017 年修正本）第一百七十条第一款第一项之规定，于 2018 年 7 月 19 日作出判决：驳回上诉，维持原判。

【法官点评】

本案是广东省第一宗纵向垄断纠纷案件，入选最高人民法院评选的"2008～2018 年中国法院反垄断民事诉讼 10 大案件"。纵向垄断协议是指处于不同生产流通环节、无竞争关系的经营者之间形成的具有限制竞争内容，并产生排除、限制竞争效果的协议、决定或者协同行动。目前，构成纵向垄断协议是否以具有排除、限制竞争效果为构成要件，行政执法和司法实践有不同理解。行政机关一般认为，《反垄断法》规定的垄断协议不需要以实施结果作为判断是否违法的标准。[①] 而司法机关则根据最高法院司法解释的相关规定，认为构成纵向垄断协议应以具有排除、限制竞争效果为构成要件。在《反垄断法》对此进一步明确之前，这种争论恐怕还将持续下去。

1. "本身违法规则"和"合理分析规则"

审理纵向垄断协议纠纷一般借助两个主要分析方法，即"本身违法规则"和"合理分析规则"。本身违法规则，是指某些行为因其明显的反竞争性而被依法确定为违法，凡发生这些行为就认定其违法，而不再根据具体情况进行分析判断。合理分析规则，是指某些行为是否在实质上构成限制竞争并在法律上予以禁止不是一概而论，而需要对经营者的动机、行为方式及其后果加以慎重考察后作出判断，予以认定。本身违法规则与合理分析规则均是反垄断法的主要分析方法，而非基本原则。[②]

本身违法规则最初受到青睐是由于其固有优势。一是程序简便。对垄断案件进行处理时，只需对该案件的事实证据进行认定，节约时间和资源。二

[①] 《反垄断法》第四十六条规定："经营者违反本法规定，……尚未实施所达成的垄断协议的，可以处五十万元以下罚款。"不少行政机关同志据此认为，尚未实施的垄断协议当然不会具有排除、限制竞争的效果，故可以推定《反垄断法》对垄断协议采用本身违法规则。

[②] 王先林：《中国反垄断法实施热点问题研究》，法律出版社 2011 年版，第 38 页。

是判断标准确定。本身违法规则的适用可以提升反垄断法的预期性，约束执法者的自由裁量权，正确引导经营者的市场行为。美国法院在 1911 年的 Dr. Miles 案①判决中首次确认对转售价格维持适用本身违法规则，此后这一做法延续了一个世纪。

但是本身违法规则的缺陷也显而易见。一是其制度基础是立法者对现实商业行为的概括提炼。但市场风云变幻，以固定的法律框架去囊括丰富多变的商业行为，难以保障动态公正。二是如果以立法决策替代商业决策，会带来高昂的商业成本，影响资源的自由配置，不利于交易促成和经济发展。因此，自 20 世纪 70 年代以来，美国法院逐渐摒弃单纯适用本身违法规则或合理分析规则来处理案件的极端方式，而是将其看作整体分析的两个部分。本身违法规则和合理分析规则的适用范围有日益模糊的趋势。合理分析规则基于经济学的分析作出的判决，比仅凭存在违法事实或具有特定形式即认定其违法更具有说明力。美国判例法上，典型的本身违法行为包括横向协议中的固定价格、限定产量、划分市场、联合抵制以及纵向协议中的维持转售价格等，其他的则一般适用合理分析规则。2007 年 6 月 28 日，美国联邦最高法院在 Leegin 案②中作出判决，推翻了 Dr. Miles 案的前例，改而对转售价格维持也适用合理分析规则。

其实，本身违法规则与合理分析规则之间很难有明晰的界限。《反垄断法》第十五条关于垄断协议法定豁免的规定统一适用于第十三条的横向协议和第十四条的纵向协议。因此，《反垄断法》并没有严格意义上的所谓本身违法规则，具体案件都需要进行合理分析，至少要考虑是否存在法定豁免情形③。只是由于《反垄断法》关于法定豁免的规定不严密、不周延，受到学者的批评④。

2. 纵向垄断协议考虑排除、限制竞争效果的原因和依据

通过一百多年的反垄断实践，人们逐渐发现纵向协议并非一无是处。许

---

① 220U. S. 373（1911）. 参见 Philip Areeda, Louis Kaplow, *Antitrust Analysis - Problems*, *Test*, *and Cases*, 中信出版社 2003 年影印版，第 625 页以下。
② Leegin Greative Leahger Products, Inc. v. RSKS, Inc., 551 U. S. 87（2007）.
③ 因此，行政机关以《反垄断法》第四十六条的规定作为本法适用本身违法规则的佐证，其实并不能令人信服。
④ 张雷："论我国纵向垄断协议构成的认定"，载《法制与社会》2014 年第 26 期；许光耀：《垄断协议的反垄断法调整》，人民出版社 2018 年版，第 435~438 页。

光耀把其积极效果归纳为三个方面：一是解决"搭便车"问题，有利于生产商进入新市场；二是解决"套牢"问题，保护一方当事人的投资；三是有利于维护产品的质量，以及经营方式的统一性。① 因此，如果不加区别地把所有的纵向协议均认定为垄断行为并加以制裁，无异于"把洗澡水和孩子一起泼掉"。

在司法实践中，确认《反垄断法》第十四条所规定纵向协议必须具有排除、限制竞争效果才能被认定为垄断协议的理由是：①《反垄断法》第十三条第二款规定"本法所称垄断协议，是指排除、限制竞争的协议、决定或者其他协同行为"。该表述既然以"本法"作为定语，就不应仅适用于第十三条的横向协议，而应该适用于整部法律。因此该垄断协议的定义同样适用于第十四条对纵向协议的规定。②虽然"垄断协议是指排除、限制竞争的协议、决定或者其他协同行为"，但从逻辑上讲，并不能反推所有具有排除、限制竞争内容的协议都是垄断协议，都要不加区分地予以制止。对于经营者与交易相对人之间有排除、限制竞争内容的协议，应当综合考虑对竞争秩序、经济效率的影响效果、对消费者和社会公共利益的影响效果，才能得出是否属于垄断协议的结论。③《最高人民法院关于审理因垄断行为引发的民事纠纷案件应用法律若干问题的规定》第七条规定："被诉垄断行为属于反垄断法第十三条第一款第一项至第五项规定的垄断协议的，被告应对该协议不具有排除、限制竞争的效果承担举证责任。"故《反垄断法》第十三条所规定横向协议构成垄断协议，应以该协议具有排除、限制竞争效果为前提。鉴于横向垄断协议与纵向垄断协议相比，对市场影响力更强，限制竞争的效果更甚，根据举重以明轻的原则，对市场影响力相对较弱的纵向垄断协议更应以具有排除、限制竞争效果为必要条件。

3. 判断纵向协议是否具有排除、限制竞争效果要考虑的因素

根据司法实践经验，并参考各国的做法，在对纵向协议行为性质进行分析判断时，相关市场竞争是否充分、被告是否具有支配或优势市场地位、被告实施纵向协议的目的和后果等是重点考量因素。

（1）相关市场的竞争不充分是认定纵向协议构成垄断协议的首要条件。

---

① 许光耀：《垄断协议的反垄断法调整》，人民出版社2018年版，第380～385页。

只有在认定相关市场缺乏充分竞争的情形,才进一步判断涉嫌垄断的协议的竞争效果。

任何竞争行为(包括具有或可能具有排除、限制竞争效果的行为)均发生在一定的市场范围内。因此判断相关市场竞争是否充分的前提是界定相关市场。只有界定相关市场后,才能运用经济分析方法,对相关市场的竞争是否充分作出认定。

相关市场界定既不能过大,也不宜过小,否则分析结果就会失真。英国学者亚格纽对此曾尖锐指出:"从某种程度上来说,产品的每一个供应者都会成为垄断者,如果市场规定得相当狭窄的话。"[1]《反垄断法》第十二条第二款规定:相关市场是指经营者在一定时期内就特定商品或者服务进行竞争的商品范围和地域范围。据此,相关市场的界定包括三要素。一是时间跨度,竞争行为所发生的一定时期。二是商品范围,存在竞争关系的商品或服务的范围。要依照替代性分析的路径,从需求替代和供给替代两个角度进行分析。从需求替代角度,以该类商品的消费需求者对商品功能用途的需求、质量的认可、价格的接受以及获取的难易程度等因素,确定不同商品之间的替代程度;从供给替代的角度,分析其他不销售该类商品的经营者改造生产设施的投入、承担的风险、进入目标市场的时间等因素,确定不同商品之间的替代程度。三是地域范围,存在竞争关系的产品和相关的地域。可以参考《国务院反垄断委员会关于相关市场界定的指南》第九条界定相关地域市场考虑的主要因素,从需求替代角度,考虑商品的运输成本和销售特点;从供给替代角度,考虑商品相关领域的其他经营者经营品牌的销售范围以及跨区域间流动的经济成本,还要考虑其他相关经营者转而进入本商品领域的成本。在上述方法界定相关市场仍不够清晰或存在争议等复杂情况下,还可以借助"假定垄断者测试"标准,以帮助解决相关市场界定可能出现的不确定性。

(2)采用纵向协议的企业在相关市场具有支配或优势地位,是认定纵向协议具有排除、限制竞争效果的前提和基础。如果通过经济分析,认定企业的市场地位较低,产品所占市场份额过少,则可以直接排除构成纵向垄断协议的可能。

---

[1] [英]约翰·亚格纽:《竞争法》,徐海等译,南京大学出版社1992年版,第56页。

现代反垄断法对垄断协议进行考察时，既关注协议的性质，也关注当事人的市场力量，并将当事人市场力量的考察前置。除少数限制性特别严重的协议类型外，如果当事人没有必要的市场份额，可以直接认定其合法。在欧盟法上，这一市场力量的考察有两种方法。一是对于"微不足道"的协议（对纵向协议来说，指每个当事人的市场份额均低于15%），除构成核心限制者之外，均不会构成垄断协议，不属于授予垄断法的管辖范围。二是超过了"微不足道"门槛的协议可以构成垄断协议，但只要低于成批豁免所规定的门槛（生产商或购买商在相关市场上的市场份额不超过30%），直接推定其合法；不符合成批豁免条件者，则需要进行个案考察，以判明是否符合垄断法所规定的豁免条件。①美国司法部和联邦贸易委员会于2000年4月共同发布了《竞争者之间协调行为的反托拉斯指南》，规定了竞争者之间协调行为的安全区：除非特殊情况，如果在受到这个相关垄断协议影响的各个相关市场上，参与协调的竞争者总共的市场份额不超过20%，这个协议一般不会受到执法机构的指控。②

《反垄断法》第十五条规定的豁免情形中，并不存在对经营者市场份额的限定。从理论上讲，市场份额极少的企业同样可能受到垄断指控。这无疑是我国反垄断法的漏洞，在修订法律时应当予以弥补。

（3）纵向协议的目的是判断该行为能否产生排除、限制竞争效果，从而认定纵向协议性质的重要因素。对于纵向协议的目的，要分析经营者是否要通过排除和限制竞争获取高额垄断利润。对于纵向垄断行为的后果，要通过经济分析，考量该行为产生限制竞争的效果，还是对竞争有一定的促进作用，并对整体效果作综合评判。只要纵向协议没有产生排除和限制竞争的严重后果，就不宜对经营者坚持品牌定位、品质定位和价格定位，制止低价竞争的行为一概持否定态度。

（撰稿人：广东省高级人民法院　岳利浩）

---

① 许光耀：《垄断协议的反垄断法调整》，人民出版社2018年版，第387页、396页。
② 王先林：《中国反垄断法实施热点问题研究》，法律出版社2011年版，第41页。

深圳微源码软件开发有限公司与腾讯科技（深圳）有限公司、深圳市腾讯计算机系统有限公司滥用市场支配地位纠纷案
——互联网领域相关市场界定的方法

【裁判要旨】

互联网服务平台往往在基础服务上整合多种不同类型的增值服务，具有多样性和复杂性，相互之间的边界较传统行业更为模糊。围绕互联网服务发生的垄断纠纷，应当从涉诉行为所具体指向的商品出发，从需求者角度进行需求替代分析，根据需求者对商品功能用途的实际需求对发生在互联网环境下的活动进行准确区分。准确明晰互联网基础平台不同服务之间的商品功能和特性，依据被诉争议行为所指向的具体服务界定相关市场，避免界定过于宽泛或狭窄，影响互联网平台的正常运营秩序。

【关键词】

微信公众号　相关市场的界定　基础服务　增值服务

【案例索引】

一审：深圳市中级人民法院〔2017〕粤03民初字第250号

【案情及裁判】

原告：深圳微源码软件开发有限公司（原名为深圳微信软件开发有限公司，以下简称微源码公司）

被告：腾讯科技（深圳）有限公司（以下简称腾讯公司）

被告：深圳市腾讯计算机系统有限公司（以下简称腾讯计算机公司）

原告微源码公司因与被告腾讯公司、腾讯计算机公司发生垄断纠纷，向深圳市中级人民法院提起诉讼。

原告微源码公司诉称：腾讯公司运营的微信公众号平台未经微源码公司许可，擅自封禁微源码公司在腾讯公司运营的微信公众号平台上开办的26个微信公众号，认为腾讯公司行为构成滥用市场支配地位的垄断行为。请求判令腾讯公司、腾讯计算机公司：①停止微信的滥用市场支配地位的民事侵权行为，包括但不限于解封包括微源码公司在内申请的微信号、微信公众号；②承担微源码公司为维权而支付的律师费、公证费、调查费共20 000元；③赔偿微源码公司的损失100元人民币；④不得随意对微信公众号予以封号，应该信息公开，明确告知被封的原因，如果有封号，应告知使用者封号时间，以便使用者提取客户数据，做好售后服务；⑤应同等对待所有在微信公众号宣传的企业，而不是有区别地对待；⑥取消对某些公司主体限制行为，如设置黑名单，限制某些公司禁止申请微信公众号；⑦取消对某些公司微信公众号支付申请限制行为，如设置"黑名单"，限制某些公司申请微信公众号支付业务申请；⑧取消解封微信号需找一个绑定银行卡的用户进行辅助确认流程，腾讯公司、腾讯计算机公司未经用户同意，不得更改产品使用服务协议；⑨承担本案的诉讼费用。

被告腾讯公司、腾讯计算机公司共同答辩称：微源码公司在本案提起的是垄断侵权纠纷，根据其起诉状及在庭审中的主张，微源码公司诉称腾讯公司、腾讯计算机公司利用其在中国大陆移动互联网即时通信和社交软件与服务市场的市场支配地位，对微源码公司实施了无正当理由"拒绝交易"和"差别待遇"的滥用市场支配地位，进而提出九项诉讼请求。微源码公司对本案相关市场界定错误，且未能证明腾讯公司、腾讯计算机公司在相关市场中具有市场支配地位以及实施了滥用市场支配地位的行为。腾讯公司、腾讯计算机公司对微源码公司涉案26个微信公众号采取封号措施是依据双方此前达成的《微信公众平台服务协议》和《微信公众平台运营规范》的明确规定，具有充分的正当理由，不构成反垄断法项下的滥用市场支配地位的行为。

深圳市中级人民法院一审查明：

微源码公司提交了2015年腾讯公司、腾讯计算机公司未经审核的第三季度业绩，确定微信和WeChat合并月活跃用户量达到6.5亿。微源码公司认为微信、QQ、陌陌等移动互联网即时通信和社交软件的统计数据显示微信用户远超过其他移动互联网即时通信和社交用户数量，证明本案涉及的微信产品在移动社交通信行业占有市场支配地位。腾讯公司、腾讯计算机公司禁止微源码公司使用合法取得的微信公众号的行为属于滥用市场支配地位，构成垄断。

关于微信公众号的使用功能和目的，微源码公司称主要用于其推广宣传和代理销售，即有销售产品的功能。26个微信公众号均属于认证公众号中的服务号，不仅可以开展发布信息和咨询的自媒体活动，具有自媒体的宣传推广功能，更是综合营销平台，开展与产品服务、小程序有关的一整套营销活动，可以销售产品和提供服务。微源码公司认为本案涉及的相关商品是软件和服务的推广平台。在对相关市场的界定上，微源码公司主张为"移动互联网即时通信和社交软件服务市场"。

腾讯公司、腾讯计算机公司提交的公证书证明微源码公司在其运营的26个微信公众号上发布了大量涉及推广、介绍使用"数据精灵"等接入微信系统的外挂软件的信息以及链接。微源码公司在其自办、运营其他互联网平台上，通过推广文案、视频等方式宣传推广其"数据精灵"等软件与服务。微源码公司在这些网站宣传的产品与微信公众号中宣传的产品高度重合，且推广内容也高度一致。其通过网站公示的微信二维码，以及公众号推送信息内的"阅读原文功能"，也可以实现二者的交互访问。

深圳市中级人民法院一审认为本案争议焦点有二：①微信平台系提供微信公众号服务接入基础服务平台，作为即时通信工具的微信的用户数量能否作为认定微信公众号是否构成市场支配地位时的用户数量；②相关商品或服务市场的界定对象是被诉造成竞争损害的具体行为还是整个微信平台提供的各类服务。

本案双方争议行为直接指向的产品是微信公众号服务，争议行为虽然发生在微信平台，但双方争议行为直接指向的商品是"微信公众号"服务而不是"微信"。微信公众号服务不能等同于微信产品。微信是腾讯公司向用户提供的跨平台通信工具，为用户提供即时通信、便捷工具、微信公众平台、微信支付、游戏等功能，是一个集合了多种服务的综合性互联网应用平台。微信公众号则主要向用户提供信息发布、媒体传播、企业宣传等服务，用户可以通过注册运营微信公众号进行产品宣传和品牌推广，面向的是不特定的大量用户。微信软件上提供的上述增值服务，尽管都共享微信这一入口，但其各自所具有的基本功能与特征、面向的用户群体、具体操作方法等都与作为基础服务的即时通信有着较大区别。

因此本案相关商品市场界定应以微信公众号提供的服务为基础，微源码公司在起诉书以及庭审中以"互联网即时通信服务"基础上界定的"移动互联网即时通信和社交软件服务市场"未能准确围绕被诉行为所指向的产品进行。依据互联网行业惯例，微信的即时通信服务和微博、社交网站等同属于大的社交软件服务范畴，微源码公司将即时通信和社交软件并列作为本案相关商品市场，错误地将两者混为一谈，显然没有准确映射本案涉诉行为所指向的产品，也偏离了微源码公司对微信公众号被封禁行为提出的各项诉讼请求。

微源码公司指控腾讯公司、腾讯计算机公司垄断行为的争议商品系通过互联网平台进行的宣传推广服务。基于本案具体情况及证据，主要从功能、特性角度进行替代性分析。本案相关商品市场应为互联网平台在线推广宣传服务市场，能够满足微源码公司产品宣传、推广主要需求的渠道如自办网站、微博、视频平台如优酷、搜索引擎服务平台、社交网站如QQ空间等应纳入本案相关商品市场。而微源码公司主张本案相关商品市场界定为即时通信和社交软件服务市场，系未能明晰互联网平台基础服务与增值服务之间相互独立的关系，偏离了微源码公司对微信公众号作为宣传推广需求的本质。

由于互联网企业所提供的服务呈现出动态化和平台化的特点，往往在基础服务上整合了多种不同类型的增值服务，具有多样性和复杂性，相互之间的边界较传统行业更为模糊。因此，更应该准确明晰不同服务之间的商品功能和特性，锚定被诉争议行为所指向的具体服务，否则会造成相关市场界定过于宽泛或过于狭窄，偏离双方争议的实际情况，进而影响后续对行为竞争分析结果的准确性。

在相关商品市场界定错误的情况下，微源码公司亦未能依据法律要求证明被告具有市场支配地位和滥用行为。

综上，广东省深圳市中级人民法院依照《反垄断法》第六条、第十七条、第十八条、第十九条、第五十条，《最高人民法院关于审理因垄断行为引发的民事纠纷案件应用法律若干问题的规定》第八条规定、《民事诉讼法》（2017年修正本）第六十四条的规定判决：

驳回微源码公司全部诉讼请求。该案一审判决后当事人未提起上诉。

【法官点评】

本案系最高人民法院公布的"2018年中国法院50件典型知识产权案例"之一,入选最高人民法院公布的《中国互联网审判白皮书》附件十大案例。

任何涉及滥用市场支配地位的案件,均需要首先界定涉案争议行为的相关市场以及是否具有该市场的支配地位。按照《国务院反垄断委员会关于相关市场界定的指南》第三条规定:"相关商品市场,是根据商品的特性、用途及价格等因素,由需求者认为具有较为紧密替代关系的一组或一类商品所构成的市场。这些商品表现出较强的竞争关系,在反垄断执法中可以作为经营者竞争的商品范围。"《国务院反垄断委员会关于相关市场界定的指南》第四条、第六条就相关市场的界定方法指出,界定相关市场主要从需求者角度进行需求替代分析,需求替代是根据需求者对商品功能用途的需求、质量的认可、价格的接受以及获取的难易程度等因素,从需求者的角度确定不同商品之间的替代程度。无论采用何种方法界定相关市场,始终应当把握商品满足消费者需求的基本属性,即相关商品市场的界定首先从反垄断审查关注的经营者提供的商品(目标商品)开始考虑,逐步考察最有可能具有紧密替代性关系的其他商品。如果该商品被认为是可替代的,则该商品应纳入"相关市场"范畴,以及逐步考察对该商品"最有可能具有紧密替代关系"的另一商品。

在滥用市场支配地位案件中,要考察涉案争议行为是否在相关市场上产生了竞争损害,首先应当明晰涉案行为到底可能在哪些商品或服务所构成的市场范围内产生了竞争损害。因此,应当以涉案争议行为所指向的商品或服务为出发点,进而围绕该商品或服务进行需求替代分析。本案相关商品市场界定应以双方争议行为,即被告的微信公众号提供的服务为基础界定相关市场。

原告指控被告垄断行为的争议商品系通过互联网平台进行的宣传推广服务。基于本案具体情况及证据,法院主要从功能、特性角度进行替代性分析。本案相关商品市场应为互联网平台在线推广宣传服务市场,能够满足原告产品宣传、推广主要需求的渠道如自办网站、微博、视频平台如优酷、搜索引擎服务平台、社交网站如 QQ 空间等应纳入本案相关商品市场。而原告主张本案相关商品市场界定为即时通信和社交软件服务市场，系未能明晰互联网平台基础服务与增值服务之间相互独立的关系，偏离了原告对微信公众号作为宣传推广需求的本质。

互联网企业所提供的服务呈现出动态化和平台化的特点，往往在基础服务上整合了多种不同类型的增值服务，具有多样性和复杂性。虽然增值服务与基础服务共享同一接口，但不能想当然地将基础平台客户数作为增值服务客户数。对于原告对该市场是否有支配能力的判断因素，还要考虑其是否设定其他限制性条件。

本案原告未能正确界定相关市场范围，且证据不能证明原告对该市场具有支配地位，故法院驳回原告全部诉讼请求。

（撰稿人：深圳市中级人民法院　蒋筱熙）

深圳市谷米科技有限公司与武汉元光科技有限公司等不正当竞争纠纷案

——依法维护手机 APP 智能软件市场竞争秩序

【裁判要旨】

存储于权利人 APP 后台服务器的公交实时类信息数据，因具有实用性并能够为权利人带来现实或潜在、当下或将来的经济利益，已经具备无形财产的属性，应当属于受《反不正当竞争法》保护的法益。在市场竞争环境中，用户黏性强弱是衡量产品或服务竞争力的重要评价指标。软件实时公交信息数据虽系免费提供公众查询，但获取数据的方式须以不违背该软件权利人意志的合法方式获取。未经权利人许可，利用网络爬虫技术进入权利人的服务器后台的方式非法获取并无偿使用权利人的实时公交信息数据的行为，具有非法占用他人无形财产权益，并为自己谋取竞争优势的主观故意，违反了诚实信用原则，扰乱了竞争秩序，故应认定构成《反不正当竞争法》一般条款所规制的不正当竞争行为。

【关键词】

实时公交信息数据　诚实信用原则　不正当竞争

【案例索引】

一审：深圳市中级人民法院〔2017〕粤 03 民初 822 号

【案情及裁判】

原告：深圳市谷米科技有限公司（以下简称谷米公司）

被告：武汉元光科技有限公司（以下简称元光公司）

被告：邵某某

被告：陈某

被告：刘江某

被告：刘坤某

被告：张某

原告谷米公司因与被告元光公司、邵某某、陈某、刘江某、刘坤某、张某发生不正当竞争纠纷，向广东省深圳市中级人民法院提起诉讼。

原告谷米公司诉称：谷米公司自 2013 年 6 月起发布并运营一款名称为"酷米客"的实时公交 APP，该实时公交 APP 的运行需要后台大量汽车实时公交位置数据的支持。由于谷米公司的"酷米客" APP 后台拥有强大的数据服务支持，具有定位精度高、实时误差小等明显优势，"酷米客" APP 遂在短时间内在实时公交领域异军突起。元光公司为提高其开发的智能公交"车来了" APP 的市场用户占有量和信息查询准确度，由公司法定代表人邵某某授意并指使员工陈某、刘江某、刘坤某、张某利用网络爬虫软件获取谷米公司服务器内的公交车行驶信息、到站时间等实时数据，日均 300 万～400 万条。谷米公司认为，谷米公司的"酷米客" APP 与元光公司的"车来了" APP 都是为客户提供实时公交信息服务的实时公交数据系统，因此双方存在直接竞争关系。谷米公司后台的公交实时位置数据是其花费巨大的人力、时间和经济成本获得的信息，具有巨大的商业价值，能给谷米公司带来明显的竞争优势。现元光公司通过技术手段非法获取谷米公司的海量数据，势必削减谷米公司的竞争优势及交易机会，攫取其相应市场份额，并给其造成了巨大经济损失。元光公司、邵某某、陈某、刘江某、刘坤某、张某的行为违背了公认的商业道德和诚实信用原则，构成不正当竞争。综上，谷米公司请求判令：①立即停止获取、使用谷米公司实时公交位置数据的不正当竞争行为；②连带赔偿谷米公司经济损失人民币 3000 万元；③连带赔偿谷米公司因制止不正当竞争行为所支付的合理费用人民币 100 万元；④连带在新浪、腾讯等网站和《深圳特区报》《楚天都市报》首页显著位置发表声明，公开向谷米公司赔礼道歉，以消除影响、恢复名誉；⑤连带承担本案全部诉讼费用。

被告元光公司、邵某某、陈某、刘江某、刘坤某、张某答辩称：①五自然人被告非本案适格被告。②元光公司的行为不构成不正当竞争。③元光公司、邵某某、陈某、刘江某、刘坤某、张某并未实施谷米公司诉称的违反公认的商业道德和诚实信用原则的行为。④深圳北斗应用技术研究院有限公出具的《情况说明》可以证明深圳市交委也不认可谷米公司对公共车辆数据享有所有权。⑤从其他相关协议来看,唯有政府部门及国有交通企业才有权对数据享有所有权和处分权。⑥根据元光公司、邵某某、陈某、刘江某、刘坤某、张某提交的《情况说明》及元光公司、邵某某、陈某、刘江某、刘坤某、张某与深圳市交委授权的各个部门签订的多份协议,元光公司对所获取的公交车数据有合法的使用权。⑦元光公司、邵某某、陈某、刘江某、刘坤某、张某的行为目的仅为对比数据,系为社会公众谋益,并不具备主观恶意,也没有与谷米公司竞争,在前述刑事判决中对此也有认定。⑧谷米公司并未对数据的访问权限进行限制或者加密,任何人都可以自由访问。元光公司、邵某某、陈某、刘江某、刘坤某、张某在没有逾越其权限的前提下,亦有权取得数据。⑨元光公司、邵某某、陈某、刘江某、刘坤某、张某的行为未给谷米公司造成实际损失。⑩元光公司、邵某某、陈某、刘江某、刘坤某、张某行为持续时间非常短,即前述刑事判决认定的2015年11月至2016年5月五自然人被刑事拘留时止,故对谷米公司没有任何损害。同时,因元光公司、邵某某、陈某、刘江某、刘坤某、张某也是提供免费的APP服务,故元光公司、邵某某、陈某、刘江某、刘坤某、张某亦未获取任何利润。此外,谷米公司也没有为阻止不正当竞争行为支付任何费用,其主张100万元维权支出无任何依据。前述刑事判决认定的24.43万元损失,与元光公司、邵某某、陈某、刘江某、刘坤某、张某亦无任何关系。⑪如果法院认定本案构成不正当竞争,谷米公司也存在过错,希望能够以此减轻元光公司、邵某某、陈某、刘江某、刘坤某、张某的侵权责任。综上,请求依法驳回谷米公司的诉讼请求。

深圳市中级人民法院一审查明:

(1) 谷米公司、元光公司以及双方当事人案涉软件的相关情况。谷米公司成立于2009年6月8日,经营范围为:电子产品、通信产品、计算机软硬件及电脑周边产品的技术开发与销售;国内贸易(不含专营、专控、专卖商品);经营进出口业务。

元光公司成立于2010年2月4日,经营范围为:软件开发、咨询和批发兼零售;互联网应用开发、咨询;服装及生活用品的网上批发兼零售;广告制作、设计、发布及代理。

谷米公司是"酷米客公交 iPhone 版软件（以下简称酷米客公交）V1.0.6"和"酷米客公交 Android 版软件（以下简称酷米客公交软件）V1.0.5"（上述两软件以下简称"酷米客"）的计算机软件著作权人。谷米公司就上述两软件于 2013 年 9 月 9 日取得《计算机软件著作权登记证书》，该证书载明软件开发完成日期及首次发表日期均为 2013 年 7 月 2 日，权利取得方式为"原始取得"。

元光公司是"车来了实时公交查询软件 V1.0"（以下简称"车来了"）的计算机软件著作权人。元光公司就上述软件于 2014 年 6 月 9 日取得《计算机软件著作权登记证书》，该证书载明软件开发完成日期为 2014 年 3 月 31 日，首次发表日期为"未发表"，权利取得方式为"原始取得"。

谷米公司和元光公司经核准的经营项目中均包含"软件开发"，两公司各自开发"酷米客"APP 软件和"车来了"APP 软件均为用户提供定位、公交路线查询、路线规划、实时公交信息地理位置等服务。上述软件均可由用户免费下载使用。

2015 年 5 月，谷米公司与深圳市东部公共交通有限公司签订《谷米 GPS 设备安装协议》，约定在该公司所属深圳市内行驶路线的所有公交车上安装 GPS 设备用于获取公交车运行线路、到站时间等数据信息。谷米公司述称，为满足深圳市交通行政管理部门的监管要求，曾向深圳市交委提供过实时公交数据。与其"酷米客"软件后台中的数据相比，一方面，谷米公司仅向深圳市交委提供其中部分数据即可满足监管要求；另一方面，由于双方使用的网络通信线路不同，造成谷米公司向深圳市交委传输的数据存在时滞性情形。

元光公司提交深圳北斗应用技术研究院有限公司于 2017 年 1 月 19 日出具的《情况说明》，其中载明："我院是中国科学院深圳先进技术研究院的外溢机构，在深圳从事位置信息服务和交通大数据分析等研发工作。我院长期参与深圳市交委的信息化、智能化建设工作，为市交委提供数据分析挖掘、数据接口及信息技术服务……经市交委同意，免费将公交电子站牌数据测试接口（含巴士集团、东部公交、西部公交三家公交企业的车辆实时数据）开放给武汉元光科技有限公司'车来了'APP 应用（2015 年 8 月至今）及厦门搜谷信息科技有限公司'掌上公交'APP 应用（2016 年 1 月至今）。"此外，元光公司还提交了该司或其子公司及关联公司与深圳市交投科技有限公司、广东车联网信息科技服务有限公司、深圳北斗应用技术研究院有限公司在 2014 年下半年至 2016 年下半年间所签订的数份合作协议，证明元光公司已经取得深圳市交委及其授权机构的同意，对案涉实时公交信息数据享有合法使用权。

（2）邵某某、陈某、刘江某、刘坤某、张某犯非法获取计算机信息系统数据罪［案号为（2017）0305 刑初 153 号］一案的审理情况。南山区人民法院 153 号刑事判决书查明以下事实：2015 年 11 月左右，为了提高元光公司开发的智能公交 APP"车来了"在中国市场的用户量及信息查询的准确度，保证公司更好地经营，邵某某授意陈某，指使公司员工刘江某、刘坤某、张某等人利用网络爬虫软件获取包括谷米公司在内的竞争对手公司服务器里的公交车行驶信息、到站时间等实时数据。张某负责编写爬虫软件程序；刘坤某负责不断更换爬虫程序内的 IP 地址，使用变化的 IP 地址获取数据；刘江某负责编写程序，利用刘坤某设置的不同 IP 地址及张某编写的爬虫程序向谷米公司发出数据请求，大量爬取谷米公司开发的智能公交 APP"酷米客"的实时数据，日均 300 万~400 万条。起初，张某破解"酷米客"客户端的加密算法没有成功，陈某便出面聘请其他公司技术人员帮忙将谷米公司 APP 的加密系统攻破，使刘江某、刘坤某、张某顺利爬取到谷米公司服务器里的大量公交车行驶实时数据。爬取的数据直接为元光公司所用，使该公司的智能公交 APP"车来了"准确度提高。经评估：谷米公司因被非法侵入计算机信息系统所造成的直接经济损失为 24.43 万元人民币。

南山区人民法院 153 号刑事判决书认定：邵某某、陈某、刘江某、刘坤某、张某违反国家规定，采用其他技术手段，获取计算机信息系统中储存的数据，情节特别严重，其行为已构成非法获取计算机信息系统数据罪。在共同犯罪中，邵某某系"车来了"APP 的主要负责人，起组织、领导作用，系主犯。陈某、刘江某、刘坤某、张某作为具体实施者，分工配合，共同完成犯罪行为，其等在犯罪活动中起次要作用，系从犯，依法对从犯予以从轻处罚。邵某某、陈某、刘江某、刘坤某、张某非法获取数据的目的主要系用于数据比对，其犯罪动机尚不属恶劣，且均当庭表示认罪，对其宣告缓刑。综上，综合涉案金额、手段、性质及认罪态度等情节，依照《中华人民共和国刑法》（以下简称《刑法》）第二百八十五条第二款、第四款、第三十条、第三十一条、第二十五条第一款、第二十六条第一款、第四款、第二十七条、第七十二条第一款、第三款、第七十三条第二款、第三款之规定，判决：①邵某某犯非法获取计算机信息系统数据罪，判处有期徒刑3年，缓刑4年，并处罚金人民币10万元；②陈某犯非法获取计算机信息系统数据罪，判处有期徒刑2年，缓刑3年，并处罚金人民币5万元；③刘江某犯非法获取计算机信息系统数据罪，判处有期徒刑一年六个月，缓刑2年，并处罚金人民币4万元；④刘坤某犯非法获取计算机信息系统数据罪，判处有期徒刑一年四个月，缓刑2年，并处罚金人民币3万元；⑤张某犯非法获取计算机信息系统数据罪，判处有期徒刑一年四个月，缓刑2年，并处罚金人民币3万元。

南山区人民法院153号刑事判决书已经发生法律效力。

（3）其他事实。元光公司、邵某某、陈某、刘江某、刘坤某、张某获取谷米公司案涉公交实时数据信息的行为在邵某某、陈某、刘江某、刘坤某、张某被警方抓获时已经停止。

（4）案涉被诉不正当竞争行为的持续时间。谷米公司主张元光公司、邵某某、陈某、刘江某、刘坤某、张某案涉行为的持续时间从2015年6月底至2016年5月。对此，谷米公司提交张某《年度述职报告》作为证据。张某在该报告中述称其于"2015年6月29日正式入职，7月到11月上旬主要从事爬虫方面的工作，破解的第三方APP有：E路通、车到哪、酷米客……"谷米公司以此主张应以张某《年度述职报告》中的入职时间作为案涉被诉行为时间的起算点。关于元光公司、邵某某、陈某、刘江某、刘坤某、张某被诉侵权行为的起始时间问题，经查，已生效的南山区人民法院153号刑事判决书认定被诉行为始于2015年11月。鉴于谷米公司举证的《年度述职报告》系张某个人所作，故该证据的内容不能作为推翻前述已被生效刑事判决认定事实的反证。据此，对谷米公司有关被诉行为起始时间的主张不予采纳，相应地，案涉被诉行为的持续时间应认定为从2015年11月持续至2016年5月。

（5）关于元光公司是否使用了其所获取的谷米公司软件数据的问题。元光公司述称当其发现谷米公司提供给深圳市交委的数据存在滞后性问题时，为了更好地查明原因，遂利用网络爬虫软件二次获取谷米公司公交数据，其目的主要用于对比己方的数据。元光公司、邵某某、陈某、刘江某、刘坤某、张某当庭否认将谷米公司数据用于其"车来了"软件并对外发布。对此法院认为,根据陈某、刘江某、刘坤某、张某在南山区人民法院 153 号案件所作的下列供述和辩解,可以证明元光公司前述就获取谷米公司数据仅用于对比己方数据的说法并非事实。

陈某供述称:"我们把程序放在我们客户端,就可以直接爬谷米公司的数据来用,邵某某也知道这个情况,具体的实施者就是我、刘江某、刘坤某、张某四个人。"刘江某供述称:"我们之前是想向谷米公司购买他们的公交车 GPS 数据,但是谷米公司不同意,后来大概是 2015 年 11 月的时候陈某就找到了外面的黑客攻破了谷米公司客户端安装包,相当于我们模拟了酷米客的客户端,也可以拿到同样的实时数据并使用。刘坤某主要负责维护代理 IP,我主要是写了一个程序,将用户的请求加上代理 IP 发送给张某的爬虫程序,这样就可以完成从谷米公司调取的公交车实时数据发送给用户。"刘坤某供述称:"2015 年底刘江某从外面找人把酷米客服务器端破解了,我公司在谷米公司没允许的情况下自由获取谷米公司的公交车数据……有了密钥之后,公司在阿里云租用了两台服务器,服务器就发请求获取谷米公司的公交车数据,数据到了阿里云服务器之后公司又转发杭州公司的算法分析部,没有在阿里云服务器上保存。"张某供述称:"谷米公司的公交车 GPS 数据被攻破以后,我就负责创立一个后台,给谷米公司发送请求,这样就可以把酷米客的实时公交数据拿来存放在我们自己公司的阿里云服务器上,我们自己用。刘坤某负责转发我们用户的请求到阿里云服务器上,用户就能收到公交车的实时信息了。"此外,根据 2016 年 6 月 15 日侦查机关对被告陈某所作的讯问笔录,陈某在警方讯问其参与非法获取谷米公司计算机信息系统数据的详细情况时回答:"我就负责联系了高德地图的程序员,对方将酷米客的客户端反编译出来,然后破解了加密算法,然后把模拟好的完整的程序给了我们,然后我们把该程序放在我们的服务端,就可以直接爬谷米公司的数据来用,我们的 APP 用户在我们自己的客户端'车来了',通过我们的服务端,就可以直接调取谷米公司的数据来用。这样我们的用户查询的公交车实时数据就比较准确了。""我只是记得爬谷米公司的数据是从去年的 11 月前后开始,我们爬过来的数据也是用于我们自己公司的 APP 的经营(提高准确率,增加用户量），没有出售给其他公司。"

综合上述证据，法院依法认定以下事实：自 2015 年 11 月至 2016 年 5 月，时任元光公司法定代表人邵某某和技术总监陈某为了提高元光公司开发的智能公交 APP "车来了"在中国市场的用户量及信息查询的准确度，保证公司更好地经营，由邵某某授意陈某，指使公司员工刘江某、刘坤某、张某利用网络爬虫软件获取谷米公司服务器中的实时数据，日均 300 万～400 万条。元光公司、邵某某、陈某、刘江某、刘坤某、张某在获取谷米公司"酷米客"软件的实时公交信息数据之后，将数据用于自己开发的智能公交 APP "车来了"并对外提供给公众进行查询。相对于此前"车来了"数据经常迟滞于"酷米客"数据的劣势，元光公司使用了更为精准的"酷米客"实时公交数据后，使"车来了"软件产品的信息准确度得到提高，用户的使用满意度随之提升，亦促进元光公司的整体经营。因此，法院对于元光公司、邵某某、陈某、刘江某、刘坤某、张某就其获取谷米公司数据的使用目的仅为比对己方数据的主张不予采信。

深圳市中级人民法院一审认为：

本案系不正当竞争纠纷。根据双方当事人的诉、辩主张，本案争议焦点为：①谷米公司及元光公司是否系反不正当竞争法中的经营者及两公司之间是否存在竞争关系；②元光公司利用网络爬虫技术获取谷米公司"酷米客"软件的实时公交信息数据的行为，是否构成对谷米公司的不正当竞争；③五自然人被告在本案中有关其被诉行为系履行职务行为的抗辩能否成立；④如果元光公司构成对谷米公司的不正当竞争，其应当承担的法律责任为何。

关于争议焦点一，经查，谷米公司和元光公司均系经过企业登记部门合法核准成立的商品或服务的提供者，属于《反不正当竞争法》（1993 年版）中规定的"经营者"。判断某相关市场主体是否系经营者，并不以其所提供的某项商品或者服务是否具有营利性为标准。因此，元光公司以用户使用双方案涉软件不需支付任何费用为由，主张谷米公司和元光公司并非《反不正当竞争法》（1993 年版）中的"经营者"，法院不予采纳。谷米公司和元光公司各自开发的"酷米客" APP 和"车来了" APP，均系为用户提供定位、公交路线查询、路线规划、实时公交信息地理位置等服务，二者用途相同，故谷米公司和元光公司在提供实时公交信息查询服务软件的服务领域存在竞争关系。元光公司有关两公司不存在竞争关系的主张依据不足，法院亦不予采纳。

关于争议焦点二，自1993年12月1日起施行的《反不正当竞争法》于2017年11月4日经第十二届全国人民代表大会常务委员会第三十次会议修订，并自2018年1月1日起施行。修订后的《反不正当竞争法》对"不正当竞争行为"的含义作了相应的调整。基于谷米公司指控的侵权事实发生于《反不正当竞争法》（2017年修正本）施行之前，故本案应当适用修订前的《反不正当竞争法》。由于本案被诉行为不属于原《反不正当竞争法》（1993年版）第五条至第十五条所规定的各类不正当竞争行为的法定情形，故应援引《反不正当竞争法》（1993年版）第二条的规定对本案被诉行为进行认定："经营者在市场交易中，应当遵循自愿、平等、公平、诚实信用的原则，遵守公认的商业道德。本法所称的不正当竞争，是指经营者违反本法规定，损害其他经营者的合法权益，扰乱社会经济秩序的行为。"本案中，认定被诉行为是否构成不正当竞争，关键在于该行为是否违反了诚实信用原则和公认的商业道德，并损害了谷米公司的合法权益。法院对此分述如下。

第一，本案查明的事实表明，安装有谷米公司自行研发的GPS设备的公交车在行驶过程中，定时上传公交车实时运行时间、地点等信息至谷米公司服务器，当"酷米客"APP使用者向谷米公司服务器发送查询需求时，"酷米客"APP从后台服务器调取相应数据并反馈给用户。公交车作为公共交通工具，其实时运行路线、运行时间等信息仅系客观事实，但当此类信息经过人工收集、分析、编辑、整合并配合GPS精确定位，作为公交信息查询软件的后台数据后，其凭借预报的准确度和精确性就可以使"酷米客"APP相较于其他提供实时公交信息查询服务同类软件取得竞争上的优势。而且，随着查询数据越准确及时，使用该款查询软件的用户也就越多，软件的市场占有份额也就越大，这也正是元光公司爬取谷米公司数据的动机所在。鉴于"酷米客"APP后台服务器存储的公交实时类信息数据具有实用性并能够为权利人带来现实或潜在、当下或将来的经济利益，其已经具备无形财产的属性。谷米公司系"酷米客"软件著作权人，相应地，也就对该软件所包含的信息数据的占有、使用、收益及处分享有合法权益。未经谷米公司许可，任何人不得非法获取该软件的后台数据并用于经营行为。因此，元光公司、邵某某、陈某、刘江某、刘坤某、张某有关谷米公司"酷米客"软件实时公交数据属于公共信息的主张不能成立。

第二，元光公司还主张其经过深圳市交委许可，享有"酷米客"软件数据的使用权，但元光公司、邵某某、陈某、刘江某、刘坤某、张某未提交与深圳市交委签订的协议或由深圳市交委出台的文件等证据予以证明。元光公司、邵某某、陈某、刘江某、刘坤某、张某在本案中所提交的相关协议均系与并非政府交通管理部门的案外人签订，不能用以证明其前述主张，故法院对元光公司该项主张不予采纳。退一步而言，即使元光公司获得案外人的许可，可以大量使用谷米公司"酷米客"软件的数据，其亦未提交证据证明该案外人已经获得谷米公司的许可使用该软件的数据，且该被许可人可以再授权他人使用。

第三，谷米公司"酷米客"软件实时公交信息数据虽然系免费提供公众查询，但获取数据的方式须以不违背该软件著作权人即谷米公司意志的合法方式获取，即应当通过下载"酷米客"手机APP或者登录谷米公司网站等方式来查询，而非未经谷米公司许可，利用网络爬虫技术进入谷米公司的服务器后台的方式非法获取，故元光公司以谷米公司的数据可自由访问来证明其获取方式合法性的主张不能成立。

第四，如前所述，谷米公司的"酷米客"软件实时公交运行信息数据可为公众制订公共交通工具出行计划提供参考和帮助。在同类查询软件中，查询结果越准确，用户对该款软件的使用满意度就越高，相应地，用户对软件的依赖度也就越高，此即元光公司、邵某某、陈某、刘江某、刘坤某、张某爬取"酷米客"数据而用于其"车来了"软件的原因所在。市场经济要求市场在资源配置中起决定性作用，自由竞争能够确保市场资源优化配置，但市场经济同时要求竞争公平、正当和有序。这也正是反不正当竞争法规制不正当竞争行为的立法本意所在。在市场竞争环境中，用户黏性强弱是衡量产品或服务竞争力的重要评价指标。某项产品或服务即便推出之时是免费的，但随着用户对产品依赖度稳步提升，经营者往往后续会推出相应增值服务或衍生产品，这在市场实践中并不鲜见。本案中，元光公司利用网络爬虫技术大量获取并且无偿使用谷米公司"酷米客"软件的实时公交信息数据的行为，实为一种"不劳而获""食人而肥"的行为，具有非法占用他人无形财产权益,破坏他人市场竞争优势,并为自己谋取竞争优势的主观故意,违反了诚实信用原则,扰乱了竞争秩序,构成不正当竞争行为。元光公司、邵某某、陈某、刘江某、刘坤某、张某以南山区人民法院153号刑事判决所认定的"五被告人非法获取数据的目的主要系用于数据比对"来说明其不具有不正当竞争的主观故意。对此法院认为,南山区人民法院153号刑事案件审理的是公诉机关指控本案五名自然人被告采用技术手段,获取他人计算机信息系统中储存的数据,构成非法获取计算机信息系统数据罪的犯罪事实,因此其认定五被告的行为目的主要用于数据比对系以其前述获取他人数据的行为为事实基础。而本案审理的是元光公司、邵某某、陈某、刘江某、刘坤某、张某获取谷米公司数据,进而将数据用于其自己开发的软件并对外提供查询的行为,是否构成针对谷米公司的不正当竞争,既与前述刑事判决的评价对象及评判标准有别,亦不与该刑事判决的相关认定相左。因此,对于元光公司、邵某某、陈某、刘江某、刘坤某、张某该项抗辩主张,法院不予采纳。元光公司、邵某某、陈某、刘江某、刘坤某、张某还述称其"车来了"软件的市场占有率高于谷米公司"酷米客"软件,其根本没有必要实施针对谷米公司的不正当竞争行为,并于庭后提交了有关手机软件市场排名情况的(2017)鄂江天内证字第17396号、第17397号公证书作为证据。法院认为,该两份公证书记载的事实均发生于2017年12月,并非案涉行为发生之时。元光公司、邵某某、陈某、刘江某、刘坤某、张某亦未提交证据证实前述公证书中出具排名的网站"TalkingData"和"腾讯应用宝"为案涉软件同业人员公认的权威评比机构。因此,上述证据无法真实客观反映双方的手机APP在案涉行为发生时的市场排名情况。退一步而言,即使"车来了"APP确如元光公司、邵某某、陈某、刘江某、刘坤某、张某而言在案发时的行业排名高于谷米公司"酷米客"APP,并不能以此否定案涉被诉行为的可责难性。这是因为,不正当竞争行为的认定与具有竞争关系的商品或者服务其本身的市场份额占有率并不具有直接关系,是否构成不正当竞争,其评定标准是竞争方式是否符合同业者遵循的商业惯例、是否违背公认的商业道德,不能排除在某时期市场占有率高的一方采取不正当行为方式针对市场占有率低的一方实施竞争行为的可能性,更不能排除市场占有率高的原因是以不正当手段谋取自身竞争优势所致的可能性。故对于元光公司、邵某某、陈某、刘江某、刘坤某、张某有关其经营业绩优于谷米公司，则没有必要实施针对谷米公司的不正当竞争行为的抗辩理由，法院亦不予采纳。

关于争议焦点三，本案五自然人邵某某、陈某、刘江某、刘坤某、张某在被诉行为发生时均系元光公司员工。谷米公司主张邵某某作为元光公司总裁，要求其他自然人被告破解谷米公司APP获取数据，因此五自然人与元光公司具有共同的意思联络，该六人构成共同侵权。由于谷米公司没有提交证据证明元光公司、邵某某、陈某、刘江某、刘坤某、张某对此具有共同的意思联络，法院对谷米公司有关元光公司、邵某某、陈某、刘江某、刘坤某、张某构成共同侵权的主张不予采纳。元光公司、邵某某、陈某、刘江某、刘坤某、张某主张该五自然人被告的案涉行为均系职务行为，且南山区人民法院153号刑事判决书已认定该五人采用网络技术手段获取谷米公司实时公交信息数据属于单位犯罪，因此，元光公司、邵某某、陈某、刘江某、刘坤某、张某认为邵某某、陈某、刘江某、刘坤某、张某五人均非本案适格被告。经查，为了提高元光公司"车来了"APP信息查询的准确度，保证公司更好地经营，由时任元光公司法定代表人并任职总裁的邵某某授意技术总监陈某，指使公司员工刘江某、刘坤某、张某利用网络爬虫技术获取了谷米公司服务器中的实时数据并使用于元光公司"车来了"APP，由此增加了"车来了"APP的用户量，提高了公司的经营业绩。邵某某作为元光公司的法定代表人，其指示其他人获取谷米公司数据的目的，是为公司利益而非其个人利益，其前述行为亦是以公司名义为之，故邵某某的行为应认定属于公司行为。陈某、刘江某、刘坤某、张某的案涉行为均系由元光公司指派，属执行其任职单位的工作任务，其行为利益归属于元光公司，故该四人的案涉行为应认定为职务行为。故法院认定邵某某、陈某、刘江某、刘坤某、张某的案涉被诉行为，均不构成针对谷米公司的不正当竞争行为。

关于争议焦点四，鉴于元光公司的侵权行为已经停止，再行判令元光公司停止侵权已无必要，故对谷米公司有关判令元光公司停止侵权的诉讼请求，法院不予支持。

依据《侵权责任法》第十五条的规定，民事侵权责任的承担方式既包括"赔礼道歉"，也包括"消除影响、恢复名誉"。谷米公司诉请法院判令被告在多家媒体发表声明，公开向其赔礼道歉，以消除影响、恢复名誉，可见谷米公司该项诉请的核心内容为要求元光公司、邵某某、陈某、刘江某、刘坤某、张某"赔礼道歉",其提出该诉讼请求的目的在于消除案涉行为对其造成的影响以及恢复自身的名誉。因此,谷米公司要求元光公司赔礼道歉应以该公司对其商誉造成损害作为前提条件。由于谷米公司在本案中没有提交证据证明元光公司的案涉行为对其造成负面影响或对其声誉造成损害,因此对其要求元光公司赔礼道歉的诉讼请求,法院不予支持。

关于元光公司的侵权行为给谷米公司所造成的经济损失的确定问题。谷米公司当庭述称南山区人民法院153号案件中对其损失的评估结论24.43万元系为修复被元光公司破坏的系统程序所需要的费用,此系该司的直接损失。此外,被元光公司所获取并使用的公交运行信息数据的价值,系该公司的间接损失。谷米公司提交了元光公司(甲方)和广州交通信息化建设投资营运有限公司(乙方)所签订的《武汉元光科技实时公交项目的数据技术维护服务合同》,该合同的服务内容为"乙方负责为甲方的'武汉元光科技实时公交项目'提供实时公交到站查询的数据技术维护服务",维护服务费用约定为220万元,合同有效期为2015年6月30日至2016年6月30日。元光公司分三次支付合同款项,并在付款凭证上备注为"数据费"。谷米公司主张参照上述同类实时公交信息服务费,以及被诉行为的持续时间这两方面因素,可以计算出被诉侵权行为对其造成的经济损失。由于无法确定其损失的具体数额,谷米公司还向法院提交《财产损失鉴定申请书》,请求法院委托有资质的评估鉴定机构因元光公司的不正当竞争行为对其造成的损失数额进行鉴定评估。关于谷米公司诉请元光公司、邵某某、陈某、刘江某、刘坤某、张某赔偿其维权合理费用100万元,谷米公司未提交证据证实其维权费用实际支出的情况。

元光公司、邵某某、陈某、刘江某、刘坤某、张某认为,如果其案涉行为构成针对谷米公司的不正当竞争,其也未给谷米公司造成任何实际损失。理由如下:①谷米公司"酷米客"APP为免费软件,故谷米公司没有营业收入的损失;②基于元光公司、邵某某、陈某、刘江某、刘坤某、张某对公交实时数据有使用权的前提下,元光公司、邵某某、陈某、刘江某、刘坤某、张某无论是否二次获取,"酷米客"APP均能正常运营;③元光公司、邵某某、陈某、刘江某、刘坤某、张某所采用的网络爬虫技术不会损坏谷米公司

"酷米客"APP 服务器功能的完整性；④元光公司、邵某某、陈某、刘江某、刘坤某、张某二次获取数据的行为未导致谷米公司数据丢失或者损坏；⑤元光公司、邵某某、陈某、刘江某、刘坤某、张某获取数据的范围小和数量少，行为持续时间短，且元光公司、邵某某、陈某、刘江某、刘坤某、张某并未因此实际获利；⑥"车来了"APP 与谷米公司"酷米客"APP 数据相比延时一分钟，不会必然导致用户使用习惯的改变，且由于一部手机可安装多个 APP，亦不会导致客户量的此消彼长；⑦《武汉元光科技实时公交项目的数据技术维护服务合同》中基础维护服务费用的数额不能作为计算谷米公司损失的依据；⑧南山区人民法院 153 号刑事判决书认定的 24.43 万元损失与元光公司、邵某某、陈某、刘江某、刘坤某、张某无任何关系。

首先，关于谷米公司就其损失的评估申请应否采纳的问题。法院认为，谷米公司既然主张因为元光公司、邵某某、陈某、刘江某、刘坤某、张某实施的被诉不正当竞争行为而蒙受重大经济损失，并为此向元光公司、邵某某、陈某、刘江某、刘坤某、张某主张索赔，那么按照"谁主张，谁举证"的原则，谷米公司自当负有举证证明自身所受实际损失的义务。谷米公司通过采取第三方评估、鉴定或其他在先生效法律文书业已认定的事实来举证说明自己的实际损失，均当为法律所许。只是其所提交的证明损失的证据应当经过对方当事人的质证，并由法院在双方举证、质证的基础上对谷米公司提交的该类证据的三性和证明力予以审查，并在此基础上对损失额的最终确定作出评价。谷米公司在本案中要求法院对其损失进行评估，实为懈怠、转移自身本应积极履行的举证义务，应为此承担相应的法律后果。而且，本案中，被元光公司获取的数据也并未保存于服务器中，该类数据的范围和数量无法确定，因此亦不具有在本案中开展评估的条件。故对于谷米公司关于对其损失进行评估的申请，法院不予支持。

其次，关于谷米公司请求参照元光公司向广州交通信息化建设投资营运有限公司（乙方）支付的"数据费"220 万元作为计算本案经济损失依据的问题。法院认为，元光公司与广州交通信息化建设投资营运有限公司签订的合同为《武汉元光科技实时公交项目的数据技术维护服务合同》，虽然元光公司在支付该合同款项的付款凭证上注明为"数据费"，但该款项的对价亦即广州交通信息化建设投资营运有限公司需要向元光公司履行的合同义务，系向对方提供为期一年的实时公交到站查询的数据技术维护服务。因此，上述合同项下的数据技术维护服务费与谷米公司在本案中所受经济损失并不具有同一性质，上述款项数额不能用于确定谷米公司经济损失数额的参考。

再次，关于元光公司主张谷米公司在本案中不存在任何经济损失的抗辩意见。法院认为，虽然谷米公司"酷米客"APP为免费软件，元光公司爬取数据的行为不会导致谷米公司有营业收入的直接损失；元光公司的二次获取行为亦不会导致谷米公司数据丢失或者损坏；同时，由于一部手机可安装多个APP，元光公司使用谷米公司数据不会必然导致用户会立即卸载"酷米客"APP。但是，更为准确及时的后台信息系谷米公司实时公交软件相对于同类产品的竞争优势，元光公司使用了谷米公司的后台数据后，势必削弱谷米公司的竞争优势，进而造成"酷米客"软件的流量减少、投放于谷米公司"酷米客"软件的广告收入减少、"酷米客"软件品牌价值降低等后果。因此，谷米公司要求元光公司赔偿因其不正当竞争行为造成经济损失的诉讼请求符合法律规定，法院予以支持。元光公司关于谷米公司在本案中不存在任何经济损失的抗辩意见，法院不予采纳。

最后，关于元光公司主张谷米公司在本案中故意向深圳市交委提供延时数据，谷米公司对此具有过错，故即便法院认定元光公司构成对谷米公司的不正当竞争，也应当相应减轻其在本案中侵权责任的问题。法院认为，元光公司未经谷米公司许可，非法获取谷米公司后台数据并用于其"车来了"智能软件APP，谋取该软件在实时公交信息查询软件中的竞争优势，元光公司的上述行为违反了诚实信用原则和公认的商业道德，构成不正当竞争。元光公司侵权行为的发生与谷米公司是否向深圳市交委提交数据，以及是否故意提交延时数据的行为之间并不具有因果关系，并不符合《侵权责任法》第二十六条所规定的"过失相抵"情形的适用条件。因此，对于元光公司以谷米公司亦存在过错为由减轻其侵权责任的抗辩主张，法院不予采纳。

鉴于谷米公司未能提供证据证明其自身损失的具体数额，也未提供证据证明元光公司的侵权获利，法院综合考虑以下因素来确定元光公司的赔偿数额：①谷米公司本案存在直接损失24.43万元；②元光公司获取数据的范围系深圳东部公交集团下属公交车的实时运行数据；③元光公司侵权行为的持续时间系自 2015 年 11 月至 2016 年 5 月，长达 7 个月，获取数量日均 300 万~400 万条；④谷米公司虽然未提交其维权支出的相关证据，但其委托律师出庭，必然会对此支出相关费用；⑤元光公司具有明显的不正当竞争的主观恶意。据此，法院酌情确定元光公司赔偿谷米公司经济损失及合理维权费用共计 50 万元。谷米公司提出的赔偿金额过高部分，法院不予支持。

综上，深圳市中级人民法院依照《反不正当竞争法》（1993 年版）第二条、《民事诉讼法》第六十四条第一款的规定，判决：

（1）武汉元光科技有限公司于本判决生效之日起 7 日内向深圳市谷米科技有限公司赔偿经济损失及合理维权费用 50 万元；

（2）驳回深圳市谷米科技有限公司的其他诉讼请求。

【法官点评】

本案是广东知识产权领域在大数据时代出现的新类型案件，入选"2018 年中国法院 50 件典型知识产权案例"。本案通过论理既准确划定了正当使用信息与不正当使用信息的界限，达到公平与效率的平衡，同时也实现了《反不正当竞争法》维护自由竞争和公平市场秩序的立法目的，保护了权利人的正当权益和创新热情，是审理此类"大数据"案件的良好示范。围绕本案，有以下两个法律问题值得探讨：①公交实时运行大数据是否属于应受《反不正当竞争法》保护的法益；②对利用网络爬虫技术进入他人服务器后台获取公交实时运行大数据的行为，应如何适用《反不正当竞争法》的一般条款来进行评价。

《反不正当竞争法》本质上属于行为法，以维护公平、有序和充满活力的市场竞争环境为己任，所规制的对象是各类违反市场竞争秩序，侵害经营者利益、消费者权益和社会公共利益的不正当竞争行为。同时，在对各类不正当竞争行为加以规制的过程中，大量无法被现有知识产权实体法规定的"绝对权利"所涵盖的智力创造成果，以及随着科技新发展而出现但立法尚未来得及类型化的智力创造成果，借助司法机关适用《反不正当竞争法》，得以以"法益"的形式获得替代性的救济。透过《反不正当竞争法》在司法个案裁判中的灵活适用，各类尚未升格成为知识产权权利客体的智力创造成果（如商品外观、数据库、商业秘密、商号、新闻标题、作品名称、作品角色等),借由转化为"法益"的方式获得了存在的正当性。公交车作为公共交通工具,其实时运行路线、运行时间等信息仅系客观事实,但是,当此类信息经过人工收集、分析、编辑、整合并配合 GPS 精确定位,作为公交信息查询软件的后台数据后,其凭借预报的准确度和精确性就可以使"酷米客"软件相较于其他提供实时公交信息查询服务同类软件取得竞争上的优势。故本案谷米公司"酷米客"软件后台服务器存储的公交实时类信息数据,已经具备无形财产的属性,应当成为受《反不正当竞争法》保护的法益。

市场经济鼓励正当的竞争,因为正当竞争可以实现优胜劣汰。不正当竞争行为只会扭曲竞争机制,扰乱市场秩序,故法律应当加以禁止。《反不正当竞争法》第二条作为一般条款,无疑具有填补法律漏洞的积极作用。在具体个案中,对于虽不属于《反不正当竞争法》所列举,但确属违反诚实信用原则和公认的商业道德而具有不正当性的竞争行为,我国各级法院都转而适用《反不正当竞争法》第二条的一般条款来予以调整,以维护公平竞争的秩序。具体到本案,被告元光公司被控实施的行为,即利用网络爬虫技术进入原告谷米公司服务器后台获取公交实时运行大数据的行为,因不在《反不正当竞争法》第二章明定的各类不正当竞争行为类型之列。因此,元光公司是否构成对谷米公司的不正当竞争,关键在于根据《反不正当竞争法》第二条所确立的一般条款,判断元光公司的被诉行为是否违反诚实信用原则和公认的商业道德,并损害原告谷米公司的合法利益。就本案而言,对于行为是否违反公认的商业道德的判断,一方面,需要考虑产业发展和互联网环境所具有的信息共享的特点;另一方面,要兼顾信息获取者、信息使用者和社会公众三方的利益,既要考虑信息获取者的财产投入,还要考虑信息使用者自由竞争的权利,以及公众自由获取信息的利益,并在利益平衡的基础上划定行为的边界。亦即只有准确划定正当使用信息与不正当使用信息的边界,才能达到公平与效率的平衡,实现《反不正当竞争法》维护自由竞争和公平市场秩序的立法目的。在判断元光公司的行为是否违反商业道德和诚实信用原则时,可以从以下几个方面加以分析:①元光公司的行为是否具有可责难性;②元光公司获取谷米公司大数据后的利用方式是否超出了必要限度;③元光公司的"进入他人服务器后台爬取大数据" + "超出必要限度使用大数据"

的行为是否对市场秩序产生不良影响。在以上问题答案均为"是"的情况下，元光公司利用网络爬虫技术大量获取并且无偿使用谷米公司"酷米客"软件的实时公交信息数据的行为，应认定构成《反不正当竞争法》一般条款所规制的不正当竞争行为。

（撰稿人：深圳市中级人民法院　孙虹）

恩智浦半导体股份有限公司等诉无锡市晶源微电子有限公司等擅自使用知名商品特有名称纠纷案

——使用知名芯片型号构成不正当竞争的认定

【裁判要旨】

知名集成电路商品的非行业通用型号，能在相关公众中起到识别商品来源作用的，可认定为知名商品特有名称。在生产、销售的同种商品上擅自使用他人知名商品特有型号，造成购买者混淆或误认的，构成擅自使用他人知名商品特有名称的不正当竞争，应承担停止侵权、赔偿损失的法律责任。

【关键词】

不正当竞争　特有名称　型号　商品来源

【案例索引】

一审：深圳市福田区人民法院〔2015〕深福法知民初字第88号

二审：深圳市中级人民法院〔2017〕粤03民终835号

【案情及裁判】

原告：恩智浦半导体股份有限公司（以下简称恩智浦半导体公司）

原告：NXP股份有限公司（以下简称NXP公司）

原告：恩智浦半导体荷兰有限公司（以下简称恩智浦半导体荷兰公司）

原告：恩智浦（中国）管理有限公司（以下简称恩智浦中国公司）

被告：无锡市晶源微电子有限公司（以下简称晶源公司）

被告：无锡友达电子有限公司（以下简称友达公司）

被告：深圳市亿达微电子有限公司（以下简称亿达公司）

一、一审

原告恩智浦半导体公司、NXP 公司、恩智浦半导体荷兰公司、恩智浦中国公司因与被告晶源公司、友达公司、亿达公司发生擅自使用知名商品特有名称纠纷，向广东省深圳市福田区人民法院提起诉讼。

原告恩智浦半导体公司、NXP 公司、恩智浦半导体荷兰公司、恩智浦中国公司诉称：恩智浦半导体公司是个多国集团公司，总部位于荷兰，总称为 NXP 家族。NXP 公司是恩智浦半导体公司的全资子公司，代表恩智浦半导体公司拥有和管理 NXP 家族的知识产权等。恩智浦半导体荷兰公司、恩智浦中国公司是 NXP 公司的全资子公司，从 NXP 公司获得商标等知识产权许可，负责代表恩智浦半导体公司进行全球产品销售和服务提供。"TEF"是原告出品的一款半导体系列芯片之特有名称，在全球以及中国的汽车音响领域享有较高的知名度和美誉度，尤其是"TEF6621T"这款产品被业界认为是 NXP 在汽车音响领域的代表作之一。晶源公司、友达公司也是半导体公司，共同制造和销售半导体芯片产品，亿达公司是晶源公司、友达公司设置在深圳的销售公司。恩智浦半导体公司、NXP 公司、恩智浦半导体荷兰公司、恩智浦中国公司发现晶源公司、友达公司、亿达公司未经恩智浦半导体公司、NXP 公司、恩智浦半导体荷兰公司、恩智浦中国公司许可，擅自制造与"TEF6621T"功能类似的半导体芯片产品，并使用"TEF6621T"名称对外进行推广和销售，利用恩智浦半导体公司、NXP 公司、恩智浦半导体荷兰公司、恩智浦中国公司及其知名产品的商誉牟取不当利益，使消费者产生混淆，侵犯恩智浦半导体公司、NXP 公司、恩智浦半导体荷兰公司、恩智浦中国公司的合法权利，违反《反不正当竞争法》的规定，依法应当承担停止侵权、赔偿损失、消除影响的责任。请求判令：①晶源公司、友达公司、亿达公司停止在其汽车音频/收音芯片产品上使用汽车音频/收音芯片产品知名商品特有名称（TEF，TEF66＊＊，TEF6621T）相同或者相近似的产品型号名称（如 TEF6621T）；②晶源公司、友达公司、亿达公司连带赔偿恩智浦半导体公司、NXP 公司、恩智浦半导体荷兰公司、恩智浦中国公司 50 万元；③晶源公司、友达公司、亿达公司连带赔偿恩智浦半导体公司、NXP 公司、恩智浦半导体荷兰公司、恩智浦中国公司因制止不正当竞争而支出的合理费用（包括但不限于律师费、公证费、调查费、翻译费、诉讼费等）147 969 元；④晶源公司、友达公司、亿达公司在《广州日报》《经济日报》《扬子晚报》上发布道歉声明以消除不良影响（内容需经法院审核）；⑤本案诉讼费用由晶源公司、友达公司、亿达公司共同承担。

被告晶源公司、友达公司、亿达公司辩称：恩智浦半导体公司、NXP公司、恩智浦半导体荷兰公司、恩智浦中国公司主张其"TEF"系列和"TEF6621T"系知名商品特有名称，缺少证据支持。晶源公司、友达公司、亿达公司的"TEF6621T"半导体芯片未造成与恩智浦半导体公司、NXP公司、恩智浦半导体荷兰公司、恩智浦中国公司的"TEF/TEF6621T"产品的混淆、误认。晶源公司、友达公司、亿达公司自有的"TEF6621T"产品同样经过使用已取得知名度。恩智浦半导体公司、NXP公司、恩智浦半导体荷兰公司、恩智浦中国公司主张赔偿人民币50万元以及合理支出14万多元没有事实和法律依据。请求驳回恩智浦半导体公司、NXP公司、恩智浦半导体荷兰公司、恩智浦中国公司的诉讼请求。

深圳市福田区人民法院一审查明：

恩智浦半导体公司、NXP公司、恩智浦半导体荷兰公司、恩智浦中国公司的"NXP"品牌为最受中国市场欢迎的半导体品牌之一，在国内半导体领域荣获多项荣誉和奖项。"TEF66＊＊"型号系列是恩智浦半导体公司、NXP公司、恩智浦半导体荷兰公司、恩智浦中国公司在"音频/收音机"项下"单芯片调谐器/ASP（汽车收音机）"产品型号，其中型号"TEF6621T"的模拟调谐器为"音频/收音机"项下的"调幅/调频收音机和音频"产品。恩智浦半导体公司、NXP公司、恩智浦半导体荷兰公司、恩智浦中国公司提交的百度搜索结果、经销商证明函、相关论文、文章等证据显示，"TEF6621T"汽车音频/收音芯片在中国境内经销商众多，销售区域广，销售量大，具有一定影响与知名度，相关公众已将"TEF6621T"与涉案芯片建立起特定联系。

2014年5月14日，恩智浦半导体公司、NXP公司、恩智浦半导体荷兰公司、恩智浦中国公司委托代理人来到友达公司，购买了500只编号为"TEF6621T"的电子芯片，芯片上印有"TEF6621T"字样，所附发票、送货单及收据的开具单位均为晶源公司。芯片说明书载明该产品型号为"TEF6621T"，页眉处标有""标志及"晶源微电子"字样，末页标有晶源公司、亿达公司的名称、联系方式，并注明亿达公司为销售公司。《产品手册》产品目录列有多种型号的集成电路产品，其中汽车音响集成电路项下的车载专用收音电路产品的编号为"CSC6621"，功能为"内置 PLL 系统的 AM/FM 车载收音电路"，兼容型号为"TEF6621"。

2014 年 6 月 11 日，恩智浦半导体公司、NXP 公司、恩智浦半导体荷兰公司、恩智浦中国公司委托代理人来到亿达公司，购买印有"TEF6621T"字样的芯片 3 个和其他规格物品 4 个，现场取得的《送货单》所盖印章为"无锡友达电子有限公司合同专用章"。晶源公司确认其于 2013 年下半年开始生产、销售型号为"TEF6621T"的上述芯片，销售金额共计为 20 多万元。

经比对，恩智浦半导体公司、NXP 公司、恩智浦半导体荷兰公司、恩智浦中国公司的芯片本体上印有"NXP"商标及"TEF6621T"字样；晶源公司芯片本体上印有"TEF6621T"字样，未印有任何商标标识，产品外包装盒上亦未印有任何商标标识，标贴上印有"半导体器件品名：TEF6621T"字样。

深圳市福田区人民法院一审认为：

恩智浦半导体公司、NXP 公司、恩智浦半导体荷兰公司、恩智浦中国公司在其汽车音频/收音芯片中使用型号"TEF6621T"，经过多年的经营，该型号产品已经具有一定的知名度，"TEF6621T"在汽车音频/收音芯片产品上已与恩智浦半导体公司、NXP 公司、恩智浦半导体荷兰公司、恩智浦中国公司产生了特定的联系，足以起到识别商品来源的作用，构成知名商品的特有名称。恩智浦半导体公司、NXP 公司、恩智浦半导体荷兰公司、恩智浦中国公司在本案同时主张型号"TEF""TEF66＊＊"为知名商品的特有名称，证据不足，不予认定。晶源公司、友达公司、亿达公司与恩智浦半导体公司、NXP 公司、恩智浦半导体荷兰公司、恩智浦中国公司为同业经营者，明知恩智浦半导体公司、NXP 公司、恩智浦半导体荷兰公司、恩智浦中国公司"TEF6621T"芯片的存在却不作合理避让，仍在同一种产品上使用与原告商品相同的名称，具有明显攀附他人商誉恶意，客观上造成混淆，构成擅自使用他人知名商品特有名称的不正当竞争行为，应承担停止侵权、赔偿损失的法律责任。恩智浦半导体公司、NXP 公司、恩智浦半导体荷兰公司、恩智浦中国公司未举证证明其商誉因涉案侵权行为受到损害，故对其诉请晶源公司、友达公司、亿达公司公开登报以消除影响，不予支持。

综上，深圳市福田区人民法院依照《反不正当竞争法》第五条第二项，

《最高人民法院关于审理不正当竞争民事案件应用法律若干问题的解释》第一条第一款、第二条、第六条第一款、第七条,《民事诉讼法》第六十四条第一款、第一百四十二条之规定,判决:

(1)晶源公司、友达公司、亿达公司应立即停止在其汽车音频/收音芯片产品上使用"TEF6621T"字样;

(2)晶源公司应于判决生效之日起10日内赔偿恩智浦半导体公司、NXP公司、恩智浦半导体荷兰公司、恩智浦中国公司经济损失及为制止侵权的合理开支共计15万元;

(3)友达公司、亿达公司应于判决生效之日起10日内赔偿恩智浦半导体公司、NXP公司、恩智浦半导体荷兰公司、恩智浦中国公司经济损失及为制止侵权的合理开支共计5万元;

(4)驳回恩智浦半导体公司、NXP公司、恩智浦半导体荷兰公司、恩智浦中国公司的其他诉讼请求。

二、二审

晶源公司、友达公司、亿达公司不服一审判决,向深圳市中级人民法院提起上诉称:一审关于恩智浦半导体公司、NXP公司、恩智浦半导体荷兰公司、恩智浦中国公司主张的"TEF6621T"构成汽车音频/收音集成电路芯片知名商品特有名称的事实认定错误,证据不足。晶源公司、友达公司、亿达公司的产品上无"NXP"标记,本领域的相关购买人在明知"NXP"为知名商标的情况下,不可能仅依据型号而混淆、误认,晶源公司、友达公司、亿达公司没有实施不正当竞争行为。

深圳市中级人民法院二审查明事实:除了对部分涉外证据重新作出认定,二审对一审判决查明的事实予以确认。

深圳市中级人民法院二审认为:

恩智浦半导体公司、NXP公司、恩智浦半导体荷兰公司、恩智浦中国公司提交证据证实,其自2009年起研发、生产、销售"TEF6621T"汽车音频/收音芯片,该芯片在中国境内经销商众多,销售区域广,销售量大,在半导体集成电路领域具有一定影响和知名度。结合恩智浦企业与品牌的知名度,可认定恩智浦半导体公司、NXP公司、恩智浦半导体荷兰公司、恩智浦中国公司的"TEF6621T"汽车音频/收音芯片为知名商品。"TEF6621T"为恩智浦半导体公司、NXP公司、恩智浦半导体荷兰公司、恩智浦中国公司生产、销售的汽车音频/收音芯片的型号，一般只具区分企业自己不同规格产品的功能，判断该芯片的型号是否符合法律规定的知名商品"特有名称"，关键在于该型号经过使用是否具有区别商品来源和指代商品名称功能的显著性特征。集成电路商品种类繁多，各企业对不同商品型号命名时除了代表类型、工作温度范围、封装形式等行业惯用代码，一般会在编制型号时加入代表自己企业的特定代码或使用企业自行编制的商品类别代码，使得商品的型号具有一定区别来源的"特有"性。"TEF6621T"系恩智浦半导体公司、NXP公司、恩智浦半导体荷兰公司、恩智浦中国公司根据企业自己商品型号命名规则命名，非国家或行业的通用型号名称，且经恩智浦半导体公司、NXP公司、恩智浦半导体荷兰公司、恩智浦中国公司的长期使用，相关公众已将"TEF6621T"与恩智浦半导体公司、NXP公司、恩智浦半导体荷兰公司、恩智浦中国公司生产、销售的涉案汽车音频/收音芯片建立起特定的联系。"TEF6621T"已在相关公众中起到识别商品或服务来源的作用，构成知名商品特有名称。晶源公司、友达公司、亿达公司为关联公司，其与恩智浦半导体公司、NXP公司、恩智浦半导体荷兰公司、恩智浦中国公司为同业经营者。晶源公司、友达公司、亿达公司明知恩智浦半导体公司、NXP公司、恩智浦半导体荷兰公司、恩智浦中国公司生产、销售的"TEF6621T"汽车音频/收音芯片具有一定的知名度，仍在其生产、销售的同种商品上使用了与"TEF6621T"相同的型号名称，且对其该命名无法提供合理解释，攀附他人知名商品美誉的意图明显，这也使相关公众对晶源公司、友达公司、亿达公司生产、销售的涉案芯片来源产生混淆或误认，扰乱了市场竞争秩序，其行为构成擅自使用他人知名商品特有名称的不正当竞争，应承担停止侵权、赔偿损失的法律责任。一审判决认定事实清楚，适用法律正确。

据此，深圳市中级人民法院依据《民事诉讼法》第一百七十条第一款第一项的规定，判决：驳回上诉，维持原判。

【法官点评】

本案是擅自使用知名商品特有名称纠纷案件，其争议焦点主要是具有一定知名度的集成电路商品（或者是芯片）型号是否符合法律规定的知名商品

"特有名称"。目前，集成电路型号命名既有相对统一的通用模式，又有区别来源特征的"特有"模式，审理的关键在于该非通用模式型号经过使用是否具有区别商品来源和指代商品名称功能的显著性特征，而相关判例此前在我国尚不多见。本案入选"2017年中国法院50件典型知识产权案例"。

与商品名称不同，商品的型号一般是企业用来区分不同规格产品的。集成电路商品种类繁多，对其型号命名国际上并没有统一的标准，但在行业上型号命名形成了代表类型、工作温度范围、封装形式等惯用代码，故集成电路如采用了惯用代码的型号模式，则该型号不具有区别来源的"特有"性，在行业内也能通过该型号来检索、识别商品的基本功能、用途。除了使用惯用代码模式，国际上的一些大型集成电路生产企业包括我国的一些生产企业，会在编制型号时加入代表自己企业的特定代码或使用企业自行编制的商品类别代码，该模式集成电路型号具有一定区别来源的"特有"性，涉案的"TEF6621T"系恩智浦半导体公司、NXP公司、恩智浦半导体荷兰公司、恩智浦中国公司根据企业自己商品型号命名规则命名的型号，且经过长期使用，相关公众会将该种模式型号与其对应商品建立起特定的联系。如恩智浦半导体公司、NXP公司、恩智浦半导体荷兰公司、恩智浦中国公司提交的证据显示，百度搜索"TEF6621T"结果前两页的信息包括经销商的商品信息、网络销售平台的商品信息等均指向恩智浦半导体公司、NXP公司、恩智浦半导体荷兰公司、恩智浦中国公司的涉案芯片，结合行业对该芯片介绍的相关文章以及该芯片知名度等证据，"TEF6621T"已在相关公众中起到识别商品来源和指代商品名称的作用，判决据此认定"TEF6621T"构成知名商品特有名称。作为同业经营者，晶源公司、友达公司、亿达公司明知涉案"TEF6621T"汽车音频/收音芯片具有一定的知名度，不但不作合理避让，反而放弃其产品手册上自己原有的型号命名规则，在其生产、销售的同种商品上使用了与"TEF6621T"相同的名称，攀附他人知名商品美誉的意图明显，这也使相关公众对晶源公司、友达公司、亿达公司生产、销售的芯片来源产生混淆或误认，扰乱了市场竞争秩序，其行为构成擅自使用他人知名商品特有名称的不正当竞争，应承担停止侵权、赔偿损失的法律责任。

《反不正当竞争法》已由中华人民共和国第十二届全国人民代表大会常务委员会第三十次会议于2017年11月4日修订通过，修订后的《反不正当竞争法》自 2018 年 1 月 1 日起施行。本案纠纷发生与审理在《反不正当竞争法》修订之前，修订后的《反不正当竞争法》第六条第一项规定："经营者不得实施下列混淆行为，引人误认为是他人商品或者与他人存在特定联系：（一）擅自使用与他人有一定影响的商品名称、包装、装潢等相同或者近似的标识……"修订后法律将原规定"知名商品特有的名称、包装、装潢"修改为"有一定影响的商品名称、包装、装潢"，扩大了保护范围，充分体现鼓励和保护公平竞争，制止不正当竞争行为立法本意。

（撰稿人：深圳市中级人民法院　丘庆均）

广州市碧欧化妆品有限公司诉广东碧鸥投资有限公司、钟某某、浙江淘宝网络有限公司不正当竞争纠纷案

——电子商务平台收到通知后的义务与责任承担

【裁判要旨】

电子商务平台在收到权利人权利被侵害的通知后,应当立即采取必要措施并通知被投诉方,若收到有效的反通知,应当立即采取恢复链接等措施。若一直未收到反通知,则平台无须采取恢复链接等措施且无须承担相关责任。

【关键词】

电子商务平台　通知　义务　责任

【案例索引】

一审:广州知识产权法院〔2015〕粤知法商民初字第 24 号

二审:广东省高级人民法院〔2017〕粤民终 517 号

【案情及裁判】

原告:广州市碧欧化妆品有限公司(以下简称化妆品公司)

被告:广东碧鸥投资有限公司(以下简称投资公司)

被告:钟某某

被告:浙江淘宝网络有限公司(以下简称淘宝公司)

一、一审

原告化妆品公司因与被告投资公司、钟某某、淘宝公司发生不正当竞争纠纷,向广州知识产权法院提起诉讼。

原告化妆品公司诉称:化妆品公司使用的图案已经申请注册商标(第

12113899号），其商标图案与钟某某的商标不近似。投资公司、钟某某以化妆品公司产品使用图案侵犯其第6280156号商标为由向淘宝公司提出侵权投诉。淘宝公司对化妆品公司及其代理商的申诉、寄送的律师函置之不理并强行断开、隐藏销售化妆品公司产品的网店链接。化妆品公司发现投资公司、钟某某、淘宝公司具有以下不正当竞争行为损害化妆品公司利益：①投资公司、钟某某、淘宝公司利用独占地位限定他人购买指定的经营的商品，以排挤化妆品公司的公平竞争；②投资公司、钟某某捏造、散布虚伪事实，损害化妆品公司的商业信誉、商品声誉。故起诉请求判令：①投资公司、钟某某立即停止"捏造、散布虚伪事实，损害竞争对手的商业信誉、商品声誉"的不正当竞争行为；②投资公司、钟某某、淘宝公司立即停止"利用独占地位限定他人购买指定的经营的商品，以排挤其他经营者的公平竞争"的不正当竞争行为，淘宝公司立即恢复淘宝网销售化妆品公司产品的店铺链接；③投资公司、钟某某分别在《广州日报》头版、投资公司企业网站、淘宝网首页、淘宝网天猫碧鸥旗舰店首页向化妆品公司赔礼道歉，恢复名誉，消除影响；④投资公司、钟某某、淘宝公司向化妆品公司连带赔偿经济损失10万元（包括维权支出）；⑤诉讼费及相关费用由投资公司、钟某某、淘宝公司负担。

被告投资公司、钟某某辩称：①投资公司不存在不正当竞争行为；②投资公司在淘宝网站上关于假冒产品的声明是基于自身权益的合法声明，并不存在任何捏造、散布虚假事实的行为；③投资公司不享有独占地位，与淘宝公司无特别利益关系。淘宝公司的行为是依据有关规则进行的，并无不妥。综上，请求法院驳回化妆品公司的诉讼请求。

被告淘宝公司辩称：①化妆品公司认为淘宝公司"利用独占地位限定他人购买指定的经营的商品，以排挤其他经营者的公平竞争"没有事实依据；②化妆品公司主张淘宝公司串通投资公司、钟某某捏造事实等没有事实依据，淘宝公司作为网络平台的服务提供商，没有实施及参与投资公司、钟某某关于假冒产品的信息发布行为，不构成不正当竞争；③淘宝公司断开隐藏化妆品公司的链接是正常的处理投诉的行为，不构成不正当竞争；④淘宝公司断开化妆品公司不当使用商标的产品，是打击违法行为，不属于限定交易。

综上，请求法院驳回化妆品公司的诉讼请求。

广州知识产权法院一审查明：

2015年4月23日，化妆品公司经公证保全了天猫网中"碧鸥旗舰店"的部分页面信息。化妆品公司认为投资公司、钟某某在页面信息中发布了"碧鸥注册名称为'碧鸥'，而为'碧欧'者一定是假冒产品"的信息，而"碧欧"是化妆品公司的企业字号，文字下方的假冒产品中也使用了化妆品公司的产品照片，构成"捏造、散布虚伪事实，损害竞争对手的商业信誉、商品声誉"的不正当竞争行为。投资公司、钟某某确认该页面信息系其发布，但表示从文字下方的产品对比图可见其针对的是假冒产品，而非"碧欧"企业字号，不构成该项不正当竞争行为。

2015年4月，淘宝公司因投资公司投诉化妆品公司的营养洗发乳S26（以下简称产品1）侵犯钟某某第6280156号注册商标专用权，将产品1进行下架处理，并通知化妆品公司可申诉。化妆品公司随后向淘宝公司发出律师函进行了沟通。2015年5月1日，淘宝公司经与投资公司、化妆品公司多次沟通后答复化妆品公司：①第6280156号注册商标为组合商标，而化妆品公司在商品信息页面使用了其中的biou商标；②投资公司提供了ZL201130343334.6的关于包装瓶（bo）的外观专利证书、先前与他人关于争议图案的商标争议裁定书、知识产权处理决定书。因此，淘宝公司没有权利也没有能力就商标争议作出结论，将在接获生效文书后第一时间采取行动。化妆品公司认为该次投诉处理中并没有关于专利侵权的投诉。投资公司确认该次投诉包含了对专利侵权的投诉。此外，投资公司、钟某某表示本次投诉还包括了著作权侵权的投诉。淘宝公司表示本次投诉投资公司、钟某某未明确进行著作权侵权的投诉。

2015年8月，淘宝公司因投资公司投诉化妆品公司的丝语山茶营养滋润洗发乳E16（以下简称产品2）、无硅油深层控油洗发乳S07（以下简称产品3）侵犯注册商标专用权，将产品2、产品3进行下架处理，并通知化妆品公司可申诉。投资公司、钟某某表示本次投诉仅是基于产品2、产品3侵犯第6280156号注册商标专用权。投资公司、钟某某认为产品2使用的"BIOSIYU"字母包含了第6280156号注册商标中的"BIOU"字母，且发音一致，因此相似；产品3使用的"BABIOU"字母包含了第6280156号注册商标中的"BIOU"字母，构成相似。淘宝公司表示产品2、产品3上使用的"BIOSIYU"字母与第6280156号注册商标的字母近似，且故意在注册商标的花朵图案下方添加了字母，属于不当使用注册商标的行为。

化妆品公司认为投资公司、钟某某以产品1、产品2、产品3侵犯第6280156号注册商标专用权为由，向淘宝公司投诉，而淘宝公司在双方的标识明显不相似的情况下，将产品1、产品2、产品3下架的行为构成"利用独占地位限定他人购买指定的经营的商品，以排挤其他经营者的公平竞争"的不正当竞争行为。淘宝公司认为其依据淘宝服务协议有权下架相关产品。2015年4月24日发布的《淘宝规则》第六十七条约定："不当使用他人权利，是指用户发生以下任一行为……（二）卖家出售商品涉嫌不当使用他人商标权、著作权、专利权等权利的……若发生上述任一行为，淘宝对会员所发布的不当使用他人权利的商品或信息进行删除……"2012年5月30日发布的《不当使用他人权利的规则与实施细则》解读：①"不当使用他人权利"是指除假冒以外的商标侵权，除盗版以外的著作权侵权，以及专利侵权。②不当使用他人商标权，是指卖家出售的商品被认定为商标侵权，但不属于假冒的情形；不当使用他人专利，是指卖家出售的商品侵犯他人外观设计专利、实用新型专利或发明专利的。③如果卖家的商品页面存在不当使用他人权利的情形，那么淘宝会依据投诉人提供的资质证明、侵权商品链接等，删除相应的商品信息。

另查，化妆品公司的经营范围为化学原料和化学制品制造业。投资公司的经营范围为批发业。第6280156号注册商标的核定使用商品为第3类，包括化妆品、洗面奶、洗发液、浴液等。

广州知识产权法院一审认为：

化妆品公司与投资公司均有生产、销售化妆品、洗发液等商品，属于《反不正当竞争法》（1993年版）规定的经营者。根据查明的事实及双方的诉辩意见，本案的争议焦点为：化妆品公司所诉的各项行为是否构成不正当竞争行为以及应承担相应的法律责任。

化妆品公司认为投资公司、钟某某在天猫网的"碧鸥旗舰店"页面信息中发布了"碧鸥注册名称为'碧鸥'，而为'碧欧'者一定是假冒产品"的信息构成"捏造、散布虚伪事实，损害竞争对手的商业信誉、商品声誉"的不正当竞争行为。投资公司、钟某某确认该页面信息系其发布，但表示该信息针对的是假冒产品，而非"碧欧"企业字号，不构成不正当竞争行为。"碧鸥"与"碧欧"并非相同的标识，在投资公司、钟某某未能举证证明其在化妆品、洗发液等第3类商品上享有"碧鸥"注册商标，且也未能举证证明"碧欧"标识被认定侵犯该注册商标专用权的情况下，投资公司、钟某某称"碧欧"标识的产品为假冒"碧鸥"标识的产品，没有依据，属于捏造、散布虚伪事实的行为。在投资公司、钟某某使用了化妆品公司生产的产品作为"假冒产品"进行对比，且未能举证证明捏造、散布该虚伪事实不是针对化妆品公司生产的产品的情况下，一审法院采信投资公司、钟某某的该项不正当竞争行为损害了化妆品公司的商品声誉。投资公司、钟某某应当停止该项不正当竞争行为，并承担消除影响、赔偿损失的民事责任。一审法院综合考虑投资公司、钟某某实施该项不正当竞争行为的方式和影响，在化妆品公司未能举证证明其因该行为所受损失的情况下，酌定投资公司、钟某某应赔偿化妆品公司2万元，并在天猫网的"碧鸥旗舰店"首页发布声明以消除影响（声明内容须经一审法院审核）。淘宝公司并未实施该项不正当竞争行为，化妆品公司要求其承担连带赔偿责任，没有依据，一审法院不予支持。

化妆品公司认为投资公司、钟某某以产品1、产品2、产品3侵犯第6280156号注册商标专用权为由，向淘宝公司投诉，而淘宝公司将产品1、产品2、产品3下架的行为构成"利用独占地位限定他人购买指定的经营的商品，以排挤其他经营者的公平竞争"的不正当竞争行为。投资公司、钟某某进行投诉是基于其认为产品1、产品2、产品3侵犯第6280156号注册商标专用权而行使的正当权利。淘宝公司作为淘宝网的开办者和管理者，在收到投诉后断开被投诉产品的链接是基于《淘宝规则》第六十七条的约定，符合双方的约定，亦符合保护知识产权的要求。

关于化妆品公司发出反通知，要求恢复相关产品链接后，淘宝公司的相应行为是否构成不正当竞争行为的问题。2015年4月24日发布的《淘宝规则》第六十七条约定："不当使用他人权利，是指用户发生以下任一行为……（二）卖家出售商品涉嫌不当使用他人商标权、著作权、专利权等权利的……若发生上述任一行为，淘宝对会员所发布的不当使用他人权利的商品或信息进行删除……"2012年5月30日发布的《不当使用他人权利的规则与实施细则》解读：①"不当使用他人权利"是指除假冒以外的商标侵权，除盗版以外的著作权侵权，以及专利侵权。②不当使用他人商标权，是指卖家出售的商品被认定为商标侵权，但不属于假冒的情形；不当使用他人专利，是指卖家出售的商品侵犯他人外观设计专利、实用新型专利或发明专利的。③如果卖家的商品页面存在不当使用他人权利的情形，那么淘宝会依据投诉人提供的资质证明、侵权商品链接等，删除相应的商品信息。结合《淘宝规则》和《不当使用他人权利的规则与实施细则》的解读，一审法院分析如下。首先，产品1、产品2、产品3使用的商标标识与第6280156号注册商标并不相同，且未被有权机关认定为侵犯第6280156号注册商标专用权的产品，因此，在化妆品公司发出反通知后，淘宝公司不应自行就相关产品是否侵犯注册商标专用权进行判断；其次，投资公司、淘宝公司均表示针对产品1的投诉包含了对专利侵权的投诉，但从淘宝公司于2015年5月1日对化妆品公司的答复中可看出，虽然存在相关专利材料，但淘宝公司答复的结论仍是针对商标争议，并表示没有权利也没有能力就商标争议作出结论。此外，在投诉时并没有证据证明产品1被有权机关认定为侵犯专利权的产品。因此，在化妆品公司发出反通知后，淘宝公司不应自行就相关产品是否侵犯专利权进行判断。因淘宝公司表示投诉时投资公司、钟某某未明确进行著作权侵权的投诉，一审法院确认淘宝公司断开相关产品的链接并非基于相关产品侵犯著作权。综上，在没有证据证明产品1、产品2、产品3被有权机关认定为侵犯知识产权的产品的情况下，经化妆品公司发出反通知，淘宝公司未能及时恢复链接，虽不符合《反不正当竞争法》（1993年版）第六条的规定的要件，但却导致产品1、产品2、产品3实际在淘宝网上无法销售，造成化妆品公司丧失相应的交易机会，淘宝公司的行为违反了《反不正当竞争法》（1993年版）第二条的规定。因此，淘宝公司应当恢复链接，并赔偿损失。一审法院综合考虑相关产品的价格、销量、交易机会减少造成的影响，酌定淘宝公司的赔偿额为6万元。赔礼道歉系侵犯人身权利应承担的民事责任，化妆品公司未提供证据证明因淘宝公司的行为造成其人格利益受损，一审法院对其要求淘宝公司赔礼道歉的诉讼请求不予支持。投资公司、钟某某对于淘宝公司未恢复相关产品链接并无过错，化妆品公司要求其承担连带责任，没有依据，一审法院不予支持。

综上，广州知识产权法院依照《反不正当竞争法》（1993年版）第二条、第六条、第十四条、第二十条判决：

（1）广州碧鸥投资有限公司、钟某某于一审判决生效之日起5日内赔偿化妆品公司2万元，并于一审判决生效之日起10日内在天猫网的"碧鸥旗舰店"首页发布声明以消除影响（声明内容须经一审法院审核）；

（2）浙江淘宝网络有限公司于一审判决生效之日起立即恢复广州市碧欧化妆品有限公司在淘宝网销售的营养洗发乳S26、丝语山茶营养滋润洗发乳E16、无硅油深层控油洗发乳S07产品店铺的链接；

（3）浙江淘宝网络有限公司于一审判决生效之日5日起赔偿广州市碧欧化妆品有限公司6万元；

（4）驳回广州市碧欧化妆品有限公司的其他诉讼请求。

二、二审

投资公司、钟某某不服一审判决，共同向广东省高级人民法院提起上诉称：①一审法院未查明钟某某享有第12577563号和12821825号"碧鸥"注册商标专用权的事实，而认为"投资公司、钟某某未能举证证明其在化妆品、洗发液等第3类商品上享有'碧鸥'注册商标"，属于认定事实不清。钟某某享有上述商标专用权，且其核定使用范围与化妆品公司的产品同为第3类商品，而"碧欧"与"碧鸥"字形近似且读音相同，"碧欧"标识极易导致消费者混淆，化妆品公司在其产品上使用"碧欧"标识明显侵犯前述注册商标专用权。投资公司、化妆品公司均在广州市白云区内经营，存在明显竞争关系，但是化妆品公司在其产品上使用"碧欧"标识，存在恶意，投资公司、钟某某为维护自身权益，在天猫网的"碧鸥旗舰店"页面信息中发布"碧鸥注册名称为'碧鸥'，而为'碧欧'者一定是假冒产品"信息是维护自身正当利益，不属于捏造、散布虚伪事实的行为。②钟某某享有第ZL201130343334.6号外观设计专利权，化妆品公司的产品与该专利产品外观完全一致，侵犯了前述外观专利权，属于假冒产品，一审法院对此事实未予以认定，属于事实认定不清。投资公司为维护自身合法权益，作出"碧鸥注册名称为'碧鸥'，而为'碧欧'者一定是假冒产品"的声明目的是让消费者分辨是非，不属于捏造、散布虚伪事实，不存在恶意不正当竞争。③钟某某对美术作品图案"⼽"享有著作权,涉案产品直接使用了钟某某前述美术作品的图案,明显构成侵权,已经被广州市白云区人民法院判决认定为构成侵害钟某某著作权。④化妆品公司虽持有第 12113899 号注册商标证,但是该商标被投资公司、钟某某申请宣告无效,权利状态不稳定,本案在审理时暂时不应对该商标权予以认定。综上,请求撤销一审判决,驳回化妆品公司的全部诉讼请求。

淘宝公司不服一审判决,向广东省高级人民法院提起上诉称:①一审法院在认定事实方面存在以下错误。一是未查明化妆品公司除了使用其申请注册商标的图形以外,还使用了"biou"以及"碧欧"文字,从而认定化妆品公司未侵害第 6280156 号注册商标专用权。二是淘宝小二答复"无法判断",并不是针对投诉方答复无法判断,而是在删除了产品链接,投诉人补充了在先权利和著作权内容和相关裁定书后,针对被投诉方要求恢复链接的律师函答复"无法判断申诉理由能够成立",也就是说淘宝公司认为"商标不近似"无法判断,因此被投诉人的申诉无法成立。三是淘宝公司并没有超越投诉方的投诉理由自行进行判断,是投诉人补充在先专利、著作权的材料,因此淘宝公司没有超越投诉方的投诉理由自行增加专利或著作权的理由进行处理,退一万步说,即便相应投诉是错误的,造成的损失也应由投诉方承担,而不应由其居中调解、善意保护权利的淘宝公司承担。②一审判决适用法律错误。一是一审认为淘宝公司虽不构成《反不正当竞争法》第六条,但是违反了《反不正当竞争法》第二条,是错误的。该条所规定的不正当竞争行为是指"经营者违反本法规定,损害其他经营者的合法权益,扰乱社会经济秩序的行为"。根据该条所规定的不正当竞争行为,行为人主体是经营者,主观要件为故意过错,客观要件为行为人实施了损害其他经营者的合法权益,扰乱社会经济秩序的行为。首先,本案中淘宝公司作为一个网络服务提供者,不属于经营者,主体上不符合前述法律条文的推定。淘宝公司与化妆品公司不存在竞争关系,适用《反不正当竞争法》是完全错误的。其次,淘宝公司在本案中也不存在任何主观过错,淘宝公司在收到被投诉人的反通知后,又和投诉人、被投诉人进行了多次沟通,在投诉人补充了专利权和著作权内容相关材料后,因商标争议无法判断,遂告知双方从源头上解决争议,淘宝公司暂不处理，待接获生效文书后将立即采取行动，维护当事人的合法利益，该行为兼顾了各方利益，已尽到最大注意义务。最后，淘宝公司未恢复链接的行为，也并非实施了损害其他经营者的合法权益，扰乱社会经济秩序的行为，而是依据相关法律、平台规则，保护知识产权要求等作出的合理处理。二是一审法院认为"在未被有权机关认定为侵权时，淘宝公司不应自行就相关产品是否侵权进行判断"，若按该判决书内容理解，只有侵权投诉得到有权机关的最终侵权判定方可认定为合适投诉的话，显然对权利人过于苛刻，会给投诉行为带来极大的不确定性，并使相关的投诉争议解决机制形同虚设，既增加当事人的争议解决成本，也会降低争议的解决效率。同时，根据目前法律规定的"通知删除"规则，"有效通知"的要件中也并不包括有权机关的认定。如果平台对此类未得到有权机关认定的投诉一概作不判断、不删除的处理，将会面临无数投诉人对平台的索赔。③淘宝公司作为非专业的第三方平台，并不具有对知识产权纠纷的专业判断能力，对于知识产权的投诉和申诉仅具有形式审查的义务，如果平台在处理相关投诉的过程中没有明显的过错，就应获得责任的豁免。

广东省高级人民法院经二审，确认了一审查明的事实。广东省高级人民法院二审另查明以下事实：

（1）钟某某享有的与本案有关的知识产权。第6280156号注册商标注册人为钟某某，核定使用商品为第三类：化妆品、洗面奶、洗发液、浴液等等，注册有效期自2010年3月7日至2020年3月6日。

第12821825号注册商标"碧鸥"注册人为钟某某，核定使用商品为第三类：化妆品、洗面奶、洗发液等等，注册有效期自2014年10月28日至2024年10月27日。

第12577563号注册商标"碧鸥"注册人为钟某某，核定使用商品为第三类：化妆品、洗面奶、洗发液等等，注册有效期自2014年10月14日至2024年10月13日。

钟某某还注册了包含 ╚ 图案的其他商标，核定使用范围与涉案产品的类别无关。

2011年9月30日，钟某某向国家知识产权局提出名为"包装瓶（bo）"的外观设计专利申请，2012年6月13日获得授权，专利号为ZL201130343334.6。因化妆品公司提出宣告无效的申请，国家知识产权局专利复审委员会于2016年7月26日作出第29727号《无效宣告请求审查决定》，宣告前述专利权全部无效。

2009年3月26日，广东省版权保护联合会对钟某某的作品名称"BIOU图"（ ）民事作品进行了登记，登记号为作登字19-2009-F-0186号，并记载该作品完成日期为1999年8月18日。

（2）投资公司、钟某某对淘宝网上化妆品公司涉嫌侵权行为的投诉，淘宝公司对投诉的处理过程，化妆品公司的相关回应等有关事实。钟某某于2014年9月23日向淘宝公司出具《授权书》，授权投资公司代为向淘宝投诉侵害其知识产权的淘宝用户的行为及代为提供相关材料。

2015年3月31日，投资公司就绿茵小魔女淘宝店铺的产品网页信息及产品外包装向淘宝公司发起投诉。

2015年4月，淘宝公司因前述投诉对化妆品公司的产品1进行下架处理。绿茵小魔女淘宝店铺于2015年4月4日向淘宝公司发出《关于广东碧鸥投资有限公司向贵司投诉广州市碧欧化妆品有限公司授权淘宝客户侵害其"碧鸥IBOC"商标权的公函》，主要内容为字母组合"BIOU"并无任何实际含义，明显缺乏显著性，因此投资公司的产品使用"BIOU"标识并未侵害化妆品公司注册商标专用权。

2015年4月17日，化妆品公司委托广东安国律师事务所郑国森律师向淘宝公司发出《律师函》，声称化妆品公司的商品并不构成侵害钟某某第6280156号商标权，具体理由包括：被投诉店铺主图和宝贝详情中并未使用前述商标，其使用的标识与前述商标不构成近似，淘宝公司对于商标近似并不具备审查判断的职能与职责，应将相关争议交由法律途径处理，并要求淘宝公司于收到该函5个工作日内恢复有关店铺的链接，停止不正当竞争及违约行为。

淘宝公司收到前述《律师函》后，将该律师函内容转告投资公司，投资公司遂提供了第ZL201130343334.6号外观设计专利证书，先前与他人关于争议图案的商标争议裁定书、知识产权处理决定书等材料以作回应。淘宝公司于2015年5月1日向化妆品公司发出《有关碧欧在知识产权投诉平台的处理来函投诉的回函》，主要内容包括：淘宝公司收到《律师函》后经过通知投资公司，答复主要内容如下。①投诉方的第6280156号商标为组合商标，而投资公司在商品信息页面使用了其中的biou部分商标；②投资公司提供了第ZL201130343334.6号外观设计专利证书，先前与他人关于争议图案的商标争议裁定书、知识产权处理决定书等材料；③淘宝网没有权利也没有能力就本争议作出结论，故建议化妆品公司从源头上解决问题，淘宝公司将在接获生效文书后第一时间采取行动，维护当事人的合法利益。如有进一步的问题，可直接与淘宝公司联系。

淘宝公司知识产权平台的投诉流程包括以下步骤：①投诉方提交知识产权材料；②投诉方发起投诉；③阿里小二受理投诉；④被投诉方申诉；⑤投诉方相应申诉；⑥阿里小二最终处理，在该步骤中淘宝小二根据双方投诉资料和申诉资料进行最终处理。

各方在一审庭审中均确认投资公司是以第6210856号注册商标权对前述三款产品进行投诉。投资公司、钟某某、淘宝公司称此外还有以ZL201130343334.6专利权进行投诉，依据是提交了相关材料。化妆品公司对此不予确认，认为在两份通知中都明确是以其商标被侵权进行投诉，与专利权及著作权无关。投资公司、钟某某认为其还有以著作权进行投诉，依据是其提交的裁定书有提及美术作品著作权，该图案与被投诉产品中使用的图案相同，淘宝公司认为投资公司、钟某某没有以著作权进行投诉。

（3）与本案有关的诉讼事实。2015年，钟某某以化妆品公司的产品上使用的标识侵害其第6210856号注册商标权为由，起诉至广州市白云区人民法院，该院作出〔2015〕穗云法知民初字第546号民事判决书，认定化妆品公司侵权成立。化妆品公司不服并上诉，广州知识产权法院于2016年8月20日作出〔2016〕粤73民终254号民事判决书，认定化妆品公司的产品并未侵害前述商标权，驳回钟某某的全部诉讼请求。

2016年，钟某某以化妆品公司的产品上使用的图案"ხ"标识侵害其对美术作品图案"ხ"享有的著作权为由，起诉至广州市白云区人民法院，该院作出〔2016〕粤0111民初3218号民事判决书，认定化妆品公司侵权成立。

化妆品公司不服并上诉,广州知识产权法院于 2018 年 6 月 28 日作出〔2017〕粤 73 民终 506 号民事判决书,认定化妆品公司的产品并未侵害前述著作权,驳回钟某某的全部诉讼请求。

(4)其他事实。化妆品公司在一审庭审中明确其诉讼请求一的法律依据是《反不正当竞争法》(1993 年版)第十七条,诉讼请求二的法律依据是《反不正当竞争法》(1993 年版)第六条。

化妆品公司成立于 2009 年 9 月 1 日,注册资本为 50 万元。

投资公司成立于 2011 年 5 月 5 日,股东为钟某某一人,注册资本为 1000 万元。

广东省高级人民法院二审认为本案系不正当竞争纠纷。

根据双方诉辩意见,二审诉讼争议焦点如下:

(1)投资公司、钟某某在网站发布涉案信息是否构成诋毁化妆品公司商誉的不正当竞争行为。《反不正当竞争法》(1993 年版)第十四条规定:"经营者不得捏造、散布虚伪事实,损害竞争对手的商业信誉、商品声誉。"在市场活动中,经营者有公开评论他人产品、服务或者商业活动的言论自由。但是,经营者的评论自由并非不受限制,在正当的商业评论和不正当的商业诋毁之间,存在法律界限。这一界限在于,经营者必须出于正当目的,客观、真实、公允和中立地进行评论,不得误导公众和损害他人商誉。特别是针对与自己存在直接竞争关系的经营者进行评论的话,更应负有谨慎注意义务。如果经营者为了谋求自身竞争优势或者破坏竞争对手的竞争优势,捏造、散布虚假事实,使得公众对其他经营者及其产品产生误解、质疑、偏见,或者使得公众对其他经营者及其产品产生负面印象和负面评价,造成其他经营者的商业信誉和商品商誉受损的,属于《反不正当竞争法》(1993 年版)前述条文规制的范畴。捏造、散布虚假事实,包括采取虚假说法的行为,不公正、不准确、不全面陈述客观事实的行为,以及以"贬低他人"等不合理方式言说的行为等,均属于捏造、散布虚伪事实的行为。特别重要的是,基于客观存在的事实可分为真实、虚假和未定论三种状态,如果经营者对于未定论的事实,没有客观公允地表述其"未定论"的状态,而是故意将未定论的状态作为已经定论的事实来进行宣传散布,误导公众产生误解,造成竞争对手商誉贬损,这种情形亦属于前述条款的捏造、散布虚伪事实。本案中,化妆品公司指控对方不正当的行为是，投资公司及其全资股东钟某某在网站发布了"碧鸥注册名称为'碧鸥'，而为'碧欧'者一定是假冒产品"。同时，还在上述言论排版下方放置了投资公司与化妆品公司两家公司产品的对比图片。投资公司及钟某某对此上诉称，由于化妆品公司的产品侵害了其"碧鸥"商标权、第ZL201130343334.6号外观设计专利权以及对美术作品图案"♭"享有的著作权，构成假冒产品，故其发布前述信息属于真实信息，不属于"捏造、散布虚伪事实"。法院认为，投资公司及钟某某在网站上公开宣称"为'碧欧'者一定是假冒产品"，且附有化妆品公司产品图片，公众能够明确其宣称的假冒产品系指向化妆品公司的产品。而事实是，"碧欧"系化妆品公司企业名称的主要部分即商号，在投资公司及钟某某发布前述网站信息之时，并没有司法或者行政机关确认化妆品公司使用其企业名称主要部分"碧欧"的行为具有不正当性。换言之，化妆品公司使用"碧欧"商业标识的行为是否侵权尚极具争议，在对该行为进行评价时，需尽谨慎注意义务。如果投资公司及钟某某发布相关言论时，其正在发起民事诉讼或者行政投诉等程序，并将寻求权利保护救济的过程以及司法、行政等程序的结论，客观地、正当地公之于众，这种行为属于投资公司及钟某某依法行使其合法权利的范围，并无不妥。但是，本案中投资公司及钟某某将"涉嫌侵权"的未定论事实，描述为"一定是假冒产品"的确定事实并予以散布。在双方均为同行竞争对手的情况下，将导致公众对化妆品公司产品产生怀疑、误解，造成化妆品公司及其产品商誉的贬损，该行为具有不正当性。另外，本案中投资公司及钟某某认为对方产品侵权所依赖的权利基础系"碧鸥"商标权、第ZL201130343334.6号外观设计专利权以及"♭"图案的著作权。经本案查明，在被诉言论发布之后，前述专利权被宣告无效，相关法院的生效判决亦认定化妆品公司的产品不侵犯前述商标权和著作权。该等事实反过来亦印证投资公司的言论属于对公众的误导。综上，投资公司及钟某某发布前述网站信息的行为，不具有正当性，构成不正当竞争。投资公司及其全资股东钟某某的上诉理由依据不足。

《侵权责任法》第十五条规定，承担侵权责任的方式主要有停止侵害、赔偿损失等。《反不正当竞争法》（1993年版）第二十条规定："经营者违反本法规定，给被侵害的经营者造成损害的，应当承担损害赔偿责任，被侵害的经营者的损失难以计算的，赔偿额为侵权人在侵权期间因侵权所获得的利润，并应当承担被侵害的经营者因调查该经营者侵害其合法权益的不正当竞争行为所支付的合理费用。"本案中，投资公司、钟某某应当停止前述不正当竞争行为，并承担消除影响、赔偿损失的民事责任。一审法院综合考虑投资公司、钟某某实施该项不正当竞争行为的方式和影响，在化妆品公司未能举证证明其因该行为所受损失的情况下，酌定投资公司、钟某某应赔偿化妆品公司2万元，并在天猫网的"碧鸥旗舰店"首页发布声明以消除影响（声明内容须经法院审核），并无不当。

（2）化妆品公司发出《律师函》要求恢复相关产品店铺链接后，淘宝公司未恢复前述链接的行为是否构成不正当竞争行为。化妆品公司凭《反不正当竞争法》（1993年版）第六条关于"公用企业或者其他依法具有独占地位的经营者，不得限定他人购买其指定的经营者的商品，以排挤其他经营者的公平竞争"主张，认定淘宝公司出于私利，断开投资公司及其经销商的链接，构成不正当竞争。对此，该条文中的"公用企业"是指涉及公用事业的经营者。该类企业一般依法享有独占地位，具有一定的公益性质且从事的经营具有较强的计划性，包括供水、供电、供热、供气、邮政、电讯、交通运输等行业的经营者。该条文中的"其他依法具有独占地位的经营者"是指除公用企业外，依法律法规规定而享有独占经营权的其他经济实体。这类企业系国家为了控制某种商品的生产和流向等原因，而规定某种商品的经营由某类企业实行独占，被指定的企业据此便取得了独占经营权。较为典型的是烟草专卖经营者和酒类、盐业、药品等方面的某些经营者。因此，前述条款所指的主体有特定条件，淘宝公司不属于该条款所指的"公用企业"或者"其他依法具有独占地位的经营者"。一审法院认为本案不应适用《反不正当竞争法》（1993年版）第六条并无不当。

在本案被诉侵权行为发生时，对于淘宝公司等电子商务平台经营者在收到商标权、专利权权利人有关自身权利被侵害的通知时应当履行的义务，《侵权责任法》第三十六条规定，网络服务提供者接到通知后未及时采取必要措施的，对损害的扩大部分与该网络用户承担连带责任。然而，对于何谓有效通知，何谓必要措施，并无明确规定。通知删除制度设计的初衷，是为了在保护知识产权人权利不受网络用户侵害的同时,亦保障网络服务提供商正当的服务行为不会动辄得咎,从而保证服务提供者正当的经营行为。因此法院认为,应对服务商收到通知后的相应行为及其法律责任作出正确界定。参照《信息网络传播权保护条例》(2013年修正本)第十四条、第十五条、第十六条、第十七条相关规定,淘宝公司作为电子商务平台经营者,其在收到投资公司及钟某某指控化妆品公司涉案产品侵害其商标权的通知后,应当在对构成侵权的初步证明材料进行形式审核之后,立即对相关产品的链接进行断开,并以电子邮件等各种形式将通知书转送化妆品公司及其他被投诉的经销商。化妆品公司收到通知后,向淘宝公司发送了《律师函》这一反通知说明其提供的产品未侵害投资公司权利。此时淘宝公司应立即恢复被断开的链接,同时将化妆品公司的书面说明转送投资公司,投资公司亦不得就相同的权利和被投诉行为再通知淘宝公司断开链接。但本案的特殊性在于,当淘宝公司将该反通知的内容反馈给投资公司时,投资公司针对该《律师函》发送了回函,内容包括专利权证书等材料。投资公司向淘宝公司提交该专利证书的行为明显包含化妆品公司的涉案产品侵害了投资公司专利权的含义,超出了之前的侵害商标权争议,构成包含专利权被侵害内容的新的通知,淘宝公司将该通知转送化妆品公司并声称建议化妆品公司从源头上解决商标争议问题,如有进一步的问题,可直接与淘宝公司联系。化妆品公司并未提交证据证明其针对该新通知及新的投诉事宜进行反通知,故淘宝公司在未收到关于前述争议的反通知前未恢复涉案产品店铺的链接具有一定的合理性。淘宝公司为避免其服务平台上存在侵害他人知识产权的行为,必须严格履行法律规定的通知删除义务,不得以其不能分辨相关行为是否构成侵权为由拖延、拒绝相关投诉请求。但同时,其删除内容、断开链接的正当行为亦应得到法律的保障。进一步地,其在接到反通知之后,亦不得以其不能判断被投诉行为是否构成侵权为由,拒绝恢复相关链接。其收到反通知之后恢复相关链接的行为,亦应免除相应的法律责任。由此,才能在知识产权人、其他经营者及其服务提供商三者之间保持利益平衡。综上,本案淘宝公司的行为并不违反法律规定,不具有过错,无须承担赔偿责任。在本案审理期间,由于涉案商标争议、专利权争议均经生效判决作出化妆品公司的行为不构成侵权的认定,钟某某的第 ZL201130343334.6 号专利权也被专利复审委员会宣告无效,故淘宝公司应当立即恢复涉案产品店铺的链接。

据此，广东省高级人民法院依照《民事诉讼法》（2017年修正本）第一百七十条第二项，并参照《信息网络传播权保护条例》（2013年修正本）第十四条、第十五条、第十六条、第十七条之规定，判决：

（1）维持广州知识产权法院〔2015〕粤知法商民初字第24号民事判决第一、二项；

（2）撤销广州知识产权法院〔2015〕粤知法商民初字第24号民事判决第三、四项；

（3）驳回广州市碧欧化妆品有限公司的其他诉讼请求。

【法官点评】

本案入选《中国知识产权》杂志2018年度全国法院知识产权典型案例。近年来，我国电子商务迅猛发展，对经济发展起到重要推动作用，也使得商户及消费者之间的贸易更加便利、高效。大量的商品在网上交易，其中难免有部分商品是侵害知识产权的商品。那么，当知识产权人指控电子商务平台上的某商品侵权时，如何对电子商务平台在收到权利人被侵权的通知，以及收到被投诉方的反通知后的相关义务、责任及处理程序，作出公正、合理的设定，使知识产权人、电子商务平台、平台中的经营者三方利益达到最佳的平衡，在充分、高效保护知识产权的同时避免对正常的电子商务经济秩序造成不必要的影响，亟须法律及司法判例作出有益的指引。我们认为，电子商务平台在收到权利人权利被侵害的通知后，应当立即采取必要措施并通知被投诉方，若收到有效的反通知，应当立即采取恢复链接等措施。若一直未收到反通知，则平台无须采取恢复链接等措施且无须承担相关责任。

本案中，淘宝公司在收到投资公司及钟某某指控化妆品公司涉案产品侵害其商标权的通知后，对构成侵权的初步证明材料进行了形式审核，之后立即对相关产品的链接进行断开，并以电子邮件等各种形式将通知书转送化妆品公司及其他被投诉的经销商。化妆品公司收到通知后，向淘宝公司发送了《律师函》这一反通知说明其提供的产品未侵害投资公司权利。此时淘宝公司应立即恢复被断开的链接。但本案存在一特殊情况，当淘宝公司将该反通知的内容反馈给投资公司时，投资公司针对该《律师函》发送了回函，内容包括新的通知,淘宝公司将该通知转送化妆品公司而化妆品公司并未针对该新通知进行反通知,故二审法院认为淘宝公司未恢复链接的行为并不违反法律规定,不具有过错,无须承担赔偿责任。

本案被诉侵权行为发生在《中华人民共和国电子商务法》实施之前,判决也是在该法实施之前作出的,在未有相关具体、明确的法律规定的情况下,本案针对电子商务平台在收到权利人被侵权的通知以及收到被投诉方的反通知后的相关义务、责任及处理程序作出公正、合理的设定,较好地平衡了知识产权人、其他经营者及电子商务平台的利益,并对前述三方的行为作出正确的指引,对推动电子商务经济发展及加强知识产权保护均具有一定意义。

(撰稿人:广东省高级人民法院 肖少杨 宋薇薇)

飞狐信息技术（天津）有限公司、北京搜狐互联网信息服务有限公司与深圳市猫哈网络科技发展有限公司不正当竞争纠纷案

——提供屏蔽视频广告产品构成不正当竞争

【裁判要旨】

向网络用户提供"免费视频+广告"的经营模式，属于网络视频经营者合法的经营模式。其他市场经营者向网络用户提供屏蔽视频广告产品的行为，不正当地损害了网络视频经营者的该合法经营模式，最终损害了消费者的利益。该行为构成不正当竞争，应依法承担停止侵权、赔偿损失的法律责任。

【关键词】

广告屏蔽　经营模式　不正当竞争　免费视频

【案例索引】

一审：深圳市南山区人民法院〔2017〕粤0305民初8034号

二审：深圳市中级人民法院〔2018〕粤03民终14830号

【案情及裁判】

原告：飞狐信息技术（天津）有限公司（以下简称飞狐公司）

原告：北京搜狐互联网信息服务有限公司（以下简称搜狐公司）

被告：深圳市猫哈网络科技发展有限公司（以下简称猫哈公司）

一、一审

原告飞狐公司、搜狐公司因与被告猫哈公司发生不正当竞争纠纷，向深圳市南山区人民法院提起诉讼。

原告飞狐公司、搜狐公司诉称：飞狐公司、搜狐公司系国内最主要视频网站之一搜狐视频网站（网址为tv.sohu.com）以及搜狐视频客户端的经营

者。飞狐公司、搜狐公司通过搜狐视频网站及其客户端向用户提供各类影视剧节目的在线网络视频点播服务，同时面向各行业广告客户，提供在线网络视频的广告制作和发布服务，为最终用户提供"免费视频＋广告"的商业体验模式。飞狐公司、搜狐公司于2016年12月8日查证发现，猫哈公司经营的"小猫智能管家"产品通过技术手段恶意拦截原告所经营的搜狐视频网站的合法广告，包括网页广告和视频节目前播放的视频广告，猫哈公司主观上明知或应知研发该产品必然影响原告所经营的视频网站的正常经营，仍然利用前述的广告屏蔽手段吸引用户购买该产品，从中获得了巨大的不法收益。猫哈公司为获取竞争优势而侵害了原告及其广告客户的正当权益，同时也严重破坏了互联网正常的商业模式，严重侵害了原告的合法权益。被告的行为违反了《反不正当竞争法》等法律法规的相关规定，违背了诚实信用原则和公认的商业道德，扰乱了经济秩序，已经构成了不正当竞争。飞狐公司、搜狐公司请求法院判令：①猫哈公司立即停止不正当竞争行为，即立即停止通过"小猫智能管家"产品的广告屏蔽功能跳过原告经营的"tv.sohu.com"搜狐视频网上投放的网页广告和播放的视频广告的行为；②猫哈公司赔偿原告经济损失100万元及律师费、公证费、差旅费等合理费用5万元；③猫哈公司承担本案的诉讼费。

被告猫哈公司辩称：①猫哈公司与飞狐公司、搜狐公司之间不存在任何不正当竞争关系。②"广告＋视频"的商业模式并非天然地正当、合法，到目前为止没有任何法律、法规或者其他规范性文件确认这种经营模式的合法性、正当性。③飞狐公司、搜狐公司没有提供任何证据证明对于其网站上发布的相关电影、电视剧以及其他视频享有所有权或者使用权，如果飞狐公司、搜狐公司发布、播放的上述视频本身违法、侵权，其理所当然没有权利通过上述视频发布广告予以牟利，因为"任何人不得从自己的违法行为中获利"，这是基本法律常识。④猫哈公司主观上并没有侵权的故意。⑤广告屏蔽技术本身也是针对中国互联网广告市场的乱象而生，是市场发展、用户自行选择的结果，其本身是一种技术革新，符合用户利益，亦属于行业惯例，《反不正当竞争法》（1993年版）并无明文禁止，司法裁判不应干预。⑥飞狐公司、搜狐公司依据《反不正当竞争法》（1993年版）第二条提起诉讼，该条是《反不正当竞争法》（1993年版）的一般性条款，根据《最高人民法院关于当前经济形势下知识产权审判服务大局若干问题的意见》第十一条的规定，适用该条规定应当非常慎重，不能因不适当地扩大不正当竞争范围而妨碍自由、公平竞争。最高人民法院在公报案例"最高人民法院〔2009〕民申第1065号民事裁定书"对于适用该条款作了明确规定：一是法律对该种竞争行为未作出特别规定；二是其他经营者的合法权益确因该竞争行为受到了实际损害；三是该种竞争行为因确属违反诚实信用原则和公认的商业道德而具有不正当性或者可责性。就本案而言，飞狐公司、搜狐公司没有提供任何证据证明因消费者购买猫哈公司研发的小猫智能管家硬件设备对飞狐公司、搜狐公司的业务造成了任何实际损害，飞狐公司、搜狐公司主张的损害事实上根本不存在也不可能存在，所谓的损失完全是其主观臆测，并没有任何证据证明。同时飞狐公司、搜狐公司也没有提供任何证据证明猫哈公司研发、生产、销售小猫智能管家硬件设备违反诚实信用原则和公认的商业道德。⑦退一步而言，就算猫哈公司涉嫌不正当竞争，但猫哈公司注册资本才一百万元，完全系小微企业，研发的小猫智能管家产品2016年10月才正式上线，由于功能上还存在很多不足，用户体验较差，2016年度销售量不到10台，销售金额不到2000元，目前已处于严重亏损的状态。飞狐公司、搜狐公司也未提供任何证据证明其损失以及猫哈公司的获益情况。就猫哈公司的销售量、规模、市场占有率、影响力而言，飞狐公司、搜狐公司要求100万元的赔偿已经远远超出猫哈公司的获利以及飞狐公司、搜狐公司的损失，该巨额的索赔严重违反民法的损失"填平原则"。综上，猫哈公司与飞狐公司、搜狐公司之间不存在任何不正当竞争关系，飞狐公司、搜狐公司的诉请没有任何事实以及法律依据，请求法庭驳回其全部诉讼请求。

深圳市南山区人民法院一审查明：

根据原告提交的ICP/IP地址/域名信息备案管理系统查询打印件显示，网站首页网址为www.sohu.com的主办单位名称为搜狐公司，网站名称为搜狐网。

2014年8月8日，中华人民共和国工业和信息化部颁发的编号为B2-20090148、有效期至2019年8月8日的中华人民共和国增值电信业务经营许可证，主要载明，"公司名称：北京搜狐互联网信息服务有限公司；业务种类：第二类增值电信业务中的信息服务业务（不含固定网电话信息服务和互联网信息服务)"。

2014年10月10日,北京市通信管理局颁发的编号为京ICP证030367号、有效期至2018年8月6日的中华人民共和国电信与信息服务业务经营许可证主要载明,"经营单位名称:北京搜狐互联网信息服务有限公司;业务种类:第二类增值电信业务中的信息服务业务(仅限互联网信息服务)"。

2014年6月20日,国家新闻出版广电总局颁发、有效期至2017年6月20日的信息网络传播视听节目许可证及附页主要载明,"开办单位:北京搜狐互联网信息服务有限公司;网站名称:搜狐网;播出名称:搜狐视频;网站域名:www.souhu.com;业务名称:互联网视听节目服务;业务类别:第二类互联网视听节目服务中的第一项(时政类视听新闻节目转载服务);第三项(文艺、娱乐、科技、财经、体育、教育等专业类视听节目的制作)(不含采访)、播出服务;第四项网络剧(片)的制作、播放服务;第六项文艺、娱乐、科技、财经、体育、教育等专业类视听节目的汇集、播出服务"。

2016年1月11日,北京市文化局颁发的网络文化经营许可证主要载明,"单位名称:北京搜狐互联网信息服务有限公司;经营范围:利用信息网络经营音乐娱乐产品、艺术品、演出剧(节)目、表演、动漫产品、游戏产品运营"。

2015年7月10日,北京市新闻出版广电局颁发、有效期至2017年7月10日的广播电视节目制作经营许可证主要载明,"单位名称:北京搜狐互联网信息服务有限公司;经营范围:动画片、专题片、电视综艺,不得制作时政新闻及同类专题、专栏等广播电视节目"。

根据飞狐公司、搜狐公司提交的"搜狐视频"官网页面信息下方显示:"Copyright 2016 sohu.com Inc,All rights Reserved 飞狐信息技术(天津)有限公司",飞狐公司、搜狐公司称该证据证明的是搜狐视频网站上的视频内容版权归原告飞狐公司所有。

2016年11月8日,浙江亿维律师事务所的委托代理人陶一平在浙江省杭州市钱塘公证处公证员及公证人员的检查及监督下,操作该公证处的电脑,进行证据保全工作。主要步骤如下:①对网址www.maoha.com进行备案信息查询,查询结果为,该网址的网站名称为猫哈网络,主办单位名称为猫哈公

· 391 ·

司；②打开 www. maoha. com 网页，查看猫哈网站信息及猫哈智能插座介绍；③点击购买链接，按步骤完成购买过程，收货地址为"浙江省杭州市上城区小营街道金鸡岭路 2 号院内办公楼 315 室（陶一平收）"；④在 www. baidu. com 网页上搜索北京时间查看日期和时间。2016 年 11 月 10 日，浙江省杭州市钱塘公证处公证员及公证人员监督了陶一平在浙江省杭州市上城区小营街道金鸡岭路 2 号院内办公楼 315 室接收前述物品的快递过程。接收后该快递由该公证处保存。2016 年 11 月 17 日，浙江省杭州市钱塘公证处公证员及公证人员监督了陶一平对接收的前述快递进行拆包，陶一平拆开该快递，内有猫哈智能插座一个，发票一张，说明书一份和产品保修卡一张，所购物品留存公证处取证使用。浙江省杭州市钱塘公证处公证员及公证人员将上述公证过程进行了监督、拍照，并作出了〔2016〕浙杭钱证内字第 19978 号公证书。

2016 年 12 月 8 日，飞狐公司的委托代理人袁琪在浙江省杭州市钱塘公证处公证员及公证人员的检查及监督下，操作该公证处的电脑，进行证据保全工作。主要步骤如下：①在电脑上对网站域名 www. maoha. com 进行备案信息查询，查询结果为，该网站域名的网站名称为猫哈网络，主办单位名称为猫哈公司；②打开淘宝网的猫哈智能官方店，查看猫哈智能插座介绍及猫哈智能官方店的营业执照信息，可见该店的企业名称为猫哈公司；③对网站域名 www. sohu. com 进行备案信息查询，查询结果为，该网站域名的网站名称为搜狐网，主办单位名称为搜狐公司；④点击搜狐网官网，查询公司相关详细信息；⑤在搜狐网首页，分别点击"电视剧"板块中"老公们的私房钱"、"美剧"板块中"吸血鬼日记""搜狐出品"板块中"无力社团""综艺"板块中"爱情保卫战""体育"板块中"狐狸城小将演神奇破门"等，进入播放页面，点击播放页面中"付费去广告"，弹出相应窗口，随后关闭弹出窗口，待广告播放结束，随机拖动播放进度条播放视频，随后关闭弹出窗口；⑥开启手机，将手机设置还原后，重新激活手机，打开"safari"浏览器，在地址栏中输入 www. sohu. com，打开相应页面后，分别点击"视频"中的"木兰妈妈""器灵""鲁豫有约"，打开播放页面，待广告播放结束，随机拖动播放进度条播放视频；⑦返回主屏幕，点击"Appstore"下载"搜狐视频播放器"，打开 APP "搜狐视频播放器"，分别点击"器灵""鲁豫有约"

并打开播放页面,点击播放页面中"去广告",弹出相应页面,随后关闭弹出页面,待广告播放结束,随机拖动播放进度条播放视频;⑧展示"小猫智能管家插座"及其说明书,将"小猫智能管家插座"连接电源,指示灯开始慢闪,打开"Appstore",搜索并下载"猫哈智能",打开"猫哈智能",点击"立即开启",随后按照说明书步骤,点击"网络配置",输入无线网络密码并连接 maoha – D52S1(new)无线网络进行配置,配置成功,点击"猫哈"连接设备,随后分别点击下方"智控任务""语音控制"等;⑨返回主屏幕,重新打开APP"猫哈智能",点击"猫哈"白色图标,点击广告屏蔽功能,选择开启;⑩返回主屏幕,连接无线网络,输入同原无线网络一致的网络密码,连接成功;⑪重新返回搜狐网主页,进入搜狐视频网主页,分别点击页面中的"器灵"和"鲁豫有约",进入播放页面,随机拖动播放进度条播放视频;⑫返回主屏幕,点击打开APP"搜狐视频播放器",分别点击页面中的"器灵"和"鲁豫有约",进入播放页面,随机拖动播放进度条播放视频;⑬回到公证处笔记本电脑,连接无线网络,在IE浏览器上输入www.sohu.com,点击"视频",打开搜狐视频网首页,随后分别点击"电视剧"板块中"老公们的私房钱""美剧"板块中"吸血鬼日记""搜狐出品"板块中"无力社团""综艺"板块中"爱情保卫战""体育"板块中"狐狸城小将演神奇破门"等,进入播放页面,随机拖动播放进度条播放视频,随后关闭页面;⑭在IE浏览器上输入"北京时间"打开相应页面,打开笔记本电脑的"日期和时间";⑮关闭所有页面。公证员将上述保全过程中所得的屏幕录像资料及现场操作录像资料刻录至光盘并封装,出具了〔2016〕浙杭钱证内字第21560号公证书。

飞狐公司、搜狐公司还提交了〔2014〕石民(知)初字第9297号民事判决书,内容为飞狐公司、搜狐公司诉被告北京华录天维科技有限公司、北京华录天维科技有限公司大连分公司不正当竞争纠纷一案判决情况。猫哈公司认为该份判决并不是最高人民法院发布的指导性案例,与本案案情完全不同,对本案没有参考意义,且飞狐公司、搜狐公司仅提供打印件,真实性无法核实,且只有一审判决,没有终审判决。

猫哈公司亦提交了一份网页打印件,内容为通过"广告屏蔽软件"作为关键词在百度搜索有46万条相关的搜索结果,欲证明市场有免费的、操作更简单的、功能更强大的专业广告屏蔽软件,消费者购买被告的小猫智能管家,并非冲着小猫智能管家的广告屏蔽功能,而是冲着其智能家电功能,同时也说明广告屏蔽软件并非非法软件,而是一款具有技术受到大众欢迎的软件。但飞狐公司、搜狐公司认为该证据不能证明消费者购买小猫智能管家,并非冲其广告屏蔽功能,市面上即使存在其他屏蔽软件,也不影响猫哈公司的不正当竞争行为对飞狐公司、搜狐公司造成损害,另外搜索相关的广告屏蔽软件并不能证明该屏蔽软件合法,事实上目前已经存在了大量的司法判例确认屏蔽视频网站的广告的行为系不正当竞争行为。

深圳市南山区人民法院一审认为:

本案的争议焦点为:①飞狐公司、搜狐公司与猫哈公司之间是否存在不正当竞争关系;②猫哈公司的涉案行为是否构成不正当竞争;③猫哈公司应承担的责任。

(1)关于飞狐公司、搜狐公司与猫哈公司之间是否存在不正当竞争关系的问题。根据飞狐公司、搜狐公司提交的ICP/IP地址/域名信息备案管理系统查询打印件、中华人民共和国增值电信业务经营许可证、中华人民共和国电信与信息服务业务经营许可证、信息网络传播视听节目许可证、网络文化经营许可证、广播电视节目制作经营许可证及"搜狐视频"官网页面信息的内容,可证明搜狐公司、飞狐公司分别系搜狐视频网站的合法经营者和内容版权人,共同经营该网站向互联网用户提供视频在线点播服务。另根据〔2016〕浙杭钱证内字第19978号公证书内容,可证明猫哈公司系www.maoha.com网站的主办者及涉案产品小猫智能管家的生产者和销售者。在传统经济模式下,经营者在针对同一商品或服务领域的竞争应认定两者存在竞争关系,故可适用《反不正当竞争法》;但在新的经济模式下,只要双方在最终利益方面存在竞争关系,亦应认定两者存在竞争关系,适用《反不正当竞争法》。本案中,猫哈公司所从事的是硬件设备的生产和销售领域,与飞狐公司、搜狐公司从事视频网站的经营领域虽存在一定的差异,看似并非同业,但二者的其中一方利用他人的竞争优势或以使用影响他人经营模式等不正当手段增加自身用户时,因该行为必然会使他人用户减少,从而二者在各自最终的核心利益及用户的争夺方面会产生直接影响,在此基础上,认定飞狐公司、搜狐公司与猫哈公司在本案中构成竞争关系。

（2）关于猫哈公司的涉案行为是否构成不正当竞争的问题。在市场竞争中，只要没有违反法律规定，只要不影响其他经营者的合法权益，每一个经营者的经营模式都应当受到法律保护。一个经营者的行为可能迫使其他经营者改变经营模式，但这种行为应当限定为对商品或服务的质量、便捷、价格等方面的正当竞争，不应存在损害他人正当利益的行为。如果其他经营者采用恶意破坏经营模式上的某一链条的手段，达到增加自身网络用户的目的，其行为就应被法律所禁止。飞狐公司、搜狐公司共同经营"搜狐视频"网站，通过版权交易和技术手段向广大用户免费提供视频节目的播放服务，同时以用户观看视频节目同时收看的广告数量向广告主收取广告费，以此维系其版权交易和技术服务的支出。该经营模式不违反法律、法规的强制性规定，具有正当性、合法性。猫哈公司研发销售的小猫智能管家的广告屏蔽功能以强行改变飞狐公司、搜狐公司的正常经营模式向用户提供服务，其是以损害他人利益的方式获取自身利益，这种以损害其他经营者正当利益为代价的竞争不应当被法律所认可。同时，猫哈公司的涉案行为虽在一定程度上迎合了目前部分用户对播放视频前的广告不满而产生的现实需求，看似提升了用户体验需求，但实际上若飞狐公司、搜狐公司失去了广告收入这项支撑视频网站正常运营的重要资金来源，其必将难以支付高额的版权及技术等支出，用户将会失去该经营模式的消费体验，用户的利益亦将受到损害。综上，猫哈公司的涉案行为具有不正当性，损害了飞狐公司、搜狐公司的合法权益，对飞狐公司、搜狐公司构成不正当竞争。

（3）关于猫哈公司构成不正当行为的责任承担的问题。猫哈公司的涉案行为已对飞狐公司、搜狐公司构成不正当竞争，故猫哈公司应承担立即停止涉案不正当竞争行为的责任，即立即停止通过"小猫智能管家"产品的广告屏蔽功能跳过飞狐公司、搜狐公司经营的"tv.sohu.com"搜狐视频网上投放的网页广告和播放的视频广告的行为。关于飞狐公司、搜狐公司对猫哈公司赔偿经济损失和合理费用数额的诉求，由于飞狐公司、搜狐公司未提交证据证明其广告的价值、数量和被"小猫智能管家"屏蔽期间收益受损等情况以及被告因此的获利情况，亦未提交其为本案所支出的合理费用的票据，综合考虑"小猫智能管家"的市场范围，不正当竞争行为的持续时间和影响力等因素及飞狐公司、搜狐公司为本案所作的公证取证、律师出庭等维权事实，对飞狐公司、搜狐公司提出的经济损失和合理费用的赔偿数额予以酌定为人民币150 000元。

综上，广东省深圳市南山区人民法院依照《反不正当竞争法》（1993年版）第二条、第二十条，《民事诉讼法》第六十四条之规定，判决：

（1）被告猫哈公司立即停止通过"小猫智能管家"产品的广告屏蔽功能跳过飞狐公司、搜狐公司经营的"tv.sohu.com"搜狐视频网上投放的网页广告和播放的视频广告的行为；

（2）猫哈公司于本判决生效后10日内赔偿飞狐公司、搜狐公司经济损失及合理费用共人民币150 000元；

（3）驳回飞狐公司、搜狐公司的其他诉讼请求。

二、二审

猫哈公司不服一审判决，向广东省深圳市中级人民法院提起上诉称：①飞狐公司、搜狐公司"免费视频＋广告"的商业模式并不合法，其利益不应受到法律保护；②飞狐公司、搜狐公司没有提供证据证明其对网站上播放的视频享有所有权或者使用权；③猫哈公司与飞狐公司、搜狐公司之间不存在竞争关系；④一审判决认定上诉人构成不正当竞争没有事实以及法律依据；⑤即使猫哈公司构成不正当竞争，一审判令赔偿的金额也畸高。请求法院判令：①依法撤销一审判决；②依法改判猫哈公司无须赔偿飞狐公司、搜狐公司经济损失及合理费用人民币150 000元；③由飞狐公司、搜狐公司承担一审、二审的诉讼费。

深圳市中级人民法院对一审法院查明的事实予以确认。

深圳市中级人民法院二审认为：

本案属于不正当竞争纠纷，本案二审以猫哈公司上诉请求的事项为审理范围。针对猫哈公司的上诉主张，本案的争议焦点为：①猫哈公司的行为是否构成不正当竞争；②损害赔偿金额是否合理。

本案的涉案行为发生时、一审立案时，《反不正当竞争法》（2017年修正本）尚未施行，飞狐公司、搜狐公司亦没有证据证明涉案不正当竞争行为延续至2018年1月1日之后，故本案依法应当适用《反不正当竞争法》（1993年版）。本案中，飞狐公司、搜狐公司是视频网站的开办者和经营者，猫哈公司是"小猫智能管家"硬件设备的生产者和销售者，经营领域虽存在一定的差异，但在互联网环境下，猫哈公司生产销售的"小猫智能管家"通过技术手段，过滤"搜狐视频"网站的片前广告，客观上吸引了部分不愿意看片前广告又不愿意支付费用的用户使用和购买其硬件产品，进而造成飞狐公司、搜狐公司的付费用户减少和广告收入下降，双方构成了竞争关系。关于猫哈公司抗辩称飞狐公司、搜狐公司的"免费视频+广告"的商业模式不合法，以及猫哈公司的行为不具有不正当性的上诉理由，正当的市场竞争必须是竞争者通过付出劳动而进行的诚实竞争，竞争者不付出劳动而不正当地利用他人已经取得的市场成果，获取竞争优势的行为，就是不正当竞争。本案中飞狐公司、搜狐公司共同经营"搜狐视频"网站，以通过版权交易和技术手段向广大用户免费提供视频节目的播放服务，同时以用户观看视频节目收看的广告数量向广告主收取广告费，以此维系其版权交易和技术服务的支出。该经营模式不违反法律、法规的强制性规定，具有正当性、合法性。而猫哈公司通过技术手段，过滤飞狐公司、搜狐公司网站的片前广告，达到吸引用户购买其硬件产品的目的，将其竞争优势建立在不正当地利用他人付出劳动和金钱所获得的成果之上，损害了飞狐公司、搜狐公司的合法利益，构成不正当竞争。

综上，猫哈公司构成不正当竞争，应当承担停止侵权、赔偿损失的法律责任，一审法院在双方均未举证证明被侵害者的损失或侵权人因侵权所获得的利润的情况下，综合考虑"小猫智能管家"的市场范围，不正当竞争行为的持续时间和影响力等因素及飞狐公司、搜狐公司为制止侵权行为所支付公证费、律师费等合理开支相关因素，酌定赔偿飞狐公司、搜狐公司经济损失（包含合理费用）共计人民币 150 000 元，符合法律规定，并无不当，予以维持。

据此，深圳市中级人民法院依照《民事诉讼法》（2017年修正本）第一百七十条第一款第一项的规定，判决：驳回上诉，维持原判。

【法官点评】

随着我国互联网技术的深入发展，新的互联网经营模式不断涌现，从而不仅满足了消费者的需求，而且在很大程度上推进了我国国民经济的快速发展。从司法实践来看，新技术和新经营模式的产生与发展总是伴随新的不正当竞争纠纷案件，本案涉及的互联网视频经营者"免费视频＋广告"的经营模式所遇到的不正当竞争纠纷即属于此种情形。妥当处理本案纠纷，为涉案各方当事人的经营行为提供规范指引，明确不正当竞争行为的边界，对促进我国互联网视频产业的发展具有积极意义。

1. 本案所涉及的互联网视频产业的发展状况及经营模式

互联网视频服务是指网络经营者通过互联网向网络用户提供免费或有偿视频内容的在线欣赏或下载服务，视频内容有来源于用户上传的原创内容、向影视作品著作权人购买的影视作品以及网络经营者自制的视频等内容。

互联网视频产业是我国文化娱乐产业的重要组成部分。近年来，我国互联网视频产业发展迅猛，无论从互联网视频产业的发展规模，还是从互联网用户的使用数量来看，互联网视频产业均呈井喷式增长，从而为我国国民经济的增长做出重要贡献。比如，2013年，我国互联网视频产业收入为135.9亿元，2014年为248.8亿元，2015年为404.3亿元，2016年为641.5亿元，2017年达到了952.3亿元。在2013～2017年5年内，我国互联网视频产业收入增速都保持在50%左右，体现了强大的产业发展活力和强劲的产业增长速度。2015年，我国互联网视频用户的人数为6.9亿，2016年为7.3亿，2017年达到7.7亿。在3年内，我国互联网视频用户人数持续增长，目前已占我国整体网民人数的3/4。我国庞大的人口基数和网民数量，是保障我国互联网视频产业保持快速发展的基础。[1]

我国互联网视频产业的经营模式对该产业的发展起着重要作用。从我国目前的国情来看，互联网视频产业主要有两种经营模式。一种是"免费视频＋广告"的经营模式，另一种是"网络用户付费"的经营模式。

互联网视频产业"免费视频＋广告"的经营模式是指网络视频经营者在网络用户观看视频内容之前播放由专业公司制作的商业短视频广告，除非用户开通VIP会员服务或交费，否则一般不能跳过。通常情况下各视频网站通过该模式播放的影视作品属于过档期的"老"电影。

"网络用户付费"经营模式是指网络视频经营者为用户提供有偿视频欣赏服务，用户只要支付一定的费用，就可以直接欣赏网站上的影视作品，而

---

[1] 艾瑞咨询：《2018年中国网络视频行业经营状况研究报告》，载199IT，2018年5月25日。

无须观看设置在影视作品片头前的视频广告。网络视频经营者为用户提供的付费服务通常包括两种类型。一类是包月 VIP 会员订阅，指用户通过支付一定的费用，享受相应时间周期内的 VIP 会员服务，VIP 会员服务订阅的最小时间单位为月。另一类是付费点播服务，指用户可以通过单独付费的方式，在一定的时间期限（通常为两天）内在线观看一部需要付费收看的电影。比如目前主流的新近电影作品在国内各网络视频网站播放时，通常均需要付费点播才能观看。

上述网络视频产业的两种主要经营模式为互联网视频产业带来了不可或缺的收入来源，从而保障互联网视频产业正常运营。

2. 互联网视频产业经营模式的形成与优势

多年来，我国国内用户形成了免费收看网络视频的习惯，付费收看影视作品并非主流，用户习惯于接受免费的网络视频服务。同时，在网络环境下由于网络视频经营者要经营网络视频产业，需要投入巨额成本购买版权资源，而影视作品盗版现象比较严重，播放侵权影视作品成本极低，这也导致我国网络视频产业很难推进付费视频收看服务。

2010 年前后，随着我国推进网络正版化以及打击盗版侵权力度加大，一些网络视频经营者开始大力推进网络用户付费收看影视内容服务，VIP 会员包月付费服务和付费点播服务逐步成型。为提升用户的消费体验、积极培养用户的付费行为，一些网站在推进会员包月服务的同时，为用户提供各种增值服务，比如用户特权等。目前，网络视频付费服务已经成为"免费视频＋广告"服务的重要补充。

"免费视频＋广告"的经营模式在客观上促进了我国网络视频产业的发展，该模式一方面被广大网络用户接受和认可，另一方面通过广告收入来弥补网络游戏产业的运营成本，如购买版权视频内容的费用、网络宽带运营成本的费用等，从而实现网络视频内容与网络视频广告的紧密结合，不仅可以实现版权视频的市场价值，也能够充分发挥网络视频广告在市场中的作用，如此一来，网络视频产业找到了适合自己发展的经营模式，从而获得较快发展。

网络视频产业"免费视频＋广告"经营模式，也在客观上推动了我国新媒体时代广告产业的发展。广告是一种重要的营销宣传手段，一些实体产业或服务业为推销其产品或服务，通过委托广告制作者创作出许多优质广告在视频网站上发布，广告投放的模式不断增加，广告数量和规模迅猛增长，这极大促进了我国国内广告业的发展，也促进了实体业与广告业之间的融合。例如，2010年，我国网络视频广告业市场规模达到亿元级别，2017年更是达到了463.2亿元。[①] 为了监测网络视频广告的实际运用效果，第三方广告监测和效果评估公司也随之产生，从而保障网络视频网站、广告主和广告公司形成良性互动关系。

上述网络视频产业两种经营模式的形成，极大地推进了网络正版化，一些网络视频经营者花费巨资购买影视作品资源，这有力地推动了影视文化产业的创作与发展，越来越多优秀的影视作品和综艺节目被创作出来，有些热播影视剧的点击量甚至突破亿次，不仅给人们带来了海量的信息，还极大地丰富了人们的业余生活。从这个意义上讲，网络视频产业经营不仅带来了丰厚的经济利益，还促进了社会主义精神文明建设。

3. 提供视频广告产品构成不正当竞争侵权分析

在互联网技术背景下，涉及影视内容的知识产权保护主要面临两大问题：一是因盗版引起涉影视视频内容的著作权法保护问题；二是因破坏互联网视频产业经营模式而给该产业造成损害所引起的反不正当竞争法保护问题。本案即属于第二大问题。

本案飞狐公司、搜狐公司通过搜狐视频网站及其客户端向用户提供各类影视剧节目的在线网络视频点播服务，同时面向各行业广告客户，提供在线网络视频的广告制作和发布服务，即为最终用户提供"免费视频+广告"的经营模式。同时，作为"免费视频+广告"经营模式的补充，搜狐视频网站还向客户提供付费点播服务，即用户通过单独付费而跳过片头广告从而直接欣赏影视作品。通过前文论述可知，搜狐视频网站"免费视频+广告"经营模式，以及单独付费补充经营模式，是我国网络视频产业根据用户习惯及国情找到的适合自己发展的经营模式，该经营模式应受《反不正当竞争法》保护。

本案猫哈公司研发出"小猫智能管家插座"产品，并通过其官网在市场

---

① 艾瑞咨询：《2018年中国网络视频行业经营状况研究报告》，2018年5月25日访问。

上售卖,该产品具有拦截视频网站上投放的影视作品片头广告和网页广告的功能。飞狐公司、搜狐公司通过公证取证购买"小猫智能管家插座"产品后,将该产品连接电源,通过"Appstore"搜索并下载"猫哈智能",打开"猫哈智能",随后按照说明书步骤进行操作,就能够屏蔽搜狐视频网站上用户欲观看的特定视频内容的片头广告。

本案猫哈公司生产、销售的具有屏蔽视频广告功能的"小猫智能管家插座"产品,并非特定针对屏蔽搜狐视频网站上的视频广告而研发的,基于此,猫哈公司的该行为构成不正当竞争侵权吗?有观点认为,猫哈公司只是在技术上研发了屏蔽视频广告的产品,并不针对特定视频网站的经营者,用户使用该产品屏蔽视频广告,这说明用户有这方面的意愿和需求,是用户的选择导致该技术的运用,基于技术中立原则和保护消费者利益的原则,猫哈公司的行为不应被认为构成不正当竞争。同时,在人类的历史上技术总是处于不断进步的状态,网络视频经营者针对市场上已经出现的屏蔽视频广告的技术,其可以研发出针锋相对的反制屏蔽视频广告的技术,即网络视频网站可以采取必要的技术和措施来应对,而非诉诸法律限制广告屏蔽技术的发展,从而更好地维护技术中立原则,并推动网络视频产业不断向前发展。

本文认为,上述观点值得商榷。理由是,通过上文对网络视频产业的发展状况和经营模式的论述可知,"免费视频+广告"的经营模式是我国网络视频产业产生与发展的根基,目前网络视频产业高度依赖该经营模式,屏蔽视频广告将导致网络视频产业的整体运营受到损害,并最终危及消费者的长远利益和整体利益。在分析新技术所引发的不正当竞争纠纷案件时,应正确适用技术中立原则,技术被人研发出来是为了实现人的特定目的,尽管屏蔽视频广告产品最终由消费者使用,但对于该技术的研发者而言,其明确知道该产品屏蔽视频广告的技术原理,并在主观上知道该屏蔽视频广告技术会给网络视频产业带来严重危害,但仍将该产品提供给网络用户使用,并以此牟取经济利益,其在主观上具有明显的恶意,因此,屏蔽视频广告技术不应适用技术中立原则。

对于一般的网络用户而言,其在观看网络视频内容时,如果不需要花时间看广告就可以直接获得视频内容,许多用户会选择使用该屏蔽产品,该屏蔽视频广告技术会导致视频网站上的广告流失,从而导致视频网站亏损、倒闭，用户亦因无法再看到丰富的网络视频内容，而最终利益受损。

此外，面对市场上出现的屏蔽视频广告产品，让视频网站研发出反制技术以应对，并无须诉诸法律的观点，会导致毫无意义的"屏蔽技术与反制屏蔽技术"不断循环研发的恶性后果，而这个过程本身并不产生任何社会收益，带来的却是研发成本的极大浪费，因此，该观点不成立。

综上，本案猫哈公司向用户提供的"小猫智能管家插座"屏蔽视频广告产品，通过技术手段，屏蔽搜狐视频网站上的片头广告，以吸引用户购买其屏蔽产品，将其竞争优势建立在不正当地损害飞狐公司、搜狐公司"免费视频+广告"经营模式的基础之上，损害了其合法利益，妨碍了公平的市场竞争秩序，并最终使消费者利益受损，构成不正当竞争。

（撰稿人：深圳市中级人民法院　祝建军）

第二编
行政案件

深圳市快播科技有限公司不服深圳市市场监督管理局著作权行政处罚案

——公共利益的认定标准与非法经营额的计算方法

【裁判要旨】

法律上未对公共利益的概念作出明确规定，考虑到公共利益具有的政策属性，故著作权民事侵权行为是否同时损害公共利益，应当由著作权行政管理部门在个案中根据侵权人的过错程度、损害后果等具体情节作出判断。网络服务提供者侵害作品信息网络传播权的，若作品没有标价或者无法查清作品的实际销售价格的，可以按照被侵权作品的市场中间价计算其非法经营额。

【关键词】

公共利益　非法经营额　市场中间价

【案例索引】

一审：深圳市中级人民法院〔2014〕深中法知行初字第2号

二审：广东省高级人民法院〔2016〕粤行终492号

【案情及裁判】

原告：深圳市快播科技有限公司（以下简称快播公司）

被告：深圳市市场监督管理局（以下简称深圳市场监管局）

第三人：深圳市腾讯计算机系统有限公司（以下简称腾讯公司）

一、一审

原告快播公司因与被告深圳市场监管局发生著作权行政处罚纠纷，向深圳市中级人民法院提起诉讼。

原告快播公司诉称：深圳市场监管局作出的行政处罚决定书没有事实和法律依据，严重损害了快播公司的合法权益，请求人民法院依法判令：①撤销深圳市场监管局做出的深市监稽罚字〔2014〕123号《行政处罚决定书》；②由深圳市场监管局承担本案的诉讼费用。

被告深圳市场监管局辩称：快播公司违法事实清楚，证据确凿，依法应给予行政处罚。

第三人腾讯公司述称：深圳市场监管局查处快播公司侵害其信息网络传播权的行为，认定事实清楚，证据确实充分，适用法律正确，程序规范合法，处罚适度，请求人民法院予以维持。

深圳市中级人民法院一审查明：

腾讯公司从权利人处获得涉案24部作品信息网络传播权的独占许可之后，又将其中13部作品的信息网络传播权以直接分销或版权等值置换等方式非独占许可第三方使用。根据腾讯公司提交的合同显示，该13部作品的分销或者置换价格总计为人民币8 671.6万元。

2014年3月18日，腾讯公司向深圳市场监管局投诉称，快播公司侵害了其享有的涉案作品信息网络传播权，请求予以查处。深圳市场监管局向深圳市盐田公证处申请证据保全公证。公证书显示，在手机上登录快播客户端搜索涉案24部影视作品，每一部影视作品首选链接均为"腾讯视频"，点击"腾讯视频"旁的下拉选项，均有其他链接（多数伪造成乐视网、优酷、电影网等知名视频网站）；点击其他链接播放具体集数，视频显示的播放地址均是一些不知名的、未依法办理备案登记的网站。

2014年6月26日，深圳市场监管局作出深市监稽罚字〔2014〕123号《行政处罚决定书》，决定：①责令快播公司立即停止侵权行为；②对快播公司处以非法经营额3倍的罚款26 014.8万元人民币。快播公司申请行政复议，广东省版权局于2014年9月11日作出《行政复议决定书》，维持深圳市场监管局的行政处罚决定。

深圳市中级人民法院一审认为：

快播公司的行为不仅侵犯了腾讯公司的信息网络传播权，而且其行为违背了信息网络传播中应当遵守的法律法规，属于不正当竞争，扰乱了网络环境中的正常市场经济秩序，快播公司的行为是损害社会公共利益的具体表现。涉案作品有两个阶段的授权价格，第一阶段是作品权利人授权腾讯公司的价格，第二阶段是腾讯公司授权他人的价格。因两阶段授予信息网络传播权性质不同，价格也有差异，第一阶段是独占信息网络传播权，第二阶段则是非独占信息网络传播权，结合快播公司侵权性质，深圳市场监管局以第二阶段授权价即腾讯公司授权他人的价格确定市场中间价，较为合理。深圳市场监管局根据24部被侵权影视作品中腾讯公司授予他人网络传播权的分销价格、等价置换价格，以能够计算涉案作品市场价格平均值为计算对象，确定了其中13部作品的市场中间价，认定快播公司非法经营额为人民币8 671.6万元，事实清楚，证据确凿。

综上，深圳市中级人民法院依照《中华人民共和国行政诉讼法》（以下简称《行政诉讼法》）（2014年修正本）第六十九条①的规定判决：驳回快播公司的诉讼请求。

二、二审

快播公司不服一审判决，向广东省高级人民法院提起上诉称：深圳市场监管局认为快播公司侵犯腾讯公司信息网络传播权的事实不清、主要证据不足。即使快播公司构成侵权，也没有损害公共利益，深圳市场监管局无权对其进行行政处罚。深圳市场监管局混淆了权利人享有的完整网信权价值与可能被侵害的网信权价值的范围不同，任意极度扩大认定非法经营额的范围。本案没有非法经营额。据此，快播公司请求：①撤销原审判决；②撤销深圳市场监管局作出的深市监稽罚字〔2014〕123号行政处罚决定；③判令深圳市场监管局承担本案的全部诉讼费用。

广东省高级人民法院二审认为：

关于深圳市场监管局认定快播公司侵犯腾讯公司信息网络传播权并损害公共利益是否具备事实与法律依据的问题。首先，深圳市场监管局认定快播公司侵害腾讯公司信息网络传播权的依据充分。快播公司在明知或者应知该类网站不具备授权可能性的情况下，主动采集其网站数据设置链接，并对该设链网页上的内容进行分类、整理、编辑、排序和推荐，还将该类小网站伪装成行业内具有较高知名度的大网站，为该类小网站实施侵权行为提供帮助。并且，在国家版权局责令整改、腾讯公司多次送达停止侵权告知函之后，快播公司仍未及时删除涉案24部作品的侵权链接。其次，深圳市场监管局认定

---

① 《行政诉讼法》（2017年修正本）对第六十九条未做改动。

快播公司侵害了公共利益的依据充分。根据《著作权法》（2010年修正本）第四十八条的规定，该条所列举的行为同时损害公共利益的，可以由著作权行政管理部门追究行政责任。由于法律上对于公共利益的概念并未作出明确规定，考虑到公共利益具有的政策属性，著作权民事侵权行为是否同时损害公共利益，应当由著作权行政管理部门在个案之中根据侵权人的过错程度、损害后果等具体情节作出判断。本案中，快播公司经腾讯公司多次举报或者投诉，仍不改正。而且，在此次被深圳市场监管局查处之前，其还被其他多家权利人向国家版权局举报侵权，国家版权局也责令其在2014年2月15日前完成整改。快播公司帮助侵权网站传播作品的行为，不仅侵害了腾讯公司的民事权利，还损害了整个网络视频版权市场的秩序，损害了公共利益。因此，深圳市场监管局基于案件的具体情况作出的相关认定并无不当。

关于深圳市场监管局认定的处罚金额是否合法、适当的问题。第一，快播公司关于其没有非法经营额或者非法经营额不足5万元，深圳市场监管局对其只能处以25万元以下罚款的上诉理由不成立。首先，非法经营额与非法获利是两个不同的概念，即使快播公司没有因本案侵权行为获得非法利益，亦不能否认其具有非法经营额。其次，互联网企业具有特殊的盈利模式。快播公司通过向公众免费提供涉案24部侵权影视作品，增加其网站的用户流量和关注度，在此基础上吸引客户使用其游戏软件以及与其他网站进行流量分成以获取利益，故快播公司没有向小网站收取服务费也未直接插播广告，并不代表其没有非法获利。快播公司侵害了腾讯公司多达24部影视作品的权利，部分影视作品还正处于热播期，具有较高的市场价值。第二，深圳市场监管局关于本案快播公司非法经营额与处罚金额的认定并无明显不当。著作权行政管理部门进行行政处罚时，对罚款数额的确定具有一定的自由裁量权。对于罚款数额是否适当，人民法院依法审查时，应秉持合理性原则，对于处罚数额明显计算错误的，予以纠正。本案中，深圳市场监管局依据《深圳经济特区加强知识产权保护工作若干规定》第二十三条的规定，同时参照《最高人民法院、最高人民检察院关于办理侵犯知识产权刑事案件具体应用法律若干问题的解释》第十二条的规定，在无法直接查明快播公司非法获利情况和实际经营数额的情况下，以涉案13部影视作品的市场中间价为依据计算出非法经营额为8 671.6万元。在此基础上综合考虑快播公司的主观过错程度、侵权情节、违法行为后果等，并依据《著作权法实施条例》（2013年修正本）第三十六条的规定，对快播公司处以非法经营额的3倍罚款，符合相关法律的规定，并无明显不当。

据此，法院依照《行政诉讼法》（2017年修正本）第八十九条第一款第一项的规定判决：驳回上诉，维持原判。

【法官点评】

本案入选"2018年中国法院10大知识产权案件""2018年广东法院十佳裁判文书""2018年广东法院十佳案例"等，主流媒体以及学者均给予了高度评价，《人民法院报》撰写的评论员文章称本案的终审判决"具有极强的警示意义"。北京大学、华东政法大学等知名高校的法学教授亦称赞本案为"以实际行动去维护良好的市场秩序的标志性案件，具有里程碑的意义"。

1. 网络服务提供者的主观状态对行政处罚合法性的影响

网络服务提供者的主观状态，不仅关系到著作权民事侵权的成立与否，还关系到网络服务提供者的行为是否同时损害公共利益。

未提供网络内容的网络服务提供者，其一般是处于间接侵权者的地位，即通过引诱、教唆或者帮助的方式促成他人侵害权利人的作品信息网络传播权。此类间接侵权的成立，需以网络服务提供者存在"明知"或者"应知"的过错为主观要件。同时，为避免提供存储空间、搜索链接等网络服务的提供者陷入对海量信息进行事先审查的泥沼，我国借鉴美国《数字千年版权法案》的做法，确定了以"通知+删除"为主要内容的"避风港原则"。网络服务提供者在接到权利人或者利害关系人主张侵权的有效通知之后，若能及时履行删除义务，则其民事赔偿责任可得以豁免。但是，"明知或者应知"服务对象构成侵权的网络服务提供者，不适用该免责规则。网络服务提供者的主观过错将成为其驶入"避风港"的法律障碍。

虽然《中华人民共和国宪法》《民法通则》《合同法》都规定了公共利益条款，但是对于何为公共利益，法律并未作出明确的界定。各界达成共识的仅仅是其系私人利益的对立面或者其应为不特定多数人的利益。从历史发展的长河来考察，在不同的时代公共利益的具体指向均有所不同。公共利益的确切含义总是与评判者所处的国家、时代和民众群体需求息息相关,因此,公共利益具有较强的国家政策属性。当前,正常的市场经济秩序成为新的公共利益。就网络服务提供者实施侵害作品信息网络传播权的行为而言,其若不存在程度较深的主观恶意,通常难以对公共利益构成损害,故法律上赋予著作权人或者利害关系人追究其民事责任的权利已足矣,何必再动用行政处罚这把"牛刀"?

本案中,快播公司把未经备案的不知名小网站伪装成"乐视""优酷""电影网"等业内知名的大网站,并对设链的侵权作品进行归类、整理、编辑、排序、推荐。其中,部分作品还是被重点监控的热播作品。快播公司在接到腾讯公司的有效通知之后,虚与委蛇,应付了事。腾讯公司及其他权利人在此之前已多次对快播公司的侵权行为进行投诉、举报,国家版权局也曾令其限期整改,但直至深圳市场监管局查处时,其仍在继续实施侵权行为。快播公司恶意侵权的心态昭然若揭,从而使其不仅具备著作权民事侵权的主观要件,也具备损害公共利益的可能性。

2. 损害网络版权市场竞争秩序是损害公共利益的重要体现

如前所述,公共利益没有严格的法律定义,对公平、自由竞争秩序的追求属于我国公众现阶段普适性的价值需求。大陆法系将"公序良俗"视为与"公共利益"相近似的概念,我国 2017 年制定的《中华人民共和国民法总则》亦使用了"公序良俗"的表述。上述情况反映出"秩序"在公共利益价值体系中的基础性位阶。相比于传统实业,网络经济因其运行过程的虚拟性、经营模式的日新月异性以及权责规则的滞后性,所以更加容易陷入无序竞争的险境。故在互联网环境下,公众对于"有序竞争"的价值需求更甚,损害网络版权市场竞争秩序成为损害公共利益的重要体现。国家版权局在《国家版权局关于查处著作权侵权案件如何理解适用损害公共利益有关问题的复函》中就曾明确提出,"就一般原则而言,向公众传播侵权作品,构成不正当竞争,损害经济秩序就是损害公共利益的具体表现"。

视频网站通过付费方式购买版权再提供给用户消费,几乎是全世界互联网行业通行的运作方式。作为版权产业链始端的作者若得不到应有的经济回报,其创作行为就难以为继,久而久之,互联网作品就会从源头上枯竭。视频网站的付费行为是维系整个互联网版权生态系统良性循环的关键环节。不支付版权费的网络服务提供者若借助"零成本"的竞争优势迅速崛起,再大规模推行该商业经营模式,则对整个版权市场竞争秩序的构建都将造成不可估量的冲击。即便是经营规模暂时微不足道的互联网企业,也可能通过不断涌现的新技术掩盖其层出不穷的著作权侵权手段,从损害权利人私权的"星星之火"迅猛发展到严重危害整个版权市场竞争秩序的"燎原之势"。快播公司长时间、大规模的著作权侵权行为,一方面使其自身在短短几年时间内赚得盆满钵满,跃升为拥有庞大客户群体的视频类互联网经营企业;另一方面导致腾讯、乐视等大量遵守版权付费游戏规则的同业竞争者为其买单,造成了版权市场竞争秩序被严重破坏的不良后果,给网络经济时代的"公共利益"带来了显而易见的损害。

3. 如何认定网络服务提供者的非法经营额

何为《著作权法实施条例》(2013年修正本)第三十六条所述的"非法经营额"?《著作权法》(2010年修正本)以及《行政处罚法》(2017年修正本)均未予以明确。通说认为,可借鉴《最高人民法院、最高人民检察院关于办理侵犯知识产权刑事案件应用法律若干问题的解释》中关于"非法经营数额"的有关规定,将"非法经营额"界定为"行为人在实施侵犯知识产权行为过程中,制造、储存、运输、销售侵权产品的价值"。"传播"是互联网时代新出现的作品利用方式,其虽然并非严格意义上的"制造、储存、运输、销售",但其与这四类行为具有实施知识产权的相同本质,故仍可归为该定义的范畴内。

在考察网络服务提供者是否有非法经营额时,应考虑两个方面。一是网络服务提供者营利模式的特殊性。互联网是典型的"眼球经济"营利模式。没有从被诉侵权作品获得直接收益,甚至没有在作品中穿插任何广告,都不代表没有从作品中获利。二是网络服务提供者的非法经营额不同于其非法获利。非法经营额关注的是网络服务提供者经营侵权产品的整体价值。即便网络服务提供者未从作品中获得任何利润回报,其非法经营额亦未必为零。

非法经营额既然是侵权产品的价值,故计算非法经营额必须查明侵权产品的价格。根据生活常理可知,侵权产品的价格可能出现实际销售价、实际销售平均价、商品标价、进货价等多种不同情形。这几类价格是否都可以作为计算非法经营额的依据,在适用上又是否存在优先序位?理论上对此看法不一，行政机关在不同历史时期也有过不同的意见。在《最高人民法院、最高人民检察院关于办理侵犯知识产权刑事案件应用法律若干问题的解释》实施之后，不少地方工商行政管理局倾向于参照该司法解释的规定进行执法。深圳市更是在2008年4月通过地方性法规的方式，将该司法解释的内容吸收纳入。该规定不仅以更合理的方式对实际销售价格加以利用，并且引进"被侵权产品的市场中间价"作为查明库存侵权产品非法经营额的补充方式，拓宽了非法经营额的计算路径。其是通过先计算出被侵权产品的市场价值再进行等价替换的方式推演出侵权者非法经营额的，故可谓是一种名副其实的"间接计算法"。

在侵害作品信息网络传播权的案件中，若作品是以许可使用的方式进行交易的，许可使用费的高低易受到许可使用方式、许可使用期限、许可使用范围、许可使用对象等多种复杂因素的影响，故应尽量选择与侵权者利用作品方式接近的许可使用交易价格作为确定作品市场中间价的依据。本案中，腾讯公司从权利人处获得的是独占性的信息网络传播权，其交易价格通常较高。而快播公司的作品利用方式与普通许可者更接近，故深圳市场监管局采用了腾讯公司向他人分销或者与他人置换涉案作品的价格，从而可使以市场中间价方式推演出的非法经营额更接近快播公司经营侵权作品的实际价值。

前述办理知识产权刑事案件的司法解释或者深圳市的地方性法规，均未对市场中间价的概念作进一步的阐释。据了解，在行政处罚类案件中，为确定被侵权产品的市场中间价，市场监管部门的通行做法是委托价格鉴定部门进行鉴定或者通过市场调查获得被侵权产品的各种不同零售价格再取中间值。此处的中间值可能是被诉侵权产品最高零售价与最低零售价的价格平均数、中位数或者其他具有合理性依据的中间数据。理论上，确定市场中间价应尽量获得足够多的零售价价格样本；但是，影视作品授权许可市场相对封闭，同一作品的授权价格有限，鉴于市场价值悬殊也不宜以其他作品的授权价格进行类比，故著作权行政管理部门通常只能以收集到的数量非常有限的授权价格样本作为基础认定作品的市场中间价。本案中，深圳市场监管局以腾讯公司分销或者置换作品的平均价来确定市场中间价，并无不当。

（撰稿人：广东省高级人民法院　王静　李艳）

张某某诉深圳市市场监督管理局等行政处理决定纠纷案

——方法专利的侵权认定标准

【裁判要旨】

方法专利的权利要求明确记载了涉案专利方法的步骤先后顺序，而被诉侵权方法的步骤不同于涉案专利的，不落入专利权的保护范围。

【关键词】

方法专利　步骤顺序　侵权判断

【案例索引】

一审：深圳市中级人民法院〔2015〕深中法知行初字第1号

二审：广东省高级人民法院〔2015〕粤高法知行终字第2号

【案情及裁判】

原告：张某某

被告：深圳市市场监督管理局（以下简称深圳市场监管局）

第三人：深圳市道路交通管理事务中心（以下简称深圳道交中心）

一、一审

原告张某某因与被告深圳市场监管局发生行政处理决定纠纷，向深圳市中级人民法院提起诉讼。

张某某诉称：深圳市场监管局于2015年1月28日作出深知稽专处字〔2015〕第001号《专利侵权纠纷行政处理决定书》错误，请求深圳市中级人民法院撤销深圳市场监管局深知稽专处字〔2015〕第001号《专利侵权纠纷行政处理决定书》。

深圳市场监管局辩称：其作出的深知稽专处字〔2015〕第001号《专利

侵权纠纷行政处理决定书》程序合法，适用法律法规正确，请求驳回张某某的诉讼请求。

第三人深圳道交中心述称：宜停车 APP 的计时缴费与涉案专利不同，未落入涉案专利权的保护范围。张某某的诉讼请求依法应予驳回。

深圳市中级人民法院一审查明：

张某某于 2011 年 4 月 15 日向国家知识产权局申请了名称为"基于客户端的停车计时方法"的发明专利，于 2014 年 5 月 7 日获授权，专利号为 ZL201110107113.8。该专利目前处于有效授权状态。ZL201110107113.8 号发明专利权利要求书记载，基于客户端的停车计时方法，客户端指移动通信设备等，其步骤是：①等待车主利用客户端的数字键输入车位标识；②等待车主利用客户端的选择键，以车位标识为参数，向服务器发出计时开始请求指令；③服务器按照车位标识查询车位状态，然后，将同意或拒绝计时开始请求信息返回客户端；④如果客户端接收到计时开始请求拒绝信息，则不生成时钟，转向步骤①，然后依次执行步骤①至步骤④，否则，依次执行步骤⑤至步骤⑦；⑤以客户端当前时刻作为时钟的初始时刻 0，生成时钟，并将时钟显示在客户端的显示器上；⑥等待车主利用客户端的选择键，向服务器发出计时结束请求指令；⑦服务器结束计时，并将计时结束信息返回客户端；⑧客户端时钟终止。

涉案专利说明书"背景技术"记载，停车的计时方法主要有咪表、IC 卡、手机短信等，其操作都是由车主通过按键自主开启和结束服务器上的计时。开启计时往往被称为第一次刷卡，结束计时被称为第二次刷卡。对于手机短信停车则可能对应两次向服务器发送手机短信，第一次表示计时开始，第二次表示计时结束。计时结束后，服务器会根据事先确定的时间分段规则将整个停车的时段总长度换算为时间分段数，然后根据时间分段数的多少计算总的停车费用，向车主收取。传统咪表、IC 卡、手机短信对停车计时的方法都在技术上具有现有技术构成无法克服的问题，主要是：①不能实时向车主回显时间耗费信息，即时间分段的控制权没有交给车主；②车主停止服务器计时的方法是有障碍的，如果忘了在咪表上进行第二次刷卡或忘了第二次发送手机短信，会造成停车计时延长，增大车主的停车时段总长度。"发明内容"中记载，本发明的创新及有益效果体现在：①本发明在服务器计时的基础上增加了客户端时钟计时，计时过程实时显示在作为客户端的移动通信设备上，从而使车主有可能知晓时间分段的临界时刻，从技术上实现了车主对以技术措施名义出现的时间分段规则的控制权；②本发明引入了一种新的技术机制，在客户端程序的执行过程中通过保留车位现场信息，即车位的编码信息，消除了计时停止指令的执行障碍，避免了在传统的咪表、IC卡、手机短信等计时方法下停车时段总长度可能会因为指令执行障碍而被延长的缺陷；③本发明通过技术的方法消除了传统方法自身的技术缺陷，确保了停车计时与最终的计费准确性挂钩；④本发明采用客户端与服务器相结合，车主对停车计时开始和结束基于客户端的技术构成，使停车计时技术具备了可移动性，因此，技术实用性得到明显增强。

2014年8月7日，张某某向深圳市场监管局提交《专利侵权纠纷处理申请书》以及张某某身份、专利证书及权利要求书、说明书、专利年费收款收据、重庆市公证处〔2014〕渝证字第37968号公证书、停车实录以及专利侵权说明、专利侵权特征比对。张某某请求判定深圳道交中心侵犯其名称为"基于客户端的停车计时方法"（ZL201110107113.8）的发明专利权成立；要求深圳道交中心立即停止专利侵权，在其网站和其合作网站关闭宜停车APP下载或指向下载的链接，停止宜停车APP后续开发，停止对已下载宜停车APP服务。张某某于2014年11月21日向深圳市场监管局提交《追加请求申请书》，要求第三人删除"微信"客户端和"支付宝"客户端，关闭"微信"停车和"支付宝"停车，彻底消除专利侵权影响。

深圳市场监管局于2015年1月28日作出《专利侵权纠纷行政处理决定书》认定，深圳道交中心宜停车APP未落入第ZL201110107113.8号发明专利的保护范围，不构成侵犯专利权。深圳道交中心开通的"微信"客户端和"支付宝"客户端的操作步骤和宜停车APP的操作步骤一致，亦未落入第ZL201110107113.8号发明专利的保护范围。张某某的全部请求及追加请求不予支持。张某某不服，于2015年2月4日提起本案诉讼。

另查明，根据张某某所提交重庆市公证处〔2014〕渝证字第37968号公证书、停车实录以及双方陈述，深圳道交中心路边临时停车收费系统包括宜停车APP、地感、后台服务器三部分，宜停车APP系由深圳道交中心推出的用于路边停车的手机软件，可供车主下载至手机，地感埋设于停车泊位，后台服务器设置于深圳道交中心。其停车缴费流程为：①车主驾车驶入车位（地感感知车辆入位时间并传至后台服务器），在宜停车 APP 客户端中选择"我要停车"，输入泊位编号；②后台服务器按照宜停车 APP 客户端输入的车位标识查询车位状态，然后，将同意或拒绝停车请求信息返还客户端；③客户端显示信息的一种为"同意停车"，另一种为"泊位不存在或当前泊位还未制定收费策略"，即不同意停车，此时，车主需点击"确定"按钮，并需要重新选择泊位并重复前述步骤①；④客户端显示信息为"同意停车"后，车主可继续购买时长操作，客户端随即显示应付停车费，车主可点击"确认"按钮，在输入支付密码后，再点击"立即支付"按钮，客户端上回应"支付成功"信息，再次点击"确定"按钮后，客户端上呈现"闹钟"图标，点击"闹钟"图标，客户端显示"倒计时"，"倒计时"为 0 后，客户端显示停车超时并生成正计时时钟；⑤车主驾车驶离后，地感感知并将信息传输至后台服务器；⑥后台服务器结束计时，客户端计时时钟终止，"停车结束"信息显示于客户端（车主可查询本次停车的"停车记录详情"，停车短于购买时长，后台服务器会自动退回多收费用；停车超过购买时长，车主可通过续费补交）。

深圳市中级人民法院一审认为：

本案争议焦点在于深圳道交中心宜停车 APP 相关操作是否落入张某某涉案专利权的保护范围，是否构成侵害张某某专利权。

张某某请求保护的涉案专利系"基于客户端的停车计时方法"，该方法包括 8 项步骤，且在权利要求技术特征 5 中，明确"然后依次执行步骤①至步骤④，否则，依次执行步骤⑤至步骤⑦"，因此，涉案专利步骤有先后之分，且步骤的先后本身也构成了对专利权保护范围的限定。因此，在进行技术特征比较时，不但要考虑宜停车 APP 是否具备相关技术特征，同时也要考虑相关操作步骤的先后顺序是否一致。

根据所查明事实，深圳道交中心被控侵权的宜停车 APP 可下载于手机等客户端，具有涉案专利权利要求技术特征 1、4、8、9 项技术特征。

关于技术特征 2、3、5、6 的比对。按照专利方法，技术特征 2、3 有先后顺序之分，必须先实施 2 然后实施 3；且专利系从"车主利用客户端的选择键，以车位标识为参数，向服务器发出计时开始请求指令"开始计时，并以客户端当前时刻作为时钟的初始时刻0。而宜停车APP车主驾车驶入车位之时，地感即感知车辆入位时间并传至后台服务器，车主在宜停车APP客户端中选择"我要停车"并输入泊位编号，后台服务器同意，车主继续购买时长操作，客户端上呈现"闹钟"图标，开始"倒计时"，"倒计时"为0后，客户端显示停车超时并生成正计时时钟。二者选择停车、输入泊位编号先后顺序不同；二者的计时方法也不同，专利是顺计时，宜停车APP是倒计时。专利权利要求第7项技术特征为"⑥等待车主利用客户端的选择键，向服务器发出计时结束请求指令"，宜停车APP不具备该项技术特征，即使用宜停车APP的车主完全不需要利用客户端的选择键，向服务器发出计时结束请求指令，使用宜停车APP的车主驾车驶离，地感感知并将信息传输至后台服务器，后台服务器即结束计时。综合以上，宜停车APP停车计时操作不具备专利技术特征7，与专利技术特征2、3、5、6亦存在区别。

涉案专利创新体现在：从技术上将服务器计时用到的时间分段规则的控制权交给车主，将计时结束的技术机制置于客户端，随作为客户端的移动通信设备移动，且通过客户端的存储设备暂存了车位信息，确保了计时结束指令执行的有效性，消除了计时结束指令的执行障碍，涉案专利突出了车主对停车时间段的掌控以及能够及时有效发出计时结束指令的特点。而宜停车APP停车缴费系统，其计时开始与结束均主要依赖于地感精准感知，车主完全不需要利用客户端的选择键向服务器发出计时结束请求指令。虽然同为停车计时，但涉案专利为人工输入，宜停车APP为地感感知，前者受人为因素影响，后者能够保证停车计时的客观、精准、便捷、高效，不会因车主遗忘而导致多计时收费，因此，二者的技术效果也完全不同。

综上，宜停车APP计时操作与涉案专利技术方案既不相同也不等同，不落入涉案专利权的保护范围。

深圳市场监管局作出深知稽专处字〔2015〕第001号《专利侵权纠纷行政处理决定书》认定事实清楚，适用法律正确。深圳市场监管局在行政执法中履行了调查取证、告知送达等程序义务，其行政执法程序合法，依法应予支持。张某某的诉讼请求不能成立，予以驳回。

综上，深圳市中级人民法院依据《最高人民法院关于执行〈中华人民共和国行政诉讼法〉若干问题的解释》第五十六条第四项的规定，判决：

驳回张某某的诉讼请求。

二、二审

张某某不服一审判决，向广东省高级人民法院提起上诉称：①车主通过宜停车 APP 进行时间预买得到的时间属于涉案专利所指的停车计时，其操作步骤与涉案专利步骤相符，构成专利侵权；②原审判决所述"虽然同为停车计时，但涉案专利为人工输入，宜停车 APP 为地感感知"属于认定事实不清；③裁定原审判决所述"专利是顺计时，宜停车 APP 是倒计时"属于逻辑错误；④裁定撤销原审判决。

广东省高级人民法院经二审查明事实：

张某某在二审庭审期间提交五份证据证明本案被诉侵权技术方案中使用的正计时、倒计时方法，系公知常识。深圳市场监管局认为，对于技术特征的理解应当结合完整的技术方案进行整体把握，单独的分析正计时和倒计时毫无意义。深圳道交中心认为，专利复审委员会对于案外专利的审查意见对本案没有约束力，上述意见亦不能作为解释权利要求的依据，且正计时、倒计时并非本案焦点。

广东省高级人民法院二审认为：

将被诉侵权技术方案与涉案专利相比较，两者存在如下区别。第一，涉案专利是一种"基于客户端的停车计时方法"，其公开了一种可移动的、便于车主控制的精确计时方法。其创新点和专利权保护范围的核心在于利用移动客户端进行停车时间的计算。而被诉侵权技术方案则结合了计时和计费两种功能，即被诉侵权技术方案可以根据自动停车计时数据计算缴费信息，并实现在线缴费。两者在停车计时部分有一定重合，但最终实现的功能和目的则存在差异。第二，涉案专利的技术特征5、6与被诉侵权技术方案的技术特征 d、e 不同。被诉侵权技术方案记载，车辆离开车位后，地感感知并传送信息至后台服务器。而涉案专利技术特征系由车主利用客户端向服务器发出计时结束请求指令。被诉侵权技术方案缺少车主主动向服务器发出计时结束指令的步骤，而是以地感感应车辆离开时间并自动发送至后台服务器。上述两种技术特征明显不相同。

张某某认为地感不应纳入本案技术特征比对范围，且被诉侵权技术方案中亦包括车主主动停止计时的环节，车主支付预买时间后，即同时完成了计时开始和计时结束的动作,两者实际上是等同的技术手段。对此,广东省高级人民法院认为,所谓等同特征,是指被诉侵权技术方案中的技术特征与专利权利要求中记载的技术特征以基本相同的手段,实现基本相同的功能,达到基本相同的效果,并且本领域普通技术人员无须经过创造性劳动就能够联想到的特征。等同原则是考虑到事实上不可能要求专利权人在撰写权利要求时能够预见侵权者以后可能采取的所有侵权方式,而将仅仅针对专利技术方案作出非实质性变动的情况认定为构成侵权。本案中,被诉侵权技术方案以地感感应的时间作为停止计时的依据,这一方法与涉案专利采用车主手动发送停止计时请求的方法有根本区别,而这一区别决定了两种技术方案在计时顺序、计时方法上的差异,被诉侵权技术方案的计时方法依赖于地感精准感知,无须人工发出指令,而涉案专利强调人的主导作用,被诉侵权技术方案能够脱离人工控制,保证停车计时的客观、精准。故两者采用的技术手段、实现的技术效果和功能并不相同,且该差异并非本领域普通技术人员不经创造性劳动就能联想到的。因此,两者不是等同的技术特征。

张某某还上诉称,被诉侵权技术方案中车主自主选择预买时间,即自主确定本次停车的结束时刻。但是,若照此逻辑,车主在确定预买时间的同时即确定了停车的开始和结束时刻,这一操作步骤亦与涉案专利不同,涉案专利作为方法专利,在权利要求书中明确限定了其实施步骤,且结合本领域技术人员的公知常识亦不能够推导出即使不按照顺序也能达到发明所声称的技术效果。因此,就本案而言,步骤先后本身也是对涉案专利权保护范围的限定,不能抛开操作步骤的先后,笼统地进行比对。

因此,被诉侵权技术方案的技术特征与涉案专利权利要求记载的全部技术特征相比,有一个以上技术特征不相同亦不等同,未落入涉案专利权的保护范围。

据此,广东省高级人民法院依照《行政诉讼法》(2014年修正本)第八十九条第一款第一项[①]之规定,判决:驳回上诉,维持原判。

[①] 《行政诉讼法》(2017年修正本)对第八十九条第一款第一项未做改动。

【法官点评】

本案系深圳法院实行知识产权民事、刑事、行政"三合一"审判改革（即知识产权民事、刑事、行政案件均由知识产权审判庭审理）以来的第一宗涉及专利侵权知识产权行政诉讼案件，案件入选"2015年广东省十大知识产权案例"。

本案争议焦点在于专利侵权判断，具体来说包括：涉案专利方法步骤有无先后顺序以及被诉侵权技术方案与涉案专利的异同，被诉侵权技术方案技术特征与涉案专利技术方案相应技术特征是否构成等同。

首先，关于方法专利的步骤顺序问题。根据《专利法》（2008年修正本）的规定，发明专利可以分为产品和方法两种类型，发明专利的权利要求分为产品权利要求和方法权利要求。涉案专利系"基于客户端的停车计时方法"，也即方法专利。对于方法权利要求而言，如果方法权利要求对步骤顺序没有明确限定，在确定权利要求保护范围时，有两种观点：一种观点认为，权利要求书没有限定的技术特征不应当予以考虑，因此不应当考虑步骤顺序对权利要求的限定作用；另一种意见认为，即便权利要求书没有限定步骤顺序，仍需要根据专利技术方案的实际情况来确定是否需要考虑步骤顺序。根据涉案专利权利要求1记载，基于客户端的停车计时方法包括8项步骤，相关步骤有①~⑧先后序号之分。本案属于权利要求对步骤顺序有明确限定的情形，步骤的先后本身也构成了对专利权保护范围的限定，应纳入侵权技术比对的范围。对于权利要求书对步骤顺序没有明确限定的方法专利，2016年1月25日通过的《最高人民法院关于审理侵犯专利权纠纷案件应用法律若干问题的解释（二）》第十一条明确，方法权利要求未明确记载技术步骤的先后顺序，但本领域普通技术人员阅读权利要求书、说明书及附图后直接、明确地认为该技术步骤应当按照特定顺序实施的，人民法院应当认定该步骤顺序对专利权的保护范围具有限定作用。也即司法解释采纳了后一种意见。因此，一审、二审方法专利侵权比对方法符合《专利法》及司法解释的本意。

其次，关于等同侵权的运用。根据《专利法》（2008年修正本）第五十九条第一款以及相关司法解释的规定，专利权的保护范围应当以权利要求记载的全部技术特征所确定的范围为准,也包括与该技术特征相等同的特征所确定的范围。所谓等同特征,必须符合"三基本",即技术特征必须是"以基本相同的手段,实现基本相同的功能,达到基本相同的效果",且必须是本领域普通技术人员在被诉侵权行为发生时无须经过创造性劳动就能够联想到的特征的要求。特别需要强调的是,等同必须是技术方案中每一单个技术特征的等同,是单个技术特征的逐一比较,即每一技术特征是否属于等同的技术特征,而绝非技术方案整体的等同。专利权人张某某主张正计时、倒计时方法系公知常识,认为被诉侵权技术方案落入涉案专利权的保护范围,实际上是笼统主张两者技术方案的整体等同,其主张不符合专利侵权判断的基本规则。

(撰稿人:深圳市中级人民法院 陈文全)

科星汽车设备（珠海）有限公司诉广东省知识产权局不服行政处理决定纠纷案

——行政诉讼期间专利权无效的处理

【裁判要旨】

在行政诉讼程序中，据以主张保护的专利权被专利复审委员会宣告无效后，行政机关作出的行政处理决定已失去事实依据，基于稳定市场秩序的需要、行政效率原则以及实现专利保护中的行政执法与民事诉讼双轨制在程序上的衔接需要，应当撤销行政处理决定。

【关键词】

专利无效

【案例索引】

一审：广州知识产权法院〔2016〕粤73行初12号

二审：广东省高级人民法院〔2017〕粤行终843号

【案情及裁判】

原告：科星汽车设备（珠海）有限公司（以下简称科星公司）

被告：广东省知识产权局

第三人：古丽亚诺集团股份有限公司（以下简称古丽亚诺公司）

一、一审

原告科星公司因与被告广东省知识产权局发生不服行政处理决定纠纷，向广州知识产权法院提起诉讼。

原告科星公司诉称：①被诉侵权产品中的技术方案与古丽亚诺公司的专利技术既不相同也不等同，因此，被诉侵权产品并未落入本案专利权利要求的保护范围；②科星公司并未基于抽样取证的产品实施使用和许诺销售行为。

综上所述，广东省知识产权局作出的涉案处理决定存在事实认定错误和法律适用错误，请求撤销广东省知识产权局作出的粤知执处字〔2016〕第 5 号《专利纠纷案件处理决定书》，并判令广东省知识产权局重新作出处理决定。

被告广东省知识产权局辩称：①被诉侵权产品落入涉案专利的保护范围；②科星公司存在许诺销售和使用被诉侵权产品的行为。综上所述，广东省知识产权局的行政行为合法，请予以维持。

第三人古丽亚诺公司述称：广东省知识产权局所作出的决定符合法律规定，适用法律正确，认定事实清楚。

广州知识产权法院一审查明：

古丽亚诺公司是专利号为 ZL200910175775.1、名称为"用于拆卸和装配车辆轮胎的操作头"发明专利权人，该专利申请日是 2009 年 10 月 13 日，授权公告日是 2015 年 3 月 4 日。

广东省知识产权局接到古丽亚诺公司投诉后，于 2016 年 3 月 17 日依法到科星公司住所进行了现场勘验，并在科星公司住所现场取样被诉侵权产品"翻转拆装头"1 个。在现场调查时，科星公司总经理欧阳某某介绍，该展厅内展示的带拆装操作头的轮胎拆装机（型号 BD15）的操作头是买来的非标配件，带拆装操作头的整机还在打样过程中，还未正式批量销售，在展会上展示的是概念机，该型号没有出口，也没有库存。科星公司认为其许诺销售行为是针对轮胎拆装机整机，而非针对该轮胎拆装机上装有的被诉侵权产品。同时，科星公司亦否认其对被诉侵权产品存在使用行为。科星公司、广东省知识产权局与古丽亚诺公司均确认涉案处理决定并未认定科星公司存在销售被诉侵权产品的行为。

科星公司认为由于被诉侵权产品所使用的连接技术与涉案发明专利权利要求 1 中所述的连接方式不一致，因此，被诉侵权产品不落入涉案发明专利的保护范围。

广东省知识产权局经审查认为，被诉侵权产品"翻转拆装头"具备涉案发明专利权利要求 1 的全部技术特征，落入了该专利权利要求 1 的保护范围。据此，广东省知识产权局于 2016 年 7 月 11 日作出粤知执处字〔2016〕第 5 号专利纠纷案件处理决定：①责令科星公司立即停止侵权行为，即停止使用、许诺销售与 ZL200910175775.1 发明专利技术方案相同的产品，消除影响，并且不得进行任何实际销售行为；②责令科星公司销毁侵权产品。对于古丽亚诺公司的其他行政处理请求，没有相关的法律法规依据，广东省知识产权局不予支持。

科星公司后向国家知识产权局专利复审委员会就涉案专利提起无效宣告请求。2016年12月14日，国家知识产权局作出第30902号无效宣告请求审查决定书，宣告涉案专利权全部无效。

广州知识产权法院一审认为：

虽然广东省知识产权局在古丽亚诺公司持有的涉案专利真实有效且受法律保护的情况下，作出涉案处理决定，认定科星公司使用并许诺销售被诉侵权产品"翻转拆装头"安装在轮胎拆装机（型号BD15）上侵犯了涉案专利权，该处理并未违反法律规定，但是国家知识产权局专利复审委员会已宣告涉案专利权全部无效，即古丽亚诺公司在本案中据以主张保护的专利权利内容已被宣告无效，不再受专利法保护。依据《专利法》（2008年修正本）第四十七条第一款关于"宣告无效的专利权视为自始即不存在"的规定，根据新出现的情况，充分考虑公平原则，广东省知识产权局作出涉案处理决定已经失去事实依据，为保护专利纠纷当事人的合法权益，涉案处理决定应予撤销，并由广东省知识产权局重新作出行政行为。当然，对于涉案处理决定被撤销，广东省知识产权局本身并无责任。

综上，广州知识产权法院依照《行政诉讼法》（2014年修正本）第七十条第一项[①]的规定，判决：

（1）撤销广东省知识产权局粤知执处字〔2016〕第5号专利纠纷案件处理决定书；

（2）责令广东省知识产权局重新作出行政处理决定。

二、二审

广东省知识产权局不服一审判决，向广东省高级人民法院提起上诉称：①一审法院判决撤销处理决定及重新作出处理决定，会造成行政重复处理行为（若通过行政诉讼，法院最终维持涉案专利权有效，那么重新作出行政处理后会再次面临行政诉讼及再次重新作出处理决定的风险，对当事人的合法

---

① 《行政诉讼法》（2017年修正本）对第七十条第一项未做改动。

权益造成损害,浪费行政和司法资源);②一审法院认定在涉案专利权被宣告无效前,作出的涉案处理决定并未违反法律规定,应当判决确认涉案处理决定合法或有效。综上,请求撤销一审判决,确认涉案处理决定有效,并由科星公司负担诉讼费用。

古丽亚诺公司不服一审判决,向广东省高级人民法院提起上诉称:古丽亚诺公司已提起行政诉讼,涉案专利权无效的决定并未生效,一审法院据此认定涉案专利权自始不存在不符合事实,适用的司法解释也未必适用于行政诉讼。综上,请求撤销一审判决。

广东省高级人民法院二审查明事实与一审查明事实一致。

广东省高级人民法院二审认为:

专利复审委员会宣告涉案专利权无效,广东省知识产权局作出的处理决定已经失去事实依据,该决定从内容到后果上对一个并不存在侵权行为的主体进行行政处理,从实质上损害了被处理人的权益,为保护专利纠纷当事人的合法权益,该处理决定应予撤销。故一审法院根据新出现的情况,充分考虑公平原则,判决撤销处理决定,并无不当。古丽亚诺公司称已针对涉案专利无效宣告决定提起行政诉讼,请求撤销一审判决或者中止审理。对此,《最高人民法院关于审理侵犯专利权纠纷案件应用法律若干问题的解释(二)》第二条的颁布就是为了解决专利侵权案件审理周期长、社会公众的经营活动不能有效、稳定开展而进行的制度设计。根据该条款规定,如果日后古丽亚诺公司通过行政诉讼恢复涉案专利权,那么其有权以新发生的事实为理由再次维权,并对因此所遭受的经济损失在后续法律程序中寻求救济,故广东省知识产权局和古丽亚诺公司以被诉处理决定合法且可能导致重复处理为理由,请求撤销一审判决的上诉理由,缺乏事实与法律依据,不予支持。本案亦不存在中止审理的正当理由,因此,古丽亚诺公司的上诉请求依法应予驳回。

据此,广东省高级人民法院依照《行政诉讼法》(2014年修正本)第八十九条第一款第一项①之规定,判决:驳回上诉,维持原判。

---

① 《行政诉讼法》(2014年修正本)对第八十九条第一款第一项未做改动。

【法官点评】

本案是在行政诉讼中专利无效的典型案例，入选"2017年度全国法院知识产权典型案例"。随着我国社会公众知识产权保护意识的不断提高，当事人知识产权诉讼能力也在不断增强，申请无效权利人的专利权作为一项对抗手段也越来越多地被使用，这虽然促进了专利制度的发展，但也造成不少专利诉讼审理周期长的问题。对此，最高人民法院颁布的《最高人民法院关于审理侵犯专利权纠纷案件应用法律若干问题的解释（二）》第二条在民事诉讼中较好地解决了该问题，提高了专利侵权诉讼的审理效率，但是未对行政诉讼应如何处理问题作出明确的回答。本案审理指出在行政诉讼中亦应先行撤销行政处理决定，很好地实现了专利保护中行政执法与民事诉讼双轨制在程序上的衔接。

（1）在据以保护的专利权被宣告无效后，撤销行政处理决定，是稳定市场秩序的需要。市场经济的快速发展离不开各种权益的确定和稳定。这就要求行政和司法处理要及时快捷。对此，《专利行政执法办法》（2015年修正本）第四十四条第一款规定，管理专利工作的部门作出认定专利侵权行为成立并责令侵权人立即停止侵权行为的处理决定后，被请求人向人民法院提起行政诉讼的，在诉讼期间不停止决定的执行。本案中，科星公司被认定为侵权后，就必须要停止使用、许诺销售被诉侵权产品。这充分保障了古丽亚诺公司的权益，保障了市场秩序。在行政诉讼过程中，涉案专利权被宣告无效，依据《专利法》（2008年修正本）第四十七条第一款的规定，宣告无效的专利权视为自始即不存在。古丽亚诺公司在本案中据以主张保护的专利权利内容已被宣告无效，不再受专利法保护。此时，科星公司实施的相关行为就不再构成侵权，但依据行政处理决定，其仍不能使用、许诺销售被诉侵权产品，因此，涉案处理决定实质上损害了科星公司的权益，且会给其他市场主体使用、许诺销售被诉侵权产品造成困扰，不利于市场秩序的稳定。所以根据新出现的情况，充分考虑公平原则，涉案处理决定应予撤销。

（2）在据以保护的专利权被宣告无效后，撤销行政处理决定，充分体现了行政效率原则。效率原则一直是行政执法所需要优先考虑的原则。为此，在行政诉讼期间，可以不停止决定的执行。可见，即使在行政诉讼中，也应尽可能快地确定行政决定的效力。专利权被宣告无效后，虽可以提起行政诉讼，但实践中，行政诉讼改变专利复审委员会决定的比例较低。因此，若中止本案的行政诉讼程序，等待涉案专利权可能被维持有效的行政诉讼结果，那么无疑是用较长的时间等待一个低概率的结果，看似节约了司法和行政资源，但违反了行政效率的原则，反而造成更大的危害。当然，涉案处理决定在作出时，依据的是当时的证据，并未违反法律规定，广东省知识产权局对涉案处理决定被撤销并无责任和过错，但这并不能成为不撤销涉案处理决定的理由。也正是由于行政机关没有责任，因此，相关的诉讼费用应由古丽亚诺公司负担。

（3）在据以保护的专利权被宣告无效后，撤销行政处理决定，有利于实现专利保护中行政执法与民事诉讼双轨制在程序上的衔接。当前我国实行的是专利保护的"民行二元分立"体系，这就造成二者如何衔接的问题。在民事程序上，《最高人民法院关于审理侵犯专利权纠纷案件应用法律若干问题的解释（二）》第二条规定，权利人在专利侵权诉讼中主张的权利要求被专利复审委员会宣告无效的，审理侵犯专利权纠纷案件的人民法院可以裁定驳回权利人基于该无效权利要求的起诉。即在民事侵权诉讼中，据以保护的专利权被宣告无效后，法院无须等待行政诉讼的最终结果，对民事侵权诉讼直接不再审理。若相关专利权被维持有效，当事人可通过另行起诉的方式予以救济。但是在行政处理程序中尚无相关的规定。这就可能造成行政处理程序与民事司法程序在处理结果上相脱节。本案明确了在据以保护的专利权被宣告无效后，在行政诉讼中，法院亦无须等待专利权被宣告无效的行政诉讼的最终结果，应当直接撤销行政处理决定，实现了专利保护中行政执法与民事诉讼双轨制在程序上的衔接。

（撰稿人：广州知识产权法院 谭海华 吴学知）

揭阳市双骏橡胶机械有限公司诉广东省知识产权局等专利行政处理决定纠纷案

——专利行政纠纷中禁止不利变更原则的适用

【裁判要旨】

对有瑕疵的行政处理决定不能一律撤销并责令重新作出决定，而应区分情况处理，否则，不仅违背专利权人自由处分自己权利的意愿，更将使行政相对人面临可能被加重处罚的境地，与《行政诉讼法》禁止不利变更的原则和精神不相一致。

【关键词】

行政　专利侵权　禁止不利变更

【案例索引】

一审：广州知识产权法院〔2015〕粤知法专行初字第3号

二审：广东省高级人民法院〔2016〕粤行终1237号

【案情及裁判】

原告：揭阳市双骏橡胶机械有限公司（以下简称双骏公司）

被告：广东省知识产权局

第三人：VMI荷兰公司

一、一审

双骏公司因与广东省知识产权局发生专利行政处理决定纠纷，向广州知识产权法院提起诉讼。

原告双骏公司诉称：双骏公司产品与VMI荷兰公司专利完全不同，广东省知识产权局认定构成侵权错误。双骏公司不服国家知识产权局第24507号无效宣告请求审查决定，已向北京知识产权法院起诉并被受理，申请中止审理。广东省知识产权局罔顾双骏公司提出的中止申请,抢在生效决定前作出侵权处理决定,程序不当。故起诉请求撤销广东省知识产权局作出的粤知执处字〔2014〕第9号《处理决定书》。

被告广东省知识产权局辩称:①通过现场演示和技术比对,可确定被诉侵权技术方案落入涉案专利权的保护范围;②国家知识产权局以第24507号无效宣告请求审查决定维持涉案专利权有效,双骏公司要求中止处理的理由已不成立。

广州知识产权法院一审查明:

VMI荷兰公司系专利号为ZL01806616.X、名称为"具有翻边装置的轮胎成型鼓"发明专利的专利权人。VMI荷兰公司以双骏公司未经许可擅自生产、销售、许诺销售的产品落入涉案专利权利要求1~14的保护范围,侵害其合法权益为由,请求广东省知识产权局处理,具体请求为:①责令双骏公司立即停止制造、销售、许诺销售侵犯涉案专利权的产品;②请求对被诉侵权产品进行抽样取证,并对被诉侵权产品、半成品、生产设备进行清点、拍照、登记;③责令销毁制造被诉侵权产品的专用工具及设备等物品;④本案的调处费用由双骏公司承担。广东省知识产权局立案后,进行现场勘验、演示和调查取证、组织口审,作出粤知执处字〔2014〕第9号《处理决定书》。《处理决定书》内容只对被诉权利是否落入涉案专利权利要求1进行了审查认定,决定内容为:确认被请求人侵犯了涉案发明专利权;责令被请求人立即停止侵权行为,即停止制造、销售、许诺销售与ZL01806616.X发明专利技术方案相同的侵权产品。双骏公司不服该处理决定,向一审法院提起行政诉讼,请求撤销被诉处理决定。

广州知识产权法院一审认为:

事实认定及法律适用方面。本案中,VMI荷兰公司作为该行政案件的申请人,请求保护的是涉案专利权利要求1~14记载的技术方案。在处理程序中,双骏公司和VMI荷兰公司除了就权利要求1的内容发表了比对意见外,还对被诉侵权产品是否具备涉案权利要求2~14的技术特征发表了比对意见。双骏公司和VMI荷兰公司的上述行为,除了具有表达各自观点的实体内涵,还体现了行政相对人在行政程序中行使陈述、申辩权的程序价值。广东省知识产权局在涉案《处理决定书》中对双骏公司和VMI荷兰公司关于涉案专利权利要求 2~14 的比对意见全无记载，更无回应，未梳理 VMI 荷兰公司请求保护的各项权利要求内容之间的关系，即认定"请求人请求保护的技术方案为权利要求 1 所记载的技术特征"，直接将涉案专利权利要求 1 记载的技术方案确定为 VMI 荷兰公司请求保护的全部内容，将"被诉侵权技术方案"限定为与涉案专利权利要求 1 对应的技术特征，属于对权利人请求保护范围的错误认定。在此前提下，一审法院认为广东省知识产权局关于被诉侵权技术方案落入了 VMI 荷兰公司该案请求保护的权利范围、双骏公司涉案行为构成侵权的认定事实依据不足。另外，一审法院注意到，根据《请求书》的内容，VMI 荷兰公司该案的处理请求还包括请求广东省知识产权局责令销毁双骏公司制造被诉侵权产品的专用工具及设备等。VMI 荷兰公司作为申请人提出了相关申请，广东省知识产权局对 VMI 荷兰公司该项请求未予调处，属于遗漏处理请求人的请求，违反了上述法律规定。

综上，广州知识产权法院依照《专利法》（2008 年修正本）第五十九条第一款，《专利行政执法办法》（2015 年修正本）第四十一条第一项，《行政诉讼法》（2014 年修正本）第七十条第一项①的规定，判决：撤销粤知执处字〔2014〕第 9 号专利纠纷案件处理决定，广东省知识产权局依法重新作出处理决定。

二、二审

双骏公司不服一审判决，向广东省高级人民法院提出上诉称：一审判决虽然形式上支持双骏公司撤销被诉处理决定的诉求，但判定理由背离了客观事实与正当程序，实则为 VMI 荷兰公司利益背书。上诉请求：①将一审判决中关于"被诉处理决定认定事实依据不足"的判定纠正为"被诉处理决定关于双骏公司构成侵权的认定事实依据不同"；②依法纠正一审判决违背事实及超越起诉与审理范围作出的关于"被诉处理决定未对行政相对人的全部请求进行调处"的判定。

VMI 荷兰公司亦不服一审判决，向广东省高级人民法院提起上诉称：①广东省知识产权局的相关行政处理决定没有任何不当，足以保护 VMI 荷兰公司的权利；②在双骏公司并未说明是否存在制造侵权产品的专用设备前提

---

① 《行政诉讼法》（2017 年修正本）对第七十条第一项未做改动。

下,广东省知识产权局无法判断该设备是否存在,故在没有查获的情况下,无法决定采取该处罚措施,且责令停止侵权行为已经涵盖停止侵权的种种措施;③双骏公司在提起诉讼时,仅主张不侵权和未中止诉讼,一审法院不应超出双骏公司的主张范围进行审理。而且,"遗漏处理请求人的请求"和"对权利人请求保护范围的错误认定"均不符合《行政诉讼法》(2014年修正本)第七十条应予撤销的情形。最多只是认定违法,但不需要撤销。故请求判决:①撤销一审判决;②驳回双骏公司全部诉讼请求;③诉讼费用均由双骏公司负担。

广东省高级人民法院经二审查明:一审法院查明事实属实,予以确认。

广东省高级人民法院二审认为:

本案主要争议焦点在于:本案一审程序及处理结果是否不当。

首先,关于本案是否需要中止诉讼的问题。《最高人民法院关于审理专利纠纷案件适用法律问题的若干规定》(2015年修正)第十一条规定:"人民法院受理的侵犯发明专利权纠纷案件或者经专利复审委员会审查维持专利权的侵犯实用新型、外观设计专利权纠纷案件,被告在答辩期间内请求宣告该项专利权无效的,人民法院可以不中止诉讼。"涉案专利为发明专利,且专利复审委已就涉案专利进行了无效宣告请求审查,并于2014年12月4日发出第24507号《无效宣告请求审查决定书》,维持涉案专利权有效,可见涉案专利权权利状态稳定。在此情况下,一审法院不予中止诉讼,符合相关法律规定。双骏公司坚持以已提起相关行政诉讼、应等待相关行政终审判决为由,上诉请求中止本案诉讼,缺乏事实与法律依据,不予支持。

其次,关于双骏公司和VMI荷兰公司均上诉称一审法院的审查超越双骏公司的诉讼请求范围、程序违法的问题。根据《行政诉讼法》(2014年修正本)第六条规定,"人民法院审理行政案件,对行政行为是否合法进行审查";第八十七条规定,"人民法院审理上诉案件,应当对原审人民法院的判决、裁定和被诉行政行为进行全面审查"[1]。故法院对于行政案件,依法应从职权、程序、事实认定及法律适用等方面对被诉处理决定的合法性进行全面审查,而并非如双骏公司和VMI荷兰公司所称,仅限于当事人的争议和诉请

---

[1] 《行政诉讼法》(2014年修正本)对第六条和第八十七条未做改动。

部分。故两上诉人均以此主张一审法院的审理超出审理范围、程序错误，二审法院不予支持。

最后，关于本案的处理结果问题。如前所述，双骏公司生产、销售、许诺销售的被诉侵权产品落入涉案专利权利要求1保护范围，构成侵权。在此情况下，广东省知识产权局责令双骏公司立即停止侵权行为，即停止制造、销售、许诺销售与涉案专利技术方案相同的侵权产品，符合《专利法》（2008年修正本）第六十条的相关规定。虽然广东省知识产权局遗漏了对VMI荷兰公司在投诉时就提出的被诉侵权产品还落入了涉案专利权利要求2~14的保护范围的处理请求的审理，亦未对VMI荷兰公司责令销毁双骏公司制造被诉侵权产品的专用工具及设备的处理请求作出明确回应，确有不当，但是广东省知识产权局遗漏处理VMI荷兰公司的处理请求，仅对权利人VMI荷兰公司不利，而对行政相对人双骏公司的权利不会造成任何更加不利的影响。而且，权利人VMI荷兰公司无论是收到被诉处理决定后、一审还是二审期间均完全赞同广东省知识产权局的处理内容及结果，同时也明确表示放弃对其他事项的处理请求，并表示如仅因遗漏处理请求事项而导致撤销被诉处理决定、责令重作，反而有碍权利人VMI荷兰公司的权利得到及时救济。在此情况下，一审法院仅以广东省知识产权局遗漏处理相关请求事项为由，撤销相关处理决定，并责令广东省知识产权局重新作出决定，不仅违背了专利权人VMI荷兰公司自由处分自己权利的意愿，更将使行政相对人双骏公司面临可能被加重处罚的境地，与《行政诉讼法》禁止不利变更的原则和精神不相一致，二审法院予以纠正。

据此，广东省高级人民法院依照《行政诉讼法》（2014年修正本）第六十九条、第八十九条第一款第二项[①]之规定，判决：

（1）撤销中华人民共和国广州知识产权法院〔2015〕粤知法专行初字第3号行政判决；

（2）驳回揭阳市双骏橡胶机械有限公司的诉讼请求。

【法官点评】

本案系典型的"民行交叉"中的专利行政执法纠纷案。与该行政案一并

---

① 《行政诉讼法》（2017年修正本）对第六十九条、第八十九条第一款第二项未做改动。

受理的，还有VMI荷兰公司诉双骏公司侵害专利权纠纷民事案，两案均同时由同一个合议庭审理，属于典型的知识产权"二合一"案例。因此，虽然本行政案也涉及被诉侵权技术是否落入专利权的保护范围等实质性问题，但仍然可以与民事案件审理同步进行，凸显"三合一"优势。本案的突出特点是，不仅大量涉及专利权利要求解释、技术比对的专业实体问题，还涉及行政诉讼程序问题，特别是对"禁止不利变更"行政诉讼法基本理念和精神的理解适用问题，全面展现了知识产权行政执法纠纷案的特殊性与专业性。

本案中，虽然广东省知识产权局遗漏处理VMI荷兰公司的处理请求，确有不当，但该行为仅对专利权人VMI荷兰公司不利，而对行政相对人双骏公司的权利不会造成任何更加不利的影响。在专利权人对广东省知识产权局的处理内容和结果无异议的情况下，一审法院仍以广东省知识产权局遗漏处理相关请求事项为由，撤销相关处理决定，并责令广东省知识产权局重新作出决定，不仅违背专利权人VMI荷兰公司自由处分自己权利的意愿，更将使行政相对人双骏公司面临可能被加重处罚的境地，与《行政诉讼法》禁止不利变更的原则和精神不相一致。二审纠正了一审法院因错误理解法律而导致的程序往复、损害各方当事人权益的问题，充分体现了知识产权法官对行政执法纠纷案件的驾驭能力。

本案的处理，既有利于促进行政机关执法行为的进一步规范化和法治化，也为严格程序运行与保护当事人程序权利和实体权益的关系的正确处理提供了良好典范。本行政案判决同时，民事案也一并判决（民事纠纷案判处侵权人赔偿VMI荷兰公司经济损失300万元），充分展现当前全面推行的知识产权"三合一"审判工作的有效成果，取得了良好的法律效果与社会效果。

（撰稿人：广东省高级人民法院　肖海棠　张胤岩）

第三编
刑事案件

被告人李某志等犯非法制造注册商标标识罪案
——知识产权犯罪中非法经营数额的认定标准

【裁判要旨】

在价格认定中心无法确定被诉侵权产品市场中间价格的情况下，被害单位出具的价格证明不能作为市场中间价格认定的依据。在不能确定非法经营数额的情况下，按照刑法规定的销售伪造、擅自制造两种以上注册商标标识数量予以量刑处罚。

【关键词】

非法经营数额　市场中间价格　价格证明

【案例索引】

一审：深圳市宝安区人民法院〔2017〕粤0306刑初4591号

二审：深圳市中级人民法院〔2018〕粤03刑终655号

【案情及裁判】

公诉机关：深圳市宝安区人民检察院

上诉人（原审被告人）：李某志

原审被告人：巫某

一、一审

深圳市宝安区人民检察院以深宝检公一刑诉〔2017〕2224号起诉书指控被告人李某志、巫某犯假冒注册商标罪，向广东省深圳市宝安区人民法院提起公诉。

深圳市宝安区人民检察院指控称：2016年8月起，在未经授权的情况下，"孙某"（身份不详，另案处理）在其经营的位于深圳市宝安区松岗街道大田洋鑫鑫安工业园宿舍楼一楼的加工厂，以月薪3000～5000元不等的工资招聘李某志、巫某等人加工生产假冒"三星""华为"注册商标的手机玻璃面板。被告人李某志是该工厂的日常管理者,负责对工厂的机器设备进行调试以及对员工进行管理,被告人巫某协助李某志管理工厂,负责生产以及对员工进行考勤,该加工厂每加工完成一个手机玻璃面板收取客户 1~1.8 元不等的加工费。2016 年 11 月 21 日 20 时许,民警在上址抓获被告人李某志、巫某,并当场查获假冒"三星"手机玻璃面板 10 100 个、"华为"手机玻璃面板 1200 个、销售单据 16 张及送货单 2 本。经查,涉案的华为手机玻璃面板市场销售单价为人民币 35 元,三星手机玻璃面板市场销售单价为人民币 60 元,涉案的假冒手机玻璃面板金额共计价值人民币 648 000 元。公诉机关认为被告人李某志、巫某的行为构成了假冒注册商标罪,并提交了相关证据材料。

李某志辩称:①在工厂杂物间缴获的带三星标识的货物,其没有管理,是在其去之前就已经在那里的,这部分不应由其承担,且缴获的是三星盖板而不是面板,盖板是原材料、面板是成品,对按照面板来鉴定价值有异议,且公安机关并没有当着其面清点数量;②对缴获的华为品牌的产品数量没有异议;③其没有去交过工厂的房租。

巫某辩称:其只是工厂的包装员工,看其老公太辛苦才帮他的忙,其每月工资三千多元,负责货物点数和填写送货单,不负责管理,对所指控的产品数量和金额均不清楚。

深圳市宝安区人民法院一审查明:

"HUAWEI"是华为技术有限公司的注册商标,商标注册证号为第 14203959 号,核定使用商品为手机用液晶显示屏在内的第 9 类,注册有限期至 2025 年 9 月 27 日。"SAMSUNG"是三星电子株式会社注册的商标,注册证号为 13312335 号,核定使用商品第 9 类,包括手机显示屏,注册有效期限至 2025 年 2 月 6 日。2016 年 8 月起,被告人李某志、巫某等人未经商标权人授权,在深圳市宝安区松岗街道大田洋鑫鑫安工业园宿舍楼一楼的加工厂,加工生产假冒"三星""华为"注册商标的手机玻璃面板,将排线贴附到手机盖板上。被告人李某志是该工厂的日常管理者,负责对工厂的机器设备进行调试以及对员工进行管理,被告人巫某协助李某志管理工厂,每加工完成一个手机玻璃面板收取客户 1~1.8 元不等的加工费。2016 年 11 月 21 日 20 时许，民警在上述地址抓获被告人李某志、巫某，并当场查获假冒"三星"手机玻璃面板 10 100 个、"华为"手机玻璃面板 1200 个、销售单据 16 张及送货单 2 本。按被害单位报价计，所缴获面板共计价值人民币 648 000 元。

深圳市宝安区人民法院一审认为：

被告人李某志、巫某无视国家法律，未经注册商标权利人许可，伪造他人注册商标标识，两种商标数量超过 1 万个，其行为已构成非法制造注册商标标识罪，公诉机关指控罪名有误，应予纠正。两被告人能供述主要犯罪事实，可予从轻处罚。在共同犯罪过程中，被告人李某志组织并积极实施犯罪，起主要作用，属于主犯；被告人巫某参与实施了部分犯罪行为，整体上起次要作用，应认定为从犯。结合案情，一审法院予以减轻处罚。关于非法经营数额，公诉机关以被害单位价格作为计算依据，真实可信，一审法院予以采纳。

综上，广东省深圳市宝安区人民法院依照《刑法》第二百一十五条、第二十六条、第二十七条、第六十四条、第六十七条第三款之规定，判决：

（1）被告人李某志犯非法制造注册商标标识罪，判处有期徒刑 3 年，并处罚金人民币 33 万元，限于本判决发生法律效力后 10 日内缴纳。（刑期从判决生效之日起计算，判决执行以前先行羁押的，羁押 1 日折抵刑期 1 日，即自 2016 年 11 月 21 日起至 2019 年 11 月 20 日止。）

（2）被告人巫某犯非法制造注册商标标识罪，判处有期徒刑 1 年，并处罚金人民币 6 千元，限于本判决发生法律效力后 10 日内缴纳。（刑期从判决生效之日起计算，判决执行以前先行羁押的，羁押 1 日折抵刑期 1 日，即自 2016 年 11 月 21 日起至 2017 年 11 月 20 日止。）

（3）所缴获的假冒注册商标标识，均予没收，由扣押机关依法处理。

二、二审

原审被告人李某志不服一审判决，向广东省深圳市中级人民法院提起上诉称：请求依法减轻处罚。理由如下。第一，杂物间搜查到的三星盖板在其到工厂做事前就已存在。华为盖板是在 11 月初拉过来的，放了几天后接到通知说那华为盖板的外形尺寸不对，装不了机，用不了只能报废处理，要其自行处理扔掉。这个型号做不了，所以与华为盖板对应的贴合物料就没有拉过来。第二，文某谦的证言不符合事实：①4 月确与孙姓男子签订租赁合同，但在7月就清理掉了;②老板告诉过其,新正在楼上的工厂加工正规面板,但宿舍一楼也是新正所建,有加工过带商标的面板。杂物间的那些盖板就是新正倒闭后留下的。第三,其本职工作是技术员,巫某是员工。只是后来老板以他自己忙不开以及这些事都是小事为由要其代劳。

辩护人辩护意见:李某志犯非法制造商标标识罪的定性无异议,但犯罪情节不属于特别严重而是情节严重。理由有二。第一,本案应该以上诉人加工侵权产品的数量或以收取的加工费来计算非法经营数额进行量刑。公安部门当场查获的三星手机玻璃面板数量是10 100个,华为手机玻璃面板的数量为1200个,数量明确,总加工费为11 300~20 340元。第二,一审法院以被害单位出具的价格作为认定非法经营数额的依据错误。故量刑幅度应该为三年以下有期徒刑、拘役或者管制。

深圳市中级人民法院二审查明事实:

深圳市宝安区价格认证中心向侦查机关出具的《中止通知书》认为,标有"HUAWEI"和"SAMSUNG"的手机面板在正规售后均没有单独更换及销售,无法确定市场中间价格。

广东省深圳市中级人民法院二审认为:

(1)本案应当以何种标准确定上诉人和原审被告人构成非法制造商标标识罪。本案现场查获的手机玻璃面板全新且带防尘膜,部分三星品牌盖板在生产线上缴获,故李某志认为部分杂物间搜查到的三星盖板不属于其非法制造的注册商标标识理由不成立。《最高人民法院、最高人民检察院关于办理侵犯知识产权刑事案件具体应用法律若干问题的解释》第三条规定:"伪造、擅自制造他人注册商标标识或者销售伪造、擅自制造他人注册商标标识,具有下列情形之一的,属于刑法第二百一十五条规定的'情节严重',应当以非法制造、销售非法制造的注册商标标识罪判处三年以下有期徒刑、拘役或者管制,并处或者单处罚金……(二)伪造、擅自制造或者销售伪造、擅自制造两种以上注册商标标识数量在一万件以上,或者非法经营数额在三万元以上,或者违法所得数额在二万元以上的……"

本案现场查获带有"HUAWEI"注册商标的手机玻璃面板1200件,带有"SAMSUNG"注册商标的手机玻璃面板10 100件。涉案的两个注册商标核定使用商品范围为包括手机用液晶显示屏在内的第9类。本案查获的手机玻璃面板并非手机用液晶显示屏，不符合《刑法》第二百一十三条"假冒注册商标罪"规定在同一种商品上使用与其注册商标相同的商标的犯罪构成要件。李某志和巫某无视国家法律，生产、加工未经授权的带有"HUAWEI"和"SAMSUNG"注册商标的手机玻璃面板，具有擅自制造他人注册商标标识的主观故意，数量超过一万件，属于情节严重，其行为符合非法制造注册商标标识罪的构成要件，应依法予以惩处。一审法院认定李某志及巫某构成非法制造注册商标标识罪，并无不当。

（2）关于本案的非法经营数额的认定是否适当。关于非法经营数额，一审法院认为以被害单位价格作为计算依据，真实可信，予以采纳。二审法院认为，根据《最高人民法院、最高人民检察院关于办理侵犯知识产权刑事案件具体应用法律若干问题的解释》第十二条规定，"'非法经营数额'，是指行为人在实施侵犯知识产权行为过程中，制造、储存、运输、销售侵权产品的价值。已销售的侵权产品的价值，按照实际销售的价格计算。制造、储存、运输和未销售的侵权产品的价值，按照标价或者已经查清的侵权产品的实际销售平均价格计算。侵权产品没有标价或者无法查清其实际销售价格的，按照被侵权产品的市场中间价格计算。"本案中关于非法经营数额的加工费以及销售单价均只有李某志和巫某的供述，现场查获的送货单上没有记载任何产品规格型号或种类，无法与被告人供述相印证。故本案的侵权产品的价值无法按照实际销售价格进行计算。侵权产品没有标价或无法查清其实际销售价格的，按照被侵权产品的市场中间价格计算。价格认证中心认定正规售后均没有单独更换及销售玻璃面板，无法确定市场中间价格。而本案被害单位出具的价格证明不属于法律及相关司法解释规定的市场中间价格，故一审法院按被害单位报价计所缴获面板共计价值人民币648 000元作为本案非法盈利的数额不当，予以纠正。

据此，广东省深圳市中级人民法院根据上诉人李某志和原审被告人巫某的犯罪事实和量刑情节，依照《刑法》第二百一十五条、第五十二条、第五十三条、第六十四条、第六十七条第三款，《最高人民法院、最高人民检察院关于办理侵犯知识产权刑事案件具体应用法律若干问题的解释》第三条第一款第一项、第十二条第一款，《中华人民共和国刑事诉讼法》（2012年修正本）第二百二十五条第一款第二项①之规定，判决：

（1）维持深圳市宝安区人民法院〔2017〕粤0306刑初4591号刑事判决第一项的定罪部分和第二、三项；

（2）撤销深圳市宝安区人民法院〔2017〕粤0306刑初4591号刑事判决第一项的量刑部分；

（3）上诉人李某志犯非法制造注册商标标识罪，判处有期徒刑2年，并处罚金人民币5万元。

【法官点评】

本案入选最高人民法院公布的"2018年中国法院10大知识产权案件"。

涉及侵害知识产权犯罪的认定中，非法获利金额的计算是认定罪与非罪以及量刑的关键因素。

根据《最高人民法院、最高人民检察院关于办理侵犯知识产权刑事案件具体应用法律若干问题的解释》第十二条规定，"'非法经营数额'，是指行为人在实施侵犯知识产权行为过程中，制造、储存、运输、销售侵权产品的价值。已销售的侵权产品的价值，按照实际销售的价格计算。制造、储存、运输和未销售的侵权产品的价值，按照标价或者已经查清的侵权产品的实际销售平均价格计算。侵权产品没有标价或者无法查清其实际销售价格的，按照被侵权产品的市场中间价格计算。"

侵害知识产权犯罪的非法获利证据一般包括书证、电子数据、鉴定意见和证人证言以及被告人供述。对于被害单位出具的证明，一般只能认定为被害人陈述。

对于被告人的供述，一般需要其他证据相互佐证形成证据链才能采信。本案两被告人供述实际销售平均价格。两被告人均供述加工带有商标标识的侵权产品的加工费。但该供述并无其他证人证言佐证，现场查获的送货单上没有记载任何产品规格型号或种类予以佐证，无法与被告人供述相印证。故两审法院均未采用该标准。

根据《最高人民法院、最高人民检察院关于办理侵犯知识产权刑事案件具

---

① 《刑事诉讼法》（2018年修正本）将第二百二十五条改为第二百三十六条。

体应用法律若干问题的解释》的规定，侵权产品没有标价或者无法查清其实际销售价格的，非法经营数额按照被侵权产品的市场中间价格计算。价格认证中心出具的《中止通知书》明确说明，标有"HUAWEI"和"SAMSUNG"的手机玻璃面板在正规售后均没有单独更换及销售。本案一审法院量刑标准为非法经营数额，其采信的证据为被害单位出具的价格证明。被害单位出具的价格证明在证据形式上仅属于被害单位陈述。在没有其他证据佐证的情况下，被害单位出具的价格证明不能作为本案市场中间价格的确定标准。在无法查明实际销售价格和市场中间价格的情况下，二审法院最终按照刑法规定的销售伪造、擅自制造两种以上注册商标标识数量予以量刑处罚。

二审法院纠正了一审法院就司法解释中关于市场中间价格认定标准的错误理解，对涉知识产权犯罪中非法经营数额证据的认定标准具有示范性作用。

（撰稿人：深圳市中级人民法院　蒋筱熙）

被告人陈某等侵犯商业秘密罪案

——权利人实际投入可作为认定损失数额的依据

【裁判要旨】

权利人事前形成的研发经费证明可作为认定商业秘密罪案权利人损失数额的依据。

【关键词】

商业秘密　损失数额　研发成本　侵权获利

【案例索引】

一审：深圳市龙岗区人民法院〔2016〕粤0307刑初2539号刑事判决书

二审：深圳市中级人民法院〔2017〕粤03刑终653号刑事裁定书

【案情及裁判】

公诉机关（二审抗诉人）：深圳市龙岗区人民检察院

被告人（二审被抗诉人）：陈某

被告人（二审被抗诉人）：张某

被告人（二审被抗诉人）：韩某

被告人（二审被抗诉人）：吴某

一、一审

深圳市龙岗区人民检察院以深龙检刑诉〔2016〕2456号起诉书指控被告人陈某、张某、韩某、吴某犯侵犯商业秘密罪，于2016年6月30日向深圳市龙岗区人民法院提起公诉。

深圳市龙岗区人民检察院指控：被告人陈某、韩某、张某、吴某2012年时均为本案权利人的员工。其中，被告人张某是研发以健康管理为核心的涉案源代码项目的创新中心的负责人，被告人吴某为该中心的一名员工，被告人陈某为被告人张某的上司。2012年年初，被告人陈某计划自主创业，先后在深圳、无锡等地成立多家"博迪"系列公司，其中包括于2012年5月在深圳成立的博迪物联公司。2012年11月，被告人陈某与被告人张某、韩某商议以权利人涉案源代码为基础研发博迪物联公司的运动健康软件与可穿戴设备。在明知是违反权利人员工规定和关于保守商业秘密的协议的情况下，被告人张某按照上述商议计划，于11月安排被告人吴某利用自己的工作权限进入权利人存放涉案源代码的服务器，并通过测试端口复制权利人的涉案源代码，后交给被告人韩某，再由其于2012年11月至2013年5月间披露给博迪物联公司的王某盛等人进行修改、测试，在此基础上形成了运动健康系列软件并上传至公开网站。经深圳市公平衡资产评估有限公司鉴定，权利人涉案健康管理平台专有技术信息研发成本评估价值为人民币659万元。

被告人及其辩护人提出如下辩解、辩护意见：①本案应按单位犯罪论处；②被告人在对复制回来的涉案软件源代码经测试无效后就没有再进行使用；③本案商业秘密的范围应是经鉴定的21个技术点，其中11个技术点并不具有非公知性，应予以剔除并将成本评估范围界定在剩余的10个技术点之内；④涉案软件项目仅处于演示阶段，没有商业用途，不具有实用性，并不存在实际具体的损害结果事实；⑤被告人未给权利人造成重大损失，未达刑事追诉标准。

深圳市龙岗区人民法院一审查明：

被告人陈某、张某、韩某及吴某均系深圳某知名企业（本案权利人）员工，其中陈某为产品线总裁，张某为研发管理部长。2012年年初，陈某、张某、韩某等人意图离职创业，并提前成立了公司。同年11月，陈某、张某二人密谋指使下属吴某盗取权利人的涉案项目源代码，拟以此为基础研发自己公司的软件及配套产品。吴某接受授意后，通过技术手段窃得该源代码，并将其交给了已离职的韩某。韩某据陈某的指示，组织人员对上述源代码进行修改、测试和开发。2013年5月，韩某等人将开发完成的APP上传至公开网络，配套计步器产品也于同期推出上市。

在侦查过程中，经侦查机关委托工业和信息化部电子科学技术情报研究所知识产权司法鉴定中心等相关机构鉴定，得出委托鉴定的涉案项目软件源代码具有非公知性，被告人公开的APP与其具有同一性的结论。经核算，权利人在涉案项目中投入的研发成本共计人民币 1 762 720.55 元。

2015 年 7 月 9 日，被告人陈某因犯侵犯著作权罪被一审法院判处有期徒刑一年七个月，并处罚金人民币 3 万元，同年 11 月 24 日刑满释放；被告人张某因犯侵犯著作权罪被判处有期徒刑一年六个月，缓刑 2 年，并处罚金人民币 2 万元。

在本案审理过程中，权利人分别出具谅解书，对被告人陈某、张某、韩某表示谅解，并请求对其三人从轻处罚。

深圳市龙岗区人民法院一审认为：

涉案软件源代码通过编译后能够形成权利人开发的软件产品中的相应功能模块，具有潜在的商业价值，能为权利人带来竞争优势，属于具有实用性的技术信息，又经鉴定机构鉴定具有非公知性，在 2014 年 4 月 24 日以前不为公众所知悉，且权利人也采取了合理的保密措施。因此，涉案软件源代码符合商业秘密的法定特征，属于权利人的商业秘密。而且，相关鉴定意见已足以证明被告人上传至公开网络的 APP 与涉案软件源代码具有同一性。关于被告人的犯罪行为给权利人造成损失的认定问题。首先，涉案项目源代码是一个整体，各组源代码及其所对应的技术点均是这一整体的组成部分。这一项目之所以具有潜在的商业价值，能为权利人带来竞争优势，正是因为其包含的检测终端、终端应用、网关及平台各个部分之间能够在技术上互相联系、互相支持，使其以一套完整的技术方案呈现。本案中经鉴定具有非公知性和同一性的源代码及其技术点是该项目整体的必要组成部分，将整体中的该部分抽取鉴定已足以证明其具有商业秘密的法定特征。在计算权利人因此所受损失之时，当然应当将该项目整体的全部研发成本计入其中。因此，被告人及其辩护人将涉案商业秘密的范围及其价值计算限定在鉴定范围之内的辩解、辩护意见是与客观科学相悖的，既不合常理，也于法无据，故不予采纳。事实上，被告人所窃得的也是该项目的整体，即全部软件源代码，其中部分使用、披露已使该项目继续使用价值丧失，至于是否实际全部使用则不在考虑之列。其次，在核算该项目软件源代码的开发成本时，应将权利人在研发时间段内的全部人员投入和相关开支费用计算在内。一审法院根据权利人提供的研发人员工作评价、工资福利数据及其投入汇总说明和外包合同、票据、硬件成本分摊等进行核算，得出认定金额，合理有据。对于被告人窃取涉案项目软件源代码行为发生后权利人对涉案项目的投入应否计入研发成本的问题，因权利人开始并不知道商业秘密被窃取，而为了项目的后续完善仍有适当费用投入，当然应当计入本案损失范围。而被告人修改后的APP上线发布之日即为该商业秘密公开之日，其后发生的费用则不应计入。

被告人陈某、张某等人虽系自己创业公司的投资人，但其密谋窃取权利人涉案项目源代码体现的仍是个人意志，其后用于创业公司软件配套产品也是为了实现个人利益，且创业公司在APP上线以后也仅以运营配套产品为其主要业务。因此，本案应以被告人陈某等人自然人犯罪论处。

综上，深圳市龙岗区人民法院依照《刑法》第二百一十九条第一款第一项和第二项、第二十五条第一款、第二十六条第一款和第四款、第二十七条第一款和第三款、第六十七条、第五十二条、第五十三条第一款、第六十九条、第七十条、第七十二条第一款和第三款、第七十三条第二款和第三款和《最高人民法院、最高人民检察院关于办理侵犯知识产权刑事案件具体应用法律若干问题的解释》第七条第一款之规定，判决：

（1）被告人陈某犯侵犯商业秘密罪，判处有期徒刑一年六个月，缓刑2年，并处罚金人民币5万元。

（2）被告人张某犯侵犯商业秘密罪，判处有期徒刑一年四个月，并处罚金4万元；撤销其犯侵犯著作权罪的缓刑执行部分；数罪并罚，总和刑期二年十个月，并处罚金人民币6万元，决定执行有期徒刑二年六个月，缓刑二年六个月，并处罚金人民币6万元。

（3）被告人韩某犯侵犯商业秘密罪，判处有期徒刑一年三个月，缓刑一年六个月，并处罚金人民币2万元。

（4）被告人吴某犯侵犯商业秘密罪，判处有期徒刑一年二个月，并处罚金人民币2万元。

二、二审

深圳市龙岗区人民检察院不服判决量刑，向深圳市中级人民法院提起抗诉。二审法院未进入实体审查，公诉机关即申请撤回抗诉，二审法院出具准予撤回起诉裁定书，一审判决生效。

【法官点评】

本案入选"2017年中国法院50件典型知识产权案例"、广东省和深圳市

"知识产权审判十大案件"。由于我国立法对侵犯商业秘密罪中"重大损失"的具体认定标准并不明确,所以司法实践中在认定损失数额时缺乏合理认定标准、计算方式较为随意混乱,导致类似案件裁判标准不一。笔者认为,对不同侵犯商业秘密损害结果进行类型化区分,并在此基础上根据因果联系的紧密程度选择重大损失的计算标准,是解决困扰司法实践该问题的一般思路。由于商业秘密被侵害的程度与权利人遭受的损失大小具有最为直接的因果关系,故应以侵权行为给商业秘密造成的侵害程度差异为分类标准,分析不同侵害程度下权利人损失的计算标准。

就本案而言,涉案商业秘密属于技术信息,且技术尚处于研发阶段,权利人未将其运用至生产经营中,此时尚未产生预期利益。而侵权人在获取该秘密并披露、使用后,必然导致权利人的研发投入归于消灭,因此,应以权利人已投入的研发成本为依据计算权利人损失数额。可以说,本案的具体情节不算复杂,侵权行为与权利人损失之间的因果联系较明显,需要注意的只有权利人研发投入成本的节点计算问题。但实践中,比本案复杂的情况不胜枚举,笔者简要对不同情况的权利人损失计算标准作出分析。

一是侵权人获取技术秘密后未披露或使用的情况。此时应考虑其必然因为获取涉案秘密而缩短或调整自己技术开发进程,缩小与权利人之间的差距。此时权利人的损失表现为相对于侵权人竞争优势的减少或丧失,该种损失可以量化为侵权人技术开发成本的节约,侵权人获取行为和权利人研发成本的丧失具有因果联系,故可采用研发成本计算权利人损失。在具体计算研发成本时需要注意以下环节与节点:①剔除与形成商业秘密无关的成本;②注意时间节点的选择,应选择在特定时间段内权利人为开发商业秘密的必要、直接支出;③对评估报告不能只看具体结果,对其评估具体依据应予以查证属实后方能作为定案依据。

二是权利人已将技术投入使用,而侵权人获取秘密后使用的情况。此时侵权行为必然给权利人造成实际损失。此时应按以下三种情形计算损失。其一,若权利人直接利益损失能计算的,计算直接利益损失。其二,实际损失无法计算的,可认为侵权人未经权利人许可而利用其商业秘密,导致权利人本应获得的许可使用费未能获得,将许可使用费视为权利人损失。此时侵权行为与权利人许可使用费的损失具有因果联系。在计算许可使用费时须注意以下环节与节点：①应当以"有许可使用费参照"为条件，如果不考虑"可参照的许可使用费"或没有"可参照的许可使用费"，评估机构根据一般性知识推测、估算出的许可使用费缺乏客观依据，不应成为定案依据；②侵权人此时获取的相当于排他许可人的权利，应以排他许可费来计算损失。其三，若权利人损失和许可使用费均难以计算或无法采纳，则应以侵权人或第三人侵权获利作为计算标准。在计算侵权获利时须注意商业秘密在侵权获利中所占比例，如无法进行清晰区分，可以销售收入权利人平均利润率或行业平均利润率的乘积计算侵权获利。

（撰稿人：深圳市龙岗区人民法院　曾友林）

第四编
禁令案件

鲁布托申请广州问叹贸易有限公司等诉前停止侵害专利权案

——专利侵权案件诉前禁令应如何审查

【裁判要旨】

为保障相关市场秩序和专利权人的利益，专利案件的诉前禁令申请应紧紧围绕以下因素进行审查：①涉案专利是否稳定有效；②被申请人正在实施的行为是否存在侵犯专利权的可能性；③不采取有关措施，是否会给申请人的合法权益造成难以弥补的损害；④被申请人因禁令之损失是否小于或相当于无禁令之于申请人的损失；⑤颁发禁令是否会损害社会公共利益；⑥申请人是否提供了有效、适当的担保。

【关键词】

侵犯专利权　诉前禁令　社会公共利益　担保

【案例索引】

一审：广州知识产权法院〔2016〕粤73行保1、2、3号

【案情及裁判】

申请人：鲁布托

被申请人：广州问叹贸易有限公司（以下简称问叹公司）

被申请人：广州贝玲妃化妆品有限公司（以下简称贝玲妃公司）

被申请人：广州欧慕生物科技有限公司（以下简称欧慕公司）

申请人鲁布托因与被申请人问叹公司、贝玲妃公司、欧慕公司发生诉前停止侵害专利权纠纷，向广州知识产权法院申请诉前禁令。

申请人鲁布托诉称：鲁布托系 ZL201430483611.7、ZL201430484500.8、ZL201430484638.8 外观设计专利的专利权人，该专利权至今有效，且外观设

计专利权评价报告的初步结论为专利全部外观设计未发现存在不符合授予专利权条件的缺陷。鲁布托经公证取得被诉侵权产品口红3支。被诉侵权产品销售单价约为270元，涉案专利产品的海外销售单价约合600元。鲁布托表示问叹公司、贝玲妃公司、欧慕公司未经许可，正大量制造、销售以及许诺销售被诉侵权产品，如不及时加以制止，将对鲁布托的合法权益造成难以弥补的损害。鲁布托请求法院责令问叹公司立即停止制造、销售、许诺销售VT1、VT2、VT3、VT4、VT5、VT6、VT7、VT8、VT9 9款被诉侵权产品，贝玲妃公司、欧慕公司立即停止制造上述九款被诉侵权产品。

被申请人问叹公司辩称：问叹公司承认制造、销售、许诺销售了VT1、VT2、VT3、VT4、VT5、VT6、VT7、VT8、VT9 9款被诉侵权产品，但其不知被诉侵权产品有专利，且在收到本案听证材料后，在可控范围内已完全停止了同款产品的销售和发布，此外被诉侵权产品的产销量小，对鲁布托影响不大。

被申请人贝玲妃公司、欧慕公司辩称：其没有制造被诉侵权产品的容器唇膏管，仅为问叹公司加工歌剧粉、优雅粉等涉案产品的原料，并进行灌装；其已查看被诉侵权专利的相关申请资料，其不存在任何过错，现已将加工的原料全部交货至问叹公司，没有任何存货。请求驳回鲁布托对贝玲妃公司、欧慕公司的禁令申请。

广州知识产权法院听证查明：

被诉侵权产品上标明的制造者为问叹公司、贝玲妃公司。经技术比对，本案VT1、VT2、VT3、VT4、VT5、VT6、VT7、VT8、VT9 9款被诉侵权产品的盖子与ZL201430483611.7号专利的相应设计相同；就瓶体及盖子与瓶体的组合而言，除被诉侵权产品VT7型号产品外，其余产品与ZL201430484500.8号专利和ZL201430484638.8号专利的相应设计相同，而VT7型号产品仅主体表面花纹与对应设计有细微差别，与ZL201430484500.8号专利和ZL201430484638.8号专利近似。在听证过程中，经组织双方当事人就担保金额进行协商，问叹公司、贝玲妃公司当庭表示，不要求鲁布托提供担保。鲁布托根据法院要求，就3份禁令申请共提交了100万元的现金担保。

广州知识产权法院认为：

根据《专利法》（2008年修正本）第六十六条、《民事诉讼法》（2012

年修正本）第一百零一条、《最高人民法院关于对诉前停止侵犯专利权行为适用法律问题的若干规定》第四条、第十一条的规定，应当从以下六个方面对本案诉前禁令申请进行审查，以决定是否颁发诉前禁令。

（1）涉案专利是否稳定有效。根据《最高人民法院关于对诉前停止侵犯专利权行为适用法律问题的若干规定》第四条的规定，专利权人提出申请时，应当提交证明其专利权真实有效的文件，包括专利证书、权利要求书、说明书、专利年费缴纳凭证。本案鲁布托提交的证据证明了其为涉案专利的专利权人，且涉案专利稳定。虽问叹公司的法定代表人盛玉泽就被诉侵权产品申请了外观设计专利，但其申请时间较晚，故未损害涉案专利的稳定性。

（2）被诉侵权行为是否存在侵犯专利权的可能性。在处理诉前禁令申请时，法院只有判定被诉侵权行为存在侵权可能性时，才有权要求行为人停止被诉侵权行为。经技术比对，本案九款被诉侵权产品均落入涉案专利权的保护范围，被诉侵权产品上仅标明问叹公司、贝玲妃公司制造，因此，问叹公司、贝玲妃公司的行为均存在侵权的可能性。

（3）不采取有关措施，是否会给鲁布托的合法权益造成难以弥补的损害。在专利侵权案中，若出现如下情形之一，如不颁发禁令，将会给申请人的合法权益造成难以弥补的损害：①权利人声誉被损害；②侵权人没有足够的经济能力支付赔偿；③损害赔偿无法计算。本案中，首先，问叹公司、贝玲妃公司未提交其具备赔偿能力的证据。其次，侵权产品通常价格较低，专利权人将会因此而丧失相应市场份额，而专利产品价格被侵蚀和市场份额的丧失所共同造成的损失难以计算。综上，如不颁发禁令，将会给鲁布托造成难以弥补的损害。

（4）颁发禁令给问叹公司、贝玲妃公司带来的损失是否小于或相当于不颁发禁令给鲁布托带来的损失。就本案而言，问叹公司、贝玲妃公司将因禁令而损失开发模具费、宣传费、已制造出来的被诉侵权产品的其他生产成本，以及禁令期间不能制造、销售被诉侵权产品的盈利；而不颁发禁令，鲁布托不但会损失显而易见的开发设计费、宣传费，还会为竞争而降低产品价格，减少市场份额，失去竞争优势，这些损失显然大于问叹公司、贝玲妃公司的所受损失。

（5）颁发禁令是否会损害社会公共利益。法院的决定不能有违社会公共利益，如果涉案专利对社会公众的生命、健康等重大社会公共利益有着不容忽视的影响，那将会直接影响到禁令的颁发与否。就本案而言，从产品性质上看，被诉侵权产品与社会公共利益并无直接关系。

（6）鲁布托是否提供了有效、适当的担保。根据《专利法》（2008年修正本）第六十六条的规定，专利权人向人民法院申请诉前禁令时，应当提供担保，不提供担保的，驳回申请。诉前禁令的审查具有很强的时效性，因此，鲁布托要提供合理的、适当的担保。本案在初步确定担保数额时，法院考虑了以下因素：①问叹公司、贝玲妃公司表示不要求鲁布托提供担保；②鲁布托胜诉的可能性高；③涉案专利仅涉及同一种产品。综上，法院初步确定鲁布托需提供100万元作为三份禁令申请的担保。在执行裁定的过程中，如有证据证明问叹公司、贝玲妃公司因停止被诉侵权行为造成更大损失，法院将依据《最高人民法院关于对诉前停止侵犯专利权行为适用法律问题的若干规定》第七条的规定，责令鲁布托追加相应的担保。鲁布托不追加担保的，将解除禁令。

综上，鲁布托对问叹公司、贝玲妃公司的诉前禁令申请，符合法律规定，法院予以支持。由于目前没有证据证明欧慕公司存在制造被诉侵权产品的行为，故鲁布托对欧慕公司的诉前禁令申请依据不足，法院不予支持。

综上，广州知识产权法院依照《专利法》（2008年修正本）第六十六条、《民事诉讼法》（2012年修正本）第一百零一条、第一百零八条、第一百五十四条第一款第四项①、《最高人民法院关于对诉前停止侵犯专利权行为适用法律问题的若干规定》第十四条的规定，裁定：

（1）问叹公司于收到裁定之日起立即停止制造、销售、许诺销售VT1、VT2、VT3、VT4、VT5、VT6、VT7、VT8、VT9 9款口红产品；

（2）贝玲妃公司于收到裁定之日起立即停止制造VT1、VT2、VT3、VT4、VT5、VT6、VT7、VT8、VT9 9款口红产品；

（3）驳回鲁布托的其他禁令申请。

裁定的法律效力维持到案件终审法律文书生效时止。

---

① 《民事诉讼法》（2017年修正本）对第一百零一条、第一百零八条、第一百五十四条第一款第四项未做改动。

【法官点评】

本案入选"2016 年中国法院 50 件典型知识产权案例""2016 年度广东省知识产权审判十大案例""2016 年度广州知识产权法院十大典型案例""2016 年广东省首届十大涉外知识产权案例"。知识产权诉前禁令制度能有效保障相关市场秩序和知识产权人的利益，但对被申请人的利益，甚至社会公共利益亦有重大影响。然而，当时立法并未明确诉前禁令应审查的内容。本案综合《最高人民法院关于对诉前停止侵犯专利权行为适用法律问题的若干规定》第四条、第十一条的规定，对专利案件的诉前禁令申请应围绕以下几个因素进行审查。

1. 涉案专利是否稳定有效

申请人涉案专利稳定有效是请求颁发禁令的基础。我国专利法现行规定在授予外观设计专利权时仅经初步审查程序，未进行实质性审查，致其稳定性不高，故申请人除了提交专利权属文件外，还应当提供其外观设计专利权评价报告、外观设计专利权经专利复审委员会无效宣告审查程序被维持效力、民事判决认定针对其外观设计专利权侵权的指控能够成立或其他类似的证据，以证明其权利的稳定性。本案申请人提交了涉案外观设计专利授权公告文件、专利登记簿副本及外观设计专利权评价报告，证明了申请人为涉案专利的专利权人，有禁令申请权，涉案专利目前有效，且未发现存在不符合授予专利权条件的缺陷；申请人还提交了其与涉案专利相同的外观设计向印度、韩国等国家申请专利的证据。值得一提的是，虽有他人就被诉侵权产品申请了外观设计专利，但其申请日晚于申请人涉案专利的申请日和授权公告日，故不会损害申请人涉案专利的稳定性。同时，涉案专利从获得授权至今，包括本案被申请人在内，未有人向国家知识产权局申请宣告其无效。因此，涉案专利目前有效，其稳定性较高。

2. 被申请人正在实施的行为是否存在侵犯专利权的可能性

需指出的是，法院在审查时，只要能认定存在侵权可能即可，而无须判断申请人是否会胜诉。经技术比对，本案被诉侵权产品与涉案专利产品均为化妆品的盖子、化妆品的容器，是相同种类产品，两者的相应外观设计构成相同或者近似，九款被诉侵权产品均落入涉案专利权的保护范围。根据《专利法》（2008年修正本）第十一条第二款的规定，外观设计专利权被授予后，任何单位或者个人未经专利权人许可，都不得实施其专利，即不得为生产经营目的制造、许诺销售、销售、进口其外观设计专利产品。在听证过程中，申请人明确其主张：问叹公司制造、销售、许诺销售了被诉侵权产品，贝玲妃公司、欧慕公司制造了被诉侵权产品。根据现有证据，未表明欧慕公司制造了被诉侵权产品口红的盖子、容器，而问叹公司、贝玲妃公司未经专利权人许可的行为均存在侵权的可能性。

3. 不采取有关措施，是否会给申请人的合法权益造成难以弥补的损害

诉前禁令作为一种严厉的提前介入的救济措施，若权利人的声誉没有被侵害，或者损害赔偿可被准确计算，且被申请人具备赔偿能力，则权利人所受损失可依生效判决获赔，并无颁发禁令之必要。首先，一般来讲，权利人的权益在胜诉后会得到法律保障，但实际上由于侵权人赔偿能力有限或者居无定所等原因，权利人的经济损失也许根本得不到物质上的足额赔偿。若放任侵权行为发生，将使本可避免的损害成为必然。侵权人执行判决的能力越差，越有可能受到禁令的限制。本案问叹公司、贝玲妃公司未提交证据以示其具备足够的赔偿能力。其次，在认定损害赔偿难以计算上，所依情形为：①产品价格被侵蚀和市场份额的丧失所共同造成的损失难以计算；②若市场上有数名侵权者，则难以准确计算出每名侵权者应承担的赔偿数额；③权利人将难以再把为与侵权者竞争而降低的产品价格重新提升到原来的水平。实际上，专利权人通常会在产品价格中收回研究与开发费用，因此专利权人通常会以较高价格销售其产品，而侵权人则会以较低价格销售其产品（不含研究与开发费用），专利权人将会因此而丧失其应有的市场份额。本案中，问叹公司以不及正品售价的一半来销售与申请人专利产品具有竞争关系的被诉侵权产品，无疑会抢占部分市场份额，如不颁发禁令，计划将专利产品推广到中国市场的申请人将会因此丧失其应有的市场份额。稳固市场一旦确定，竞争者进入市场将要付出巨大代价。为与侵权者竞争，夺回被抢占的市场份额，申请人将不得不降价销售，乃至难以重新提升到原来的水平，其市场份额将会永久性地被破坏，上述产品价格被侵蚀和市场份额的丧失所共同造成的损失难以计算。而且，涉案专利产品属于化妆品的外观设计，具有新颖性、流行性的特点，一旦被诉侵权产品在市场上大量出售将会降低相关公众的购

买欲望，缩短专利产品的生命周期，因此，制止可能的侵权行为具有紧迫性。需要指出的是，问叹公司在听证过程中，虽表示愿意停止被诉侵权行为，但并没有向法院表明其如何具体有效地停止被诉侵权行为，其上述承诺不足以阻却禁令的颁发。综上，如不颁发禁令，将会给申请人的合法权益造成难以弥补的损害。

4. 被申请人因禁令之损失是否小于或相当于无禁令之于申请人的损失

诉前禁令作为责令被申请人诉前停止被诉侵权行为的一种救济措施，必然会影响申请人和被申请人双方的重大经济利益。在决定是否颁发禁令前，需同时考虑其对双方的影响，以避免禁令救济造成更大损失，浪费巨大的社会成本，难以实现社会利益的最大化。保障申请人的利益虽正当，因诉前禁令也往往对被申请人的经营活动带来不虞之灾，如申请人实际损失较被申请人而言微不足道，则颁发禁令将有悖于禁令制度的立法宗旨，故应将"被申请人因禁令之损失是否小于或相当于无禁令之于申请人的损失"作为衡量是否颁发禁令的标准之一。倘颁发诉前禁令给被申请人带来的损失，将小于不颁发诉前禁令给申请人带来的损失，则应支持申请人的禁令申请；否则，应驳回其禁令申请；当然，如果被申请人因禁令之损失与无禁令之于申请人的损失相当，那么应优先保护申请人的权利，支持其禁令申请。就本案而言，问叹公司、贝玲妃公司因禁令所受损失显然小于无禁令之于鲁布托的所受损失。

5. 颁发禁令是否会损害社会公共利益

社会公共利益是公民利益的集中体现，维护社会公共利益也是司法机构的重要职责。无论法院作何决定，都不能有悖于社会公共利益，颁发禁令亦是如此。如果涉案专利对社会公众的生命、健康、安全、环保以及其他重大社会公共利益有着不容忽视的影响，那么社会公共利益将直接影响禁令发布与否。就本案而言，一方面，涉案专利产品和被诉侵权产品均属于化妆品类，颁发禁令仅涉及被申请人的经济利益，不会损害社会公共利益；另一方面，涉案专利的新颖性具备一定的识别功能，颁发禁令将有助于避免市场混淆，维护市场秩序，更益于保障公共利益。

6. 申请人是否提供了有效、适当的担保

诉前禁令的作用是迅速制止侵权行为，具有很强的时效性，所以法院的审查往往历时较短，以致法院根据申请而采取的禁令措施与判决结果不一定相符。正是由于法律充分地考虑到这一风险，所以要求申请人在申请时需提供相应的财产担保。一方面，这一要求对申请人来讲，促使其在申请时须考虑胜诉率，谨慎提出申请，避免其滥用申请权；另一方面，在申请有误时，该担保财产可尽填补损失之用。在加强知识产权司法保护的大局下，降低担保也是降低维权门槛、维权成本的一种方式。申请人应提供有效担保，担保金额应合理、适当，以足以弥补因申请错误造成被申请人损失和支付相关费用为限。为此，应根据禁令颁发错误可能给被申请人造成的实际损失来确定担保金额。就本案而言，如判理所述，经法院综合考虑三个因素后所定的100万元担保金额应系有效且适当。另外，该担保金额并非固定不变，法院会根据实际情况决定是否追加担保。

（撰稿人：广州知识产权法院　谭海华　吴学知）

暴雪娱乐有限公司等诉成都七游科技有限公司等著作权侵权及不正当竞争纠纷诉中禁令案
——网络游戏案件的禁令的实体审查要件

【裁判要旨】

网络游戏案件中，针对原告提出的禁令申请，应审查原告的胜诉可能性及原告是否受到难以弥补的损害。网络游戏具有生命周期短、传播速度快、范围广的特点，被诉游戏的上线将挤占原告新推游戏的市场份额，给原告造成的损害难以计算和量化，且被诉游戏采用低俗营销方式将给原告商誉带来损害的，应及时颁发禁令。禁令期间被诉游戏玩家的余额查询及退费等服务不应受到影响。

【关键词】

诉中禁令　著作权　不正当竞争　实体审查要件

【案例索引】

广州知识产权法院〔2015〕粤知法著民初字第 2 号及〔2015〕粤知法商民初字第 2 号

【案情及裁判】

原告：暴雪娱乐有限公司（以下简称暴雪娱乐）

原告：上海网之易网络科技发展有限公司（以下简称网之易公司）

被告：成都七游科技有限公司（以下简称七游公司）

被告：北京分播时代网络科技有限公司（以下简称分播时代）

被告：广州市动景计算机科技有限公司（以下简称动景公司）

原告暴雪娱乐、网之易公司因与七游公司、分播时代、动景公司发生著作权侵权及不正当竞争纠纷，向广州知识产权法院提起诉讼。暴雪娱乐、网之易公司在起诉同时向法院申请临时禁令。

广州知识产权法院查明事实：

暴雪娱乐是《魔兽世界》（2004年11月23日美国首次发行）、《魔兽世界：燃烧的远征》（2007年1月16日美国首次发行）、《魔兽世界：巫妖王之怒》（2008年11月13日美国首次发表）、《魔兽世界：熊猫人之谜》（2012年9月25日美国首次发表）等计算机软件作品的著作权人。《魔兽世界》系列游戏在国内获得诸多重要游戏奖项，如被中国游戏产业年会评为2006年度、2007年度十大最受欢迎的网络游戏；在2011年首届中国游戏金浣熊奖评选中，被评为十大人气网络游戏；在2012年度中国游戏英雄榜颁奖典礼上，被评为年度最佳网络游戏。2014年6月起，暴雪娱乐通过中文官网为《魔兽世界：德拉诺之王》游戏造势。11月20日该游戏在中国正式上线运营，由网之易公司独家运营。《魔兽世界》系列游戏中的英雄有维伦、伊利丹·怒风、加尔鲁什·地狱咆哮、萨尔等。怪兽有阿库麦尔、变异螨蹒者等。这些英雄和怪兽形象在暴雪娱乐中文官网、英文出版物《魔兽世界终极视觉宝典》、中文出版物《暴雪的艺术》及《魔兽世界·萨尔：巨龙的黄昏》中都可看到。上述网站及出版物均标明暴雪娱乐是著作权人。两案中，暴雪娱乐、网之易公司主张其中18个英雄和7个怪兽形象美术作品的著作权。暴雪娱乐、网之易公司还主张"魔兽""德拉诺"构成知名商品的特有名称，"萨尔"构成知名角色名称，4个游戏场景（包括标题界面、登录界面和创建角色界面）构成知名商品的特有装潢。

被诉游戏原名《酋长萨尔：魔兽远征》，由七游公司开发。分播时代是七游公司股东，也是被诉游戏独家运营商。2014年8月25日，分播时代在官网（www.rekoo.com）发布被诉游戏苹果版本公测，9月19日发布安卓版本公测，12月19日将该游戏更名为《全民魔兽：决战德拉诺》。动景公司经分播时代授权，在官网（www.9game.cn）向公众提供被诉游戏安卓版本下载。将被诉游戏相关英雄和怪兽形象与暴雪娱乐、网之易公司主张的英雄和怪兽形象进行比较，两者构成实质相似。关于被诉游戏的宣传和介绍，分播时代官网有以下表述："为了更完美地还原魔兽世界，《酋长萨尔》……无论是玩家操控的英雄还是副本中的小怪，不论是地图设计还是技能特效，都几乎100%还原了魔兽中的形象……魔兽高玩林熊猫将在家中接受'美女上门服务'这一终极挑战……""《全民魔兽》是一款以魔兽世界为背景的 PRG 卡牌游戏……作为借顺风车的一款作品,完美呈现了《魔兽世界》的很多内容,其中剧情、英雄、场景都可以瞬间点燃粉丝们的激情。"在分播时代官方微博有玩家评论"最爱魔兽世界这么有挑战的游戏哦""我们一起玩魔兽世界吧"。

暴雪娱乐、网之易公司认为被诉游戏抄袭了暴雪娱乐游戏中的英雄和怪兽形象,使用了与暴雪娱乐游戏相似的名称、装潢。分播时代在宣传中反复声称被诉游戏是魔兽手游。三被告的行为共同侵犯了暴雪娱乐的著作权并构成不正当竞争。如果侵权行为持续,将会给暴雪娱乐造成难以弥补的损失。暴雪娱乐、网之易公司遂向广州知识产权法院起诉并同时申请临时禁令,要求被诉游戏整体下线,并愿意提交 1000 万元现金担保。

广州知识产权法院认为:

(1) 关于禁令的实体审查要件。根据《民事诉讼法》(2012 年修正本)第一百条①的规定,人民法院对于可能因当事人一方的行为,使判决难以执行或者造成当事人其他损害的案件,根据对方当事人的申请,可以裁定禁止其作出一定行为。据此,法院决定是否颁发禁令,应当首先审查原告胜诉可能性。根据《民事诉讼法》(2012 年修正本)第一百零一条②的规定,如果情况紧急,不立即采取禁令将会使权利人受到难以弥补损害的,权利人可以申请诉前禁令。由于暴雪娱乐、网之易公司是在起诉同时申请禁令,并主张情况紧急,故还需对被诉侵权行为是否使暴雪娱乐、网之易公司受到难以弥补损害进行审查。

(2) 关于原告胜诉可能性。我国及美国均为《伯尔尼公约》成员国,根据该公约及《著作权法》(2010 年修正本)第二条的规定,暴雪娱乐的作品受《著作权法》的保护。暴雪娱乐是《魔兽世界》系列游戏计算机软件作品的著作权人。据此,并结合暴雪娱乐官网及涉案合法出版物对《魔兽世界》英雄和怪兽介绍时的版权标记,足以证明其对所主张的 18 个英雄和 7 个怪兽形象美术作品享有著作权。三被告未经许可,在被诉游戏中使用这些英雄和

---

① 《民事诉讼法》(2017 年修正本)对第一百条未做改动。
② 《民事诉讼法》(2017 年修正本)对第一百零一条未做改动。

怪兽形象,侵犯了暴雪娱乐美术作品的复制、发行及信息网络传播等权利。同时,暴雪娱乐的《魔兽世界》系列游戏在中国具有很高的市场知名度。故暴雪娱乐的《魔兽世界:德拉诺之王》游戏构成知名游戏。又由于"魔兽"被相关公众视为《魔兽世界》的简称,"德拉诺"是《魔兽世界》虚构的地名,具有了区别商品来源的显著特征,故《魔兽世界:德拉诺之王》构成知名游戏特有名称。三被告在暴雪娱乐《魔兽世界:德拉诺之王》游戏上线前后推出相似名称的游戏《全民魔兽:决战德拉诺》(原名《酋长萨尔:魔兽远征》),主观上具有搭暴雪娱乐游戏知名度便车的故意,客观上容易导致相关公众的混淆,构成擅自使用他人知名商品特有名称的不正当竞争行为。另外,分播时代在宣传被诉游戏时多次提及"魔兽世界",容易使相关公众误认该游戏是暴雪娱乐开发或与暴雪娱乐有授权许可等关系的手机游戏,构成虚假宣传。七游公司是被诉游戏的开发商,分播时代是独家运营商且是七游公司的股东,动景公司经分播时代授权向公众提供被诉游戏的下载服务,故暴雪娱乐、网之易公司主张三被告构成共同侵权,具有充分依据。在暴雪娱乐、网之易公司胜诉可能性高的情况下,三被告关于如果暴雪娱乐、网之易公司败诉将会给其及玩家带来巨大损害的抗辩,明显缺乏说服力。另外,三被告共同实施了侵权行为,故被诉游戏软件是否登记在案外人名下,并不影响本案禁令是否颁发。

(3)关于原告是否受到难以弥补的损害。被诉游戏是在《魔兽世界:德拉诺之王》游戏上线前后推出。虽然两者分属手机端和PC端的游戏,但两者都是网络游戏,且游戏名称相似,游戏中相关英雄和怪兽形象和名称相似,相关游戏界面相似,都采用玩家扮演英雄与怪兽作战的玩法,故两者是具有较强竞争关系的产品。被诉游戏的上线势必挤占暴雪娱乐新推游戏的市场份额。而且网络游戏具有生命周期短、传播速度快、范围广的特点,给暴雪娱乐造成的损害难以计算和量化。另外,分播时代在宣传被诉游戏时采用了低俗营销方式,在相关公众将被诉游戏与暴雪娱乐游戏混淆的情况下,会使相关公众对暴雪娱乐产生负面评价,从而给暴雪娱乐商誉带来损害。

(4)关于被诉游戏应否整体下线及玩家利益的保护。三被告虽提出相关英雄和怪物形象可以修改,但听证后提交的修改方案仍然与暴雪娱乐主张的内容构成实质相似。另根据被诉游戏的名称、相关英雄和怪兽形象等重要组成部分均构成侵权,以及被诉游戏宣传100%还原魔兽形象等事实,该游戏其余英雄或怪兽形象也存在较大的侵权可能性。据此,暴雪娱乐、网之易公司要求被诉游戏整体下线,依据充分,应予支持。但禁令期间不影响为被诉游戏玩家提供余额查询及退费等服务。

综上,暴雪娱乐、网之易公司主张成立,如不及时制止被诉侵权行为将会给暴雪娱乐造成难以弥补的损害。

综上,广州知识产权法院裁定:

(1) 禁止七游公司复制、发行及通过信息网络传播《全民魔兽:决战德拉诺》(原名《酋长萨尔:魔兽远征》)游戏,效力维持至本两案判决生效日止;

(2) 禁止分播时代复制、发行、通过信息网络传播《全民魔兽:决战德拉诺》(原名《酋长萨尔:魔兽远征》)游戏和实施涉案不正当竞争行为,效力维持至本两案判决生效日止,禁令期间不影响为该游戏玩家提供余额查询及退费等服务;

(3) 禁止动景公司通过其官网(www.9game.cn)传播《全民魔兽:决战德拉诺》(原名《酋长萨尔:魔兽远征》)游戏,效力维持至本两案判决生效日止,禁令期间不影响为该游戏玩家提供余额查询及退费等服务;

(4) 驳回暴雪娱乐、网之易公司其他禁令申请。

【法官点评】

本案是广州知识产权法院颁发的第一个临时禁令,被评为"2015年中国法院10大知识产权案件"之一,入选世界知识产权组织《知识产权典型案例集中国卷(2011—2018)》。

在涉网络游戏禁令案中,如何贯彻禁令"积极慎重,合理有效"的司法政策,如何判断网络游戏侵权行为"是否给权利人造成难以弥补的损害",禁令如何体现对游戏玩家利益的考虑,均值得认真研究。本案对上述问题的回答具有典型意义和指导价值。广州知识产权法院在收到禁令申请后,立即启动听证程序,明确告知双方当事人将就禁令问题进行听证。听证由合议庭全庭法官主持,要求当事人围绕以下禁令审查要件进行充分举证和发表意见:①原告胜诉的可能性;②被诉侵权行为持续是否给原告造成难以弥补的损害;

③颁发禁令给被告造成的损害是否远远大于不颁发禁令给原告造成的损害;④颁发禁令是否损害社会公众利益;⑤原告担保数额如何确定。对于难以弥补损害要件的判断,法院重点考虑被诉游戏紧随原告新推游戏上线、网络游戏的特点以及被诉游戏低俗营销给原告商誉带来负面影响等因素,认定该要件成立。禁令颁发后,部分被告自动履行了裁定义务,部分被告经法院督促后也履行了裁定义务,禁令得以顺利执行,实现了较好的法律效果。同时,裁定特别要求被告在禁令期间应继续为游戏玩家提供余额查询及退费等服务,体现了对游戏玩家利益的考虑。相关公众及业内人士对本案禁令的颁发多持正面评价,实现了较好的社会效果。

另外,本案原告并未主张整个游戏软件作品侵权,而是主张游戏人物形象、游戏名称、游戏界面等元素侵权。在游戏元素侵权的情况下,是否有必要责令游戏整体下线,也是本案争议的焦点。被告在禁令前的听证及禁令后的复议程序都表示可以更改涉嫌侵权的游戏元素,主张被诉游戏不应整体下线。对此法院认为,英雄打怪闯关是常见的游戏规则,被许多网络游戏采纳。在采用相同或基本相同游戏规则的游戏中,打怪的英雄和守关的怪兽形象设计就成为每一款网络游戏吸引游戏玩家的重要手段,故英雄和怪兽形象构成这些游戏的重要内容。游戏的名称则起到区别不同游戏的重要作用。被诉游戏也是一款英雄打怪闯关的游戏。被诉游戏使用与《魔兽世界》系列游戏相同或近似的名称、英雄和怪兽形象等,就是为了利用《魔兽世界》的知名度,吸引游戏玩家。如果将被诉游戏的名称、英雄和怪兽形象进行彻底改变,对于玩家而言就是两款不同的游戏。在此情况下,结合考虑被告对被诉游戏的虚假宣传和损害原告商誉等事实,原告要求被诉游戏整体下线,符合法律规定。

(撰稿人:广州知识产权法院 龚麒天)

深圳来电科技有限公司与深圳街电科技有限公司等侵害实用新型专利权纠纷诉中禁令案

——禁令裁定需考虑专利权人丧失市场份额之不可逆因素

【裁判要旨】

由于专利侵权诉讼所涉技术及法律关系较为复杂，案件审理时间较长，为及时保护专利权，同时考虑侵权行为给权利人造成的市场机会丧失不可逆转，即使侵权人具有赔偿能力，若不及时制止侵权行为，也将导致损失无法弥补，故裁定侵权人先行停止侵权行为。

【关键词】

禁令　专利侵权　市场份额　行为保全

【案例索引】

一审：广州知识产权法院〔2018〕粤73民初1851号之一

【案情及裁判】

申请人：深圳来电科技有限公司（以下简称来电公司）

被申请人：深圳街电科技有限公司（以下简称街电公司）

被申请人：永旺梦乐城（广东）商业管理有限公司（下称永旺梦乐城公司）

申请人来电公司因与被申请人街电公司、永旺梦乐城公司发生侵害实用新型专利权纠纷，向广州知识产权法院提起诉讼。

申请人来电公司诉称：来电公司享有合法有效的专利权，涉案专利经过四次无效宣告审理程序被专利复审委员会维持部分有效，涉案专利权具有相当的稳定性，街电公司侵权成立的可能性极高。将被诉侵权设备与涉案专利相比较，可以看出，被诉侵权设备使用的技术方案与涉案专利保护的技术方案相同，落入涉案专利要求保护的范围，构成专利侵权。街电公司免费、快速、大量投放被诉侵权设备的经营模式使得本案的申请具备必要性和紧迫性。一旦街电公司未被法院制止，在全国范围继续大量铺设被诉侵权设备，即便将来法院判决街电公司立即停止使用被诉侵权设备，但执行停止侵权行为将有较大困难甚至无法执行。铺设充电设备的速度是共享充电设备成功的关键，制止铺设行为对于专利权人乃至企业发展意义重大。被诉侵权设备一旦铺设完毕，对专利权人造成的损失将不能估量。如果用户体验受害，则将给行业造成灾难性的影响。通过加强专利的保护是创新者赢得市场的关键，专利权人需要通过司法的手段来保护自身的优势地位，同时避免创新者在激烈的市场竞争中被淘汰的结局。共享充电设备一旦投放市场，极难回收，将给来电公司造成难以弥补的损失。如果不及时制止街电公司在市场上无偿投放被诉侵权设备的行为，来电公司专利权的独占性地位将受到严重侵害，从而失去通过专利权获得竞争优势的可能，同时将会给来电公司后期的维权增加成本和难度，也必将给来电公司造成难以弥补的经济损失。采取禁令不会影响到公共利益。如果街电公司的侵权规模达到巨大程度的话，一旦法院认定侵权成立，判决街电公司立即停止侵权，执行生效判决则会随之引出大量用户的押金退还问题，这在某种意义上可能影响公共利益。因此，来电公司的申请正是为了避免对社会秩序造成影响，避免将来执行生效判决损害公共利益。永旺梦乐城公司在经营场所内放置被诉侵权设备，作为招揽生意的方式，间接获取了商业利益，其行为是以生产经营目的使用被诉侵权设备，属专利法意义上的使用行为，应当停止。来电公司向法院提出申请，请求法院责令：①街电公司先行停止制造、销售、许诺销售、使用侵害来电公司 ZL201520103318.2 "吸纳式充电装置"专利权的产品的行为；②永旺梦乐城公司先行停止使用行为。

被申请人街电公司辩称：涉案专利已被部分无效，不具备稳定性。被诉侵权设备是街电公司制造，但街电公司没有销售、许诺销售和使用。被诉侵权设备并未落入涉案专利权的保护范围。来电公司的申请没有必要性和紧迫性，不会给来电公司的合法权益造成难以弥补的损害。街电公司市场极大，禁令的颁发会对街电公司造成极大的影响，来电公司至少应提供五亿元的担保，来电公司没有提供有效担保，街电公司愿意提供足额的反担保来涵盖来电公司提起的行为保全申请。禁令的作出会影响公共利益。来电公司已就其拥有的本案所涉专利在多地法院起诉街电公司侵权，其中北京知识产权法院已在〔2017〕京73民初357号中作出判决，本案构成实质上的重复诉讼。上述在先未生效一审判决中已经判令街电公司停止侵权，在后再作出停止侵权的裁定是对来电公司的过度保护。街电公司本身也持有大量专利，其产品具有市场价值，来电公司的专利仅涵盖了小部分部件，裁定街电公司完全停止产品的使用并不合理。

被申请人永旺梦乐城公司辩称，来电公司在诉讼中提供了多份公证书，除一份涉及在永旺梦乐城公司场所的被诉侵权设备外，其余均不是在永旺梦乐城公司场所内。按来电公司诉求，永旺梦乐城公司在所有公证书涉及的场所均有侵权行为，这是不合理的，来电公司要求永旺梦乐城公司停止使用侵权产品的请求不明确。另外，永旺梦乐城公司是将场所出租给街电公司，仅是收取租金，并没有使用被诉侵权设备，且与街电公司的合作期间是到2018年9月14日。

广州知识产权法院一审查明：

（1）涉案专利权情况。涉案专利系名称为"吸纳式充电装置"的ZL201520103318.2号实用新型专利，其申请日为2015年2月12日，授权公告日为2015年6月24日，专利权人为来电公司。该专利最近一次年费缴纳的时间为2018年2月6日。国家知识产权局专利复审委员会第33358号、第34826号、第35181号无效宣告请求审查决定均维持ZL201520103318.2号实用新型专利权有效。第36489号无效宣告请求审查决定宣告ZL201520103318.2号实用新型专利权利要求1~3、5~8无效，在授权公告文本权利要求4、9、10的基础上继续维持该专利有效。来电公司在1851号案中主张权利要求保护的范围是权利要求1、8、9、10。

（2）被诉侵权事实。来电公司在本案提出证据保全申请，一审法院裁定予以准许，并于2018年8月10日到广东省广州市番禺区大龙街亚运大道1号永旺梦乐城公司总服务台执行上述裁定，查封了的共享充电柜式机一个（以下简称被诉产品），其上带有"街电"标识，被诉产品含有多个结构相同的充电仓体，一审法院扣押了其中一个充电仓体（该仓体是下文用于技术对比的对象，称被诉产品单元）。经对比，被诉产品单元除以下争议技术特征外，具备 ZL201520103318.2 专利权利要求 1、8、9、10 的其他技术特征：①权利要求 1 中限定的"传动组件"；②权利要求 9 中限定的"顶针导向结构"；③权利要求 10 中限定的"弹片式机械触碰开关"。

永旺梦乐城公司在诉讼中提交《街电项目合作经营协议》，主要内容为：永旺梦乐城公司（甲方）与街电公司（乙方）约定，甲方在其所经营的场所负责向乙方充电设备［包括用户操作指引（如桌贴、台卡等）］提供核实的摆放位置（即明显和方便使用的位置，如收银台、自助服务台灯座区等），保持电源和 WiFi 正常连接，并且确保设备放置于合适环境、位置（包括设备不会产生侵害第三方的危险）。乙方根据本协议约定提供充电箱和充电宝设备，并完成设备安装和上线，充电箱的所有权为乙方所有。乙方就双方合作经营所得代为收取全部经营所得款项，同时按约定的收入分成比例付款给甲方，乙方保证提交的收入数据真实、完整。乙方提供技术，使移动充电租赁服务的登入界面绑定甲方微信公众号，实现顾客需关注甲方微信公众号方可租赁充电设备的功能。甲方以有偿方式提供场地给乙方摆放充电设备，场地使用费用为 100 元/（月·台）。双方合作经营期限由 2017 年 9 月 15 日至 2018 年 9 月 14 日。

（3）其他相关事实。来电公司曾就本案所涉的实用新型专利，向北京知识产权法院提起侵权诉讼，认为街电公司侵犯前述专利权。北京知识产权法院以〔2017〕京 73 民初 357 号民事判决认定侵权成立，判决街电公司停止制造、使用涉案 Anker 设计 12 口产品，并赔偿来电公司经济损失及合理费用。目前，上述案件正在二审诉讼中。

中国平安财产保险股份有限公司深圳分公司为来电公司本案申请提供保单和保函，保险金额为 100 万元。

（4）来电公司关于本申请的其他举证。证据 1：照片两张，拟证实将产品首先投放市场具有极其重要的地位，否则后投放的商家只能通过不正当竞争的方式投放，如照片所示，后来者将其产品摆放在先投放的产品的正前方，或者通过其他非正常手段，将其他商家的产品换掉。所以，只有制止侵权产品继续投放市场才能避免不可弥补的损失的发生。

证据 2：共享经济阵亡名录网文，拟证实截至 2017 年 11 月，乐电、小宝充电、泡泡充电、创电、放电科技、PP 充电、河马充电 7 家企业均已走到项目清算阶段；共享经济的特征，就是前期要投入大量的资本，同时回收成本是靠租金的方式，对于共享充电宝来说，其回收成本的方式便是投放大量有效益的设备，在充电市场有限的情况下，要实现企业生存，只有靠知识产权，只有对企业提供有效的专利保护，企业才能生存下来。

证据3：中国产业信息网的文章《2017年中国共享充电宝行业发展现状及发展趋势分析》的网络打印件，该文称艾媒咨询分析师认为，设备铺设有利于培养用户习惯，共享充电宝厂商加快铺设充电宝设备是当前首要任务。

证据4：《现代商业》所刊《我国共享充电宝行业的发展历程及竞争态势分析》的打印件、《通信信息报》的文章《共享充电宝市场规模近亿 广告业务或成未来盈利关键》的打印件、《人民邮电》的文章《共享充电宝行业发展迅速，后续增长有待考验》的打印件及《商业文化》的文章《共享单车：市场在用户PK中将走向寡头还是垄断?》的打印件，拟共同证实共享经济企业竞争激烈，需要通过司法对创新型企业给予足够的保护，使其具备应有的竞争优势。

广州知识产权法院一审认为：

经审查，被诉产品上有"街电"标识，且街电公司亦认可被诉产品系其制造，故认定街电公司实施了制造被诉产品的行为。街电公司将被诉产品放置在永旺梦乐城公司，使用该产品为公众提供移动电源充电服务，并据此获取利益，故认定街电公司实施了使用被诉产品的行为。被诉产品放置在永旺梦乐城公司内，永旺梦乐城公司亦使用该产品为公众提供移动电源充电服务，并据此获取利益，故认定永旺梦乐城公司亦实施了使用被诉产品的行为。

涉案专利经过多次专利权无效宣告请求程序，稳定性较高，涉案专利虽被部分无效，但来电公司在本案中所要求保护的技术方案仍在有效范围。经对比，并结合技术调查官的意见，被诉产品单元除权利要求中限定的"传动组件""顶针导向结构""弹片式机械触碰开关"存在争议技术特征外，被诉产品单元具备涉案专利要求的其他技术特征。法院认定，"传动组件""顶针导向结构""弹片式机械触碰开关"三个特征等同，故而认定被诉技术方案落入专利权的保护范围，街电公司和永旺梦乐城公司实施了侵害来电公司专利权的行为。

根据相关法律规定，参考来电公司提供的相关媒体报道等证据，并结合日常生活经验，可认定专利的期限是有限的，专利权的效力期间并不因为发生诉讼而顺延，特别是本案专利侵权诉讼所涉技术及法律关系较为复杂，导致审理时间会较长，因此若不支持来电公司先行停止侵权的请求，无法及时保护专利权。共享充电宝的市场竞争非常激烈，目前该行业还在发展的初步阶段，各企业基本处于大量投入的阶段，市场前景不确定，前期市场份额对各企业的发展至关重要，来电公司与街电公司的主营业务均是共享充电宝业务，两者之间是直接竞争关系，且产品相同或类似，侵权人给权利人造成的损失主要包括市场机会流失与利润空间侵蚀，专利权人将会因此丧失其应有的市场份额和利益减少。且侵权人的侵权行为对权利人造成的竞争优势及市场机会丧失的损失数额是难以计算的，若任由侵权人在判决最终确定前实施侵权行为，必然导致损失无法弥补。因此，即使街电公司具有赔偿的能力，也将会给来电公司的合法权益造成难以弥补的损害。

本案中，来电公司提供了保函担保，该担保合法有效，根据前述认定，本案来电公司胜诉的可能性高，先行责令停止侵权错误的可能性较低，来电公司的担保数额适当。街电公司提出反担保的申请，但根据相关法律规定，停止侵犯专利权行为裁定所采取的措施，不因被申请人提出反担保而解除，故对街电公司提出的反担保申请不予准许。

被诉产品属于共享充电租赁设备，相关充电租赁设备被停用后，用户无法从充电租赁设备中获取充电设备，也就不存在退回押金等问题。而且街电公司完全有能力采取有效措施停止有关租赁设备的侵权行为，街电公司没有提供证据证明在相关充电租赁设备所租用的充电宝无法通过其他途径归还，也没有证据证明对于在停用前已经发生的租赁而产生的押金无法通过除充电租赁设备以外的方法退还。且除本专利产品外，市场上还有其他共享充电宝厂商铺设的充电宝设备可供使用。故责令停止侵权行为并不会对广大使用充电宝的客户的利益即社会公共利益造成极大的影响。综上所述，来电公司请求先行责令街电公司、永旺梦乐城公司停止侵权行为，符合法律规定，予以支持。

综上，广州知识产权法院依照《专利法》（2008年修正本）第十一条第一款、第五十九条第一款，《民事诉讼法》（2017年修正本）第一百条第一款、第二款、第一百零一条、第一百零八条、第一百五十四条第一款第四项的规定，裁定：

（1）街电公司于收到裁定之日起停止制造、使用侵害来电公司

ZL201520103318.2"吸纳式充电装置"专利权的产品；

（2）永旺梦乐城公司于收到裁定之日起停止使用侵害来电公司ZL201520103318.2"吸纳式充电装置"专利权的产品；

（3）驳回来电公司的其他申请。

【法官点评】

行为保全作为严格保护知识产权的重要措施，在及时保护科技创新成果方面的作用显而易见。共享充电宝产业涉及产品技术创新和商业模式创新，目前处于发展的初步阶段，需要大量资金投入，市场竞争激烈。在市场前景不确定的情况下，难以弥补的损失必须考虑专利权人将会丧失的市场份额之不可逆性。虽所涉及技术较为复杂，但如果在侵权之诉胜诉可能性较大的情况下不加强保护专利权，将无法给投资者以信心，进而营造良好的营商环境。同时，在市场格局尚未完全稳定确立、各竞争企业尚未有稳定盈利的情况下，即使被诉侵权者有足够的金钱赔偿能力、能提供足够的反担保，为了护航科技创新成果的可持续运营，行为保全措施也不应缺位。

（撰稿人：广州知识产权法院　郑志柱）